KB265824

협동조합
지역경제론

협동조합 지역경제론

전성군 · 송춘호 · 장동헌 지음

한국학술정보㈜

머리말

요즘 협동조합에 대한 기대와 관심이 뜨거워지면서 협동조합 전성시대가 열릴 전망이다.

협동조합의 목적은 이용자 조합원이 필요로 하는 사업 서비스를 최선의 가격으로 제공하는 것에 있다. 여기서 최선의 가격이란 조합원의 입장에서 경쟁관계의 영리회사보다 유리한 거래 조건을 의미한다. 만일 경쟁회사가 최선의 경쟁적 가격으로 서비스를 제공한다면 조합원이 협동조합 사업을 이용할 이유가 없으며, 따라서 협동조합은 더 이상 존재할 이유가 없게 된다.

협동조합의 사업 목표는 조합원에 대한 영리회사의 독과점 행위(시장지배력)를 견제하는 것이다. 조합원들이 독과점 영리기업과의 시장 거래에서 피해를 보고 있다면, 협동조합은 그 시장에 참여하여 최선의 가격으로 서비스를 제공함으로써 시장경쟁을 촉진해야 한다. 조합원이 거래하는 시장이 완전경쟁 시장구조로 바뀐 경우 협동조합은 사업을 계속할 이유가 사라지게 된다.

협동조합은 사업 범위가 조합원의 이용자 편익을 기준으로 결정해야 한다. 다수의 조합원이 필요로 하는 분야의 사업을 우선적으로 영위하는 것이 마땅하며, 특히 영리회사의 독과점 행사로 조합원의 피해가 큰 분야는 협동조합 사업의 최우선 순위가 된다. 수익성이 높다 하더라도 조합원 이용과 무관한 사업 분야에는 진출하지 않는 점도 영리회사와 구별되는 경영전략이다.

협동조합의 사업성과는 본연의 목적, 즉 독과점 영리회사의 시장지배력과 초과이윤을 얼마나 감소시켰는가를 기준으로 평가해야 한다. 만일 경쟁관계의 영리회사가 협동조합에 대해 비판적이고 적대적인 행동을 보인다면 이는 그만큼 협동조합의 사업성과가 크다는 것을 입증하는 것이며, 협동조합의 경쟁적 사업 활동 때문에 조합원 실익이 늘어났다는 증거가 된다.

이처럼 협동조합의 존재 이유는 조합원이 직면하는 독과점 형태의 시장실패 문제를 경쟁촉진을 통해 해소하는 것이다. 이는 시장 실패문제에 대응하는 정부의 역할과는 명확하게 구분된다. 정부는 독점규제에 관한 법률에 근거하여 독과점 행위에 대한 제도적 규제를 통해 대응하는 반면, 협동조합은 조합원 실익을 위한 사업을 수행하여 시장경쟁을 촉진하는 방식이다.

협동조합의 시장경쟁 촉진 역할은 사회적 공익에 기여하는 것으로 평가받고 있다. 그러나 협동조합의 사업은 조합원의 실익을 제고하기 위한 것이며 공익적 목적을 위한 것은 아니다. 예컨대 농업협동조합의 농산물 수급조절 역할 주장은 협동조합의 목적에 대한 오해에서 비롯된 것이며, 이는 협동조합의 역량을 벗어나는 또 다른 형태의 시장실패 문제에 해당하는 영역이다.

요약하면, 협동조합은 영리기업과는 달리 '이용자 소유 기업'이다. 사업을 이용하는 조합원들이 세운 기업이란 뜻이다. 조합원에 의한 공동소유와 '1인 1표의 민주적인 운영', '원가주의 경영', '지역사회 기여 원칙' 등이 특징이다. 공공분야 및 일자리 창출 분야에 새로운 활력을 불어넣음으로써 지역경제의 활성화에 기여하는 협동조합은 이미 전 세계 100여 개국 8억 명 이상이 다양한 사업영역에서 활발히 활동 중에 있다.

자본주의가 고도로 발전한 미국에서도 48,000여 개의 협동조합에 약 1억 2천만 명의 조합원이 가입되어 있고, 유럽에도 13만 개 협동조합에 조합원 수가 8,300만 명에 달한다. 실제로 글로벌 금융위기가 발생했을 당시 협동조합은 구조조정 최소화, 빠른 경영 정상화로 지역경제 안정에 기여한 것으로 평가됐다.

세계적으로 스페인의 몬드라곤, 이탈리아의 볼로냐와 트렌티노, 캐나다의 데자르댕은 협동조합의 성공 모델로 주목받고 있다. 특히 몬드라곤 협동조합은 총자산 54조 원, 연 매출액이 30조 원에 이르고, 85,000여 명의 노동자로 구성된다는 다국적 기업이다. 노동자이면서 조합원인 35,000여 명이 소유권과 경영권을 행사한다. 우리에게 친숙한 축구의 영웅 리오넬 메시가 소속되어 있는 스페인의 명문 축구팀 FC바르셀로나, 미국의 AP통신, 포도주스와 무알콜 와인으로 유명한 웰치스, 미국 캘리포니아의 4,000여 농가가 협동조합을 조직해 공동계산조직으로 뭉친 오렌지의 대표 브랜드 썬키스트 등이 협동조합의 대표적 성공사례이다.

우리나라에도 새로운 협동조합 설립이 가능해졌다. 그동안은 협동조합적인 방식에 따라서 운영되는 조직체라고 하여도 자유롭게 협동조합을 설립할 수 있는 법적 근거가 없었다. 하지만 2012년 12월부터 5명 이상이 모여 업종과 분야와 관계없이 다양한 형태의 협동조합 설립을 가능하게 한 「협동조합 기본법」이 시행된다. 단, 기존의 특별법으로 설립할 수 있는 농협 같은 협동조합은 적용 대상에서 배제된다. 추상적으로 다가오던 사회적 경제라는 영역이 구체적인 현실 경제의 한 축으로 자리 잡는 신호탄이라고 봐도 좋을 것이다.

유엔도 이런 점에 주목, 각국에 협동조합의 활성화를 권고하고 있다. 유엔이 협동조합에 주목한 것은 세계적인 지역경제위기의 소용돌이 속에서 지속가능한 발전에 대한 대안을 찾아야 할 필요를 느꼈기 때문이다.

세계적으로 눈부신 기술진보로 인해 생활은 더욱 편리해지고 소득수준은 높아졌지만 양극화와 소득불균형 등으로 인해 빈부격차가 심화되고 사회갈등 요인은 점차 증폭되고 있다. 이에 따라 지역경제 활성화 방안의 하나로 협동조합 육성에 높은 관심을 보이는 자치단체도 늘고 있다.

이 교재는 협동조합시스템을 통해 공공분야 및 일자리 창출부문을 활성화하고 사고의 영역을 넓히는 데 초점을 맞추었다. 또한 이 책은 시장과 정부가 감당하기 어려운 시민생활의 불안을 변화시키기 위한 통로인 협동조합에 대해 이해할 수 있는 좋은 지침서가 될 것이다.

2012년 11월
전성군 · 송춘호 · 장동헌

제2부 지역경제학

제1부 협동조합

제1장 「협동조합 기본법」의 이해[1]

1. 「협동조합 기본법」 제정내용

1) 「협동조합 기본법」의 전체구성

「협동조합 기본법」(이하 '기본법'이라 한다)은 총 7장 119개 조문 및 부칙 3개 조문으로 구성되어 있다. 기본법의 전체 구조는 다음과 같다.

제1장 총 칙	
(법인격)	▪ 협동조합을 '법인'으로 하고, '사회적 협동조합'은 '비영리법인'으로 규정(제4조)
(정책)	▪ 재정부가 협동조합정책을 총괄하고 기본계획을 수립(제11조) ▪ 3년 주기의 협동조합 실태조사 실시 및 국회 보고(제11조) ▪ 협동조합 활성화를 위해 협동조합의 날 제정(제12조)
(타법과의 관계)	▪ 타법에 따라 설립된 협동조합 등에 대해서는 동법 적용 배제 ▪ 제한적 공정거래법 적용배제(제13조)
제2장 협동조합	
(의결·선거권)	▪ 출자좌수에 관계없이 1개의 의결권 및 선거권을 가짐 ⇒ 1인 1표(제23조)
(설립등록)	▪ 5인 이상, 협동조합 설립 시 시·도지사에게 신고(제15조)
(적립금)	▪ 잉여금의 100분의 10 이상 적립 등(제50조)
(해산)	▪ 해산 시 잔여재산을 정관이 정하는 바에 따라 처분(제59조)
제3장 협동조합연합회	
(설립등록)	▪ 협동조합연합회 설립 신고(기재부장관)(제71조)
(의결·선거권)	▪ 협동조합연합회의 의결권은 협동조합의 조합원 수, 연합회 사업참여량 등을 기준으로 함(제75조)
제4장 사회적 협동조합	
(설립인가)	▪ 사회적 협동조합은 기재부장관 인가로 설립(제85조) ▪ 설립절차, 사업, 소액대출 등을 협동조합과 구분(제86~88조, 제93~95조)
(적립금)	▪ 잉여금의 100분의 30 이상 적립 능(제97조)
(소액대출)	▪ 사회적 협동조합은 총 출자금 범위 내에서 조합원을 대상으로 하는 소액대출 및 상호부조 가능(제94조)
(해산)	▪ 사회적 협동조합의 경우 국고 등에 귀속(제104조)

---

[1] 김두년 중원대학교 법학과 교수, 발표자료 「협동조합 기본법」 제정의 의미와 과제를 인용한 것임.

제5장 사회적 협동조합연합회	
(설립인가)	• 사회적 협동조합연합회 설립은 인가(기재부장관)(제114조)
제6장 보칙, 제7장 벌칙	
(벌 칙)	• 의무 위반사항에 대한 벌칙을 규정(제117~119조)

2) 통일된 '협동조합정책'의 추진체계 규정

기획재정부장관이 협동조합에 관한 정책의 총괄·조정 역할을 수행하고 협동조합에 관한 기본계획 등 협동조합 정책을 수립 인가한다.

사회적 협동조합의 설립인가 및 감독은 기획재정부장관이 담당하되, 사회적 협동조합의 사업내용 등을 고려해 이를 중앙행정기관에 위임할 수 있다. 각 시도지사는 일반협동조합의 설립신고의 수리와 감독을 담당한다. 매3년 주기로 협동조합 관련 실태조사를 실시하고, 기본계획 등 정책수립, 인가·감독 등을 협의하기 위해 관계기관과 정책협의를 실시한다.

국가는 협동조합에 대한 이해를 증진시키고 협동조합의 활동을 장려하기 위하여 매년 7월 첫째 토요일을 협동조합의 날로 지정하며, 협동조합의 날 이전 1주간을 협동조합 주간으로 지정한다. 국가와 지방자치단체는 협동조합의 날의 취지에 적합한 행사 등 사업을 실시하도록 노력하여야 한다.

3) 다른 협동조합 법률과의 관계를 명시

기존의 협동조합에 관한 8개의 특별법[2])에 의해 설립되었거나 설립될 협동조합에 대해서는 '기본법'이 적용되지 않음을 명시하였다. 이는 특별법 우선의 원칙에 따라서 처리해도 되겠지만 기본법에서는 이를 명시적으로 규정하였다. 다만, 향후 협동조합의 설립 및 육성과 관련되는 법령을 제정하거나 개정하는 경우에는 기본법의 목적과 원칙에 부합하도록 하여야 한다고 규정하여 일반법과 특별법의 관계를 명확히 하였다.

또한 중요한 것은 일정 규모 이하 등 대통령령으로 정하는 요건에 해당하는 협동조합[3])과 사회적 협동조합의 행위에 대하여는 「독점규제 및 공정거래에 관한 법률」의 적용을 배제하도록 하였다.

---

2) 「농업협동조합법」, 「수산업협동조합법」, 「엽연초생산협동조합법」, 「산림조합법」, 「중소기업협동조합법」, 「신용협동조합법」, 「새마을금고법」, 「소비자생활협동조합법」 등 8개의 법률이 있다.
3) 「독점규제 및 공정거래에 관한 법률」 제60조(일정한 조합의 행위)의 규정을 준용한다.

4) "협동조합"과 "사회적 협동조합"의 2종의 법인격을 부여

「협동조합 기본법」은 주식회사 등 상법상의 회사, 사단법인 등 민법상 법인 이외에 새로운 사업형태인 협동조합에 "협동조합"과 "사회적 협동조합"이라는 2종의 법인격을 부여하였다. "협동조합"은 재화 또는 용역의 구매·생산·판매·제공 등을 협동으로 영위함으로써 조합원의 권익을 향상하고 지역 사회에 공헌하고자 하는 사업조직으로서 법인으로 하고(제2조 제1호 및 제4조 제1항), "사회적 협동조합"은 지역주민들의 권익·복리 증진과 관련된 사업을 수행하거나 취약계층에게 사회서비스 또는 일자리를 제공하는 등 영리를 목적으로 하지 아니하는 협동조합으로서 비영리법인으로 하였다(제2조 제3호 및 제4조 제2항).

협동조합은 업종 및 분야에 제한이 없이 시도지사에게 신고함으로써 설립할 수 있지만, 사회적 협동조합은 공익사업을 주된 사업의 40% 이상 수행해야 하고, 기획재정부장관의 인가를 받아서 설립하도록 하였다. 협동조합과 사회적 협동조합의 차이점은 다음과 같다.

〈표 1〉 협동조합과 사회적 협동조합 비교

	협동조합	사회적 협동조합
법 인 격	▪ 법인	▪ 비영리법인
설 립	▪ 시도지사 신고	▪ 기획재정부(중앙행정기관의 장) 인가
사 업	▪ 업종 및 분야 제한 없음	▪ 공익사업 40% 이상 수행 - 지역사회 재생, 주민 권익 증진 등 - 취약계층 사회서비스, 일자리 제공 - 국가·지자체 위탁사업 - 그 밖의 공익증진 사업
법정적립금 배 당 청 산	▪ 잉여금의 10/100 이상 ▪ 배당 가능 ▪ 정관에 따라 잔여재산 처리	▪ 잉여금의 30/100 이상 ▪ 배당 금지 ▪ 비영리법인·국고 등 귀속

5) "협동조합"의 조직 및 사업 분야

협동조합은 5인 이상의 조합원 자격을 가진 자가 발기인이 되어 정관을 작성하고 창립총회의 의결을 거친 후 주된 사무소의 소재지를 관할하는 시·도지사에게 신고하고 주된 사무소의 소재지에서 설립등기를 함으로써 성립한다(제15조). 협동조합의 기관으로는 총회 또는 대의원총회와 이사회를 두고, 임원으로는 이사장 1명을 포함하여 3명 이상의 이사와 1명 이상의 감사를 둔다.

협동조합은 정관으로 정하는 사업범위 내에서 금융 및 보험업을 제외한 경제·사회의 모든 영역에서 설립이 가능하다. 정관으로 정하는 사업의 범위에는 조합원에 대한 교육 및 상담, 협동조합 간 협력, 지역사회 기여 등을 포함하여야 한다.

협동조합연합회를 설립하고자 하는 때에는 회원 자격을 가진 셋 이상의 협동조합이 발기인이 되어 정관을 작성하고 창립총회의 의결을 거친 후 기획재정부장관에게 신고하여야 한다.

6) 「사회적 협동조합」의 조직 및 사업 분야

사회적 협동조합은 5인 이상의 조합원 자격을 가진 자가 발기인이 되어 정관을 작성하고 창립총회의 의결을 거친 후 기획재정부장관의 인가[4]를 받고 주된 사무소의 소재지에서 설립등기를 함으로써 성립한다(제85조). 사회적 협동조합의 기관과 임원은 협동조합을 준용한다.

사회적 협동조합은 기존의 사회적 기업과 비영리단체, 비영리법인이 행하던 사회적 목적사업을 협동조합이 수행할 수 있는 길을 열어두었다. 사회적 협동조합의 사업내용으로서는 지역사회 재생, 지역경제 활성화, 지역 주민들의 권익·복리 증진 및 그 밖에 지역사회가 당면한 문제 해결에 기여하는 사업, 취약계층에 대한 복지·의료·환경 등의 분야에서 사회서비스 또는 일자리를 제공하는 사업, 국가·지방자치단체로부터 위탁받은 사업, 그 밖에 공익증진에 이바지 하는 사업 중 하나가 포함되어야 한다. 사회적 협동조합의 '부수적' 사업으로서, 정관으로 정하는 바에 따라 납입출자금 총액(소액대출은 2/3)의 한도 내에서 '소액대출과 상호부조'를 할 수 있다.

사회적 협동조합 연합회를 설립하고자 하는 때에는 회원 자격을 가진 셋 이상의 사회적 협동조합이 발기인이 되어 정관을 작성하고 창립총회의 의결을 거친 후 기획재정부장관의 인가를 받아야 한다.

7) 「사회적 협동조합」의 감독

기획재정부장관은 사회적 협동조합의 업무를 감독하고 감독상 필요한 명령을 할 수 있으며, 설립절차 또는 사업에 대한 감독권 및 시정조치, 설립인가 취소, 청문을 실시할 수 있다. 그러나 신고에 의해 설립되는 협동조합에 대한 감독은 규정하지 않고 있다.

---

4) 기획재정부장관의 인가에 관한 권한은 대통령령이 정하는 바에 따라 사회적 협동조합이 수행하는 구체적인 사업 내용, 성격 등을 고려하여 관계 중앙행정기관의 장에게 위임할 수 있다.

2. 「협동조합 기본법」 제정의미와 과제

1) 협동조합 기본법의 의미

가. 새로운 협동조합 형태의 법인격 출현

「협동조합 기본법」의 제정으로 협동조합이라는 새로운 법인격이 탄생하게 되었다. 기존의 법제 하에서 설립할 수 있는 법인의 형태로는 주식회사를 비롯하여 상법의 적용을 받는 각종 회사와 민법상 비영리법인인 사단법인과 재단법인이 있고, 그 밖에 개별법에 의해 설립되는 특수법인이 있었다.

개인사업자의 경우에는 무한책임으로 대표교체가 어려워 민주적인 운영에 어려움이 있었고, 상법상의 회사법인은 1주1표에 의한 자본지배로 사업참여에 제한이 있었으며, 민주적 운영이 가능한 협동조합 형태의 사업운영을 희망하는 사업분야에서는 자유롭게 협동조합을 설립할 수 있는 법적 근거가 없었다.

그런데 별도의 개별법이나 관할 관청의 인가절차 없이 신고로 설립할 수 있는 법인형태는 상법상의 회사가 유일한 방법이었으나, 이번의 「협동조합 기본법」에서는 일반 협동조합의 경우에는 시도지사에게 신고만으로 협동조합을 설립할 수 있도록 하였다. 따라서 기본법은 협동조합이라는 새로운 형태의 법인격을 취득하여 협동조합을 설립할 수 있는 법적 근거를 마련하였다는 데 의의가 있다 하겠다.

나. 다양한 분야의 협동조합 출현 촉진

지금까지는 기존의 8개의 개별법에 의한 협동조합을 제외하고는 협동조합적인 방법으로 사업을 하고자 하는 사람들이 자유롭게 협동조합을 설립할 법적 근거가 없었다. 기존의 협동조합법제하에서는 1차 산업 및 금융, 소비 부문의 협동조합만 설립이 가능하였는데, 오늘날에는 2차 산업과 3차 산업이 절대적인 비중을 차지하고 있기 때문에 새로운 산업분야에서의 협동조합의 설립 필요성이 제기되었다. 「협동조합 기본법」은 기존의 법제가 충족시키지 못했던 새로운 경제·사회적 욕구를 반영한 것으로 기존의 8개의 개별법에 의한 협동조합 이외에 협동조합적인 방법으로 사업을 운영하고자 하는 사람들도 분야에 관계없이 누구든지 협동조합의 설립이 가능하게 되었다.

이에 따라 지금까지 경험해 보지 못했던 다양한 영역에서의 협동조합이 출현할 것으로 예상되는데, 지금까지 협동조합이라는 사업체를 이용해 오지 못했던 노동, 의료, 실업, 복지, 교육, 주택, 빈곤 등에서 협동조합의 출현이 예상된다. 또한 기존의 협동조합

법에 의해서도 설립이 가능하지만, 특별법에 의하지 않고 「협동조합 기본법」을 이용하려
는 협동조합의 출현도 예상된다. 예를 들어 「농업협동조합법」상 품목별협동조합의 설립
요건에 해당하지만 농업협동조합이라는 명칭을 사용하지 않으면 '○○사과협동조합'의 설
립이 가능하고, 개인택시 사업자가 모이면 「중소기업협동조합법」에 의하지 않고도 '○○개
인택시협동조합'을 만들 수도 있으며, 그 밖에'○○마을기업협동조합'을 만들 수도 있다.

전 세계적으로 협동조합은 이미 다양한 사업 및 업무영역에서 활성화되어 있다. 세계
최대 보험회사인 알리안츠, 미국의 통신사 AP통신 등도 모두 협동조합 형태로 운영되는
기업임을 감안할 때 앞으로 생산자·소비자·근로자·농어업·주택·스포츠·예술 등
각 분야에서 협동조합이 보편적인 사업형태로 발전할 수 있게 되었다.

다. 신규창업의 활성화와 취약계층의 복지에 기여

기본법은 다양하고 창의적인 소규모 창업을 용이하게 하여 일자리를 창출함으로써 경
제의 활력을 제고하고, 취약계층을 위한 사회서비스를 활성화함으로써 복지사회와 사회
경제의 활력화를 기대하고 있다. 청년창업, 소액창업 등 신규창업 활성화를 통한 일자리
제고와 돌봄 노동, 대안학교 등 공공서비스 보완이 가능하다. 캐디, 학습지 교사 등 4대
보험 적용이 제외되는 근로자 등을 사회안전망(Social Safety Net) 내에 편입시키고, 취약
계층의 자활사업 기회를 넓혀줌으로써 서민 및 지역경제 활성화, 일자리 창출, 복지지출
감소 등의 사회경제적 효과를 기대하고 있다.

2) 「협동조합 기본법」의 과제

가. 협동조합의 전체를 아우르는 법령 체계와 하위법령 마련

2012년 1월 26일 공포된 「협동조합 기본법」은 2012년 12월 1일부터 시행된다. 주무
부처인 기획재정부에서는 이 법 시행일 이전에 동법 시행령과 시행규칙 등 하위법령을
마련하여야 하겠지만, 아직까지 우리나라에서 한 번도 시행해 본 적이 없는 「협동조합
기본법」이어서 어려움이 클 것으로 예상된다. 물론 입법예고나 공청회와 같은 행정 철
차를 거치겠지만, 이 법 시행이 기존 정책과 제도에 미치는 영향 등을 종합적으로 검토
하고, 연관 산업에 미치는 영향과 부작용을 보다 적극적으로 검토하여 보완해야 한다.
나아가서 협동조합 관계자들과 관련 이해관계자들의 의견에도 귀를 기울여야 한다.

나. 협동조합의 공신력 제고를 위한 지도감독 규정의 보완

사회적 협동조합의 경우에는 기획재정부 또는 사회적 협동조합연합회의 홈페이지에 주요 경영공시자료를 게재하도록 하고 있다(기본법 제96조 제4항). 또한 사회적 협동조합의 감독에 관하여는 기본법 제8절에서 별도의 절로 규정하고 있다(제111조 내지 제113조). 즉, 사회적 협동조합에 대하여는 그 업무 및 재산에 관한 사항을 보고하게 하거나 소속 공무원으로 하여금 해당 사회적 협동조합의 업무상황·장부·서류, 그 밖에 필요한 사항을 검사하게 할 수 있고 필요한 경우 설립인가를 취소할 수 있다. 사회적 협동조합에 대하여 인가주의를 취하고 있는 결과 당연히 지도감독권을 행사하는 것으로 보인다.

그러나 협동조합의 경우에는 대통령령으로 정하는 일정규모 이상의 협동조합은 시도지사 또는 협동조합연합회의 홈페이지에 경영공시자료를 게재하도록 하고(기본법 제49조 제4항) 있을 뿐이고 별도의 지도감독에 관한 규정이 없다. 물론 자유설립주의를 취하고 있는 협동조합에 대하여 정부가 간섭하거나 지도감독권을 갖는 것은 협동조합의 자율성을 해치는 것으로 이해할 수도 있다. 하지만 일반 국민들의 협동조합에 대한 시각은 지금까지의 개별법에 의한 협동조합의 경우처럼 정부가 일정부분 지도감독을 하는 것으로 이해하고 있다. 협동조합이 우후죽순처럼 생겨나고 소멸하는 과정에서 협동조합 자체의 공신력에 문제가 생길 수도 있기 때문에, 협동조합의 공신력 확보를 위한 제도적 장치를 마련해야 한다. 기획재정부장관은 협동조합에 관한 정책총괄과 인가, 감독에 관하여 필요한 사항을 대통령령으로 정하고 있고(법 제11조 제3항), 중앙행정기관의 장 또는 시도지사는 협동조합의 실태조사를 위해 필요한 자료를 기획재정부장관에게 제출하도록(기본법 제11조 제5항) 하였기 때문에 하위법령 마련 시 구체적인 대안을 제시하여야 한다.

다. 협동조합 운동가의 양성과 협동조합 간의 협동

협동조합이 자생적이면서 지속가능하고 독립성을 갖춘 조직이 되려면 무엇보다 사람이 중요하다. 협동조합은 대표적인 인적결합체로서 협동조합 운동을 잘 수행할 수 있는 사람들을 발굴하고 교육을 할 수 있는 인프라를 구축하여야 한다. 이를 위해 협동조합 관련 단체들이 연합하고 협력하여 교육활동을 활발히 해야 한다.

먼저 기존의 개별법에 의한 협동조합과의 관계를 재설정하고 이들의 협력을 이끌어내야 한다. 우리나라에서 협동조합운동을 시작해 수십 년의 역사를 가지고 있는 기존 협동조합의 전문 인력을 적극 활용할 필요가 있다. 자칫 이념적인 협동조합 운동에 매몰

되어 협동조합을 운동체적인 관점에서 시작한다면 많은 시행착오를 겪을 수도 있다.

　기본법은 협동조합 등 및 사회적 협동조합 등은 다른 협동조합, 다른 법률에 따른 협동조합, 외국의 협동조합 및 관련 국제기구 등과의 상호 협력, 이해 증진 및 공동사업 개발 등을 위하여 노력하여야 하며, 필요한 경우에는 다른 협동조합, 다른 법률에 따른 협동조합 등과 협의회를 구성·운영할 수 있도록 하였다(기본법 제8조). 특히 기본법에 의해서 업종별로 전국 단위 또는 지역단위의 연합회가 설립되면 이들 연합회들을 지원하는 전국적인 연합조직과 이들 전국단위의 연합조직 간의 협력 및 지원체계가 필요한데, 가칭'한국협동조합연합회'와 같은 조직이 필요하다. 이 기구를 통해서 대한민국의 협동조합을 대표하여 협동조합 선진국 및 관련 국제기구·단체와 협력체계를 구축하고, 기본법에서 명시한 '협동조합의 날(매년 7월 첫째 주)' 행사도 전체 협동조합 진영이 협력과 연대 하에 범 협동조합적인 행사로 시행되어야 한다.

　라. 기존의 협동조합과의 관계를 재정립

　기존의 협동조합과의 관계에 대하여 기본법 제13조 제1항은 "다른 법률에 따라 설립되었거나 설립되는 협동조합에 대하여는 이 법을 적용하지 아니한다."라고 규정함으로써 개별법에 의한 협동조합에 대하여는 이 법의 적용을 배제하도록 하였다. 그러나 제13조 제2항에서는 "기존의 개별법을 개정하거나 새로운 법률을 제정할 때에는 기본법의 목적과 원칙에 맞아야 한다."라고 규정하여 기존 협동조합에 대하여도 앞으로 독점적인 폐쇄성이나 특별규정을 인정하지 않고 기본법 체제로 끌어들이려는 의도로 볼 수 있다.

　기본법 시행 당시에 주식회사와 같은 영리법인이나 여타 법령에 의해서 다른 법인격을 가지고 있는 사업체라도 협동조합과 유사한 목적을 가진 사업체라면 법 시행 후 2년 이내에 기본법에 의한 협동조합으로 전환할 수 있고 기존의 사업경력을 인정받을 수 있다(기본법 부칙 제2조). 기본법에 의한 협동조합으로 전환할 수 있는 협동조합으로는 예를 들어 사회적 기업 육성법에 따라 사회적 기업의 인증을 받은 사회적 기업이 이 법에 의한 사회적 협동조합으로 전환할 수 있고, 주식회사 형태로 운영되고 있던 유사 협동조합들이 기본법상의 협동조합으로 전환할 수 있다.

　이번의 「협동조합 기본법」은 정부지원에 관한 구체적인 내용이 없는 상태여서 그 영향을 가늠하기 어렵지만, 사회적 기업 육성법에 의해 사회적 기업의 인증을 받은 사회적 기업은 종전의 사회적 기업 육성법에 의한 지원과 「협동조합 기본법」상의 이해득실을 따져서 사회적 협동조합으로의 전환을 판단할 것이다. 또한 「농업협동조합법」에 의한 영농조합법인과 농업회사법인도 기본법상의 협동조합으로 전환할 수 있는데, 지금까지 영농조합법인이 농협법상의 협동조합이라기보다는 보조금의 지원통로로 이용되어 온 면도 있기 때문에 이들 역시 기본법상의 협동조합으로 전환할 것인지에 대한 이해득실을 따질 것이다. 그 밖에 주식회사 또는 사단법인 형태로 운영되어온 협동조직들도 기본법상의 협동조합으로 전환을 고민할 것이다.

따라서 기본법 시행 이후에 기존의 협동조직들이 어느 정도 기본법으로 이동하는지, 기본법에 근거한 협동조합들이 어느 정도 생겨나는지에 대해 면밀히 검토하여 협동조합에 관한 총체적인 기본법으로서의 역할을 하도록 발전시켜야 한다.

제2장 협동조합의 주요 이론5)

1. 협동조합 사상과 이론

미국 농업협동조합의 사상과 이론, 목적의 변천과정을 살펴보는 것은 농업분야에 대한 정부의 지원이 점차 감소하고 있는 상황에서 협동조합이 이를 어떻게 보완할 수 있는가 하는 점을 검토해 본다는 의미를 갖는다. 농업인 스스로의 자조적 협동을 이끌어내는 데 성공한 협동조합은 경제학자와 사회학자, 정치학자들로부터 그 발전의 배경이 무엇인지에 대해 많은 관심의 대상이 되어왔다. 협동조합은 경제적 안정을 이루고, 민주적 사회를 건설하는 데 많은 역할을 수행하여 왔다고 평가받고 있다. 이 논문은 제2차 세계대전 이후 협동조합 이론에 대한 연구가 어떻게 진행되어 왔는지를 보여주고자 한다. 그리고 협동조합이 어떻게 사회·경제·기술환경에 적응해 왔는지를 이해하는 데 도움이 되는 분석적인 틀을 소개할 것이다. 이 글을 통해 협동조합 이론에 관한 새로운 전망과 협동조합 구조와 사업활동의 내용을 살펴보면 협동조합이 향후 새로운 환경에 잘 적응할 수 있는 가능성을 충분히 가지고 있음을 인식하게 될 것이다.

협동조합의 사상과 이론에 관한 변천 과정을 살펴보는 것은 초기 협동조합 운동가들의 사상과 이에 대한 현대적인 재해석이 어떻게 이루어지고 있는가를 알 수 있는 기회를 제공해 준다. 협동조합 저널(Journal of Cooperation) 최근호에 수록되어 있는 Ivan Emelianoff(1942)가 쓴 "협동조합 경제학 이론(Economic theory of Cooperation)"에는 이러한 내용이 포함되어 있다.

협동조합 관련 주요 이론의 변천과정을 살펴볼 때 주의할 점은 그 이론의 역사적인 맥락을 고려해야 한다는 사실이다. 즉 협동조합 사상과 이론의 발전과정은 역사성과 현실성을 기초로 검토되어야 한다. 미국에 있어서 농산물판매협동조합은 19세기 상업적 영농의 출현에 기원을 갖고 있다. 판매협동조합의 발전과정은 20세기 초 두 가지 협동조합 학파의 영향을 받았는데, 이는 캘리포니아 학파와 경쟁척도 학파이다. 이러한 미국의 협동조합 사상은 사회개혁 사상의 영향을 크게 받은 유럽의 협동조합 사상과는 달리

---

5) 이 내용들은 주로 협동조합 저널(Journal of Cooperatives)과 미국농업경제학회지에 발표된 것들로 농협경제연구소에서 번역한 자료이며, 주제별 토론 자료도 함께 번역하여 수록하였음.

실용주의에 바탕을 두고 있다는 점이 특징이다. 이러한 사상은 협동조합의 정책적 역할을 강조하였고, 협동조합의 정책적 역할은 그 후 공적 동기와 사적 동기에 의해 더욱 발전하게 된다. 이 글은 이러한 정책적 역할이 협동조합의 목적과 사상, 이론의 변천과정에 어떠한 영향을 미쳤는가에 대해서도 살펴볼 것이다.

협동조합의 역할이 무엇인가에 대해서는 정치·경제·사회학적인 맥락 속에서 살펴보아야 한다. 협동조합은 60년간 계속되어 온 미국 연방농업계획이 마무리되고 있는 시점인 지금 농업인들에게 시장에 대한 접근 가능성을 제공해주고, 농산물의 부가가치를 높이는 수단을 제공하고 있다는 점에서 더욱 중요한 역할을 담당하고 있다. 협동조합은 계속해서 그들의 사업방식을 전략적으로 조정하거나 재구축하고 있다. 그러나 협동조합이 농업인들에게 지속적으로 이익을 제공해주기 위해서는 협동조합 이론과 원칙에 관한 더 철저한 연구와 검증이 이루어져야 한다.

1) 북미 협동조합의 초기 역사

북미 협동조합의 발전과정에서 다양한 사회사상과 경제사상이 현실적 협동조합 운동에 큰 영향을 미쳐왔다. 초기에는 유럽의 산업혁명 기간에 발전한 유토피아 사상이 영향을 미쳤고 이에 기초한 협동조합 운동이 실험적으로 시도되었다. 로버트 오웬의 신세계(New Harmony) 사상과 로치데일의 협동조합 원칙이 미국에서 협동조합의 지배구조와 사업방식에 영향을 미쳤으나 이상주의적 협동조합 운동은 그다지 성공적이지 못하였다. 이후 미국 농업협동조합 운동의 주류는 자조형태의 사업을 통해 유럽과는 다른 독자적 방식으로 발전하였다. 북미의 협동조합은 보다 나은 교역조건으로 농산물을 시장에 판매하기 위하여 조직되었으며, 이와 아울러 공정한 거래, 기타 서비스, 기회주의적 착취로부터의 보호 등을 추구하였다. 협동조합의 최근 이론은 농업인들이 협동조합을 조직하는 이유, 즉 규모의 경제를 추구할 수 있는 다른 방법에 비하여 협동조합 조직이 유리한 이유를 경제이론으로 분석하는 데 초점이 맞추어져 왔다.

19세기 말에 시작된 협동조합 운동은 농민운동을 거치면서 직업적인 농민단체의 지원을 받아 그 기능과 역할이 강화되었다. 사회학적인 의미에서 협동조합의 발전이 의미하는 것은 독립적으로 농업에 종사하는 농업인들이 농업분야에서 자기들의 지위를 향상시키고 보호하기 위해 벌이는 사회운동의 진전을 뜻한다.

(1) 협동조합 공화국 학파(The Cooperative Commonwealth School)

협동조합 공화국 사상은 유럽지역에서 강력한 지지를 받은 이론이며, 미국의 초기 협동조합 운동 지도자들(Howard A. Cowden, Murray Lincoln)에게도 많은 영향을 미쳤다. 이 학파는 협동조합을 경제 내 다른 사업조직체와의 관련성을 향상시키기 위한 포괄적인 조직체로 이해한다.

이 학파의 입장은 협동조합이 발전하여 소비자와 농가 부문에서 시장 지배적 위치를 차지할 것이라는 전망에 기초한다. 나아가 그들은 협동조합이 연합회를 결성하고 노동조합이나 전업농가 협회 등 관련 조직과의 연대를 통해 새로운 경제적 사회적 질서를 창출할 것이라는 확신을 갖고 있었다(Bonner, 1961). 이 사상은 조합원들에게 유력한 계급으로 성장하리라는 믿음을 주었을 뿐 아니라 협동조합의 정치 경제적 영향력을 제공하는 원천이 되었다.

(2) 캘리포니아 학파(The California School)

Sapiro가 주도한 캘리포니아 학파는 품목별로 조직된 협동조합을 통해 보다 체계적인 유통을 달성하여, 농업인에게 불리한 시장불균형을 해소하고 시장조건을 개선하는 것을 지향하였다(Sapiro, 1920; Larsen & Erdman, 1962).

이 학파는 협동조합이 농업인만을 조합원으로 하여 품목별로 조직되어야 하며, 조합원과 조합 사이에 장기출하계약을 체결해야 하고, 전문적인 경영자를 고용해야 한다고 주장하였다. 이러한 협동조합은 특히 태평양 연안의 특수작물 재배 농가들에게 적합한 조직 형태였다.

이들은 상당한 시장점유율을 확보하고 등급화와 공동계산방식을 채택하였는데, 이를 통해 농업인들은 수확기에 농산물을 시장에 헐값에 팔아넘기는 어려움을 피하고 질서정연하게 출하할 수 있게 되었다. 이러한 Sapiro의 협동조합 운동은 광범위한 지역에서 재배되는 품목보다는 주로 제한된 지역에서 재배되는 품목에서 성공을 거두었다. 그럼에도 그는 북미지역에서 농업인들이 협동조합을 통해 시장교역조건을 개선시키는 데 기여하였다는 점에서 폭넓은 지지를 받았다. 다양한 품목분야에서 이러한 협동조합의 성공은 1922년의 캐퍼-볼스테드법(Capper-Volstead Act)과 1926년의 협동조합마케팅법(Cooperative Marketing Act)의 입법에 큰 영향을 미쳤다. 그 후 1929년 연방농업위원회(Federal Farm Board)의 주도로 진행된 하향식 전국품목협동조합의 설립과정에서 Sapiro의 접근방식이 수정되어 적용되었으나, 그 결과는 대개 실패로 끝났다. Sapiro는 농산물 유통체계를 바로잡기 위해 1937년 제정된 농업판매협약법(Agricultural Marketing Agreements Act)보다
한 발 앞서 그것의 필요성을 역설하기도 하였다.

(3) 경쟁의 척도 학파(The Competitive Yardstick School)

미국 협동조합 사상의 또 다른 축은 E. G. Nourse교수가 주도한 경쟁척도학파이다(Nourse,
1922: 1944; Knapp, 1979). 이 학파는 Sapiro가 주창한 광역 범위의 품목 협동조합 운동
에 대응하여 발전하였다. Nourse는 자유시장경제를 지향하는 시카고학파에서 교육받은
경제학자로서 상대적으로 온건한 협동조합 구조를 주창하였다. 그의 이론은 주로 중서부
지역의 축산, 자재, 곡물 협동조합 등 지역단위로 조직된 서비스 협동조합에 뿌리를 두
고 있었다. 그는 지역사회에서 농업인의 욕구를 충족시키기 위해 조직된 협동조합을 대
상으로 하여 협동조합의 지역적 통제를 강조하였다. 그의 이론적 가설에 따르면 협동조
합은 제한적인 시장점유율을 갖는 유통사업을 통해서도 경쟁척도 역할을 수행하여 유통
채널을 지배하는 민간기업의 독점행위를 견제할 수 있다는 것이다. 이러한 협동조합의
견제와 균형 기능(check and balance function)은 민간 부문의 사업활동에 대한 지표를 제
공하며 그들이 보다 경쟁적으로 행동하도록 강제하는 역할을 수행한다. Nourse는 협동조
합의 역할에 힘입어 시장이 보다 경쟁적 구조로 변화하였을 때 협동조합은 제 역할을
달성하고 사라질 수 있다고 주장하였다. 그러나 실제로 그처럼 완전하게 경쟁적인 시장
은 지속적으로 유지되기 어렵다. Nourse는 Sapiro가 주창한 방식의 민주적으로 통제되고
시장 지배적인 품목조합의 설립에 반대하는 입장을 취하였다. 반면에 Nourse는 소규모
지역 협동조합들도 구매 또는 판매 연합회를 통하여 규모의 경제를 실현할 수 있다고
보았으며, 이 경우 협동조합들은 중앙집권적이고 하양식 조직이 아닌 상향식 조직을 유
지할 수 있다고 주장하였다.

협동조합이 시장의 발전, 서비스, 효율성과 경쟁에 미치는 영향을 강조한 Nourse의 주
장은 협동조합에 대한 정책적 지원이 이루어져야 한다는 공감대를 이끌어내는 이론적
기초를 제공하였다. 그리고 협동조합의 경쟁촉진 역할을 강조함으로써 정부의 세법과 독
점금지법에서 협동조합에 대한 예외조항을 허용하는 근거를 제공하기도 하였다. 협동조
합 경쟁척도 학파는 Nourse 자신의 학문적 위상에 의해 더욱 높게 평가되었다. 그는
1925년에 미국협동조합연구소(American Institute of Cooperation)를 설립하여 협동조합 원
칙과 운영방식에 관한 현실적 논의에 기여하였다. 또한 그는 미국농업경제학회(American
Agricultural Economics Association)와 미국경제학회(American Economic Association)의 회

장 및 트루먼 대통령의 수석경제보좌관을 역임하기도 하였다.

(4) 협동조합 학파가 미국 협동조합에 미친 영향

캘리포니아 학파와 경쟁의 척도 학파는 현실적인 협동조합의 조직구조와 목적은 물론 정부정책에도 많은 영향을 미쳤다. Sapiro가 주도한 캘리포니아 학파는 품목협동조합을 통하여 농업인들을 단결시킴으로써 시장지배력을 행사하여 농업소득을 향상시키는 데 초점을 두었다. 이러한 품목조합들은 유통채널의 조정, 새로운 제품개발과 사업효율성 제고에 중점을 두어 충분한 시장점유율을 확보하고 적절한 사업경영을 통해 조합원 소득을 높이고자 노력하였다(Cotterill, 1984).

반면에 Nourse 학파는 협동조합의 경쟁척도 역할을 강조하였다. 이 경쟁척도는 농업 관련 시장에서 협동조합과 경쟁하는 투자자소유기업의 성과를 판단하는 기준이 된다. Sapiro는 협동조합의 역할이 생산자들을 조정하여 시장가격에 영향을 미치는 데 있음을 강조한 반면, Nourse는 협동조합의 공익적 역할을 강조하였고 그 결과 조합원을 위한 목표 달성을 측정하고 평가하는 의미에서는 개념적 모호성을 갖는다. 두 학파는 공통적으로 협동조합의 공공재적 서비스를 강조하였다는 점에서 유사하지만, Sapiro는 조합원 이익 추구라는 면에서 Nourse는 보다 광범위한 농업생산 및 소비부문의 공익성을 지적하였다는 점에서는 차이가 있다.

일반적으로 협동조합이 설립되는 배경은 다음과 같다. ① 농산물 구매업체와 영농자재 공급업체의 수가 제한적일 것, ② 시장채널의 다른 단계(유통업체, 자재공급업체 등)에 비해 상대적으로 농업생산자의 수가 많고 규모가 작은 원자적 구조일 것, ③ 영농투자 자산이 특정화되어 농산물의 공급이 비탄력적일 것 등이다. 상업적 농업의 발전이 농업인들이 협동조합을 통해 자신들을 조직화하는 주된 유인이 된 것처럼 농업시장 구조의 변화는 오늘날에도 농업인들이 협동조합을 조직하는 주요 근거가 되고 있다(Torgerson, 1977). 농업인들이 협동조합을 조직하는 이유는 필요한 서비스가 자신들의 지역사회에서 제공되지 않거나 또는 그러한 서비스가 합리적인 가격으로 제공되지 않기 때문이다. 최근까지도 협동조합 연구들은 농업인들의 협동조합을 통한 공동행동의 조건들로 시장실패를 비롯하여 과다한 거래비용, 농업인에 대한 차별적 시장지배력, 구매자 시장에서 수요독점의 증가 등을 거론하고 있다.

2) 협동조합 마케팅 이론의 발전 과정

Sapiro 학파와 Nourse 학파의 이론은 농업협동조합이 조합원 이익 제고와 공익적 역할 수행을 추구한다는 관점에서 그 목적과 조직구조를 구체화하였다. 이들 학파는 협동조합이 시장 지배력의 균형에 기여한다는 점을 공통적으로 강조하였다. 다만 Sapiro 학파는 협동조합이 어떤 품목의 산업 전체적인 거래조건에 영향을 미치는 것으로 보았고, Nourse 학파는 특정시장의 경쟁 촉진에 기여하는 것으로 간주하였다. 이들은 협동조합이 조합원에게 시장 이익의 보다 많은 부분을 제공할 뿐만 아니라 시장 또는 산업의 효율성을 제고하는 데 기여한다고 보았다. 즉 그들의 협동조합 철학은 공익적 관점에 기초하고 있으며, 이러한 사상은 1922년의 캐퍼-볼스테드법(Capper-Volstead Act)의 제정에 영향을 미쳤다.

Sapiro와 Nourse는 조합원 참여와 조직의 단결에 관한 현실적 문제에 크게 기여하였다. 그러나 그 이후의 이론은 협동조합의 외부적 효과보다는 내부적 또는 미시적 분석에 치중하면서 보다 완결적인 협동조합 이론의 개발에 주력하였다. 정부가 농산물가격지지정책을 도입하면서 협동조합의 공공정책적 역할은 뒷전으로 밀려나게 되었다. 협동조합 운동이 원숙하게 되고 협동조합 조직이 시장변화에 직면하게 되면서 경제학자들의 관심은 협동조합의 조합원 참여와 효율적 운영 문제로 전환되었다. 이와 같이 협동조합의 내부제도에 대한 관심이 높아지게 된 것은 경제학의 새로운 흐름을 반영하는 것이기도 하다. 즉 개인과 조직의 의사결정에 대한 문제를 다루는 미시경제학이 거시경제학과 분리되어 전문화되면서 미시경제학의 이론을 바탕으로 조직 내부제도를 연구하는 분위기가 활성화된 것이다. 미시경제학은 방법론적 개인주의를 기초로 하기 때문에 미시경제를 연구하는 학자들은 경제 전체와 개별 조직들 간의 관계 및 상호작용에 대해서는 큰 관심을 기울이지 않았다.

그러나 이러한 연구 경향이 Sapiro와 Nourse 이후 농업협동조합의 공공적 역할에 대한 이론적 연구가 부족하였다는 사실을 의미하는 것은 아니다. 사실은 산업조직 모델을 이용하여 협동조합이 경제 전체에 기여하는 역할과 협동조합의 외부효과를 밝힌 연구가 몇몇 경제학자들에 의해 훌륭히 수행되어 왔다(Cotterill, 1987: 1997; Rogers and Marion, 1990; Haller, 1993; Rogers and Petraglia, 1994). 협동조합이 산업 전반에 미치는 영향에 대한 연구는 협동조합의 교섭행위 연구에 자세히 나와 있다(Ladd, 1964; Bunje, 1980). James Shaffler는 협동조합이 거시경제에 미치는 영향과 협동조합의 역할에 대해 많은 연구를 하였다. 그는 이러한 연구 분야에 대해 "…많은 관심을 기울일 만한 가치가 있다"(1987)고 말하였다.

협동조합에 관한 미시경제학 연구는 1940년대에 Emelianoff에 의해 발전되었는데, 그는 협동조합을 수직적 통합(vertical integration)의 하나로 간주하였으며, 특히 협동조합 판매조직과 조합원 간의 구조적 및 기능적 관계에 초점을 맞추었다. 그의 이러한 연구는 Robotka(1947)와 Phillips(1953), Aresvik(1955)에 의해 더욱 발전하였다. 그는 협동조합은 조합원이라는 경제단위의 집합체를 대표할 뿐 그 자체가 탐욕스러운 경제단위가 아니라고 결론지었다. 즉 그는 협동조합을 조합원이 주인이 되는 하나의 순수한 대리인으로 간주하였다.

Phillips는 Emelianoff-Robotka의 수직적 통합의 이론을 이용하여 생산, 가격 결정이론을 발전시켰다. 그는 조합원들이 그들의 한계비용과 협동조합의 한계수익이 서로 일치되는 지점에서 생산량을 결정할 것이라는 점을 밝혀냈다. 그러나 몇몇 경제학자들은 이 모델의 일부 오류를 지적하기도 하였다(Trifon, 1961; Sexton, 1984; Royer, 1994; Staatz, 1994). Phillips는 고려하지 않았지만 조합이 한계비용을 증가시키거나 감소시키는 경우 모든 조합원들이 이에 대응하여 생산물량을 탄력적으로 조정할 수 없다면 최적 조건이 달성되지 않을 수도 있다.

Emelianoff, Robotka, Phillips 등은 협동조합을 이해하는 데 있어서 주인과 대리인 관계의 중요성을 강조하였다. 협동조합의 경영 및 의사결정 구조 속에서 조합원들은 그들의 대표인 이사회 등을 통해 주인의 역할을 담당하며, 경영진들은 대리인으로서의 역할을 담당한다. Emelianoff, Robotka, Phillips의 이론에서는 주인과 대리인을 분명히 구분함으로써 "누구에게 이익이 주어져야 하는가?"에 대한 질문에 명확한 해답을 제시하고 있다.

Phillips는 수직적 통합의 논리를 이용하여 조합과 조합원의 관계는 비례원칙에 입각하여 형성되어야 한다는 주장을 이끌어내었다. 즉 조합원은 자신이 협동조합에 기여하는 정도에 비례하여 이익을 획득해야 한다는 것이다. 조합원의 투표권 등과 같은 지배구조 역시 조합원의 출하물량이나 사업 이용고에 비례하는 투표수에 기초하여야 한다.

협동조합의 산출량과 가격설정에 관한 Phillips 모형의 단점은 협동조합에 적합한 기업이론이 결여되었다는 점에서 기인한다. 1960년대에 이르러 Helmberger와 Hoos는 Phillips 모형의 이론적 결함을 해결하고 농업협동조합에 적용 가능한 기업이론을 정립하였다. 그들에 따르면 기업과 유사하게 협동조합 역시 최적화의 목적함수를 가지고 있지만, 그 최적화가 조합원 이익의 극대화에 있다는 점에서 차이가 발생한다. 그들의 연구 결과에 의하면 협동조합은 모든 이익을 조합원에게 이용고에 비례하여 배분함으로써 평균가격을 극대화한다고 보았다.

그 후 Helmberger-Hoos 모형과 Phillips 모형에 대한 이론적 논쟁이 활발하게 이루어져 왔으며, 이러한 내용은 협동조합 저널(Journal of Cooperatives)에서 찾아볼 수 있다(Staatz, 1989; Staatz, 1994; Royer, 1994; Rhodes, 1995; Sexton, 1995a). 기업이론의 수정을 통해 협동조합 이론을 제공하고 협동조합의 장단기 의사결정을 분석함으로써 Helmberger- Hoos 모형은 기존 조합원들이 협동조합 조합원 규모를 제한하려는 잠재적 인센티브를 가지고 있음을 파악하였다. 이 모형은 경영자가 수익 증대를 목적으로 조합의 사업물량을 확대하려고 할 때 발생할 수 있는 조합원과 경영자 간의 잠재적 이해갈등을 찾아내었다. 특히 이러한 사업 물량 확대가 신규조합원 확대를 통해 이루어질 때 기존 조합원의 이익과 상치된다는 것이다. 이러한 점에서 이 모형은 경영자의 독자적 의사결정에 따르는 책임이라는 현실적 문제를 설명하고 있으며, 또한 Phillips 모형이 설명하지 못하는 조합원 통제에 관한 복잡한 이슈들을 설명하고 있다.

1960년대 이후 경제학 이론은 새로운 방향으로 발전을 이루어왔다. 이러한 경제학의 성과는 농업협동조합의 현실과 이론에 관한 최근 동향과 발전을 이해하는 데 유용하다. 전통적 경제이론에서 이윤의 존재는 시장구조에서 비롯된 것으로 설명한다. 이러한 가정에 입각한 전통적 경제이론은 조직의 내부적 인센티브 구조를 소홀히 취급하여 왔다(Shoemaker, 1990). 이러한 점에서 Emelianoff(1942)가 논문을 발표할 당시에는 적절한 사업체(enterprize) 이론이 없었다는 점은 흥미롭다. 왜냐하면 그는 이와 유사한 추론을 이용하여 사업체 개념을 개발하고 이와 구별되는 의미에서 협동조합의 개념화를 시도하였기 때문이다.

협동조합의 내부조직을 어떻게 모형화할 것인가 하는 문제에 관하여 다양한 접근방식에 의한 이론적 논의가 진전되어 왔다. 이 중에서 농업협동조합에 관해서는 최근 다음의 네 가지 이론적 접근이 주요한 성과를 거두고 있다. 이들은 ① 재산권 경제학, ② 신제도주의 경제학 또는 거래비용 경제학, ③ 지역 공공재 이론 또는 집단 공공재 이론, ④ 게임 이론적 접근방식의 경제학이다.

1960년대 이후 재산권 경제학은 공해 문제부터 비즈니스전략 문제에 이르는 광범위한 분야의 정책 이슈에 응용되고 있다. 재산권은 특정 자산이나 자원을 이용할 수 있는 권리 또는 그 이용을 통제할 수 있는 권리로 정의된다(Demsetz, 1967). 자산의 여러 가지 특성에 따라 그 이용권과 통제권이 세분화될 경우, 그리고 특히 이러한 자원의 특성을 가장 효율적으로 이용할 수 있는 당사자들을 위해 자산에 대한 소유권의 분할이 가능한 경우에 재산권의 경제적 응용이 광범위하게 이루어진다(Barzel, 1997). 자산의 특성에 따른 재산권의 세분화 정도에 따라 그 자산의 이용과 보전의 효율성 수준이 결정된다.

재산권 경제이론은 많은 정책분석가에게 다양한 형태의 시장실패를 설명하는 데 도움을 주며, 시장실패의 교정을 위한 정부 차원의 해결 대안을 제공하는 데 기여한다. 예컨대 Demsetz(1967)는 다양한 형태의 인적 협동 특히 계약을 통한 협동관계가 제대로 이행되지 못하고 성과를 얻지 못하는 이유를 재산권이 명확하게 정의되지 않고 그 이행이 강제되지 못하는 점에서 찾고 있다. 재산권 이론은 신제도학파 경제학에서 매우 중요한 이론이다. 이러한 재산권 접근방식은 협동조합의 경우 그 소유권과 통제권의 기초는 자본 출자가 아니라 사업 이용에 있음을 명확하게 해준다. 그리고 이러한 분석적 접근방식은 많은 협동조합에 있어서 조합원 출하권의 확립에 대한 이론적 근거를 제공한다.

Cook(1995)은 최근 논문에서 협동조합이 지속가능하며 생산자가 통제하는 사업조직으로 유지되기 위해서는 재산권 확립이 결정적으로 중요한 수단임을 지적하였다. 그에 따르면 적절하게 정의된 재산권을 확립함으로써 먼저 협동조합의 내부적 안정성을 확보할 수 있으며, 다음으로 협동조합이 시장성과를 향상시키는 역할, 즉 시장실패의 교정 역할을 제대로 수행할 수 있게 된다는 것이다.

신제도주의 경제학은 최근 재산권 경제학의 적용 범위를 확대하는 데 기여하였다. 주요 내용은 시장과 조직을 재산권 개념에 의해 어떻게 정의하는가 하는 문제이며, 나아가 시장과 조직이 재산권(또는 지배구조)과 더불어 어떻게 기능하는가 하는 문제이다. 이러한 문제에 대한 해명은 신제도주의 경제학의 핵심과제이며 Williamson(1975: 1985)의 연구성과와 연관된다.

자산과 그 특성에 대한 재산권 확립은 거래비용을 수반한다. 신제도주의 경제학은 이러한 거래비용의 최소화 문제를 다른 형태의 조직과 계약을 형성하고 확립하는 문제와 연계시킨다. 이러한 문제의식은 구체적으로 왜 협동조합을 설립하는가 하는 문제, 즉 생산자들이 규모의 경제를 얻기 위한 채택 가능한 다른 방식과 대비하여 왜 그들이 협동조합이라는 방식을 채택하는가 하는 문제에 대한 해답을 검토하는 데 직접적으로 관련된다(Staatz, 1987a). 자산의 특정성 문제는 실제로 농업인들과 직접적으로 관련되는 측면이 많다. 이 문제는 농산물 구매기업들의 기회주의적 행동에 의해 농업인들이 피해를 당하는 결과를 초래하는 원인이 된다. Williamson(1975: 1985)을 비롯한 신제도주의 경제학자들은 이러한 자산 고정성에 따른 취약성이 수직적 통합의 근거를 제공한다는 점을 지적하고 있다. 농업협동조합의 경우 이러한 유형의 시장실패에 대응하기 위해 조직되는 측면이 많다. 농업협동조합 또는 일반 기업에 대한 신제도주의 경제학적 접근은 이러한 사업체의 조직 전략을 설명하는 데 유용하다. Sporleder(1992)는 이러한 분석방법을 이용하여 농업분야에 있어서 최근의 수직적 통합과 전략적 제휴가 확대되는 추세를 설명하고 있다.

공공재(public goods) 이론 분야에서는 1960년대 중반 Buchanan(1965)과 Olson(1965)이 독자적 연구를 통해 지역 공공재(local public goods) 또는 그룹 공공재(group public goods)의 의미를 밝히는 성과를 거둔 바 있다. Buchanan은 클럽 이론(예컨대 협동조합 조합원)을 이용하여 Samuelson이 개념화한 순수 공공재와 사유재 사이의 공백을 설명하는 작업의 필요성을 강조하였다. 그의 클럽이론은 공동소유자산의 통제와 이용을 위한 안정적이고 합리적인 협동의 조건을 모형화하였다. 여기서 모든 구성원이 공동자산에 대한 동등한 접근이 가능하며, 어느 구성원의 자산 이용이 그룹 내 다른 구성원의 자산 이용을 감소시키거나 방해하지 않는다는 의미에서 이러한 공동자산은 공공재적 성격을 갖는다. 이러한 성격의 지역 공공재 또는 그룹 공공재는 구성원 규모의 제한을 전제로 한다. 협동조합 실무자들은 클럽 이론이 농업인이 처해 있는 현실적 상황을 감안할 때 협동조합 구조 발전을 위한 이론 도구로서 적절하지 못하다고 생각할 수도 있다. 그러나 클럽 이론이 농업협동조합의 이론적 분석을 위한 분석방법으로서 중요하다는 것은 명확하다(Vitaliano, 1977; Sexton, 1984: 1995a).

Olson(1965)은 Buchanan과 유사한 입장에서 대부분의 공공재는 특정 그룹의 사람들에 대해서만 정의될 수 있다고 지적하였다. 즉 특정 그룹은 그들의 조직화된 행동을 통해 협동의 이익을 성취한다는 것이다. 여기서 공공재적 성격은 모든 구성원이 공동 이익을 창출하는 서비스에 접근이 가능하다는 점에서 나온다. Olson 논문의 목적은 공공재가 지역적으로 어떻게 정의되고 그 이익이 공유되는가 하는 문제보다는 협동조합을 설립하여 지역적 공공재를 생산하는 데 관련된 개개인의 인센티브에 관한 문제를 검토하는 데 있다.

조합원의 단결 구조 즉 비용 분담과 수익 공유의 방식에 대한 합의는 협동조합 이론의 기본이다. 클럽 이론은 동등 분담(equal sharing)의 가정 하에서 조합원 크기 문제를 분석하였다. 그러나 협동조합을 설립하는 데는 이밖에도 구체화되어야 할 몇 가지 이슈가 존재한다. 개개인들은 누가 어떠한 조건하에서 누구와 협동할 것인지에 대해 먼저 협상을 해야 한다. 이 문제에 대한 해답은 게임 이론에서의 담합 분석에서 찾을 수 있다. Staatz(1983, 1987b)와 Sexton(1986)은 1980년대에 이러한 이론을 협동조합 모형화에 적용하였다.

담합 게임(collusion games)은 협상과정의 하나로 볼 수 있다. 그러나 경제 모형에서 이는 안정적 균형을 얻기 위한 조건을 찾는 문제로 된다. 상이한 담합 즉 배분 규칙을 수정하고자 하는 시도는 다양한 이유에 기인한다. 예컨대 담합 범위의 적정 수준이 존재하는 경우, 참여자들이 서로 다른 독자적 기회를 상당 수준 갖고 있는 경우, 또는 상이한 방식의 담합에 따라 추가적 이익이 크게 다른 경우 등을 들 수 있다.

Staatz(1994)와 Sexton(1986)은 모두 Phillips(1953)를 농업협동조합에 관한 담합 모형의 선구자로 평가하고 있다. 즉 Phillips가 강조한 비례성 원칙은 모든 조합원에 대해 비용 분담과 이익 배분의 비율을 동일하게 유지한다는 점에서 바로 안정적 담합 해를 의미한다는 것이다. 다시 말하면 어느 조합원도 배분 규칙을 수정하고자 하는 인센티브를 갖지 않는다는 의미이다. 그러나 Staatz와 Sexton은 게임이론 모형에서의 담합 해는 만장일치 규칙이 적용된다고 지적하면서, 이러한 의미에서 Phillips가 제시한 비례투표제가 반드시 일인일표제보다 우월하거나 정당화될 수는 없다는 점을 지적하였다.

3) 협동조합 목적의 위기와 도전

협동조합 연구에서 해결하기 어려운 문제이면서, 최근 이론적인 접근이 새롭게 모색되고 있는 분야가 협동조합의 다양한 목적에 관한 것이다. 협동조합의 목적이 다양하게 나타나는 것은 협동조합을 바라보는 사회·경제적인 시각과 철학적 배경이 많은 차이를 보이기 때문이다. 협동조합의 여러 가지 목적은 내부 조합원의 입장과 사회 전체적인 측면에서 협동조합이 어떠한 역할을 수행해야 하는가에 대한 평가로부터 도출된다.

(1) 사회적 서비스와 협동조합의 철학

모든 조직은 사회적인 관점에서 적어도 세 가지의 목적을 갖는다. 첫째는 이윤을 창출하는 것이고, 둘째는 서비스를 제공하는 것이며, 셋째는 이념을 현실화시키는 것이다. 이러한 목적들이 어떻게 조화를 이루고, 어떤 목적이 지배적인 위치를 차지하느냐는 조직들 간에 또는 조직 내부에서도 매우 다양하게 나타난다. 이러한 목적의 다양성은 협동조합의 경우에도 적용되며, 이 때문에 협동조합의 이론과 현실에 있어서 상호모순 또는 상호갈등이 초래되기도 한다. 여기에는 ① 가치와 서비스, ② 효율성과 민주성, ③ 관료주의적 논리와 협동조합적 논리 간의 상충문제들이 포함된다. 이러한 갈등과 충돌은 협동에 대한 이해를 단편적인 것으로 만들거나, 어떤 관점은 받아들이는 데 비해 다른 관점은 부정하는 경향을 보이는 현상으로 나타나기도 한다.

<표 2> 목적성에 따른 협동조합의 구분

유 형	주식회사	신세대 협동조합	개방형 판매 판매농협	자재구매 협동조합	소비자 협동조합	키부츠
목 적	이윤		서비스		가치	

협동조합은 추구하는 목적에 따라 이윤을 주로 추구하는 주식회사 형태로부터 가치를 중시하는 키부츠(Kibbutz)에 이르기까지 다양하게 분류된다. 자재구매협동조합과 서비스 협동조합을 포함한 대부분의 협동조합은 위 그림에서 서비스 목적 근처에 위치한다 (Craig, 1993; Nadeau and Thompso, 1996). 농산물 판매협동조합은 서비스 목적과 이윤 목적의 중간에 위치하며, 신세대협동조합은 이윤 목적에 보다 가깝게 위치한다. 그림에서 가치 목적에 위치하는 협동조합은 조합원 참여와 민주적 절차를 보다 강조하는 경우이다. 실제로 대부분의 협동조합은 이러한 세 가지 목적(이윤, 서비스, 가치)을 모두 지향하는 경우가 많다.

조합원의 민주적 참여와 경영의 효율성은 서로 반비례하는 경향을 보인다. 참여와 민주주의는 많은 시간을 필요로 하는 반면 효율성을 강요하는 시장의 요구는 언제나 즉각적이고 강력하다. 이러한 충돌은 조직 구조의 형성과 사업 운영방식에서 명확한 차이로 나타난다.

효율성의 추구는 협동조합 조직을 관료주의화하고, 위계질서에 의한 중앙집권적 하향식 조직구조를 형성시킨다(Breimyer, 1996). 이러한 논리는 지역 중심, 분산적 의사결정 구조, 자발적 참여 등을 강조하는 전통적 협동조합 논리와 뚜렷이 구별된다. 여기서 근본적 딜레마는 보다 쉽고 단순하면서 관료적 방식으로 조직을 유지할 것인가 아니면 보다 복잡하고 민주적 방식에 기초한 협동조합으로 남을 것인가 하는 선택의 문제이다.

협동조합을 둘러싼 논쟁에는 협동조합 이론과 협동조합의 현실적 실천방식에 관한 주제들이 동시에 포함되는데, 이들은 상호 연관성을 갖는다. 협동조합이 조합원에 대한 서비스 제공에 그 목적을 한정해야 하는지 아니면 조합원의 생활 전반을 개선하고 참여를 확대시키는 노력까지 기울여야 하는지에 관한 문제는 모든 협동조합이 해결해야 할 중요한 문제이다. 이 두 가지 목적 중에서 어느 쪽을 더 강조하는가의 문제는 개별 협동조합마다 의견이 서로 다르며 하나의 협동조합 내부에서도 다양한 입장이 공존한다. 북미의 경우 영농자재 협동조합은 주로 서비스 협동조합을 추구하는 반면, 농산물 판매협동조합은 서비스 협동조합을 지향하면서도 점차 수익성을 강조하는 추세에 있다.

치열한 시장경쟁에 대응하기 위한 협동조합의 효율성 추구 노력은 협동조합이 전통적 논리에 충실한 조직형태를 벗어나 보다 관료주의적 조직모형을 추구하게 되는 모순적 양상을 초래한다. 협동조합에 대한 조합원 참여가 줄어들고 협동조합이 중앙집권적 의사결정을 지향하는 조직형태로 변모함에 따라 협동조합과 주식회사 간의 구별이 더욱 어려워지고, 협동조합 고유의 성격을 상실할 우려도 존재하게 되었다. 그러나 협동조합이 시장의 요구 즉 수익성 추구를 무시하고 행동한다면 협동조합의 존립이 위협받게 된다는 점도 인식해야 한다.

이러한 딜레마는 크게 보면 협동조합에 대한 사회 철학과 경제 철학의 차이에서 비롯된 것이다. 사회 철학자들은 민주적 통제를 강조하며 구체적으로 1인 1표제를 협동조합의 기본원칙으로 간주한다(Lambert, 1963). 반면 경제 철학자들은 이용고에 비례한 수익배분 원칙을 기본적인 원칙으로 받아들인다. Jerry Voorhis(1975)와 같은 협동조합 지도자들은 상향식 조직구조를 견지하면서 조합원에 대한 서비스 제공과 조합원의 참여를 목적으로 하는 협동조합이 쇠퇴하는 경향에 대해 우려를 표시해왔다.

한편 농업협동조합을 보다 넓은 시각에서 농촌 하부구조의 하나로 인식하거나, 농촌발전이라는 공공재적 목표를 추구하는 조직으로 받아들인다면 협동조합의 또 다른 특성을 찾을 수 있다. 농촌지역에서 협동조합의 이익은 분산적 의사결정 방식과 지역단위의 부의 창출과 분배에 있다. 협동조합은 조직의 본래의 성격으로 인해 농촌주민과 지역사회에 기여하는 지역발전을 위한 공공재로 간주된다.

(2) 누구에게 이익이 주어지는가?

대리인 이론과 재산권 이론에서는 주식회사와 협동조합 모두 "잔여 청구권자"가 이익을 향유하게 된다고 설명한다. 만약 전통적인 주인과 대리인 이론이 적용된다면, 어떤 사람들이 조직이 창출한 이익을 주로 향유하게 될 것인가는 명백하게 정의된다. 이들은 주로 조직의 최초 설립을 주도한 사람들일 가능성이 높다. 대리인 이론은 다양한 투자자들이 존재하는 상황에서 어떻게 인센티브 시스템을 설정할 것인가의 문제를 해결하기 위해 발전해왔다. 이 이론에서는 조직이 창출하는 이익을 향유하고 있는 사람들이나 이들의 대리인들이 맺고 있는 계약관계나 협력관계의 집합이 조직이라고 정의한다. 예를 들어 협동조합 직원들은 급여의 인상이나 복지가 더 향상되기를 원하고, 경영자는 자신의 급여가 인상되기를 바란다. 또한 조합은 사업물량의 확대를 바라는 반면, 조합원들은 그들이 협동조합을 이용하고 협동조합에 투자한 것을 충분히 보상할 만큼 농산물의 출하가격이 향상되기를 바란다.

협동조합의 조합원에게 주어진 과제 가운데 하나는 그들이 설립한 협동조합이 그들에게 가장 많은 이익을 제공하도록 유지시키는 것이다. 조합원들은 다른 대리인 그룹들이 먼저 이익을 차지한 후 남은 부스러기만 주워 담는 처지로 전락하지 않기 위해 노력해야 한다. 이사회의 실질적인 권한이 약화되어 있거나, 경영진들이 비조합원 등을 끌어들여 사업물량의 확대만을 추구하는 경우에는 이러한 노력의 필요성이 더욱 강조된다. 특히 협동조합이 비조합원과의 거래물량을 확대함으로써 조합원에게 배당하지 않은 내부유보 자산을 증가시킨 경우에는 이러한 노력이 더욱 중요해진다(Royer, 1992; Staatz, 1989). 경영진들은 이러한 자산을 조합원의 노력이 아닌 그들 자신의 노력의 산물로 받아들이기 때문이다. Staatz와 Royer가 경고한 바와 같이 협동조합의 규모가 커지고 조직이 복잡해지면, 협동조합의 조직구조가 현실적 상황에 타협하거나 적응하도록 변화될 가능성이 매우 높다.

이러한 상황이 지속되면 협동조합이 주식회사로 전환될 수도 있으며, 조합원의 이익을 극대화한다는 본래의 목적보다 기업적 가치를 중시하는 방향으로 목적이 전도될 수도 있다. 따라서 조직을 통제하는 데에는 경영구조가 중요한 역할을 하는 데 비해, 협동조합을 통제하는 데에는 수익의 분배구조가 중요한 역할을 담당한다. 이러한 측면에서 사우스캐롤라이나 주의 AgFirst Farm Credit Bank of Columbia 은행의 사례는 눈여겨볼 만하다. 이 은행은 협동조합의 사업을 지속적으로 유지하는 데 있어서 협동조합 은행 시스템도 중요하지만, 조합원들이 대출을 받는 경우 이들에게 이용고 배당을 실시하는 것도 매우 중요하다고 강조한다.

(3) 협동조합 교섭 행위의 역할

어떤 기업이 공격적인 판매전략을 통해 시장점유율을 높이고자 할 때면 일반적으로 가격을 인하하거나 기타 다른 판매촉진 방법을 사용한다. 따라서 이러한 경우 상품가격은 오르기보다는 내리는 것이 일반적이다. 협동조합의 경영진은 조합 자체의 사업수익을 크게 하기 위해 사업물량을 확대하려는 대리인 행태를 보이는 경우가 있는데, 이 경우 앞서 살펴본 바와 같이 시장확대를 위해 가격을 내리고자 시도하기도 한다. 이러한 경영진의 행동은 조합원이 출하한 농산물의 가격 하락을 초래하는 결과를 발생시키게 되며, 따라서 조합으로부터 더 높은 가격과 더 많은 혜택을 받기를 바라는 조합원들과의 사이에 갈등이 발생한다.

이러한 한계를 극복하기 위해 미국을 포함한 많은 나라에서는 협동조합을 대신하여 가격 교섭을 대행해주는 연합회를 조직하여 활용해왔다(Bunje, 1980; Iskow and Sexton, 1992; Marcus and Frederick, 1994). 이러한 구상은 교섭을 통해 형성된 가격이 농산물의 수요와 공급의 상황을 반영한 공정하고도 표준적인 가격이 될 것이라는 생각에 기초하고 있다. 판매협동조합들은 교섭에 의해 형성된 가격을 조합원이 출하한 농산물로 얼마만큼의 사업성과를 거두었는가를 측정하기 위한 기준가격으로 활용하였다.

조합원들은 협동조합의 교섭행위에 의해 정당한 가격을 보장받을 수 있는 기회를 확보하게 되었으며, 협동조합에 대한 투자와 농산물 출하가 얼마만큼의 부가가치를 창출하는지에 대해서도 측정할 수 있게 되었다. 사실 교섭협동조합에 참여한 조합원과 판매협동조합에 참여한 조합원은 서로 동일하며, 이들은 두 종류의 협동조합에 동시에 참여함으로써 대리인 그룹들과 상인, 기업들로부터 그들의 이익을 보호할 수 있는 기회를 넓힐 수 있게 되었다. 이는 여러 조직들과의 관계에 따라 그 크기가 좌우되는 농업인의 소득규모가 협동조합 제도의 존재로 인해 향상되고 있음을 의미한다(Togerson, 1971).

만약 Helmberger(1996)과 Fulton(1995)이 지적한대로 점차 산업화되는 미국 농업의 환경 하에서 개별적으로 농업에 종사하는 사업방식이 소멸될 것이라는 전망이 사실이라면, 교섭협동조합에 참여함으로써 농업인들이 수직적 통합의 관계를 형성하는 것은 향후 농업분야에서 매우 중요한 의미를 가지게 될 것이다. 농업분야에서 계속 문제가 되어왔던 것 중 하나는 일반 기업과 계약관계를 형성하고 있는 농업인들이 그들의 주장을 내세울 수 있는 기회를 거의 가질 수 없었다는 사실이다. 기업들은 이들 농업인들이 조직한 협동조합과 상대하는 것보다 농업인과 개별적으로 상대하는 것을 더 선호한다. 그런데 기업과 농업인이 일대일 관계로 거래하는 경우에는 기업에 의한 일방적인 계약취소 및 계약물량 축소, 계약기간 단축, 협동조합을 조직하려는 농업인에 대한 보복 등과 같은 불공정 사례가 다수 발생하기도 하였다. 이러한 이유 때문에 1967년 농업공정활동법(Agricultural Fair Practices Act)이 제정되기도 하였다. 그런데 농업분야에서의 불공정 거래행위를 단속하기 위해 제정된 이 법은 단속기준이 미약했기 때문에 농업인에게 커다란 이익은 제공해주지 못하였다(Togerson, 1970).

캘리포니아와 미시간 등 많은 주에서는 농업분야의 계약과 관련하여 좀 더 개선된 형태의 법률을 제정하였다. 민주당 상원의원이었던 Mondale과 민주당 하원의원이었던 Pennetta는 이와 관련하여 연방 차원의 법률을 제정하기 위해 노력하였다. 미농무부의 자문위원회(USDA Advisory Committee on Concentration in Agriculture, 1996)와 연방소 농위원회(National Comminssion on Small Farms, 1998) 역시 이러한 문제를 해결하기 위해 계속해서 관심을 기울여 왔다. 교섭협동조합 관련 법률을 제정하기 위한 노력은 농업공정활동법(Agricultural Fair Practices Act)을 개정하는 과정 속에서 계속 논의되고 있다. 새로운 법률을 제정하는 문제와 교섭협동조합과 주식화사 등이 제도적으로 관계를 형성하는 문제에 대해서는 더 많은 이론적인 연구가 이루어져야 할 것이다.

(4) 부가가치 창출 협동조합의 등장

협동조합은 농업인들이 좀 더 집중화되고 세계화되는 농업환경 속에서 살아남기 위해 선택할 수 있는 몇 안 되는 대안 가운데 하나이다. Helmberger와 Fulton의 연구에서도 지적되었듯이 이러한 사실은 농산물의 부가가치 향상을 목적으로 한 판매협동조합의 발생 증가로 현실화되었다. 농장의 범위를 넘는 영역까지 진출한 농업협동조합은 농업 분야에서의 수직적 통합의 역할을 수행하였다. 협동조합은 거래를 통합시켰으며, 이로 인해 생산자 가격과 소비자 가격과의 차이만큼 나타나는 거래비용을 줄일 수 있게 되었다. 농업인들은 개별적으로 사업에 필요한 최소한의 효율적인 생산규모를 달성하기가 어렵기 때문에, 농업인들이 수직적 통합을 달성하기 위해서는 협동조합을 통한 협력적 행동이 반드시 필요하다. 농업인들은 협동조합을 통해 수직적 통합을 달성함으로써 더 많은 경제적 이익을 획득하고, 가공업자에 대한 대항력을 향상시킬 수 있게 된다. 따라서 협동조합은 수직적 통합을 통해 농업인들의 지위를 향상시키는 데 기여하는 경제 조직체로 인식될 수 있다.

공공 정책적 관점에서 보면 협동조합은 경쟁을 촉진시키는 도구로 인식된다. 조합원들은 개별적으로 생산할 물량을 정하기 때문에 협동조합이 존재해도 가격이 오르면 생산량을 확대한다. 경험적인 연구결과에 의해 보더라도 협동조합이 존재하는 경우에 마진의 크기가 더 작았다(Rogers and Petraglia, 1994; Haller, 1993). Cotterill(1997)은 농업협동조합의 마케팅 이론을 제품이 차별화된 시장에 적용할 경우 이러한 결과가 이론적으로도 더욱 확실하다는 사실을 발견하였다. 제품이 차별화된 시장에서 우하향하는 수요곡선에 직면해 있는 투자자소유기업은 한계비용과 한계수익이 교차하는 지점에서 가격을 결정하는 데 비해, 협동조합은 평균비용 수준에서 생산을 결정하기 때문에 더 낮은 가격에 더 많은 물량을 생산하게 됨으로써 상대적으로 시장의 효율성이 증가한다. 따라서 독과점적인 식품시장에서도 협동조합은 소비자들에게 경쟁의 척도로서의 역할을 제공한다.

협동조합이 계속해서 해결을 모색하고자 하는 것 가운데 하나는 무임승차자 문제(free rider problem)이다. 무임승차자 문제는 협동조합에 참여는 하지 않으면서 협동조합이 달성한 성과는 얻으려고 하는 조합원의 행동 가능성을 가리킨다. 신세대협동조합은 이러한 문제를 극복하고 조합원에게 더 큰 혜택이 주어지도록 하기 위해 조합원의 수를 제한하였을 뿐만 아니라 출하물량에 비례하여 출하권을 구입하도록 함으로써 조합에 대한 출자를 유도하였다. 이에 따라 조합을 이용하는 양과 조합에 투자하는 규모가 서로 밀접하게 연계된다. 거래 가능한 출하권은 일부 조합원들의 기회주의적인 행동 가능성을 극복하는 데 기여하는 것으로 보인다. 예를 들어 무임승차자 문제와 기간불일치(horizon problem)의 문제는 이러한 제도 때문에 많이 약화된다(Harris & Stefanson & Fulton, 1996).

신세대협동조합은 전통적 협동조합이 줄 곧 겪고 왔던 문제를 해결할 수 있다. 그러나 조합원의 가입을 제한하는 회원제 조합원주의가 전통적인 개방형 협동조합에 비해 경쟁을 촉진시키는 역할을 감소시킬 수도 있다. 소비자의 복지 측면에서 본다면 조합원 수를 제한하는 제도가 일반 투자자소유기업보다 더 나쁜 결과를 초래할지도 모른다. 이에 대한 경험적인 연구는 현재 존재하지 않는다. 더욱이 다음과 같은 이유로 인해 신세대협동조합의 제도하에서도 협동조합이 경쟁을 촉진하는 역할이 계속 유지될 수 있다는 의견이 존재하기도 한다.

① 신세대협동조합은 농업인이 독립적으로 계속해서 농업에 종사할 수 있는 기회를 제공한다.

② 신세대협동조합은 조합원에게 이익이 더 많이 제공되도록 한다.

③ 신세대협동조합의 조합원은 비록 출하권의 제한 때문에 협동조합에 출하할 수 있는 물량이 제한적이라 할지라도 시장가격에 따라 생산물량을 스스로 결정할 수 있다.

④ 부가가치 확대 전략에 의해 효율성을 증대시킬 수 있다. Red River 사탕무협동조합을 사례 조사한 Koenig(1995)은 이 조합이 부가가치 확대전략을 도입함으로써 사탕무의 품질이 급격히 향상되는 등 내부적인 거래비용이 감소하였다는 사실을 발견하였다.

⑤ Cotterill(1995)은 신세대협동조합이 다른 기업들로 하여금 더 좋은 서비스를 제공하고 가격인하를 유도하도록 하는 데 힘을 행사하였다는 사실을 발견하였다.

시장에서의 경쟁을 촉진시키는 이러한 요인들은 신세대협동조합이 거래 가능한 출하권 제도를 도입함으로써 나타나게 되었다.

그러나 신세대협동조합은 많은 한계를 노출시키고 있기도 하다. 한 가지 예는 많은 신세대협동조합들이 지역 단위에서 상당히 소규모로 조직되는 경향이 있다는 사실이다. 물론 Egerstrom(1994)이 지적한 바와 같이 이러한 현상이 지역 공동체의 발전에 기여하는 것은 사실이지만, 독자적으로 농산물을 공급하는 협동조합 수를 너무 늘리는 문제를 발생시킨다. 이러한 문제는 농산물 구매업자들이 협동조합 간 경쟁을 부추기는 행동을 할 여지를 발생시킨다. 신세대협동조합의 규모가 작은 것은 거대 기업에 비해 기술과 경영수준에서 상대적으로 약화되는 결과를 초래할 수도 있다. 예를 들어 소규모의 에탄올 가공협동조합들은 ADM, Staley, Cargill 등과 같은 거대 기업이 보유하고 있는 것만큼 전문적인 기술을 보유하기가 어렵다.

신세대협동조합과 관련된 또 다른 한계는 협동조합적인 특징을 완화시킨 전략적 특징에서 찾아볼 수 있다. 일부 신세대협동조합은 조합에 농산물을 출하하지 않는 투자자들을 조합원으로 가입시킴으로써 이용자 중심의 문화보다 투자자 중심의 문화가 확산되는 결과를 초래하였다. 또한 조합원이 출하한 농산물에 대해 시장가격으로 지불한 뒤 큰 손해를 보는 조합도 있었다. 이러한 경험은 매우 값비싼 대가를 치르게 하였고 생존 자체마저도 위협받게 하였다. 신세대협동조합이 채택하고 있는 회원제 조합원주의는 조합원의 수를 제한한 데다 조합원 모두가 출하권을 구입하느라 많은 비용을 지불하였기 때문에 출하 농산물에 지불되는 가격을 인상해주어야 하는 압력에 직면하고 있다.

그러나 농업인들이 농산물 가공 등의 분야로 진출하고자 하는 필요성은 계속해서 증가하고 있다. 농산물 가공과 유통 분야가 더 많은 이익을 창출해주기 때문이다(Egerstrom & Bos & Van Dijk, 1996). 또한 신세대협동조합은 농업인들로 하여금 소비자의 기호를 파악하고 이에 맞추어 생산에 종사하도록 하는 데에도 기여한다. 그리고 농업인들이 농산물 유통 과정에서 창출되는 이익 가운데 더 많은 부분을 차지하게 된 것은 그들이 계속해서 농업에 종사할 수 있고 거대 기업과의 경쟁에서도 살아남을 수 있는 기회를 가지게 되었다는 의미를 갖는다. 특히 이러한 전략이 농업분야에서 더욱 중요한 것은 농업분야에 대한 정부 지원이 점차 감소하고 있기 때문이다.

(5) 협동조합 통합의 필요성과 방법

미국과 같이 국토가 광활한 국가에서는 개별적인 농산물 생산 주체를 어떻게 효과적으로 조직화할 것인가가 협동조합 운동에서 중요한 문제이다. 이것은 분명 어려운 일이지만 농업인의 숫자가 감소하고 있고, 판매활동을 집중시켜야 할 필요성이 계속해서 증가함에 따라 전혀 실현이 불가능한 것도 아니다. 특히 협동조합을 독과점 규제의 대상에서 제외시킨 캐퍼-볼스테드법(Capper-Volstead Act)에 의해 협동조합에 의한 통합 활동이 공식적으로 인정되면서부터는 더 많은 기회가 주어졌다. 최근에는 농산물 가공협동조합과 농약, 석유, 에너지 등의 구매협동조합, 농촌신용협동조합 등에서 광역 지역 간 수준에까지 통합의 범위를 확대시켜나가는 것이 목격되고 있다.

Schaefer(1987)가 지적한 바와 같이 협동조합의 통합 수준은 여러 가지 단계가 있다. 가장 기초가 되는 단계는 농업인에 의해 조직된 단위 협동조합이다. 이들 협동조합 간의 연합회가 그 다음 단계이다. 판매협동조합 간 경쟁이 치열해짐에 따라 연합회가 더욱 필요하다는 착각을 불러일으켰다. 그러나 많은 판매협동조합들은 판매연합체(marketing agencies in common) 등을 통해 이러한 경쟁관계를 극복하였다. 부가가치 창출을 목적으로 하는 많은 신세대협동조합들은 가공 사업 등에 종사하는 협동조합과 통합해야 할 필요성을 보여주는 계기를 제공해주었다.

협동조합이 선택할 수 있는 새로운 대안으로 떠오른 판매연합체는 조합원들로 하여금 자체적인 협동조합을 유지하면서도 연합체가 제공하는 다양한 서비스를 제공받도록 하는 기능을 하였다(Reynolds, 1994). Liebrand와 Spatz(1994)는 판매연합체가 수출용 낙농제품을 생산하는 낙농산업 분야에도 적용이 가능함을 보여주었다. 이밖에 우유와 수출용 면화, 설탕, 목화씨 유, 건과일과 견과류 등의 판매협동조합의 경우에도 이러한 방식이 큰 역할을 할 수 있음이 밝혀졌다. 물론 판매연합체가 다른 품목의 경우에서도 장점을 드러낼 수 있는지의 여부를 파악하기 위해서는 더 많은 연구가 이루어져야 할 것이다.

판매협동조합연합회의 내부작용 방식에 대한 연구는 연합회의 구조와 운영방식에 대한 이해를 높여줄 수 있다. 이러한 맥락에서 Mueller와 그의 동료들(1987)은 썬키스트(Sunkist) 협동조합이 독점을 행사하는 지를 살펴보기 위해 지역 단위의 회원조합과 연합회의 관계 등에 대해 엄밀한 연구를 하였다. 그들은 연방무역위원회(Federal Trade Commission)가 일부 다른 판매협동조합들처럼 썬키스트도 독점적 행위를 하는지에 대해서 조사하였으나 증거를 발견하지 못했음을 알게 되었다. 물론 썬키스트가 상당한 규모의 시장점유율을 차지한 것은 사실이지만, 이들의 연구에서는 썬키스트가 독점가격이나 가격차별 등을 행사하지 않았다고 결론지었다. 이 연구에서는 또한 썬키스트가 행사한 가격 마진은 다른 기업들에 비하면 적당한 규모이었으며, 연합체 방식이 다른 기업들의 시장진입 가능성도 방해하지 않는다는 사실도 발견하였다.

합작투자는 협동조합 간 통합을 위한 또 다른 대안이다. Frederick(1987)은 낙농산업 분야에서의 몇 가지 사례연구를 통해 합작투자의 구조와 운영방식에 대해 지침을 제공하였다. Fulton(1996)은 지역 협동조합들 사이의 합작투자와 전략적 제휴는 규모의 경제 효과와 위험 분산, 공급의 안정성 확보 등과 같은 이익을 얻을 수 있다고 주장하였다. Muller(1990)는 합작투자 방식이 불안정하고 오래 지속되지 못하게 되면, 완전한 합병이나 통합으로 가는 과도기적 역할을 수행하게 될 것이라고 주장하였는데, 이에 대해서는 더 많은 연구가 필요할 것이다.

(6) 공공재와 이익의 내부화

정부의 농업인 지원정책이 감축됨에 따라 협동조합은 농업인들의 공동행위를 통한 자조조직으로서 새로운, 그리고 더 많은 역할을 요구받게 된다. 그러나 다수의 협동조합 경제학자들이 지적하는 바와 같이 협동조합의 전통적 조직형태와 접근방식의 지속가능성에 대한 우려가 있다(Cook, 1992: 1995; Fulton, 1995). 그들은 경제 사회 전반이 새롭게 변화하고 있으며, 이에 따라 전통적 농업협동조합의 방식과 합리적 근거가 위협받고 있다고 지적한다. 이러한 외부 환경의 변화와 아울러 최근 일부 협동조합의 투자자 지향적 변화는 농업협동조합의 기본 목적 또는 존립 근거에 관한 두 가지 딜레마를 제기하고 있다. 첫 번째 딜레마는 협동조합이 보다 지속가능한 조직형태로 변화함에 따라 전통적인 협동조합의 공익 기능이 축소될 가능성에 관한 문제이다. 이와 연계하여 두 번째 딜레마는 협동조합 원칙이 근본적으로 변화하는 것이 아니냐 하는 문제이다. 즉 협동조합이 지속가능한 조직으로 변화함에 따라 조합원 합의, 조합원의 경영 통제, 조합원을 위한 사업경영 등의 원칙이 크게 바뀌는 문제에 대한 우려이다.

농업협동조합은 기존의 시장이 제공하지 않거나 또는 시장에서 적절한 가격으로 충분한 양으로 제공되지 않는 서비스들을 제공한다. 협동조합이 이러한 서비스를 제공하는 이유는 조직의 목적이 개별 조합원 농장의 수익성을 높이는 방식으로 조합원의 이익에 기여하는 데 있기 때문이다(Emelianoff, 1942). 대부분의 경우 협동조합이 창출하는 이익은 조합원에게 직접 배분되거나 조합원 농장의 이익으로 내부화된다.

한편 협동조합은 공공의 이익에 기여하는 역할을 수행하는 것으로 평가되며, 이는 협동조합이 창출하는 외부효과에 기인한다. 과일이나 견과류 등 특작 농산물을 주로 취급하였던 초기 협동조합들은 대부분 비용이 많이 드는 시장개척과 판매촉진 프로그램을 전개하였다. 이는 결국 그 품목시장에서 조합원 농가는 물론 전체 농가에게 이익을 주는 활동이었다. 최근에는 협동조합들이 조합원 가입을 보다 제한하는 경향이 있지만, 비전통적인 농산물과 축산물의 생산 확대에 따라 전통적 형태의 협동조합적 시장개척에 대한 요구가 증가하고 있다. 아울러 협동조합이 시장경쟁의 촉진을 통해 가격을 보다 경쟁적 수준으로 낮추는 경쟁척도 역할도 여전히 중요한 공공재 역할이다.

전통적인 공공재 이론에서 일부 경제학자들은 협동조합의 외부효과를 시장실패의 하나로 간주한다. 과거에는 학자들이 이러한 시장실패를 해소하기 위해 정부의 시장개입 또는 농업정책을 권고하였다. 그러나 최근에는 재산권 체계의 확립을 통해 외부효과 이익을 내부화하는 방식의 노력이 추진되고 있다. Reynolds(1997)는 최근 협동조합이 외부효과를 내부화하는 방식으로는 조합원 가입 제한, 생산물 차별화, 일반적 품목보다 브랜드 품목의 광고 확대 등을 들고 있다.

협동조합이 보다 배타적인 방식의 조직과 사업 전략을 추구하는 추세는 지역 공공재 또는 그룹 공공재 이론으로 설명된다. 이러한 협동조합이 제공하는 재화와 서비스의 공공성은 다음의 두 가지 조건에서 유도된다. ① 이용자들은 이러한 서비스가 민간 투자자소유기업에 의해 공급될 경우에는 그 수량과 품질이 충분하지 않다. ② 조합원들은 다른 모든 개인들이 그 서비스를 이용하는 조건들을 알고 있으며 그 조건들에 동의한다. 이러한 서비스는 비록 그 이익이 조합원 그룹에게 개별화되고 내부화된다고 하더라도 지역 공공재에 해당된다. 이러한 그룹은 조정과 민주적 지배구조를 달성한다.

나아가 이러한 지역 공공재가 보다 광범위한 공공 이익에 기여하는 경우가 다수 있다. 경제적 효율성의 향상과 더 많은 이익의 보다 광범위한 배분은 배타적 또는 지역 공공재로 설립되고 운영되는 협동조합에 의해 이루어지는 경우가 종종 있다. 신세대협동조합 또는 제한된 제도하의 협동조합들은 이러한 유형의 공공재의 사례들이다.

두 번째의 딜레마는 개인주의가 확산되는 추세에 따라 농업인들이 협동조합 설립과 조합원 참여에 대한 관심이 점차 감소된다는 점이다(Fulton, 1995). 협동조합들은 이에 대응하여 전통적인 이용자 개념의 조합원 대신에 투자자 개념의 조합원을 대상으로 광범위한 사업방식을 채택하려는 경향이 발생한다. 이 경우 협동조합의 공익적 기능은 유지되기가 어렵다. 이름만 협동조합이지 투자자소유기업과 차별성이 없는 협동조합의 설립은 장기적으로 전망이 불명확하다. 다만 협동조합의 투자자 지향적 변화는 비정부조직 모두를 사유재의 영역으로 변화시켜 공공재와 사유재의 중간 영역을 없애는 결과를 초래할 것이다.

재산권 이론은 외부성 문제에 대한 해법으로 정부정책을 비판하면서 비정부적 해법을 주장하는 학자들에 의해 이용되어 왔다. 협동조합이 재산권 확립을 통해 보다 지속가능하게 될 수 있다고 믿는 학자들은 이와 유사한 추론에 입각하고 있다. 그러나 재산권은 개인들에게 자산의 정의된 특성에 대한 통제권을 부여하는 일반적 메커니즘으로 이해되어야 한다. 이는 그 자산의 형태가 실물자산, 금융자산, 지적재산이든 관계없이 적용된다(Barzel, 1997; Fulton, 1995). Alchian(1997)은 흥미로운 발견을 하였는데, 그의 견해에 의하면 문화적·역사적 맥락에서 살펴볼 때 지역의 관습이나 사회규범은 형식적인 계약이나 정부의 강제 없이도 재산권을 정의하고 강제하는 메커니즘으로 작용하였다.

농업협동조합의 역사를 살펴보면, 다양한 종류의 사회 규범이 협동조합 조합원에게 제공하는 서비스의 특성과 질을 보호하고 강제하는 기능을 수행하여 왔다. 오늘날의 경제와 사회에서는 그러한 암묵적 재산권은 개인별로 보다 명시적으로 확립되고 정의되어야 할 것이다. 그러나 이러한 발전이 협동조합의 과정과 그룹 의사결정의 능력을 저해하거나 제한하는 방식으로 이루어져서는 안 될 것이다. 협동조합에 있어서 재산권을 명확하게 정의하려는 노력은 개별 조합원의 이익을 보호하기 위한 프로그램과 규칙을 확립하는 데 그 목적이 있다. 다만 이러한 재산권 확립을 위한 프로그램과 규칙은 일부 조합원의 이익을 위해 다른 조합원이 손해를 보는 경우가 발생하지 않도록 해야 한다.

4) 협동조합 사상과 이론, 목적에 대한 이해

이제까지 밝힌 협동조합의 도전과 딜레마에 대한 연구는 향후 협동조합 연구의 방향에 대해 암시를 제공해준다. 협동조합과 관련된 다양한 문제들과 문제의 복잡성은 협동조합 이론에 대한 연구가 다양한 분야의 학자들과의 교류와 협력을 통해 이루어져야 함을 요구하고 있다. 협동조합 경제학자들은 지금까지 개인의 효용 극대화라는 가정에 바탕을 둔 경제학 이론을 매우 적절하게 활용해왔다. 이러한 통찰력을 민주적으로 통제되는 단체조직인 협동조합에 적용하기 위해서는 더 많은 노력이 이루어져야 할 것이다. 이러한 노력은 경제학에서 새로이 개발되는 다양한 이론들을 협동조합 이론에 접목하는 시도를 위해서도 필요하다.

Fulton(1995)이 지적한 바와 같이 '협동'이라는 단어에 대한 보다 진보된 의미에서의 재해석은 향후 협동조합 사상과 이론, 목적을 연구하는데 있어서 중요한 의제가 될 것이다. 역사적인 맥락에서 Fulton의 의견을 살펴보면, 과거에는 농업인들로부터 자연스럽게 협동을 유도하기가 용이하였고, 농업인들 역시 지역 내 다른 농업인들과 쉽게 협력하는 경향을 보였었다. 그리고 과거의 농업인들은 현재의 농업인에 비해 협동을 관념적이고 철학적으로 이해할 필요도 없었다. 만약 협동조합이 미래에도 계속해서 존재하고 효력을 발휘하기 위해서는 협동이라는 단어를 보다 진보적으로 해석할 필요가 있다. 협동이 분명 경제적 이익을 발생시키는 데 비해 농업인들에게 보다 매력적으로 다가가지 않는 것은 단어의 불충분한 의미에서 비롯된 의사소통의 잘못 때문일 수가 있기 때문이다.

협동조합이 만일 민주적 통제원칙을 고수한다면 협동조합 방식은 계속해서 발전할 것이다. 협동조합의 재산권을 조합원에게 개별적으로 나누어주어야 한다고 주장하는 사람들은 전통적인 재산권 체계가 예를 들어 조합원의 출자부족을 적절하게 보충하는 역할 등과 같은 기능을 담당하고 있었음을 간과하고 있다. 만약 개인주의의 확산으로 협동조합 원칙이 현실에 부응하지 못하게 된다면, 협동조합의 원칙과 규칙은 조합원들 간 신뢰를 회복할 수 있는 새로운 내용으로 다시 표현되어야 한다. 대부분의 개인들은 다른 사람들과의 관계에서 신뢰가 형성되는 것을 매우 가치 있다고 느끼기 때문이다. 신뢰의 형성은 민주적 통제 원칙과 같은 협동조합의 기본적인 원칙과 결부되어 협동조합에게 더 많은 이익을 제공해 줄 것이다.

많은 협동조합 운동가들과 협동조합 경영진 그리고 학자들은 협동이라는 뜻에 대하여 저마다 다른 개념을 가지고 있다. 그러나 협동이라는 단어가 광범위하게 공유되고 다양한 상황에도 잘 부합하는 강력한 언어가 되도록 하기 위해서는 협동조합 이론과 연구, 협동조합 교육내용에 대한 좀 더 종합적이고 전문적인 접근이 이루어져야 한다.

Thomas Schelling은 1950년대 이후부터 협동조합 이론이 실질적인 결정에 도움을 주도록 하는 연구를 진행시켜 왔다. 그는 협동의 전략(The Strategy of Cooperation)이라는 제목으로도 알려져 있는 갈등의 전략(The Strategy of Conflict)이라는 그의 고전적인 논문에서 이러한 계획에 대한 희망을 표시하였다.

"나는 교섭이론(theory of bargaining), 갈등이론(theory of conflict), 전략이론(theory of strategy) 등으로 다양하게 묘사되는 분야를 연구하고 싶다. 나는 이 분야를 연구하면서 경제학과 사회학, 정치학, 법학, 철학, 인류학의 이론을 다양하게 포함시키고자 노력하였고, 학자들뿐만 아니라 현장에서 실제 근무하는 사람들에게도 모두 유용하게 사용될 수 있는 기초 이론을 제공하고자 시도하였다. 나의 이러한 노력은 발전을 거듭하고 있지만, 아직 이 분야를 적절히 표현할 수 있는 이름은 확정짓지 못했다."

이론과 실제와의 접목을 강조한 Schelling의 노력은 차선의 선택이라도 현실을 엄밀하게 반영하지 않는다면 반드시 최고의 선택 다음으로 더 나은 결과를 가져다주지는 않는다는 사실을 재차 일깨워주었다. 더욱이 그의 연구는 Sapiro와 Nourse 등과 같은 협동조합 이론가들의 연구를 현실적인 안목에서 보다 다각적으로 분석할 수 있는 틀을 제공하고 있으며, 향후 협동조합 연구방법에도 많은 지침을 제공하고 있다. Sapiro의 협동조합 전략은 품목별로 광역 협동조합을 조직하고, 장기출하계약을 실시하며, 최대한의 시장점유율을 확보하는 것이다. 이에 비해 Nourse는 협동조합이 소규모 지역단위에서 통제력을 행사함으로써 시장을 경쟁적으로 만드는 역할을 해야 한다고 주장하였다. 향후 협동조합 연구는 이러한 전통적 이론들을 다양한 이론과 분석기법을 통해 다각도로 검토함으로써 더 많은 지혜와 교훈을 얻을 수 있을 것이다.

만약 협동조합이 농산물의 부가가치를 향상시키는 역할을 확대한다면 앞으로 협동조합은 더 많은 발전을 이루게 될 것이다. 그러나 협동조합이 합작투자나 합병을 달성하지 못하거나, 식품산업 분야에서 수직적 통합을 이루는 노력을 게을리한다면 많은 어려움에 봉착할 수도 있다. 만약 이러한 일이 발생한다면 이를 극복하기 위한 새로운 제도적 대안 마련이 향후 협동조합 이론이 탐구해야 할 대상이 될 것이다. 협동조합 연구는 농산물 판매능력을 향상시키고 조직의 혁신을 이룰 수 있는 대안을 제시하거나, 또는 생산자 가격과 소비자 가격의 차이를 줄일 수 있는 판매교섭 방법 등 새로운 해법을 제시할 때 더 많은 성과를 거둘 수 있을 것이다.

2. 협동조합 경제이론[6]

협동조합이 능률적으로 의사결정을 하기 위해서는 경제에 대한 견실한 시각을 갖추고 있어야 한다. 협동조합의 경영자, 이사회 그리고 조합원들은 협동조합의 목표를 결정한다. 목표를 실행하기 위한 전략뿐만 아니라 목표 그 자체도 협동조합이 사업조직으로서 그리고 조합원에게 봉사하는 조직으로서 성공할 수 있는지에 영향을 줄 것이다. 조합원들은 협동조합의 전략에 맞게 그들의 사업 목표와 전략을 수정할 수 있다.

또한 협동조합 경영자들은 협동조합과 투자자 소유기업(IOF)[7]의 차이에서 비롯되는 경제적 의미를 이해해야 한다. 만약 협동조합이 다른 사업체와 다르다면, 이런 차이가

---

6) 이 글은 <농협경제연구소>가 South Dakota주립대 Brian H. Schmiesing 교수의 협동조합이론에 관한 논문을 번역한 것임.

7) 기업의 소유적 측면에서 일반기업을 협동조합과 구별하기 위해 사용하는 용어. 협동조합에서는 사업의 이용자와 소유자가 동일한 데 반하여 투자자소유기업(Investor Owned Firm)에서는 사업의 이용자가 아닌 단순 투자자가 기업의 소유자임.

조합원, 이사회, 경영자들에게 어떤 의미를 갖는가? 만약 차이점들이 존재한다면, 이런 차이점들이 전체 사회를 위해 바람직한가?

앞으로 전개될 이론에 대한 세부적인 설명을 이해하기 위해서는 최소한 결론과 기초 개념들을 이해할 수 있을 정도의 미시경제 이론에 대한 기초적인 배경지식이 필요하다.

1) 협동조합 경제이론의 배경

(1) 협동조합 이론의 필요성

우리는 이론을 통하여 협동조합의 행동과 성과에 관련된 논쟁에 대하여 학문적으로 접근할 수 있다. 여기서 행동이란 협동조합이 사업 환경에 따라 사용하는 사업방법, 전략, 정책들을 말하며, 성과란 협동조합의 행동에 의해 도달하는 결과를 말한다.

경제학자들이 주로 가격과 생산 수준을 활용하여 협동조합의 성과를 측정하고 있지만, 산업 행동(industry conduct) 또한 협동조합의 성과를 측정하는 중요한 지표가 된다. 비료 제조업체가 배합비율이 고정된 화학비료를 농업인에게 판매한 경우를 살펴보자. 지역의 농협들이 비료를 자체적으로 배합하여 판매하기 시작하면서 산업 행동에는 변화가 일어 난다. 협동조합이 배합비료를 판매함에 따라 제조업체의 행동에도 변화가 일어나며, 결국 농업인들은 특수한 재배조건과 작목에 적합하도록 배합비율이 조절된 비료를 사용할 수 있게 된다.

협동조합의 성과에 대한 주장과 협동조합의 행동 및 사업환경에 대한 정확한 가정들은 일관성이 있어야 한다. 사실보다는 신화(mythology)에 근거하여 사업전략을 결정하는 협동조합은 결국 사업체로서 실패하게 될 것이다. 예를 들어, 1970년대 지방의 곡물협동 조합들은 국제 곡물시장에서 시장점유율을 높이려고 하였다. 그러나 그들은 사업 환경이 점유율 확장에 우호적일 것이라고 잘못 판단하였다. 다국적 곡물회사에 비해 빈약한 경쟁적 지위를 가지고 있었던 지방의 곡물농협들은 1980년대에 모두 실패하고 곡물시장에서 물러나야 했다.

이론을 통해 우리는 협동조합의 원칙과 협동조합의 활동에 대한 논쟁들을 현실적이고 효과적인 방법으로 설명할 수 있다. 조합원, 이사회, 경영자들은 협동조합의 원칙을 실제 사업에 어떻게 적용시킬 것인가에 관심을 갖고 있다. 이러한 연관성을 명확하게 규명하는 데 이론이 필요하다.

협동조합의 이론에 대한 일관된 이해 없이는 의사결정이 제대로 이루어질 수 없다.

컴퓨터로 인해 투자자소유기업(IOF)의 수리적 의사결정 모형이 획기적으로 발전해왔다. 그러나 협동조합에서는 이와 유사한 모형을 적용하기에 앞서 협동조합의 특수한 행동이론을 발전시키고, 협동조합이 추구하는 목표를 명확히 해야 한다.

Cobia는 협동조합의 출자지분 반환에 대한 분석에서, 협동조합의 이론, 원칙, 모델링이 어떻게 결합되어 경영자의 의사결정에 대한 정보를 제공하고 있는지 보여주고 있다. 1979년 미국 일반회계사무국(GAO)은 지분반환을 실시하고 지분에 대한 배당금도 반드시 지급할 것을 권고하였다. Cobia는 지분반환 특별 프로그램을 고안함으로써 이 프로그램의 운용을 위해 협동조합에 요구되는 재무적 수준을 제시하고, GAO의 권고안에 대한 실행 가능성을 평가할 수 있었다.

이론은 가정을 전제로 하여 논리적으로 결론을 이끌어 낸다. 따라서 가정의 진실성이 중요하며, 이 논문에서는 가장 중요한 가정들을 검토하였다. 다양한 모형의 가정들을 살펴봄으로써 각 분석의 약점과 강점을 판단하게 될 것이다.

(2) 협동조합 이론의 발전

미국의 농업분야에서 협동조합은 1세기 이상 존재해왔지만, 협동조합 이론은 1940년대 이후부터 발전하기 시작하였다. 오늘날 이용되는 협동조합 모형은 주로 제2차 세계대전 이후에 이루어진 이론적 발전에 기초하고 있다. Vitaliano(1978)는 이러한 연구의 발전과정을 포괄적이고 탁월하게 정리하였다.

협동조합 이론에 관한 중심적인 논쟁 중 하나는 바로 협동조합의 정의와 조합원이 곧 이용자인 조직이 추구하는 목표에 관한 것이다. 조합원이 주인인 협동조합에서 의사결정 과정이 얼마나 독립적인가? 경영진, 이사회, 그리고 조합원 간에는 어떤 상호작용이 일어나고 있는가?

협동조합의 의사결정 과정은 IOF와 달리 매우 독특한 측면이 있다. 첫째, 조합원이 누리는 이득은 자본 출자가 아니라 조합 이용과 밀접하게 관련되어 있다. 또한, 협동조합 이사회의 구성원은 출자자인 동시에 이용자인데 반하여, IOF의 이사회는 일반적으로 주주들과 경영진만을 포함하고 있다.

1946년에 Emelianoff는 협동조합의 활동을 조직의 실체가 없이 이득을 추구하는 개인들의 활동으로 보았다. 그는 협동조합이 중심 조직을 갖추지 않은 채 조합원을 위해 수익을 창출하기 때문에 협동조합을 사업체로 인식하지 않았다. 그러나 이후의 연구에서는 협동조합을 뚜렷한 의사결정 단위를 갖춘 독립된 기업으로 인식하고 있다.

경영진이 통제하는 협동조합과 이사회에 대한 최근의 우려를 생각해보면, 협동조합에 대한 Emelianoff의 생각은 차라리 이상적인 개념이었던 것 같다. 그는 조합원, 이사회, 경영진의 역할이 분화되고 전문화되는 것을 간과하였던 것이다.

1950년대에는 영리를 추구하는 전통적인 기업이론들을 수정하여 협동조합의 고유한 특성들을 설명하는데 활용하였다. 예를 들면, Helmberger와 Hoos가 가공협동조합을 분석하는 모형을 개발하였는데, 이 모형은 개별 기업에 대한 경제이론에서 비롯된 개념에 기초하고 있었다. 이론가들은 개방형 혹은 폐쇄형 조합원제도와 같은 협동조합의 특수한 문제들을 설명할 필요가 있었기 때문에 기본 모형의 가정을 바꾸는 일에 그들의 관심을 돌렸다. 1960년대 후반과 1970년대에 들어서는 많은 논문이 발표되었지만, 협동조합 이론이 경제학자들로부터 주목과 관심을 받기 시작한 것은 1980년대부터이다. 기존에 개발된 모형을 규명할 필요성 때문에 이런 연구가 증가된 점도 있지만 게임이론 등 경제이론의 발전은 협동조합에 대한 새로운 분석기법을 제공하게 되었다. 특정 시장구조 속에서의 기업 행동이나 성과보다는 조직 내부에서의 의사결정 과정이 주요 연구대상이 되었으며, 협동조합의 내부 정책이 중요하게 고려되었다.

이 논문에서 제시될 경제이론은 기업이론과 게임이론에 주로 국한되어 있다. 이 이론들은 협동조합에 대한 최근의 경제이론과 조직이론의 중요한 부분이 되고 있다. 기업이론적 접근은 조직체가 이익의 극대화와 같은 미리 정해진 목표를 갖고 있다는 가정에 기초한다. 그러나 협동조합에서는 경영진, 이사회, 조합원들이 달성하려고 하는 목표가 다양하다. 예를 들어, 어떤 협동조합은 적정 순수익을 실현하고 영업의 효율성을 극대화하고, 시설을 관리하고 확장하며, 판매량을 신장하는 모든 목표를 동시에 추구할 수 있다.

기업이론의 약점은 IOF나 협동조합의 내부적 의사결정 과정을 분석하는 데 사용될 수 없다는 점이다. 기업이론은 대규모의 사업을 가진 협동조합의 행동과 사업성과가 어떻게 결정되고, 무엇이 중요하게 작용하는지에 대해 평가할 수 없다. 게임이론은 이런 문제들에 있어서 적어도 부분적으로나마 더 잘 접근할 수 있다. 경제학자들도 조직의 의사결정 구조를 좀 더 현실적으로 설명하기 위해 대안적인 이론들을 발전시키려고 시도하여왔다. 그러나 이런 새로운 접근 방법들을 이해하고 사용하기 전에 우리는 기초적인 기업이론과 게임이론을 이해해야 한다.

2) 구매협동조합의 경제 모형

이 글에서 구매협동조합(supply cooperatives)이란 용어는 넓은 의미에서 조합원에게 재화와 서비스를 판매하는 협동조합을 말한다. 이런 형태의 협동조합으로는 지역 단위의 전력조합, 수리조합, 농자재 공급조합, 석유공급조합, 농업대부조합(Farm Credit System) 등이 있다.

이 글에서는 협동조합의 기초적인 경제 모형을 사용하여, 협동조합의 경영과 조직에 관한 다음 4가지 문제를 부분적으로 설명하려고 한다. ① 협동조합의 사업 목적은 IOF의 사업 목적과 다른가? ② 협동조합의 다양한 목표들은 서로 보완적인가 아니면 상충하는가? ③ 협동조합은 목표를 어떻게 달성할 수 있는가? ④ 산업구조가 협동조합이 목표를 달성하는 데 영향을 미치는가? 이 글에서는 구매협동조합을 대상으로 이러한 질문들에 대해 검토해보기로 한다.

(1) IOF의 기본 모형

IOF는 '판매량의 극대화'와 같은 대안적 목표를 가질 수도 있지만, 일반적으로 순수입(net income)을 극대화하여 투자자들을 위해 기업 가치를 높이는 것을 목적으로 한다. 여기서 순수입은 총수입(TR, total revenue)에서 총비용(TC, total cost)을 차감한 것이다.

예를 들어, 비료를 농업인에게 톤 단위로 판매하는 IOF 기업을 살펴보자(〈그림 1〉). 기업은 투자자들에게 투자금액(소유 주식의 수)에 비례하여 순수입을 배분한다. 투자자는 기업이 주식을 발행할 때 주식을 사거나 혹은 다른 투자자들로부터 구입함으로써 주주가 될 수 있다.

〈그림 1〉 완전경쟁시장에서 IOF의 순수입

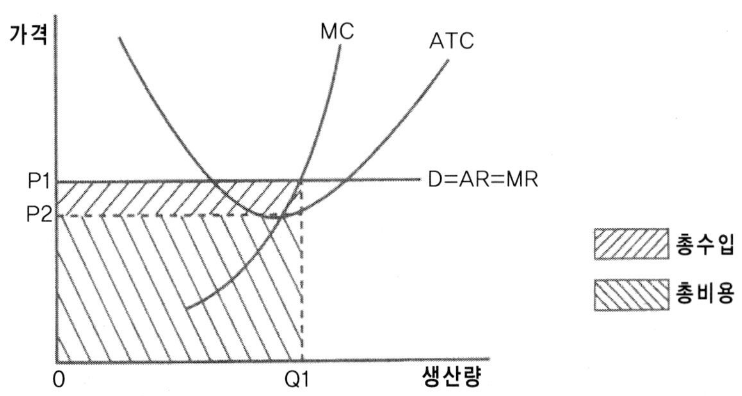

비료를 판매하는 기업에서, 한계비용(MC)은 비료 1톤을 더 생산함으로써 총비용(TC)

에 추가되는 비용을 말하며, 한계수입(MR)은 비료 1톤을 더 판매함으로써 총수입(TR)에 추가되는 수입을 말한다. 경제학자들은 IOF가 순수입을 극대화하기 위해서는 한계수입과 한계비용이 같아지는 점에서 생산량을 결정한다는 법칙을 이끌어 내었다. 경쟁적 시장에서 한계수입은 일정한 반면, 한계비용은 점점 증가한다. IOF 기업은 한계수입이 한계비용보다 큰 범위 내에서는 생산량을 증가시켜서 총순수입을 증가시킬 수 있다. 즉, 추가적으로 비료 1톤을 더 판매하여 발생하는 수입이 비료 1톤을 더 생산하는 데 드는 비용보다 더 클 경우에 총수입이 늘어나게 되는 것이다. 만약 한계수입이 한계비용보다 작을 경우, 판매를 줄임으로써 얻게 되는 비용 절감이 수입 감소보다 더 크기 때문에 기업은 비료생산을 줄임으로써 총순수입을 늘릴 수 있다.

IOF가 가격과 생산량을 결정하는 이 법칙은 산업의 시장구조에 달려있다. 시장구조는 그 산업 내에서 경쟁하는 기업의 수와 상대적인 규모를 말한다. 완전경쟁시장은 질소비료와 같은 동질의 제품을 생산하는 생산자들과 이를 소비하는 소비자들이 많은 시장이다.

완전경쟁시장에서 경쟁하는 IOF는 시장가격에 영향을 미칠 정도의 시장지위를 갖지 못하기 때문에 시장가격을 수용해야 한다. 만약 생산을 줄이게 되면, 다른 생산자들이 생산을 늘리게 되어 가격을 인상할 수 없게 된다. 또한 IOF가 가격을 인상하게 되면, 구매자들은 다른 경쟁기업에서 제품을 구매할 것이다. 이러한 두 가지 이유로 인해 경쟁기업들은 시장가격으로 제품을 판매하게 된다. 따라서 IOF는 모든 생산품을 P1의 가격으로 판매하게 된다(<그림 1>). 수요곡선이 평행하기 때문에 평균수입(AR)은 "한계수입(MR)× P1"과 일치한다. IOF는 순수입을 극대화하기 위해서 한계비용과 한계수입을 일치시킨다. IOF의 판매량은 Q1이 되고, 가격은 P1이 된다.

기업의 총순수입은 평균수입(P1×Q1)과 총비용(P2×Q1)의 차이가 된다. 즉, 순수입(net income)은 Q1×(P1-P2)가 된다.

그러나 현실에서 완전경쟁시장은 찾아보기 어렵다. 따라서 IOF는 더 많은 양의 비료를 판매하기 위해서는 가격인하 등의 시장 활동을 전개해야 한다. 지역시장에서 3~5개의 비료 생산기업이 경쟁하는 경우를 예로 들어 보자. 이러한 기업들은 경쟁자들과 차별화하기 위해 상당한 노력을 기울일 것이다. 즉, 그들은 자신의 제품을 다르게 보이도록 하거나 구매자들이 쉽게 다른 기업들의 제품으로 대체하지 못하게 할 것이다. 제품차별화는 서비스의 질, 제품배송 절차, 소비자금융, 서비스, 상표 등에 변화를 줌으로써 달성할 수 있다. 어떤 기업이 제품을 차별화면 제품의 가격을 인상하여도 기존 고객을 잃지 않거나 오히려 신규 고객을 확보할 수도 있다.

이런 형태의 시장구조를 독점적 경쟁이라고 한다. 이런 상황에서 IOF는 경쟁자들이 있음에도 불구하고 자신의 생산량이나 가격을 변경하여 시장가격을 변화시킬 수 있다. 이런 형태의 시장구조에서도 IOF는 순수입의 극대화를 위해 한계수입과 한계비용이 동일한 지점에서 생산하는 법칙을 따를 것이다. 순수입을 극대화하는 판매 수준은 Q1의 물량을 P1의 가격으로 판매하는 점이다(<그림 2>).

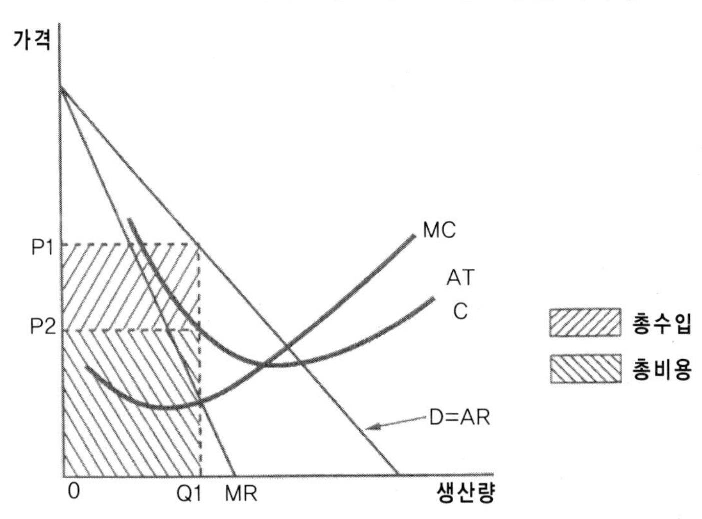

〈그림 2〉 독점적 경쟁시장에서 IOF의 순수입 극대화

개별 기업에 있어 수요곡선의 기울기는 다른 기업과의 경쟁상황 또는 대체재의 이용 가능성에 따라 달라진다. 경쟁이 심화되면 수요곡선의 기울기가 완만해진다. 이 장과 다음 장의 그림들은 다소 가파른 기울기의 수요곡선을 포함하고 있다. 이는 독점기업이 존재하는 시장영역을 표현함과 동시에 협동조합이 순수입을 극대화하는 것과는 다른 목표를 추구할 때 야기되는 가격의 차이를 강조하기 위해서이다. 목표의 차이에 의한 가격의 차이는 수요곡선이 완만한 경우에는 두드러지게 나타나지 않는다. 기울기의 조정은 가격보다는 수요량의 조정을 통해 이루어질 것이다. 실제 상황에서 기업의 경영자들은 그들이 활동하는 산업의 경쟁적 구조와 기업이 직면하고 있는 수요곡선의 특성들을 규명하는 데 노력해야 한다.

(2) 구매협동조합 모형

비료를 생산하여 판매하는 어떤 사업조직이 IOF에서 구매협동조합으로 변경하였다고 가정해 보자. 이 구매협동조합은 IOF와 동일한 비용구조를 갖고 있다고 생각될 수 있다. 이것은 구매협동조합이 기술적인 측면에서 IOF와 동등하게 효율적이며, 두 기업 모두 동일한 평균비용 및 한계비용 곡선을 갖고 있다는 것을 의미한다.

① 협동조합의 가능한 목표

구매협동조합은 다음과 같은 목표들을 가질 수 있다. ① 평균수입(AR)과 평균총비용(ATC)을 일치시키거나, ② 조합원들의 구매가격을 최소화하거나, ③ 전체 조합원의 총수입을 극대화하는 것이 그것이다. 이 장에서는 ①과 ②의 목표를 설명한다. ③의 목표에 관심이 있는 사람들은 Sexton(1983)의 글을 읽기를 바란다. 이 목표들 중 순수입 극대화와 같은 개념이 있는가? 한 가지를 제외하고 이 목표들은 순수입 극대화와는 다르다. 아래에서는 이 문제에 대해 자세히 설명하고자 한다.

협동조합에서는 앞에서 설명한 바와 같이 투자보다는 이용과 관련하여 수입이 발생하며, 수입을 이용고 배당(patronage refund)으로 배분하는 특별한 형태의 기업이다. 이를 설명하기 위해 협동조합의 총순수입이 이용고 배당의 형태로 조합원에게 현금으로 배분된다고 가정해 볼 수 있다. 비료 1톤당 이용고 배당은 비료 1톤당 가격에서 1톤당 평균비용을 뺀 것과 같으며, 조합원에게 현금으로 지급하는 총이용고 배당은 총순수입과 같을 것이다.

일반적인 경제분석에 따르면, 평균총비용곡선은 평균적인 자본이자를 포함한 모든 비용을 포함한다. 따라서 평균총비용과 평균수입이 같을 때에 협동조합은 출자금이나 부채에 대한 이자 지급에 충당할 재원을 보유할 수 있을 것이다.

② 협동조합의 목표는 누가 정하는가?

비록 조합원들이 협동조합을 소유하고 있지만, 그들은 이사회를 선출하여 협동조합의 경영과 활동에 대한 감독의 책임을 부여하고 있다. 이사회와 경영진은 협동조합의 목표를 설정한다. 다음의 분석에서는 이사회와 경영진이 목표를 세우고 그 목표를 달성하기 위해 특별한 가격정책을 활용한다고 가정해 보자. 이는 협동조합이 소유자(조합원)와 분리된 형태의 기업이라는 것을 의미한다. 모든 조합원들도 그들 자신의 목표를 추구한다. 조합원들은 시장가격 혹은 이용고 배당이 감안된 가격을 기준으로 구매의사를 결정할 것이다.

협동조합은 특수한 목적을 달성하기 위해 가격 및 이용고 배당 정책을 실시하고, 조합원들은 협동조합이 실행하는 전략에 반응한다. 협동조합의 특수한 목적이 달성될 수 있는지 없는지의 여부는 조합원이 어떠한 반응을 보이느냐에 달려 있다.

③ 협동조합의 목표 분석

협동조합이 IOF와 같이 행동하여, Q1을 P1의 가격으로 조합원들에게 판매한다고 가정해 보자(<그림 3>). 조합원들에 대한 이용고 배당은 P1-P4이다. 조합원에 대한 실제 판매가격은 P4 혹은 P1에서 이용고 배당을 차감한 부분이 된다(<표 1>의 1번 목표). 이 목표는 협동조합의 원칙, 조합원 집단의 목표 또는 개별 조합원의 목표와 일치하는가? 이런 목표를 달성하는 데 더 효과적인 가격전략은 없는가?

<그림 3> 다양한 목표를 가진 구매협동조합 분석

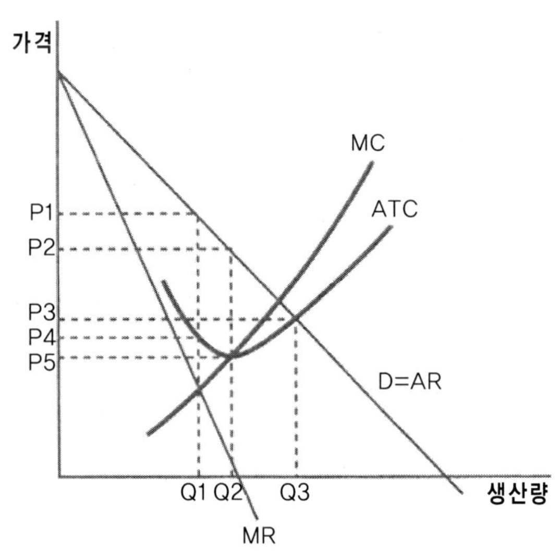

<표 3> <그림 3>에 표시된 협동조합의 목표, 의사결정 규칙, 산출량, 가격, 이용고 배당, 순가격의 예

목표	의사결정 규칙	산출량	지불가격	이용고 배당	실제 지불가격
순수입 극대화 (IOF와 동일)	MC=MR	Q1	P1	P1-P4	P4
조합원의 실제 지불가격의 최소화	MC=ATC	Q2	P2	P2-P5	P5
수지균형 (원가주의)	ATC=AR=P	Q3	P4	P3-P3	P3

주) 다음의 다른 2가지 목표도 설정될 수 있다.
　① 판매의 극대화(MR=0)
　② 조합원 잉여의 극대화(MC=P=AR=D)

협동조합의 원가주의 원칙은 수입이 이용과 관련된다는 것을 의미한다. 만약 어떤 협동조합이 독점적 경쟁산업에서 존재한다면, 협동조합의 경영자는 이 원칙을 평균총비용과 평균수입이 일치한다는 것으로 이해할 것이다. 이런 상황에서 협동조합은 조합원에게 Q3만큼의 물량을 공급할 것이고, 정상 수입을 넘어선 어떠한 순수입도 기대하지 않을 것이다(<그림 3>). 따라서 순수입 극대화를 추구하는 IOF에 비해 산출량은 많아지며, 판매가격(P3)은 낮아진다(<표 3>의 3번 목표).

만약 협동조합의 목표가 조합원이 실제로 지불하는 가격을 최소화하는 것이라면, ATC가 최저이거나 MC=ATC일 때 최소가격이 정해진다. Q2 이상에서는 한계비용이 ATC보다 큰데, 이는 조합원에 대한 판매를 줄임으로써 ATC가 줄어든다는 것을 의미한다. Q2 이하에서는 판매량을 늘림으로써 ATC가 줄어들 수 있다. 조합원에 대한 실제 판매가격은 P2-P5와 같다. 조합원은 Q2에서만 가장 낮은 순가격[8]으로 구매할 수 있다 (<표 3>의 2번 목표).

④ 불안정한 균형

협동조합의 조합원이 갖게 되는 중요한 의문은 판매가격에 관심을 가져야 할지 아니면 실제 기대가격에 관심을 두여야 할지이다. 경영진이나 이사회가 앞에서 구분한 협동조합의 3가지 목표를 달성하기 위한 가격정책을 결정하는 데 이 문제는 매우 중요한 의미를 지닌다.

실제 기대가격보다 판매가격으로 구매의사를 결정하는 조합원은 이용고 배당을 받기를 원하지 않으며, 이용고 배당의 현재 가치가 더 낮거나 심지어 부정적이라고 믿는다. 예를 들어, 어떤 협동조합이 낮은 이용고 배당률을 결정하거나, 이용고 배당의 현재 가치가 제로에 가깝다면, 조합원은 아마도 구매결정에 있어 이용고 배당을 무시해버릴 것이다. 대신 그들은 판매가격을 받아들이고, 이 가격에서 그들의 수요량을 결정하게 될 것이다. 만약 어떤 협동조합이 P2의 가격을 부과한다면, 조합원들은 Q2만큼을 구매할 것이다(<그림 3>). 따라서 조합원들은 현금으로 P2-P5에 해당하는 이용고 배당을 받게 될 것이며, 협동조합은 순가격을 최소화하려는 목표를 달성하게 될 것이다.

그러나 만약 조합원들이 기대되는 순가격(이용고 배당을 통해 조정된 기대가격)을 받아들인다면 불안정성이 발생하게 된다. 이사회와 경영진이 어떤 물량을 최소 순가격으로

---

8) 순가격(net price)은 제품 구매를 위해 조합원이 실제로 지불하는 가격을 말하며, 각종 판매비용과 나중에 조합원이 받게 될 이용고 배당을 가감한 가격이다.

판매하려고 시도한다고 가정해 보자. 이 경우 수요곡선에서 나타나는 바와 같이 순가격이 조합원들이 기꺼이 지불하려고 하는 가격보다 낮기 때문에 협동조합의 공급량과 가격은 불안정한 균형상태를 맞게 된다. 이 경우 조합원들은 판매가격보다 저렴하다는 이유로 최소 순가격에 도달하기 위한 물량보다 더 많은 양의 비료를 사려할 것이다. 그러나 협동조합이 ATC와 AR을 일치시킬 목표를 달성하려 한다면, 이 불안정성은 사라질 것이다.

⑤ 평균총비용(ATC)의 최소화

조합원이 최소 ATC의 극소점에서 제품을 구매하는 데 반하여 협동조합이 판매량 극대화를 추구한다면 조합원들은 어떻게 행동할 것인가?

첫째, 조합원들은 폐쇄형 협동조합을 조직함으로써 경제적 인센티브를 얻을 수 있다. 이렇게 설립된 새로운 협동조합은 일부 조합원을 배제시킴으로써 수요곡선을 왼쪽으로 혹은 D1에서 D2로 이동시킬 수 있다(<그림 4-1>). 협동조합은 수요곡선이 ATC의 최저점을 통과할 때 안정성을 얻게 될 것이며, 2번과 3번의 목표를 실현함과 동시에 판매량 목표도 달성할 수 있다. 조합원은 협동조합으로부터 최소 순가격으로 제품을 구매하기 때문에 다른 협동조합으로 이동할 유인이 없어진다.

두 번째 대안은 사업의 비용구조를 바꾸는 것이다. 협동조합은 물리적 시설을 확장할 수 있고 비용구조를 변화시킬 수도 있다. <그림 4-2>에서 보는 바와 같이 협동조합이 한계 및 평균비용 곡선을 MC1과 ATC1에서 MC2와 ATC2로 변화시킨다고 가정해보자. 협동조합은 시설들을 확장함으로써 ATC의 최소 점을 오른쪽으로 옮기고 조합원들을 위해 더 낮은 순가격 P2로 더 많은 물량 Q2를 공급할 수 있게 된다. 성공적인 협동조합은 그들의 생산 능력과 물량을 확대하려는 경향이 있기 때문에, 아마도 두 번째의 대안을 자주 선택하게 될 것이다.

⑥ 구매협동조합은 다른가?

IOF에서 경영진의 의사결정은 비교적 단순하며 일관되게 이루어지고 있다. IOF의 주요 목표는 일반적으로 순수입의 극대화이다. 따라서 IOF는 추가적인 수입이 추가적인 비용과 동일(MC=MR)한 점에서 생산량을 결정한다. 반면, 협동조합의 생산량 결정은 훨씬 더 복잡하다.

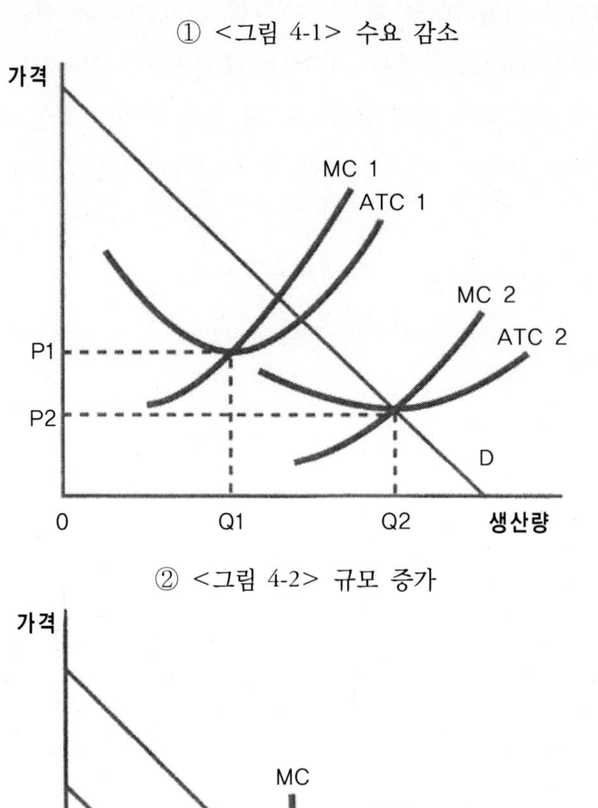

　　협동조합은 순수입의 극대화를 포함하여 많은 목표들을 갖고 있다. 그러나 협동조합에서는 이러한 목표들로 인하여 많은 문제들이 야기되고 있다. 경영진이 정상적인 투자 수익이 아닌 다른 어떤 목표들을 달성하려 할 경우 불안정성의 문제가 생기는데, 그 이유는 다른 목표들을 이해하지 못하거나 이에 동의하지 않는 조합원들이 협동조합이 가격이나 생산량을 변경하도록 압력을 행사할 것이기 때문이다. 구매협동조합은 순수입의 극대화를 이루는 수준을 넘어서서, 더 낮은 가격으로 생산량을 결정하도록 하는 인센티브를 갖고 있기 때문에 사회적 편익을 제공한다. 장기균형의 완전경쟁시장에서 즉,

MR=P=ATC=MC의 경우에서 생산량과 가격이 균형을 이루게 되며, 이때 순수입의 극대화와 협동조합의 목표가 일치하게 된다.

경쟁적인 산업에서 장기적으로 협동조합과 IOF는 본질적으로 동일한 재정적 성과를 달성하도록 기대된다. 이들 두 형태의 기업은 투자된 자본을 지속해서 유지할 수 있도록 충분한 수익률을 확보해야 한다. 장기균형에서 협동조합과 IOF는 MR=P=ATC=MC가 되도록 활동한다. 따라서 기존의 경쟁산업에서 협동조합과 IOF의 사업을 서로 비교하는 것은 옳은 방법으로 보인다.

그러나 순수입의 극대화와 다른 협동조합의 목표들로 인해 IOF와 협동조합이 각각 다른 가격과 생산량을 달성하게 될 경우 문제가 더욱 복잡해진다(<그림 3>). 예를 들어, 수요곡선이 우하향하고 평균총비용곡선이 우상향하는 산업에서 활동하는 구매협동조합은 IOF보다 더 낮은 가격과 더 많은 물량으로 제품을 판매할 수 있을 것이다. 이것은 구매협동조합의 자본수익률이 IOF보다 더 낮다는 것을 의미한다.

협동조합의 경영자들은 IOF의 경영자들과 성공적으로 경쟁하기 위해 재무적 성과의 중요성을 강조하기도 한다. 그러나 조합원들은 일반적으로 재무적 성과의 개선보다는 더 낮은 가격으로 제품을 구매하기를 더 선호한다. 조합원과 경영자 간의 가격에 대한 충돌은 구매자와 판매자 사이의 정상적인 긴장 관계로 비춰질 수도 있으나, 구매협동조합에서는 좀 더 심각한 문제가 된다. 또한 협동조합에서는 구매자가 이사회에 진출하기 때문에 충돌과 긴장은 상행위에서뿐만 아니라 이사회 내부에서 발생하기도 한다.

이용고 배당이 낮은 가격을 대체할 수 있다고 주장하는 사람도 있으나, 이는 전적으로 맞는 말이 아니다. 조합원들은 협동조합이 계획한 순수입은 단지 추정치일 뿐이며, 자신들이 지불하는 가격이 실재라고 생각한다. 협동조합이 원가주의에 입각하여 사업하고, 조합원들이 낮은 가격으로 구매할 수 있어야 한다는 조합원들의 생각은 결국 협동조합이 높은 수준의 출자배당을 실시하도록 압박하고, 결과적으로 협동조합이 자본을 유지할 수 없게 한다. 그 결과 협동조합은 자본반환(equity redemption)과 같은 다른 목표들을 달성할 수 없는 상황에 직면할 수도 있다.

⑦ 유휴시설

앞의 분석은 협동조합이 시설규모에 비하여 사업물량이 너무 커서 최소 ATC를 달성할 수 없다는 가정에 기초하고 있다. 그러나 Sexton과 같은 경제학자들은 협동조합이 수요가 충분하지 못해 ATC 곡선의 최저점에 도달할 수 없는 정반대의 문제에 자주 직면한다고 주장해왔다.

어떤 기업이 유휴시설을 갖게 된다면, 한계비용이 모든 판매 수준에서 평균비용보다 낮게 되기 때문에 기업은 어떤 수요곡선에서도 평균총비용의 최저점에 도달할 수 없다. 이 경우 협동조합은 평균비용을 생산량과 가격결정에 이용할 수 있다.

IOF는 한계비용과 한계수입이 동일해지는 수준에서 생산함으로써 순수입을 극대화하려고 한다. 따라서 IOF는 P1의 가격으로 Q1을 판매하며, 이 가격은 협동조합의 가격보다 높다. 이는 기업의 시장지배력이 소비자의 부를 감소시키는 사례이다. 그러나 협동조합은 이러한 가격전략을 선택하지 않는다. 그 대신 협동조합은 평균비용과 평균수입이 일치하는 점에서 P2의 가격으로 Q2만큼 생산한다. 이 경우 가격은 IOF보다 낮으며, 공급 물량은 더 많아지게 된다.

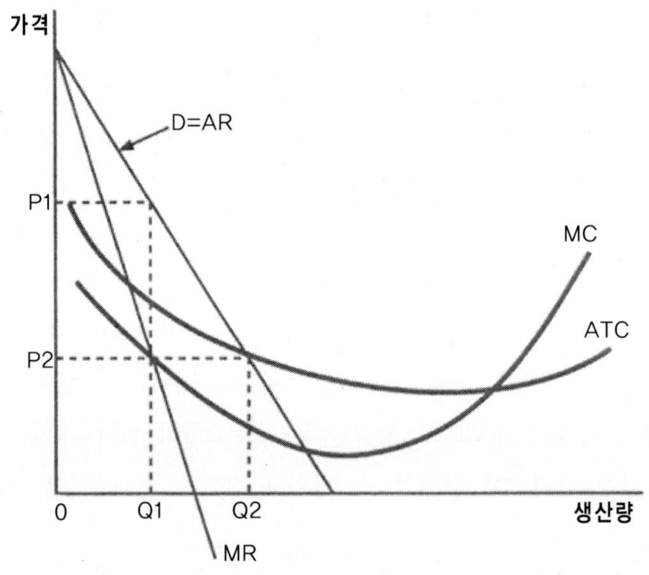

〈그림 5〉 비용기능 비율이 감소하는 가운데 활동하는
폐쇄형 구매협동조합

유휴시설 문제에 직면한 협동조합은 이 문제를 해결하기 위해 선택 가능한 전략적 해결 방안들을 모색해야 한다. 다른 협동조합들과 동일한 시장에서 경쟁하는 협동조합은 규모의 경제를 달성하고 유휴시설을 줄이기 위해 합병을 선택할 수 있다. 예를 들어, 3개의 협동조합이 각각 1대의 트럭을 보유하고 유류 수송사업을 하는데 현재 30% 정도의 가동률을 유지하고 있다고 가정해 보자. 협동조합은 합병을 통해 노동비용을 줄일 수 있을 뿐만 아니라 적어도 1대의 트럭과 유휴 저장시설을 처분할 수 있다. 이로써 협동조합은 수요량을 늘리고 유휴시설을 줄임으로써 규모의 경제를 달성할 수 있다. 만약 협동조합이 전략적으로 약한 지위에 있다면, 그 산업에서 빠져나와 경쟁자인 IOF에 그 유휴시설을 매각하는 것이 최상의 선택이 될 것이다. 이와 반대로 협동조합이 강한 전략적 지위에 있다면 경쟁자인 IOF로부터 유휴시설을 사들이는 것이 최상의 결정이 될 것이다.

⑧ 비조합원 관련 사업

판매량이 증가할수록 가격에서 차지하는 비용의 비율이 점점 감소하는 사업을 영위하는 구매협동조합은 총판매량을 증대함으로써 평균비용을 줄일 수 있다. 따라서 이 협동조합은 비조합원에 대한 판매를 증가시키려 한다(<그림 6>). 평균비용 가격전략을 취하는 협동조합은 비조합원에 대한 판매를 확대함으로써 조합원들에 대한 판매가격을 P1에서 P2로 낮출 수 있다. 만약 협동조합의 목표가 조합원에게 최저 순가격으로 판매하는 것이라면, 비조합원 사업은 평균총비용이 최저점에 달할 때까지 확대될 것이다.

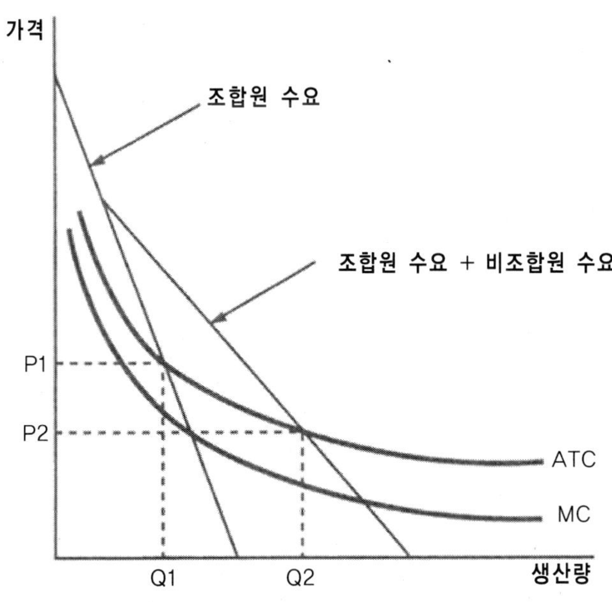

〈그림 6〉 비용이 감소하고 비조합원의 수요가 있는
지역에서 활동하는 구매협동조합

그러나 이는 협동조합이 비조합원 사업에서 비롯된 순수입을 조합원에게 이전하지 않을 것이란 가정을 바탕으로 하고 있는데, 그 이유는 이전이 비록 조합원과 비조합원 사이에서 용인된다 하더라도 협동조합 내부의 동기부여 시스템(incentive system)을 바꾸어 놓을 것이기 때문이다. 비조합원과의 사업 비중이 커질수록 비조합원 사업을 수익센터로 이용하려는 조합원의 경향이 커질 것이며, 협동조합은 점점 더 순수입 극대화를 추구하는 기업처럼 행동할 것이다. 이를 피하기 위해서 미국의 많은 주(state)들은 법률을 제정하여 비조합원과의 사업량을 제한하고 있다. 캐퍼-볼스테드법에서 조합원과의 사업량을 절반 이상으로 유지하도록 규정한 것을 미루어 볼 때, 비조합원과의 사업량 규제는 특히 판매협동조합에 더 해당된다고 이해할 수 있다.

협동조합이 비조합원과의 사업을 확장하려 할 경우, 협동조합의 실제적인 가격 목표는 아마도 조합원이 지불하는 순가격을 현재 상태로 유지하거나 지금보다 낮추는 것이 될 것이다. 비조합원 관련 사업 때문에 협동조합이 가격전략을 선택할 때 점점 더 IOF처럼 행동하게 된다. 그리하여 더 낮은 가격으로 더 많을 양을 구매하던 소비자의 부는 감소하게 된다. 그러나 산업이 경쟁적이어서 협동조합이 비조합원에게 과다하게 가격을 요구하는 행동이 제한될 경우에는 위의 내용과 다르다. 따라서 협동조합의 조합원 정책이 협동조합의 행동 및 성과에 대해 어떤 의미를 지니는지 면밀히 평가되어야 한다. 조합원의 최대 이익을 위한 협동조합의 정책은 사업체로서의 조합에 대한 사회적 요구와 항상 일치하지는 않는다.

결론적으로 협동조합 이론은 협동조합으로 하여금 논리적 일관성에 입각하여 가격, 생산량, 조합원 정책을 결정하게 한다는 측면에서 중요하다. 협동조합 이론은 제2차 세계대전 이후 상당히 발전되어 정형화되었다. 협동조합은 중심 조직체가 없다고 항상 인식되어 왔으나, 1950년대 경제학자들은 전통적 기업이론을 변형하여 협동조합의 독특한 특성을 인식할 수 있게 하였다. 1980년대에는 추가적으로 협동조합 이론의 발전이 이루어졌으며, 경제학자들이 이를 통해 협동조합의 의사결정에 내포된 경제적 요인들을 분석하였다. 이런 발전은 IOF보다 더 복잡한 경영 목표를 설정해야 하는 협동조합의 경영자들에 많은 도움이 되고 있다.

경쟁시장 혹은 독점시장에서 제품을 판매하는 IOF를 위해 발전된 기업이론은 IOF의 목표가 순수입을 극대화하는 것이란 가정에 근거하고 있다. 순수입 극대화를 위한 의사결정은 한계수입이 한계비용과 같아지는 지점까지 생산하는 것이다. 이 의사결정은 IOF가 제품 1단위를 추가 생산함으로써 얻는 추가적인 수입이 추가적인 비용보다 클 경우에만 제품생산을 늘리며, 추가적인 수입이 추가적인 비용보다 작을 경우에는 제품생산을 줄인다는 것을 의미한다.

그러나 협동조합은 종종 순수입 극대화보다 더 많은 목표를 설정하고 있다. 결과적으로 협동조합은 독특한 비용과 수요 상황을 해결하기 위해 IOF와는 다른 의사결정 규칙을 이용하게 된다. 이 글에서는 ① 순수입 극대화, ② 순가격의 최소화, ③ 수지 균형 등 구매협동조합의 3가지 목표들을 규명하였다. 각각의 목표를 달성하기 위해 선택할 수 있는 가격전략은 상이하며, 선택과정에는 매우 다른 의사결정 규칙이 필요하다. 단지 장기경쟁균형 상태에서만 IOF와 협동조합의 가격과 생산량이 동일해진다. 따라서 구매협동조합이 부딪히는 경영문제가 IOF의 문제와 다르기 때문에 구매협동조합과 IOF는 서로 다른 행동과 성과를 보이게 된다는 이론이 성립한다.

협동조합에 대해 자주 제기되는 문제 중의 하나인 유휴시설 문제는 협동조합의 사업물량이 불충분하여 총비용곡선의 최저점에 도달하기 어렵다는 것이다. 이 문제를 해결할 수 있는 방법은 다른 협동조합과의 합병, 산업에서의 이탈, IOF의 흡수, 비조합원과의 사업 확대 등이다. 만약 구매협동조합이 조합원에게만 이용고 배당을 실시한다면, 협동조합은 점점 더 비조합원 사업에 의존하게 되고 결국 IOF의 행동을 점점 더 닮아 가게 될 것이다.

3) 판매협동조합의 경제이론[9]

판매협동조합은 조합원과의 관계에서 구매협동조합과 다르다. 조합원은 구매협동조합으로부터 농장에 필요한 제품을 구매하며, 판매협동조합에 그들이 생산한 농산물을 판매한다. 조합원의 생산물은 판매협동조합 입장에서 보면 투입물이 된다. 그리고 판매협동조합의 조합원은 협동조합에 생산물을 판매할 때 높은 가격을 받기를 원한다. 따라서 조합원과의 관계를 설명하기 위해 사용되는 이론은 구매협동조합과 판매협동조합에서 서로 다르다.

이 글에서는 판매협동조합이 어떻게 IOF와 구별되는지 설명하는데, 특히 시장구조, 협동조합의 사업방식과 목표로 인해 성과가 어떻게 달라지는지에 주목한다. 또한 판매협동조합의 조합원, 경영자, 이사회와 관련한 경영문제가 구매협동조합의 문제와 어떻게 다른지 설명한다.

끝으로 게임이론을 도입하여 판매협동조합의 의사결정 규칙을 설명한다. 게임이론은 둘 혹은 다수의 그룹이 상호 충돌하는 상황을 분석하기 위해 사용될 수 있다. 경제학자

---

9) 이 글은 <농협경제연구소>가 South Dakota 주립대 Brian H. Schmiesing 교수의 협동조합이론에 관한 논문을 번역한 것임.

들은 특정 시장구조와 협동조합의 목표 속에서 협동조합의 행동과 성과를 분석하기보다는 협동조합 의사결정에 영향을 미치는 내부적 요소들에 더 주목할 필요가 있다.

이 글에서는 몇 가지 기본적인 모형을 사용하여 협동조합의 경영 및 조직에 관한 다음의 질문에 대답하고자 한다. ① 판매협동조합의 사업 목표는 IOF와 다른가? ② 규명된 협동조합의 목표들은 상호 보완적인가 아니면 상충하는가? ③ 판매협동조합이 어떻게 협동조합의 목표를 달성할 수 있는가? ④ 산업구조가 판매협동조합의 목표 달성에 영향을 주는가?

(1) 판매협동조합이란

사탕무를 가공하는 판매협동조합을 예로 들어 보자. 이 협동조합은 출하물량에 대해 톤당 가격을 책정하여 현금으로 대금을 지불하며 이용고 배당을 실시한다. 이 협동조합은 가공제품을 조합원도 아니고 사탕무 재배자도 아닌 제3의 구매자에게 판매한다. 따라서 구매협동조합과 달리 최종 가공품에 대한 수요와 이용고 배당 사이에는 직접적인 연관이 없다.

조합원과 판매협동조합 사이에는 조합원의 생산물이란 매개물이 있는데, 이는 협동조합이 가공제품을 만들기 위해 투입하는 원료가 된다. 조합원에게 지불하기 위한 재원인 순수입(NR)은 협동조합의 총수입에서 제품의 가공 및 판매와 관련된 제비용을 차감하여 얻어진다. 그러나 총비용에는 사탕무 생산자에 대한 지불액이 포함되어 있지 않다. 평균순수입(ANR)은 총순수입을 판매된 사탕무의 양으로 나눈 것과 같다.

ANR은 평균수입(AR)에서 조정된 평균비용(AAC)을 차감해서 산출된다. AAC는 평균총비용(ATC)에서 사탕무에 지급된 평균가격을 차감한 것과 같다. 최종 생산물의 수요곡선이 우하향하든 수평이든 문제가 되지 않으며, 수요곡선(D)은 가공된 사탕무의 특정 물량에 대한 AR을 나타낸다.

ANR 곡선의 형태는 AAC와 AR의 관계에 의존한다(<그림7-1>). 수요곡선에서 나타나는 바와 같이 AAC가 AR보다 클 경우, ANR은 음(-)이 된다(<그림 7-2>). 가공된 사탕무의 양이 Qa보다 작거나 Qb보다 클 경우, ANR은 음(-)이 된다. 이는 협동조합이 가공처리 비용을 차감한 후 조합원이 출하한 사탕무에 대해 지급할 수입이 없다는 것을 의미한다.

양(+)의 ANR은 사탕무 생산자들이 출하대금을 받을 수 있다는 의미이다. 협동조합의 조합원은 가격 혹은 이용고 배당의 형태로 대가를 지급받을 수 있다. ANR은 AR과

AAC의 차가 가장 클 경우 최대가 된다. 생산자들이 실제로 받는 순가격은 가공업자가 IOF인지 아니면 협동조합인지 그리고 협동조합의 목표가 무엇인지에 따라 달라진다.

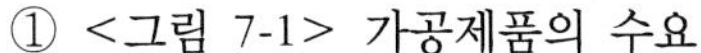

〈그림 7〉 투입물 구매 시 IOF의 순수입 극대화 전략 분석

① <그림 7-1> 가공제품의 수요

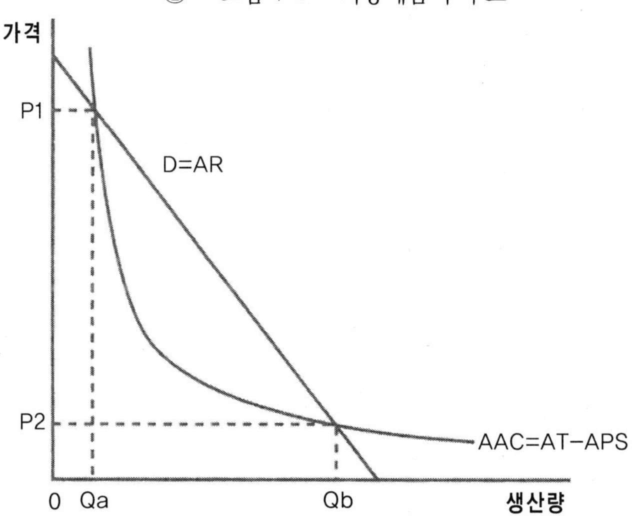

② <그림 7-2> 투입물의 수요

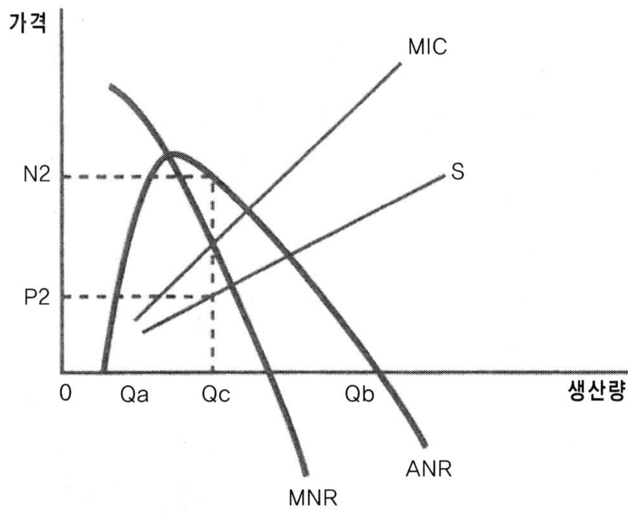

(2) IOF의 순수입 극대화 목표

IOF의 목표가 사탕무 가공품의 판매를 통해 최대의 순수입을 달성하는 것이라고 가정해 보자. 순수입 극대화를 위해 IOF는 설탕 및 부산물을 판매하여 얻는 한계순수입을 사탕무 구매 시 발생한 한계비용과 같게 맞출 것이다.

ANR 곡선은 IOF 및 판매협동조합의 사탕무에 대한 수요곡선을 나타낸다. 모든 순수입이 생산자들에 대한 지급을 위해 사용된다고 가정할 경우, ANR 곡선 위의 각 점들은 생산자들이 사탕무를 출하하고 받는 평균가격을 의미한다. ANR 곡선으로부터 도출되는 한계순수입(MNR)은 사탕무 1톤을 추가적으로 가공함으로써 발생하는 추가적인 순수입이다. ANR이 증가하기 위해서는 MNR이 ANR보다 커야 한다(<그림 7-2>). 최대 ANR은 MNR이 ANR과 같을 때 달성된다. ANR이 감소하면 MNR이 ANR보다 작다. 공급곡선은 사탕무 생산자들로부터 특정 물량을 얻기 위해 지급해야 하는 평균가격을 의미한다. 만약 가공기업이 투입물의 가격에 영향을 미칠 정도의 시장점유율을 확보하지 못하면, 공급곡선은 평행선이 된다. 이는 투입물을 구매하기 위한 평균비용이 항상 일정하며 한계투입비용(MIC)과 같다는 것을 의미한다. 이런 상황은 가공기업이 투입물 구매시장에서 구매자 독점권을 갖지 못할 때 발생한다.

가공기업이 구매독점적 지위를 가지고 있거나 그 생산물의 유일한 판로에 해당할 경우를 가정해 볼 수 있다. 총공급곡선(S)은 사탕무 생산자 공급곡선의 수평적 총합과 같다. 따라서 공급곡선(S)은 사탕무를 추가 생산하기 위한 한계비용을 의미한다. 개별 생산자들의 공급곡선이 우상향하기 때문에 총공급곡선 또한 우상향한다(<그림 7-2>). IOF는 사탕무 1톤을 추가적으로 구매하기 위해 더 높은 가격을 지불해야 한다. 사탕무 1톤을 추가적으로 구매하기 위한 한계투입비용(MIC)은 IOF가 지불하는 가격보다 크다.

IOF는 MIC=MNR의 지점에서 Q_c의 물량을 구매함으로써 순수입을 극대화할 것이다. Q_c의 물량을 구매하기 위해 IOF가 생산자들에게 지불하는 가격은 공급곡선에 나타난다. 생산자들은 P2의 가격에서 Q_c의 물량을 IOF에게 공급하려 할 것이다. IOF의 톤당 순수입은 ANR과 S 혹은 N2-P2의 차이와 동일할 것이다. 총순수입은 이 차이에 가공된 사탕무의 양을 곱해서 산출된다.

(3) 판매협동조합의 함의

① 협동조합의 목표

협동조합의 목표를 이해하기 위해서는 협동조합의 조직 목표와 전략 실행에 대한 조합원의 반응에 관한 몇 가지 가정이 필요하다. 협동조합은 수지균형을 맞출 수 있으며, IOF처럼 순수입을 극대화할 수도 있고, 조합원이 수취하는 순가격을 극대화할 수도 있다. 협동조합의 조합원은 생산량을 결정할 때 이용고 배당을 무시하거나 이용고 배당을 포함한 순가격을 중요시할 수도 있다.

판매협동조합이 IOF 만큼 비용효율적이고 공간적인 측면에서 구매독점적이라고 가정해 보자. 그리고 협동조합이 순수입을 이용고 배당으로 조합원에게 전부 분배한다고 가정해보자. 판매협동조합은 구매협동조합과는 달리 이용고 배당을 조합원이 출하한 생산물의 가격에 추가시키기 때문에 이용고 배당이 투입비용을 줄인다기보다는 생산자의 톤당 수입을 증가시킨다고 할 수 있다. 예를 들어, 어떤 협동조합이 순수입 극대화의 목표를 달성하려고 한다면, 이 협동조합은 ANR에서 지불가격을 빼거나 혹은 N2-P2 만큼의 이용고 배당을 실시할 것이다. 그리고 조합원은 생산물에 대해 지급된 가격에 이용고 배당을 추가한 순가격으로 받게 될 것이다.

<그림 8> 판매협동조합의 다양한 목표 분석

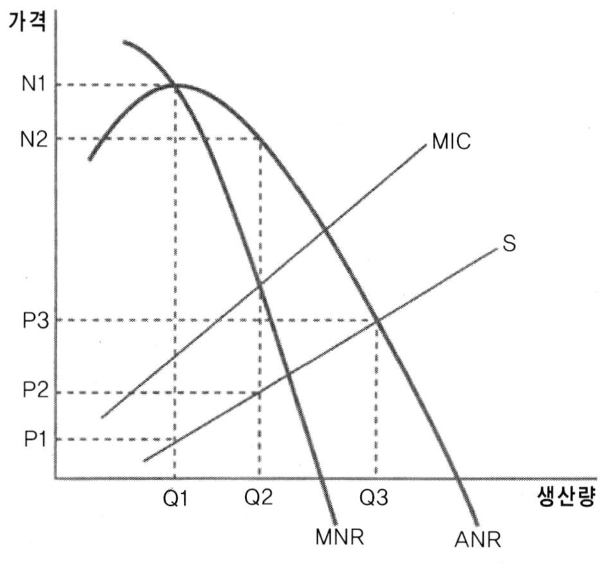

협동조합은 생산자의 총공급곡선(S)이 ANR을 분할하는 지점에서 수지균형 목표를 달성할 수 있다(<그림 8>, <표 4>). 이 생산 수준에서 생산자가 수취한 순가격은 생산자에게 지급된 가격과 동일하며, 생산자가 Q3의 생산량을 변경할 경제적 유인이 없게 된다.

Q3를 넘어서는 생산수준에서는 추가적으로 생산함으로써 발생하는 한계비용이 P3의 가격을 초과한다. Q3의 생산수준에서는 순가격이 추가적으로 생산함으로써 발생하는 한계비용을 초과하기 때문에 개별 생산자들이 생산을 늘릴 유인을 갖게 된다. 그러나 생산자들이 생산수준을 늘리게 되면 그들이 생산한 사탕무의 순가격은 하락하게 될 것이다.

〈표 4〉 〈그림 8〉에 나타난 협동조합의 목표, 의사결정 규칙, 산출량, 가격, 이용고 배당, 순가격

목표	의사결정 규칙	산출량	수취가격	이용고 배당	순수취 가격
조합원 실제 수취가격의 극대화	MNR=ANR	Q1	P1	N1-P1	N1
순수입의 극대화 (IOF와 동일)	MNR=MIC	Q2	P2	N2-P2	N2
수지균형 (원가주의)	ANR=S	Q3	P4	N3-P3	N3

주) 다음의 다른 2가지 목표도 설정될 수 있다.
   ① 가공생산물의 한계비용을 0에 맞춤으로써 판매의 극대화
   ② 조합원 잉여의 극대화(MNR=S)

끝으로, 협동조합은 조합원이 실제로 수취하는 순가격의 극대화를 추구할 수 있다. 이는 ANR이 최대이거나 혹은 MNR=ANR인 경우에 달성된다. 이 경우 생산자들은 P1의 가격을 받으며, 이용고 배당은 N1-P1이 된다. 비록 생산자들이 협동조합으로부터 최대 순가격을 받기를 원할 수도 있지만, 이 목표는 생산자의 순수입 극대화의 목표와 충돌한다. N1의 최대 순가격에서 사탕무 생산의 한계비용은 이 가격보다 상당히 낮은 수준이다. 따라서 생산자들은 사탕무 생산을 늘림으로써 순수입을 확대할 수 있다. 만약 생산자들이 최대의 가격으로 제한되지 않은 양을 판매할 수 있다면, 최대 가격과 생산자의 순수입 극대화는 일치할 것이다. 생산자들은 그들의 한계생산비용이 수취하는 순가격과 일치하는 점까지 생산을 확대한다. 그러나 최대 순가격을 넘어선 생산증가는 더 낮은 평균순수입을 의미하므로 이것은 불가능하다.

② 판매협동조합은 IOF와 다른가?

만약 생산자가 순가격보다는 판매가격에 근거를 두고 생산을 결정한다면 IOF와 같은 순수입 극대화의 목표가 달성될 수 있다. 협동조합이 P2의 가격을 지급한다면, 생산자는 Q2 만큼만 공급할 것이다. 따라서 생산량 결정은 N2가 아니라 P2에 근거하여 이루어지

게 된다.

그러나 생산자가 순가격에 근거하여 생산량을 결정한다면, 생산 수준은 더 이상 안정적이지 않게 된다. Q2에서 사탕무 1톤을 추가적으로 생산하는 한계생산비용은 P2이며, 이 경우 산출량에 대한 순가격은 N2가 된다. 생산자는 생산량을 늘림으로써 이익을 얻을 수 있기 때문에 생산을 늘릴 유인을 갖게 된다. 예를 들어, 1명의 생산자만이 생산을 늘리고 협동조합이 추가적으로 생산된 물량을 받아들이게 된다면, ANR 곡선은 조금 기울어질 따름이고 개별 생산자는 초과생산으로부터 이득을 볼 것이다. 그러나 만약 모든 조합원들이 생산을 증가시키게 된다면, 그들은 결과적으로 ANR=S 수준에서 생산량의 확대를 멈추어야 할 것이다.

여기에서 협동조합과 IOF의 주요 차이점이 발생한다. IOF는 기업의 가치를 높이고 생산수준을 제한하는 데 반하여, 협동조합의 조합원은 집단적으로 생산량을 제한하는 것이 더 유익하다 하더라도 개인적으로는 생산량을 늘릴 유인을 갖고 있다. 따라서 어떤 학자들은 판매협동조합의 조합원들이 IOF 수준 이상으로 생산량을 확대할 것이라는 점 때문에 협동조합이 유익하다고 주장하고 있다.

만약 판매협동조합이 소비자 가격을 높이고 생산자들에게 더 높은 순수입을 제공할 수 있을 정도로 시장지배력을 갖고 있다면, 생산자들은 더 높은 순가격을 받을 것이다. 이 경우 생산자들은 생산수준을 높이게 되어 소매 단계의 가격을 떨어뜨릴 것이다. 이용고 배당이 조합원의 생산 증가를 촉진하기 때문에 협동조합은 분명히 IOF와 같은 형태의 시장지배력을 갖출 수 없다. 반면, 어떤 판매협동조합이 생산자에 의한 생산 확대를 제한할 수 있고, 다른 기업들의 가공능력을 제한할 수 있다면, 생산 확대를 통한 소비자의 잉여는 실현될 수 없을 것이다. 그러나 협동조합은 생산자들에게 지불하는 순가격을 증가시킬 수는 있을 것이다.

②-1. 불안정성의 중요성

MNR=MIC 목표와 ANR=S 목표 사이의 차이점이 항상 심각한 문제가 되는 것은 아니다. 만약 ANR 곡선이 상대적으로 평평하거나 수평이어서 공급곡선 주위에 상당히 넓은 범위의 생산수준이 존재하게 된다면 불안정성의 충격은 감소한다.

만약 ANR이 수평이라면, MNR=ANR이고 (<표 1>)의 3가지 협동조합의 목표 가격은 일치하게 된다. 이런 상황은 특정 협동조합의 수요곡선이 수평이고 평균총비용곡선이 물량이 증가함에 따라 가파르게 상승하기보다 평평해지는 산업 속에서 존재한다. 미국 중서부지역의 곡물협동조합이 이런 상황에 놓여 있다. 지역 곡물협동조합은 경쟁적인 시장에서 판매하며, 개별 곡물협동조합의 판매량은 최종 시장의 가격에 영향을 줄 정도로 크지 않다. 따라서 곡물협동조합의 수요곡선은 수평이다. 또한 규모의 경제에 대한 연구는 곡물의 취급량이 증가함에 따라 평균총비용이 수평에 접근함을 보여 주었다. 한 기업이 취급 물량을 최대로 확대하면 평균비용은 단기적으로 아주 가파르게 상승할 것이다. 그러나 장기적인 평균비용은 그 기업이 시설의 취급 용량을 조절할 것이기 때문에 그렇게 가파르게 상승하지 않을 것이다.

협동조합과 조합원 간의 생산량 조절의 필요성은 가공된 제품의 수요곡선이 다소 가파른 산업에서 더 중요하게 된다. 가파른 수요곡선은 ANR 곡선의 경사를 가파르게 한다. 공급 물량의 작은 변화만으로도 가공제품의 가격이 크게 변할 수 있다. 생산자들에 돌아오는 총수입은 상대적으로 소규모의 생산증가에 의해서도 빠르게 줄어들 것이다. 따라서 생산자들은 스스로 생산조절을 강제할 필요가 있다.

②-2. 생산 조절의 강제

산출량 조절을 강제할 수 있는 방법은 두 가지가 있다. 첫째, 정부가 재배면적 축소 프로그램, 유통쿼터제, 유통명령제, 등급제 등의 제도를 통해 생산량을 제한할 수 있다. 둘째, 협동조합이 생산제한, 벌칙제도, 조합원교육 등을 통해 생산수준을 조절할 수 있다.

생산량을 조절하는 가장 직접적인 방법은 폐쇄형 협동조합이 각 조합원에게 쿼터를 부여하는 것이다. 폐쇄형 협동조합은 조합원들로 하여금 생산 물량을 협동조합에 강제 출하하도록 하며, 새로운 조합원의 가입을 제한할 수 있다. 쿼터제도는 재배면적 혹은 생산량 규제의 형태로 실행될 수 있다. 협동조합이 쿼터를 부과할 경우에는 초과생산에 대한 벌칙도 함께 시행해야만 한다.

만약 협동조합이 벌금을 부과한다면, 벌금이 초과생산으로부터 얻어지는 이익보다 크거나 최소한 같아야 한다. 즉, 초과생산이 결코 이롭지 못함을 확인시킬 수 있을 정도로 벌칙이 실효성이 있어야 한다. 예를 들어, 생산자가 다른 출하 경로를 선택할 수 없다면, 협동조합이 초과된 생산에 대한 인수를 거부하거나 상당히 할인된 가격으로 인수하는 것이 가장 간단한 벌칙이 될 것이다.

만약 협동조합이 바람직한 생산수준을 확보하기 위해 쿼터제를 실시한다면, 협동조합은 조합원이 보유할 수 있는 쿼터의 양을 제한할 것이다. 예를 들어, 사탕무 협동조합은 조합원의 재배면적을 통제한 후 조합원들이 제한된 양의 쿼터를 서로 사고팔게 할 수 있다.

그러나 쿼터제는 협동조합의 신규 조합원에게 어려운 상황을 제공할 수 있다. 쿼터의 거래가격은 경쟁적인 호가에 의해 결정되며, 작물재배를 통해 생산자가 얻게 되는 수익을 반영한다. 어떤 협동조합의 사업이 성공적이어서 조합원이 시장가격보다 높은 가격을 받는다는 것은 그 협동조합 속에 긍정적인 경제가치가 내재하고 있다는 것을 의미한다. 이 가치는 생산자들이 쿼터의 가격을 매길 때 쿼터의 가격 속에 자본화하며, 쿼터의 최초 소유자는 가격 인상에 따른 이익을 얻게 된다. 그러나 신규 조합원에게 쿼터는 협동조합에 출하하기 위해 지불해야하는 비용이 된다. 따라서 쿼터 비용은 신규 조합원에게는 진입장벽으로 작용한다. 그러나 만약 협동조합이 수용 능력을 더 이상 확대하지 않으면, 생산자들은 출하 확대를 위해 새로운 협동조합을 설립할 수도 있다.

이와는 달리, 협동조합이 조합원들에게 특정 가격 또는 순수입 목표 달성의 필요성을 교육할 수도 있다. 그러나 교육이 초과생산 하고자 하는 조합원들의 경제적 유인들을 제거하지는 못한다. 따라서 협동조합은 조합원의 생산을 강제로 규제할 수 있는 수단을 보유하고 있어야 한다.

교육을 통한 방법이 문제가 되는 가장 큰 이유 중 하나는 협동조합이 불가피하게 무임승차자(free rider) 문제를 다루어야 한다는 점이다. 협동조합이 교육 프로그램을 설치하여 일부 조합원들에게 생산제한의 중요성을 확인시킨다고 가정해 보자. 비록 모든 조합원이 더 높은 가격을 받겠지만, 그 가격은 모든 조합원이 참여했을 경우 받을 수 있는 가격만큼 높지는 않을 것이다. 게다가 가장 큰 이익을 받는 생산자들은 초과생산하여 다른 생산자들이 생산량을 줄임으로써 생긴 이익을 가로챈 조합원일 것이다. 이런 생산자들은 다른 조합원들의 희생으로 이익을 보기 때문에 소위 무임승차자라고 한다. 이는 협동조합의 교육이 불필요하다는 것을 의미하는 것이 아니라, 어떤 교육 프로그램이 효과적이기 위해서는 규율과 통제가 필요하다는 것을 의미한다.

②-3. 산업수준의 의미

투입물이 경쟁적인 산업에서 활동하는 협동조합과 IOF는 결국 동일한 수준의 산출량을 달성하고 생산자들의 생산물에 대해 동일한 가격을 지불할 것이며, 생산자들이 받는 가격에 대한 영향력이 미미할 것이다. 따라서 이들 기업들에 대한 공급곡선은 수평이며, 한계투입비용은 투입물의 가격과 같다.

두 가지 형태의 기업들은 결국 총가변비용과 총고정비용을 충당하게 되며, 그 산업에 새로이 진입하거나 탈퇴할 유인은 없어진다. 이 경우 장기균형은 ANR=MNR=P1=S=MIC에서 달성된다(<그림 3>). 이 산출량 수준에서 판매협동조합은 최대의 제품가격을 달성한다. 앞에서 설명된 협동조합의 모든 의사결정 규칙은 P1의 가격으로 Q1를 생산하는 최적의 지점으로 귀결된다. 따라서 장기적으로 협동조합은 앞에서 논의된 불안정성에 직면해 있지 않다.

예를 들어, 경쟁적인 산업에서 초과 순수입은 결국 사라질 것이다. 초과 순수입 수준은 정상적인 장기 순수입 수준 위에 위치하며 그 산업에 추가적인 생산량을 유인할 만큼 충분히 높다. 판매협동조합과 IOF가 그 산업에 진입하여 생산량을 확장하게 되면 제품의 가격이 하락하고 초과 순수입은 사라질 것이다.

〈그림 9〉 가공협동조합의 안정적인 장기 균형

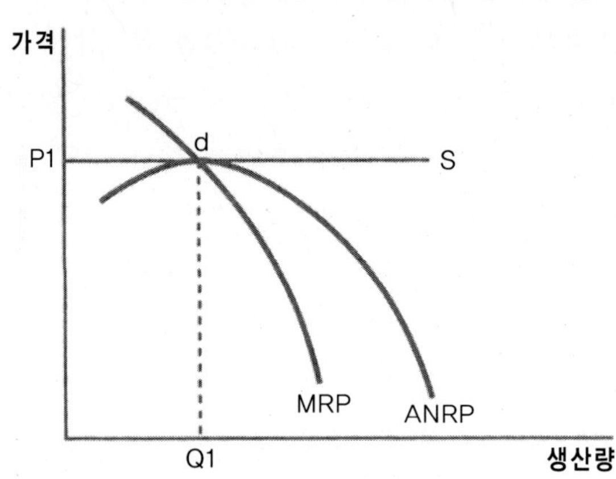

따라서 조합원들이 협동조합에서 받을 수 있는 가격이 IOF에서 받을 수 있는 가격과 같아질 것이기 때문에 조합원들의 경제적 유인이 장기적으로 사라질 것이라고 전망할 수도 있다. 그러나 앞에서 논의된 바와 같이 협동조합의 가치는 단지 제품의 가격만으로는 설명할 수 없을 정도로 훨씬 더 광범위하다.

게다가 몇몇 분석가들은 농산물 시장에서 장기균형이 정말로 달성된 적이 있는지 의문을 제기하고 있다. 농업이 특히 의존적인 산업이기 때문에 농산물시장은 지역적으로 분화되어 있다. 비록 전국적인 단위의 가공기업들이 많이 있지만, 특정 지역의 생산자들은 그들의 유일한 판로인 단일 가공업자에게 의존하고 있다. 전국 단위에서는 경쟁적으로 보이는 시장도 지역에서는 상당히 집중화된 시장일 수 있다. 산업적 진입장벽도 장기경쟁균형을 불가능하게 할 수도 있다.

이런 시장에서 판매협동조합은 우상향하는 공급곡선과 직면하게 되며(<그림 4>), 결국 생산자에게 최대의 가격을 보상해 줄 유인을 갖게 된다. 협동조합은 가공처리 능력을 변화시키거나 공급곡선을 변화시켜 이 목표를 달성할 수 있다. 만약 판매협동조합이 S3의 생산자 공급곡선에 직면하게 되면, 그 협동조합과 조합원은 생산자의 생산능력을 증가시키거나 협동조합의 처리능력을 감소시킬 유인을 갖게 된다. 왜냐하면 생산자의 생산능력 증가는 공급곡선을 오른쪽으로 이동시켜 S1 방향으로 이동시킬 것이기 때문이다.

결과적으로 협동조합의 조합원이 너무 많은 생산능력을 보유하게 되면, S2에서 나타나는 바와 같이 협동조합이 취할 수 있는 대안은 두 가지이다. 즉 협동조합은 생산자의 생산능력을 감소시키거나 협동조합의 처리능력을 증대시킬 수 있다. 생산자의 생산 능력 감소는 공급곡선을 왼쪽으로 움직여서 S1쪽으로 움직이게 한다.

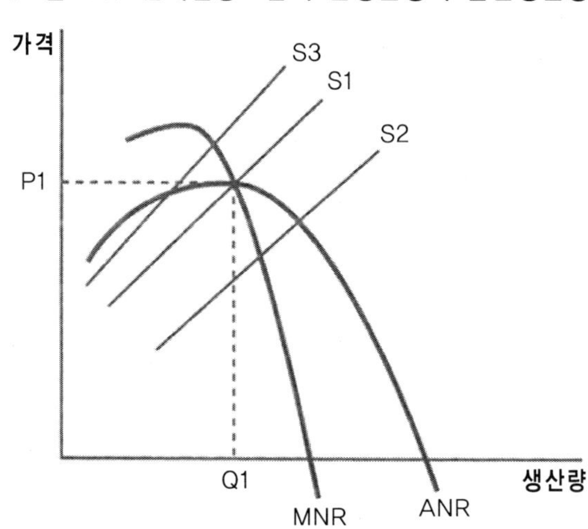

〈그림 10〉 판매협동조합의 안정균형과 불안정균형

(4) 게임이론과 협동조합

다양한 협동조합의 경제적 모형에 대한 지금까지의 논의는 협동조합 내부의 선택과정에 대한 분석을 포함하지 않았다. 협동조합의 특정 목표설정은 내부의 의사결정 과정을 필히 거쳐야 하지만 앞에서는 간단히 가정되었다. 이제는 집단적 선택의 문제를 논하는 것이 유용한데, 그 이유는 협동조합의 경영진, 이사회, 조합원들이 이 문제에 대해 점점 더 많은 관심을 기울이기 때문이다. 농업인의 영농규모가 분화됨에 따라 구매협동조합은 대량 구매자를 위한 가격할인정책 도입의 압력을 받고 있다. 농장도 다양한 가축과 작물을 키우던 1940년대의 전통적 형태에서 벗어나 곡물만 경작하거나 특정 가축을 전문으로 사육하는 형태로 변화하는 등 특정 제품의 생산센터로 특화되었다. 그리하여 다양한 품목을 취급하는 판매농협에서는 이질화된 조합원의 이해관계로 인하여 생산자 그룹 사이에서 갈등이 발생하기도 한다.

게임이론이란 둘 혹은 다수의 조합원 집단들이 부분적으로나마 충돌하는 상황에 대한 연구를 말한다. 예를 들어, 가공협동조합에서 현금 작물을 재배하는 농업인은 협동조합의 콩 처리 시설을 확장하기를 원하지만, 낙농업을 하는 조합원은 낙농 처리 시설을 확장하기를 원할 것이다. 협동조합이 두 사업부문을 동시에 확장할 만큼 충분한 자본을 갖지 못한 경우라면, 두 조합원 집단은 부분적이지만 서로 충돌한다고 볼 수 있다. 게임이론은 협동조합이 어떻게 어느 한 부문만 확장하도록 결정하는지 또 그렇게 하도록 결정하는 요소가 무엇인지를 연구한다.

두 가지 주요한 게임의 범주는 확률게임과 전략게임이다. 확률 게임은 동전 던지기처럼 어떤 기술도 필요 없다. 그러나 전략게임은 심사숙고한 선택과 특정 결과를 유발하게 될 연속된 행동이 필요하다. 협동조합에 적용하는 게임이론이란 바로 전략게임을 의미한다.

이 장에서는 Sexton과 Staatz가 발전시킨 게임이론에 대한 최근의 연구와 함의를 살펴보고자 한다.

① 협력적 게임

많은 협력적 선택은 "협력적 게임"으로 개념화될 수 있는 집단적 의사결정과 관계된다. 개인들의 집합체는 공동으로 행동함으로써 승리할 수 있다. 그러나 성공적인 협력 행동이 가능하기 위해서는 집단의 구성원들이 비용과 이익의 분배를 위한 의사결정 규칙을 결정하기 위해 서로 타협할 뿐만 아니라 의견을 나누고 교섭할 수 있어야 한다. 일단 분배정책이 결정되고 나면 개인들은 이 정책을 따르기 위해 최선을 다해야 한다.

예를 들어, 농업인이 가공공장을 설치하기 위해 공동으로 행동할 경우, 그들은 누가 돈을 투자하고 공장으로부터 누가 이득을 얻을지 결정해야 한다. 생산자들은 협동조합에 그들의 생산물을 출하해야 한다는 내용과 협동조합으로부터 언제 얼마를 받게 된다는 내용이 기재된 계약에 서명하도록 요구받을 수도 있다.

협동조합의 활동이 비록 조합원들의 집단적 행동으로 인식될 수도 있지만, 실제로는 조합원으로서가 아니라 이해관계가 다양한 개인 간의 협력형태로 이루어진다. 채권자, 경영자, 종업원, 다른 협동조합 등 이 모든 이해관계자들이 연합하여 협동조합의 실제적인 의사결정에 영향을 주게 된다.

이해관계자들이 변화하면 연합관계도 또한 변화한다. 농업구조가 빠르게 변하기 때문에 많은 협동조합들이 그들의 전통적인 연합관계를 유지할 수 있을지 우려하고 있다. 협동조합이 계속해서 모든 농업인들에게 효과적으로 서비스를 제공할 수 있을지 아니면 대규모 혹은 소규모 농업인과 같이 특정 범주의 농업인에게 집중해야 할지에 대한 의문이 제기되고 있다.

② 비용분담

게임이론을 통해 협동조합이 비용분담과 같은 문제를 어떻게 다루어야만 하는지를 생각해 볼 수 있다. 비용분담은 협동조합이 물량에 기초한 가격할인 정책을 도입하려고 하거나 조합원 집단 간의 충돌을 조정하고자 할 경우 특히 중요한 문제이다.

조합원에 대한 특정 서비스의 비용을 분배하고자 하는 서비스 협동조합을 예로 들어보자. 농업인 조합원들은 비용 및 규모적인 특성에서 서로 이질적이며, 다음과 같은 상황이라고 가정해 보자.

가. 생산자들이 협력하여 서비스를 생산하는 비용이 개별적으로 서비스를 생산하는 비용보다 작거나 같다. 몇몇 생산자들이 협동조합을 설립하도록 하는 어떤 경제적 유인이 있다.

나. 농업인들은 다음 3가지를 선택할 수 있다. ⓐ 협동조합의 서비스를 구매, ⓑ 경쟁 농가로부터 서비스를 구매, ⓒ 원래의 협동조합에 불만족하여 떠난 생산자들이 새로운 연합을 구성

다. 어떤 조합원의 서비스에 대한 수요가 다른 조합원의 서비스 수요에 영향을 주지 않는다. 조합원은 조합원 집단을 위해서가 아니라 스스로의 이해에 따라 협동조합의 사업을 이용한다.

라. 서비스를 생산하는 비용 중 일부분은 그 서비스가 특정 조합원에게만 제공된다 하여도 분담될 수 없는 공통비용이다. 공통비용은 특별히 분담될 수 없기 때문에 이 비용이 조합원에게 분담되는 방법상에 융통성이 존재한다.

이상과 같은 가정을 기초로 이사회와 경영진은 조합원 사이에 비용을 어떻게 나눌 것인지 결정해야 한다. 가능성 있는 방법 중 하나는 협동조합의 전체 조합원 혹은 일부 조합원 집단에 비용을 분담시키는 것이다. 물론 비용분담의 가능성이 전혀 없어서 결국 협동조합이 해산할 수도 있다.

이사회와 경영진이 분담계획을 세우는데 영향을 주는 몇몇 요소들이 있다. 교섭이란 불확실성을 내포하고 있기 때문에 단일 조합원 혹은 조합원 집단은 위협과 회유를 통해 비용분담 계획에 영향을 주려고 시도한다. 조합원의 이런 태도가 유효한지 평가하는 데 있어 확인해야 할 사항은 다음과 같다. ① 개별 조합원 혹은 조합원 집단이 협동조합에서 탈퇴한다면 다른 조합원의 비용에 얼마나 영향을 미치는가? ② 개별 조합원 혹은 조합원 집단이 협동조합 밖에서 서비스를 얻는 데 드는 비용은 얼마인가?

가격할인 문제로 돌아와서, 지역 협동조합의 전체 사업량에서 중요한 부분을 차지하는 대규모 농가들이 있다고 가정해보자. 이들이 협동조합을 이용하지 않게 되면 협동조합의 사업량이 크게 감소하게 된다. 드문 경우이긴 하지만 구매협동조합이 평균총비용이 증가하는 지역에서 사업한다면, 이 협동조합은 실제로 최소평균총비용에 접근하려고 노력할 것이다. 따라서 대규모 농가의 탈퇴 위협은 소규모 농가들에 커다란 우려가 되지 못한다. 그러나 위의 경우보다는 훨씬 더 일반적인 현상인 평균총비용곡선이 감소하는 지역에서 협동조합이 활동한다면 상당한 비율의 사업 감소가 더 높은 평균총비용을 의미하기 때문에 소규모 농가들에 위협이 될 수 있다.

대규모 개별 농가 혹은 대규모 농가의 집단이 의미하는 또 하나의 특징은 규모의 경제 달성에 대한 가능성이다. 대규모 농가는 비료 제조업체로부터 직접 비료를 구매할 수 있으며, 대량구매에 따른 가격할인을 받을 수도 있다. 이 두 가지 특성 때문에 대규모 농가들과 거래하는 기업은 소규모 농가들과 거래할 때보다 비용을 절감할 수 있다. 대규모 농가들은 다른 조합원들의 비용에 미치는 영향력과 비용절감을 위한 집단형성 능력을 갖고 있기 때문에 협동조합의 의사결정 과정에서 상대적으로 강한 교섭지위를 지니게 된다.

대규모 농가와 소규모 농가 모두와 사업을 하는 것은 교섭과정에서의 불확실성을 증대시킨다. 어떤 협동조합의 조합원들이 상대적으로 동질적이라면, 이 협동조합은 특정 조합원 집단의 힘을 아주 정확하게 판단할 수 있다. 협동조합의 이사나 경영진은 조합원들이 협동조합을 탈퇴함으로써 지불하게 될 예상 비용을 비교적 정확히 파악할 것이다.

③ 협력의 불안정성

앞에서 서술한 바와 같이 협동조합은 최소 순가격의 달성에 실패할 수 있으며, 최소 ATC 이상에서 판매가격을 결정할 경우 협동조합이 정치적으로 불안정해질 수도 있다. 이러한 문제는 조합원 집단이 새로운 협동조합을 설립하여 비용을 낮출 수 있을 경우에 발생한다. 또한 이 문제는 다품목을 취급하는 협동조합에서 순수입을 발생시키는 부문과 그렇지 못한 부문이 있을 경우에도 발생한다. 만약 조합원들이 성공적인 사업부문을 이용하고 그렇지 못한 부문을 이용하지 않는다면 내부적 갈등이 발생할 것이다. 그렇게 되면 어떤 조합원들은 수익성이 없는 사업부문을 분리하거나 좀 더 수익성이 좋은 새로운 협동조합을 설립하는 방법을 택할 것이다. 그러나 이런 선택들은 종합농협의 금융이나 마케팅과 같은 사업부문의 비용절감을 통해 무마될 수도 있다.

④ 분담의 공정성

게임이론 모형은 비용분담의 가능성이 많이 있으며 이사회와 경영진의 비용분담 결정은 어느 정도 자의적이라는 인식에 기초하고 있다. 정당성, 이기주의, 협동조합의 원칙 등은 의사결정권자들이 적절한 비용분담을 결정하는 데 전적으로 영향을 미치는 개념들이다.

⑤ 게임의 변화

협동조합의 경영진, 이사회, 조합원들은 모두 협동조합을 지배하는 제도적 규칙들을 변화시킬 수 있다. 경영진들은 사업 절차와 정책을 변화시킬 수 있고, 이사회는 경영진에 대한 지배 정책을 바꿀 수 있으며, 조합원들은 협동조합 법인의 정관과 규칙을 변경할 수 있다.

또한, 주 및 연방 법률이 개정되어 특정 조합원 집단의 교섭력에 영향을 미칠 수도 있다. 예를 들어, 과거 많은 주에서는 조합원의 2/3 이상이 찬성하여야 합병이 가능하도록 하는 법률을 두고 있었다. 그러나 최근에 많은 주에서는 조합원 집단들을 합병에 찬성하도록 하기 어려웠기 때문에 조합원의 과반수 찬성으로 합병이 가능하도록 하는 법안을 통과시켰다. 이런 투표 시스템의 변경은 협동조합 내의 특정 집단의 교섭력에 상대적으로 큰 영향을 줄 수 있다.

협동조합은 조합원으로서의 이익 혹은 장단기적인 이익의 상대적 중요성에 대한 조합원들의 인식을 바꾸려 할 수도 있다. 다른 대안은 조합원들의 제품 선택권을 바꾸는 것이다. 예를 들어 토양 측정과 비료는 패키지로 판매될 수도 있고 각각 판매될 수도 있다.

(5) 역동적인 시장과 미래 이론

앞에서 설명한 협동조합 이론은 안정적인 사업환경 속에서 활동하는 협동조합과 IOF를 비교하는 정태이론(statics)을 포함하고 있다. 기업이론과 게임이론은 기술의 발전을 배제한 안정적인 시장을 가정하고 있다. 협동조합 이론의 주요 미개척 분야 중 하나는 국제시장 혹은 기술의 진보가 빨리 이루어지는 시장에서 경쟁하는 협동조합이 취해야 할 의사결정 규칙들을 분석하는 것이다. 보다 경쟁적인 시장 상황들은 조합원 간의 연대를 훨씬 더 불안정하게 하거나 더 단기간의 투자회수 기간을 요구할 것이다. 따라서 협동조합이 이런 시장에서 효과적으로 경쟁하기 위한 사업전략을 개발할 수 있는지의 여부에 따라 협동조합의 미래가 달라질 것이다.

(6) 맺음말

조합원들이 그들의 생산물을 판매협동조합에 출하할 경우 협동조합은 이를 가공제품 생산을 위한 투입물로 사용한다. 따라서 협동조합의 조합원은 판매협동조합의 공급자가 된다. 조합원들은 더 높은 가격을 원하고 이용고 배당이 그들이 수령하는 순가격을 높이기 때문에 IOF보다는 협동조합을 이용한다.

IOF는 이용고 배당을 하지 않는다. 순수입은 사업이용량이 아니라 투자금액에 근거하여 투자자들에게 분배된다. IOF는 순수입을 극대화하기 위해서 가공제품의 판매에서 얻어지는 한계순수입이 투입물을 구매함으로써 지출하는 한계투입비용과 같아질 때까지 생산자로부터 투입물을 구매할 것이다. 만약 IOF가 경쟁적인 투입물시장에서 생산자들의 생산물을 얻기 위해 경쟁한다면, 투입물에 대해 지급하는 가격은 한계투입비용과 같게 된다. 만약 IOF의 투입물 구입이 투입물의 가격수준에 영향을 미친다면 한계투입비용은 투입물의 가격보다 클 것이다.

그러나 판매협동조합은 순수입의 극대화 이외에도 다른 두 가지 목표를 가질 수 있기 때문에 종종 다른 전략을 사용한다. 만약 조합원이 자신의 생산물에 대한 판매를 결정할 때 이용고 배당을 무시한다면, 협동조합은 가격 정책을 통해 이런 목표들을 달성할 수 있다. 그러나 조합원이 이용고 배당을 긍정적으로 고려한다면 조합원의 생산량이 늘어나는 문제가 발생한다.

판매협동조합은 생산제한, 벌칙제도, 교육 등을 통해 조합원의 생산량에 대한 조절을 시도할 수 있다. 생산조절 시도가 효과를 보기 위해서는 부과된 벌칙이 초과생산으로 인한 이득보다 커야 한다. 교육 프로그램도 벌칙과 더불어 시행되어야 하며, 그렇지 않으면 어떤 생산조절 노력도 무임승차자에 의해 훼손될 것이다.

협동조합이 집단적 의사결정에 따라 운영되기 때문에 게임이론은 협동조합의 내부적 의사결정을 분석하기 위한 기초적 개념을 제공한다. 협동조합의 이사회나 경영진은 협동조합에 영향을 미치는 다양한 집단의 역량과 세력을 반영하여 비용과 수입의 분배 계획을 세울 것이다.

제3장 세계 협동조합의 흐름

1. 농업환경에 따른 새로운 협동조합

1) 신세대협동조합

신세대협동조합은 1990년대 초 노스다코다와 미네소타 지역에 가공사업을 중심으로 50여 개 농협이 새롭게 등장하면서 시작됐는데, 이들은 산물출하를 주로 하는 기존의 지방 판매농협과는 달리 포장·가공 등의 새로운 부가가치창출을 통해 조합원의 실익을 증대하고자 하는 새로운 형태의 협동조합 운동이다.

따라서 신세대협동조합을 부가가치창출형 협동조합이라고도 하는데 이는 공동판매만을 목적으로 하지 않고 가공사업에 적극적으로 참여하여 부가가치를 창출하여 조합원에게 분배하고자 하기 때문이며, 주로 틈새시장을 대상으로 하여 차별화된 농산물을 공급하고 있다. 이러한 신세대협동조합의 특징을 구체적으로 알아보면,

첫째, 협동조합을 결성할 때 높은 자기자본을 확보하고 있는데 이는 출하권 발행을 통하여 출자금을 모집하고 있기 때문이다. 출자금은 농가가 출하할 수 있는 물량을 규정하고 있으며 출자하지 않는 농가는 조합 사업을 이용할 수 없다. 출하권의 존재로 신세대협동조합은 전통적인 협동조합보다 조합원으로부터 충분한 자기자본을 조달하여 경영안정을 추구하고 있다. 신세대협동조합은 30~50%의 자기자본 비율을 유지하고 있어 전통적 협동조합 보다 낮은 부채비율을 유지하고 있으며, 그 결과 은행으로부터 낮은 금리로 자금차입이 가능하여 금융비용이 축소되고 있다. 또한 사업으로 연계된 기업이나 지역이 공공기관으로부터 우선주 발행을 통해서도 자본조달을 확대하고 있다.

또한 사업초기에 투자금액과 사업물량을 계획하고 출하권의 초기가격을 결정하며, 사업물량은 조합원에게 가장 이익이 되는 효율적인 수준에서 결정되고 그에 따라 이를 처리하기 위한 투자금액이 결정되고 출하권 발행을 통해 조달할 금액이 결정됨으로써 출하권당 출하물량과 출하권의 초기가격이 결정된다. 따라서 조합원의 출자비율과 이용비율이 언제나 같아지는 효과를 얻고 있으며, 이 출하권은 이사회의 승인을 받은 조건으로 거래가 가능하므로 이후 출하권 가격은 협동조합의 수익성에 따라 결정된다. 협동조합 사업이 미래에도 높은 수익을 제공하여 줄 것이라고 기대되면 출하권 가격은 상승하

고, 농업을 그만두거나 협동조합 사업이 이익을 제공하여 주지 못한다고 판단하는 조합원은 출하권을 양도함으로써 손실 없이 협동조합에서 탈퇴할 수 있다.

둘째, 출하권을 통하여 협동조합과 조합원 간 엄격한 계약관계를 형성하고 있다. 조합원은 출하권이 규정하고 있는 원료농산물 양을 출하하여야 하는 의무를 가지는 한편 협동조합에 출하할 수 있는 권리도 갖는 쌍방 계약관계를 형성하고 있으며, 여기에는 물량뿐만 아니라 품질에 대한 것까지 포함하고 있다. 또한 조합원이 출하의무를 이행하지 못할 경우에는 협동조합은 그 만큼의 농산물을 다른 시장에서 구입하고 이에 소요되는 모든 비용을 해당 조합원에게 부과함으로써 계약관계를 이행시키고 있다. 다만 작물실패 등의 사건이 발생할 경우에는 예외로 하고 있다. 혹자는 기존의 캘리포니아 유통협동조합에서도 계약을 중요시 여기고 있어 새로운 특징이 아니라는 주장도 있지만, 계약물량이 고정되어 있다는 것이 다른 점이며, 이를 통해 언제나 안정적이고 효율적인 가동수준을 유지할 수 있다. 따라서 신세대협동조합은 폐쇄형 조합원주의를 형성하고 있지만 조합원의 출하물량이 고정되어 있다는 측면에서 전통적 협동조합에서의 폐쇄형 조합원주의 보다 더 엄격한 형태를 이루고 있다.

운영원칙상 특징을 보면, 첫째, 전통적 협동조합원칙을 고수하고 있으며, 협동조합은 자본독점을 방지하기 위해 1인의 주식보유 한도를 설정하고 있다. 둘째, 민주적 관리를 위해 1인1표 주의를 채택하여 선거를 통해 이사회를 구성하고 있다. 셋째, 전통적 협동조합은 이용고 배당원칙을 적용하고 있어 조합원의 이익을 극대화하지 못한 수준에서 균형이 이루어지는 최적화 범위에서 비효율성이 있는 반면, 신세대협동조합은 출하권의 도입으로 조합원의 출자비율과 사업이용비율을 일치시키고 있어 출자배당과 이용고 배당 간의 갈등문제를 해결하고 있다. 또한 어떤 배당을 선택하더라도 다른 배당기준에서의 조합원 간 이익이 변하는 것이 아니며, 출하권에 의해 사업규모가 결정되기 때문에 모든 조합원에게 동일한 선형가격을 제시하면서도 농가와 협동조합이 수직적 결합관계를 형성하고 있는 형태로 사업규모를 선택할 수 있다. 따라서 신세대협동조합은 최적화 범위에서 발생하는 비효율성을 제거 할 수 있으며 전통적 조합원주의 보다 더 우월한 경영성과를 나타낼 수 있다.

전통적 협동조합에서 가장 취약한 문제는 자기자본이 어렵다는 것이다. 이는 협동조합이 이용고 배당을 목표로 설정하고 있어 발생하는 문제이다. 즉 협동조합의 소유권이 이익을 보장하지 않고 협동조합의 사업이용이 이익을 보장하고 있는 것이며, 이용고 배당이라는 원칙으로 인해 무임승차[10]의 문제와 기간불일치[11]의 문제가 발생하고 이로 인해 조합원은 출자와 장기투자를 기피하게 된다.

전통적 협동조합은 이러한 문제를 해결하기 위하여 이익금의 일부를 유보하는 방식을 선택하고 있지만, 투자를 위한 이익금의 유보는 언젠가 조합원에게 귀속되어야 하므로 부채의 형식이고 궁극적으로는 자본금의 감소로 이어지는 반면, 신세대협동조합은 출하권으로 사업이용과 자본출자비율을 일치시키고 있어 이용정도에 따라 투자비용을 부담하게 되어 무임승차의 문제를 해결하고 있다. 또한 출하권의 거래를 허용하고 있어 이를 통해 기간불일치의 문제를 해결하고 있다. 즉 협동조합이 장기투자를 통해 미래의 수익성을 제고하면 출하권의 거래가격이 상승하게 되며 사업이용기간이 단기인 조합원은 장기투자비용을 부담하면서도 그 이익을 출하권 가격상승으로 회수할 수 있다. 따라서 이러한 투자를 기피할 유인이 없으며 그러면서도 사업이용에 의해 이익을 배분하고 있어 협동조합의 원칙을 고수할 수 있다.

전통적 협동조합에서는 조합원이 농산물을 출하하면 협동조합이 모두 받아서 판매한다는 정책을 기본으로 하고 있어 조합원의 기회주의적 행동이 심각한 문제로 대두되고 있다. 특히 가격과 품질에서 변동이 심할 경우 이러한 문제는 심화되는 반면, 신세대협동조합은 출하권을 통한 계약으로 이러한 문제를 해결하고자 하고 있다. 전통적 협동조합도 출하계약을 활용하고 있지만, 신세대협동조합의 출하권은 단순한 출하계약 이상의 역할을 수행하고 있다.

전통적 협동조합에서의 공동계산제(pooling)는 가공사업과 같이 장기간 판매와 시장개발을 위한 투자를 필요로 하는 분야에서는 공동계산제가 활용되기 어려운 반면, 신세대협동조합에서의 출하권에 의한 계약은 이러한 문제까지 해결하고 있다.

신세대협동조합의 운영원칙은 이 이외에도 몇 가지 문제를 해결하여 주고 있다. 즉 조합원의 농산물 생산에 대한 정보를 잘 전달하여 주고 있고, 조합원의 경영성과 평가를 용이하게 해준다. 특히 출하권 거래허용에 따른 가격변동은 직접적으로 협동조합의 경영성과에 대한 외부적 평가를 반영하고 있어 개별 조합원이 복잡한 재무 분석을 하지 않고도 경영성과평가를 할 수 있다. 경영성과가 낮아 출하권의 가격이 하락하면 조합경영자에게 압력이 되고 출하권을 양도함으로써 경영책임을 부과할 수 있고 그 만큼 조합

---

10) 무임승차란, 조합원이 출자는 하지 않고 사업이용만 하여 협동조합이 제공하는 이익을 획득하려는 것임.
11) 기간불일치란, 조합원이 협동조합을 이용하는 기간과 발생기간이 일치하지 않은 데서 발생하는 문제임.

원의 지배구조가 강화되는 효과를 얻고 있다.

2) 다자간(이해관계자) 협동조합

최근 시장경쟁력이 치열해짐에 따라 협동조합은 상대적으로 경쟁력이 약화되는 문제에 직면하고 있다. 따라서 협동조합의 경쟁력을 제고시키는 방안의 하나로 새로운 유형의 "이해관계자 협동조합(multi-stakeholder model) 모델"이 등장하였다.

이해관계자 협동조합의 최초 모델인 "그로잉 서클 식품협동조합(Growing Circle Food Cooperative)"은 2001년 12월에 브리티시컬럼비아 남부에 있는 솔트 스프링 아일랜드(Salt Spring Island) 지역에서 탄생되어, 현재는 500명의 회원(생산자 100명, 소비자 400명, 노동자 8명)으로 구성되어 있다. 조합의 주요활동을 보면, "유기농산물 판매점"을 통하여 생산자에게는 보다 광범위한 시장접근을 용이하도록 하고 소비자에게는 안정적인 지역농산물 공급을 도모함으로써 소비자와 생산자를 연결하는데 있다. 또한 지역경제 활성화와 지속가능한 지역농업발전을 위해 지원 및 동기를 부여하여 지역사회의 자급률 향상과 지역농산물의 안전성을 증대시키는 데 있다. 설립배경 및 과정을 보면, 그로잉 서클 식품협동조합은 인구 1만 명인 솔트 스프링 아일랜드에 상업 중심지인 갠지스에 위치해 있다. 이 지역은 브리티시컬럼비아의 남부 섬들 중 가장 크고, 전형적인 농촌공동체로서, 캐나다의 유기농산물 중심지이기도 하다. 또한 이 지역은 비누와 양초 제조, 염소유 및 우유 치즈 생산, 그리고 토푸(콩, 우유로부터 만들어진 부드러운 치즈 같은 식품) 생산과 같은 대부분 소규모 식품산업으로 유명하다.

여름 동안 이 지역인구는 두 배로 증가한다. 이유는 많은 관광객들이 이 지역 토요일 시장과 다수의 예술공연장을 방문하기 때문이다. 지역 공예품과 신선 농산물 등은 시장에서 인기품목이다. 이 지역의 농민들은 자기 농장에서 섬 주민들과 관광객들에게 농산물을 판매한다. 게다가 대부분 지역 예술인과 지역주민은 관광객에게 섬에 대한 정보를 제공할 뿐만 아니라 관광서비스를 제공 한다. 이처럼 여름에는 관광산업이 활기를 띠고 겨울에는 일상으로 돌아간다.

조합의 발생요인은 2가지를 들 수 있다. 첫째는, 지역에서 생산된 농산물의 연중 공급을 가능케 하여 지역 유기농산물에 대한 보다 넓은 선택을 하려는 소비자의 욕구에 따른 것이다. 둘째는, 지역농산물시장에의 보다 넓은 접근을 요구하는 지역생산자의 필요에 의한 것이다. 이 지역은 이미 2개의 슈퍼마켓과 소규모 자연식품매장을 가지고 있었지만 지역생산자와 소비자의 필요를 충족시키기에는 아직은 역부족이었다.

북아메리카 대부분의 지역에서 흔히 볼 수 있듯이 대부분 섬 지역은 세계 각국으로부터 수입된 농산물에 의존하고 있다. 이 지역은 전체 농산물 필요량의 3%만 생산한다. 따라서 이 지역은 자급목표를 실현할 수 있는 토지조건과 적절한 기후를 가지고 있는 탓에 주민 스스로 지역 유기농산물 및 자연농산물을 제공할 목적을 가진 조합 설립을 열망 하였다.

2000년 3월 이 협동조합의 창설자인 요나 토마스는 8명으로 구성된 최초 조합운영위원회를 발족하였고 식품협동조합의 실현가능성을 결정하기 위하여 사업형태를 개발할 목적으로 9개월 동안 이 지역을 조사하였다. 또한 이 지역 생산자와 소비자의 욕구를 충족시키고 지역 주민에게 고용기회를 창출할 수 있는 사업개발을 위해 조합창립회원들이 결정 되었다. 조합 회원들은 사회적·경제적·환경적 가치가 반영된 사업을 할 수 있는 이상적인 협동조합 모델을 만들고자 하는 데는 모두 동의했지만 새로운 조합 설립에 있어서 이상적인 협동조합 형태를 결정하는 데는 많은 어려움이 있었다. 따라서 시험적인 설립단계에서부터 소비자 협동조합, 생산자 판매 협동조합, 그리고 노동자 협동조합 모델이 모두 고려되었다. 결국 회원들은 그들에게 가장 적합한 협동조합의 형태는 생산자, 소비자, 노동자 세 계층의 회원으로 구성된 이해관계자 협동조합 모델로 결정했다.

지역주민은 지역사회에 매우 열성적이고 조합 창립자도 사회적·경제적·환경적관심사들 사이의 균형을 이루는 바람직한 지역 경제를 만들기 위해 협동의 중요성을 다 같이 인식하였다. 운영위원회는 지역 내 많은 회원을 확대하기 위해 최선의 노력을 기울였고 그 결과 짧은 기간에 협동조합 설립 정신에 대한 정의를 내리고 이에 대한 구체적인 실천 지침을 마련하였다. 2001년 12월 "그로잉 서클 식품협동조합"은 조합을 통해 지역농산물품과 부가가치 농산물 판매에 열정적인 노력을 기울이고 있는 50여 명의 회원들로 탄생되었고 1년 후 연례 정기총회를 개최할 때까지 100여 명의 지역 생산자를 포함하는 500명 이상의 회원으로 성장하였다.

조합 회원들은 인간자원개발프로그램(HRDC)을 통해 협동조합발전 기금을 받을 수 있다. 이 프로그램은 회원들이 조합발전에 전력을 다할 수 있도록 적격자를 선정하여 10개월간 생활수당을 제공하였으나 10개월 동안에 3명의 회원 중 2명이 탈퇴하였다. 한 사람은 생활수당 만으로는 재정적 욕구를 충족시키지 못한다는 이유였고 또 한 사람은 개인적인 사정을 이유로 탈퇴하였다. 따라서 이 기금 지원 확대로 적격자 2명의 회원을 다시 선정하였고 이러한 재정적 지원은 협동조합을 이론적인 단계에서 실천의 단계로 옮기게 한 출발점이 되었다.

또한 조합 발전의 원동력은 협동조합 장려(Cooperative Advantage) 프로그램을 통해 받은 기금(9,814달러)이다. 이 프로그램은 협동조합 설립을 시작하고 있는 단체를 지원하기 위해 브리티시컬럼비아의 "협동조합발전 모임" 회장에 의해 만들어졌다. 특히 이 기금은 조합이 시장조사를 수행하고, 사업계획을 완성하고, 협동조합 구조를 명확히 하고, 이사회 회원을 교육시키고, 협동조합의 관리와 법인설립을 위한 규칙을 만들 수 있게 했다. 또한 조합은 CA기금으로 협동조합전문가의 도움을 받았다. 전문가의 도움이 없었다면, 출발과정이 순조롭지 못했을 것이다. 그리고 마우린 로빈슨 기금(MRF)으로 부터 5,000달러의 보조금을 받았다. 이 보조금으로 조합은 대형 냉장창고를 구입할 수 있었다. 따라서 조합 회원들도 각종 보조금 혜택을 인정하고 있다. 만일 이러한 보조금지원이 없었다면 오늘날 조합 탄생은 기대하기 어려웠을 것이다.

조합은 상기 보조기금 외에 부가적으로 지역관 내 지역사업단체로부터 7만 달러 상당의 제품과 용역을 제공받았다.

또한 협동조합발전을 위한 재정적인 보조기금 외에도 개인, 여타 식품협동조합, 사업단체로부터 사업과 경영에 대한 전문적인 도움을 받았다. 예를 들면 빅토리아에 있는 케이프 지역 마켓의 식품 매니저, 에디블 아이슬랜드의회원들, 코테니의 노동자 협동조합, 넬슨 소비자 식품협동조합, 온라인 식품정보 네트워크에 참가한 북아메리카 식품협동조합들, 브리티시 칼럼비아의 여성기업 단체 등이다.

초창기 조합 회원들은 개인적으로 투자할 수 없었고, 대출자격조건에 적격자가 아니었으므로, 대출 프로그램에 대한 대책을 강구해야만 했다. 또한 대출 프로그램에 대한 대체안이 없었으므로, 전문가의 도움을 받아 지역사회 대출 프로그램을 통해 빅토리아의 코우스트 캐피털 기금으로 부터 2만 달러의 사업대출을 승인받았다.

조합 출발단계의 어려움 중 하나는 협동조합이 정부기금을 받기 때문에 시장에서의 불공정한 이익을 가진다는 일부 회원들의 편견이었다. 또한 조합은 사적소유나 다를 바 없고 각종 보조금은 운영경비로 사용되고 있다고 생각한 일부 지역주민들의 오해가 있었다. 이러한 오해는 간혹 협동조합의 운명을 좌우하게 되므로 조합은 지역매체를 통해 이러한 오해를 해결하는 것이 선결과제이었으므로 지방신문 기사를 통해 조합은 사적소유가 아니라, 지역회원들에 의해서 소유되고 운영되며, 나아가서는 지역전체에 기여한다는 사실을 강조했다. 또한 정부의 기금은 협동조합 발전을 위해 쓰일 기금이지 운영경비 차원이 아니라는 내용을 강조했다.

조합의 또 다른 어려움은, 지역농산물 실제가격에 대한 소비자들의 불만을 교육을 통해 해결하는 문제였다. 왜냐하면 지역 내 대형 슈퍼마켓은 식료품들을 대규모로 구매할 수 있는 능력이 있기 때문에, 소비자에게 보다 저렴한 가격으로 공급할 수 있었다. 또한 캘리포니아산인 인증 유기농산물은 지역농산물보다 상대적으로 가격이 저렴했다. 이에 대해 조합은 지역사회 전체적인 관점에 초점을 맞추고 마케팅 방법 차원에서 소비자교육을 중시하였다. 즉 소비자 회원들에게 농산물 구매비용을 낮게 유지하기 위해 대량구매를 주문했고 주간지에 회원 교육과 참여를 독려하고 지역 행사(생산자회원 농장 순회 관광 등)에 지원과 참여를 요청하였다.

또한 조합 이사회는 더 많은 재원확보를 위해 다른 자금 조달처를 찾았고 교육사업 투자를 위해 기금조달위원회를 만들었다.

2. 세계 협동조합의 흐름과 전망[12)

1) 협동조합의 흐름

세계협동조합의 역사를 보면 협동의 역사인 동시에 경쟁의 역사임을 알 수 있다. 협동조합은 정부와 달라 독점사업이 없기 때문에 경쟁자가 있기 마련이다. 따라서 경쟁력이 없으면 협동조합은 존립의의를 잃게 된다.

농업협동조합은 경쟁력을 확보하기 위해 여러 가지 전략을 구사해 왔다. 그 하나하나를 사례를 들면서 살펴보고자 한다.

(1) 첫째는 조합원의 사업이용을 늘리는 것이다.

협동조합의 조합원은 협동조합을 조직할 때부터 사업이용을 전제로 하여 사업 이용자인 동시에 협동조합의 소유자가 된다.

사업이용은 조합원의 권리이자 의무이다. 조합에 가입하고 있으면서도 조합사업을 이용하지 않는 사람은 죽은 조합원(dead member) 또는 휴면조합원(idle member or sleeping member)이라고 한다.

덴마크 농협의 표준정관에는 조합원의 출하의무를 규정하고 있다. 그 내용은 '조합원은 자신의 건강한 암소로부터 생산한 모든 우유를 조합에 출하할 의무를 지닌다.', '조합원은 자신이 사육한 모든 돼지를 조합에 출하할 의무를 지닌다. 단 모돈이나 자돈을

---

12) '세계협동조합의 흐름과 전망', 이종수 전 농협중앙교육원장, 2003. 7.

예외로 한다.'는 등이다. 스페인과 그리스 등에서는 의무적 출하제도를 법률로 정하고 있다. 덴마크와 마찬가지로 포르투갈에서는 출하의무제도를 정관에서 정하고 있다. 우리 나라에서는 조합원이 1년 이상 조합을 이용하지 않으면 제명사유가 된다(농협법30조1).

세계적으로 알려진 미국의 오렌지 협동조합인 썬키스트 협동조합도 출하의무 위반, 품질관리 불량 등에 의해 타 조합원에게 손실을 주는 경우 제명 조치한다고 한다.

신세대협동조합(New Generation Cooperative)에서도 주식과 출하권을 연계시켜 조합원 은 구입한 주식 수에 비례하여 조합에 출하할 권리와 동시에 의무를 부여하고 있다. 조 합과 조합원 간에 판매협약을 체결하며 여기에는 출하의무 이외에도 농산물의 품질조건, 대금결제와 비용계산, 제재수단 등 다양한 권리와 의무 조항을 포함한다. 만일 조합원이 출하를 이행하지 못하면 조합은 그 물량을 다른 곳에서 조달하고 이에 대한 비용을 그 조합원에게 부담시킨다고 한다.

(2) 둘째는 비농민을 조합원 또는 준조합원으로 가입시켜 경쟁력을 확보하였다.

프랑스의 크레딧에그리꼴 그룹은 처음에는 농민만이 조합원이 되었으나, 비농업분야로 업무 영역이 확대되면서 거의 모든 고객층에게 조합원 자격을 개방하였으며 2000년 현 재 크레딧에그리꼴 지방은행(단위조합)의 농민조합원 비중은 550만 조합원의 62%이다.

일본의 종합농협은 농민의 수가 감소함에 따라 비농민을 준조합원으로 가입시켜 지역 조합으로 발전하고 있다.

캐나다의 브리티시컬럼비아주 남부에 있는 솔트 스프링 아일랜드 지역에서는 2001년 12월에 Growing Circle Food Cooperative라는 식품협동조합을 설립하였는데 이는 그 지 역의 유기농산물 생산자 농민과 소비자 그리고 노동자가 다 같이 조합원이 되어 이해관 계자 협동조합을 설립 운영하고 있다.

(3) 셋째는 규모화하고 자회사제도를 도입하였다.

경쟁업체의 대형화에 맞서기 위해서는 합병이 불가피했다. 프랑스의 크레에그리꼴이나 네덜란드의 라보뱅크, 독일의 DG Bank의 회원인 라이파이젠협동조합은 대대적인 합병 과 사업 특화가 이루어졌다.

일본농협은 한국과 같이 농업이 소농구조라는 특성 때문에 회원조합에서는 신용사업 과 경제사업을 겸영하는 종합농협을 유지하고 있고, 현 단위에서는 연합회 체제를 형성 하면서 신용사업과 경제사업이 분리되어 있다. 종합농협은 경제사업이 만성적인 적자상태에 있고 신용사업의 예대비율도 30% 이하에 이르고 있어 수지악화로 존립기반이 위협을 받고 있다.

이에 일본 단위농협의 합병은 단순한 규모 확대만을 목적으로 하지 않고 단위조합의 광역합병을 통하여 단위조합-현연합회-중앙연합회로 되어 있는 3단계 조직체계를 단위조합-전국연합회의 2단계로 축소하는 구조개선을 추진하고 있다.

일본지역조합의 합병실적을 보면, 1975: 4,803개 → 1980: 4,528개 → 1990: 3,561개 → 2000: 1,264개 → 2003: 944개(매년 4월 1일 기준)로 나타나 우리농협에 비해 합병의 속도가 빠름을 알 수 있다. 일본의 농가호수나 경지면적은 우리나라의 약 3배 수준임을 감안하면 더욱 그러하다.

신용사업은 중앙집권적이고 하향적인 특성이 있다. 컴퓨터화 온라인화 됨에 따라 이러한 성격은 더욱 강화되었다고 본다. 이에 따라 신용협동조합의 발전을 위해서는 강한 연합회가 필요하게 되었다. 실제로 강한 연합회를 가진 신용협동조합은 발전하고 그러지 못한 조합은 실패한 사례가 있다.

크레딧에그리꼴과 라보뱅크가 세계적 협동조합은행으로 도약할 수 있었던 원인은 중앙조직의 강력한 역할과 기능이 뒷받침되었기 때문이라고 한다. 한편 연합회 기능이 약한 영미계통의 협동조합은행의 실패 사례도 있다. 영국의 주택금융조합(Building Societies)은 대부분 조합들이 대형은행이나 보험회사에 흡수 합병되거나 청산 후 일반은행으로 전환하였다. 미국의 저축대부조합(S&L)은 80년대 미국 금융 위기에서 서로 간의 경쟁과 자금운용 실패로 상당수 도산하였다.

일본의 회원조합(JA)들도 부실조합이 크게 늘어나자 2001년 6월 농협법 개정과 농림중금법을 개정(신용사업신법)하여 중앙조직의 기능을 강화시켰다.

협동조합은 자회사를 만들었다. 협동조합이 전통적인 협동조합 운영방식으로는 조합원의 요구에 부응하기 어려운 사업분야에서는 자회사 제도를 도입하고 있다. 일반적으로 자회사(Subsidiary)란 어느 회사가 다른 회사의 발행주식을 2분의 1 이상 소유하고 있을 때, 또는 그에 준하는 지배력을 행사하고 있을 때, 전자를 모회사, 후자를 자회사라고 한다. 협동조합에서는 조합원의 실익을 보호하는 데 필수적이지만, 전통적인 협동조합의 자본금 확충방식이나 1인1표의 의결권 제도를 유지하는 가운데 사업자본금의 확충이 불가능한 사업부문, 또는 조합원의 물량만으로는 시장의 경쟁에 대응하는 데 역부족인 사업부문을 대상으로 자회사 제도를 도입하였다.

(4) 넷째, 지배구조를 개선하였습니다.

1844년 8월 11일 일요일 28명의 선구자에 의하여 제1회 총회가 열리고 마일스 애시워스(Miles Ashworth: 후란넬 직공, 차티스트, 본래 수병으로서 나폴레옹을 센트 헤레나 섬에 호송하였다함, 54세)가 조합장으로 존 홀트(John Holt: 방직기계공, 로치데일 차티스트협회의 회계, 연령미상)가 회계에, 제임스 데일리(James Daly: 목수, 사회주의자, 아일랜드 출신으로 순사부장의 아들, 연령미상)가 서기로 선출되었다.

이를 보면 로치데일 협동조합 초기에는 조합원 모두가 참여하는 총회가 열렸으며 임직원이래야 조합장 회계, 서기, 세 사람뿐이었는데 모두가 조합원이 맡았다.

그러나 조합의 규모가 커져 조합원 수가 많아짐에 따라 조합원은 이사를 뽑고 이사회에서 조합장을 뽑는데 조합장은 이사회 의장으로서의 역할에 충실하고 경영은 전문경영자에게 맡겼다.

이러한 협동조합의 지배구조와 특성이 협력과 견제로 기업보다 경쟁력이 있다는 주장이 있다. 엔론사태와 같은 윤리의 문제는 기업 내부와 외부의 통제 시스템이 작동하지 않았기 때문이라는 것이다. 그러나 협동조합은 1인1표, 의장과 사업대표의 양두체제, 조합원이 이용자이면서 소유자로서 일상의 거래과정에서 점검과 통제, 지리적 제한으로 투명성 등으로 안정성과 통제의 측면에서 기업에 비해 우위성을 가진다고 하였다. 주식회사의 주주는 1년에 한번 주주총회에서 경영자를 만나고 있는 실정을 생각해보면 협동조합과는 차이가 있음을 알 수 있다.

(5) 다섯째, 협동조합이 생존과 발전을 위해서 변화와 개혁을 추진해 오면서도 협동조합의 정체성은 유지하려고 끊임없이 노력해왔음을 알 수 있다.

흔히들 협동조합은 주식회사로 변질되었다고 한다. 협동조합이 자회사를 만들고 주식을 상장하는 등 일련의 조치가 나옴에 따라 그러한 비판이 나온 것이다. 그러나 곰곰이 따져보면 그렇지 않다. 협동조합의 근간조직은 조합원이 이용자인 동시에 소유자로서 통제하도록 체제를 유지해 왔다는 것이다.

크레딧에그리꼴의 예를 들어 보자. 크레딧에그리꼴은 중앙조직인 CNCA를 주식회사로 전환하여 CASA로 명칭변경하고 2001년 12월 14일에 프랑스 1부시장에 주식을 상장하였다. 이에 주식상장은 협동조합의 정체성을 훼손하는 조합주의의 포기라고 비난이 있었다. 그러나 따져보면 주식 전부를 상장한 것이 아니었다. 상장한 주식은 전체의 20%였다. 나머지 10%는 전·현직 임직원이 가지고 있고 나머지 70%는 지역은행이 소유하고

있다. 크레딧에그리꼴 지역은행의 조합원 550만 명의 62%가 농업인 조합원이다. CNCA
의 CEO인 로랑은 '주식상장계획은 우리들만의 조합주의에서 이제는 시장과 함께 하는
조합주의로 가기 위한 것이다'라고 하였다.

2) 협동조합의 전망

협동조합은 공정을 이념으로 출발하였고 경쟁력을 확보해야만 존립의 의의가 있다고
했다. 앞으로도 마찬가지라고 생각된다. 아무리 경쟁이 촉진되고 시장이 완전경쟁에 가
까워진다고 하지만 시장의 불완전성은 계속된다고 본다. 때문에 미래에도 협동조합의 필
요성과 존립 의의는 상존한다.

기존의 협동조합들이 존립 발전함은 물론 육아, 건강, 환경, 인터넷 등과 관련된 협동
조합이 많이 생겨날 것이라는 전망도 있다. 문제는 협동조합이 어떻게 경쟁력을 확보하
느냐가 관건이다.

미국 농무부는 21세기 농협의 전망에서 21세기 협동조합의 성공전략 구상은 두 가지
주제가 중심을 이루고 있다고 했다. 첫째는 협동조합의 구성원에 대한 투자확대가 필요
하다는 것이다. 조합원과 이사, 경영진과 자문위원은 21세기의 과제를 해결하기 위해 필
요한 교육과 훈련을 받아야 한다는 것이다. 둘째는 실용주의와 수익성에 강조점을 두어
야 한다는 것이다. 협동조합은 사업체이며 미래에도 사업에 관한 문제를 해결하고 조합
원에게 가치를 제공하는 데 초점을 모아야 한다고 했다. 그렇지 않으면'조합원들이 조합
을 이용하지 않고 빠져나갈 것이다'라고 하고 일곱 가지 사항을 권고하였다. 그 내용은
변화의 수용, 경쟁력 있는 이사진 확보, 자기자본 토대 구축, 교육 강화, 조직효율화 방
안 모색, 농정활동 강화, 협동조합의 정체성 유지이다.

제4장 지역사회와 협동조합

1. 사회적 경제의 도래와 협동조합[13]

1) 사회적 경제의 발전

개념의 역사

사회적 경제의 개념은 경제활동의 공동체적 연대를 강조하는 유럽적 전통과 밀접하게 관련되어 있다. 산업자본주의 체제하 각종 협동조합, 길드조직, 결사체 등의 발전은 이러한 전통을 잘 보여준다. 영국의 자유주의 정치경제학자 존 스튜어트 밀(J. S. Mill)은 산업자본주의 체제하에서 결사체 조직의 필요성을 강조한 학자로 평가되는데, 정치경제학 원리에서 밀은 노동자협동조합이 경제성장과 사회통합에 미치는 긍정적인 효과를 높이 평가하였다. 알프레드 마샬(A. Marshall) 역시 기업활동의 사회적·조직적 환경과 협동조합적 경제활동의 중요성을 강조한 바 있다.

사회적 경제를 최초로 개념화한 학자는 프랑스 경제학자 샤를 지드(C. Gide)이다. 그는 협동조합이나 공제조합과 같이 이타적 협력과 상호부조정신에 의해 운영되는 기업을 사회적 경제라 개념화하고, 이러한 사회적 경제조직들이 산업자본주의의 시장실패를 극복할 수 있는 사회적 개혁의 도구가 될 수 있을 것으로 평가하였다. 비슷한 관점에서 레온 왈라스(L. Walras)는 경제학의 영역을 이론적 영역에 속하는 순수경제, 실제경제생활에서 발견되는 응용경제, 그리고 도덕적·정책적 관점에서 접근해야 할 사회적 경제로 구분하고, 사회적 경제의 후생경제학적 의의를 강조하였다.

학문적 개념으로서 사회적 경제는 칼 폴라니(K. Polanyi), 에치오니 등의 공동체주의적 학자들에 의해 발전된 경제활동이 '사회적 배태성'과 밀접하게 관련되어 있다. 사회적 배태성의 개념에 의하면 재화의 생산, 소비, 분배와 같은 경제활동의 상과는 경제행위자들 사이에 형성되는 사회적·제도적 관계에 깊은 영향을 받으며, 자본주의 체제하에서의 실질적 경제활동과 후생증대 역시 시장이라는 단일기제에 의해 움직이는 것은 아니다. 이러한 실질주의적·제도주의적 관점은 시장 중심의 근대경제학적 인식론, 그리고 국가중심의 케인즈주의적 전통과 달리 경제활동의 본질을 사회적 관점에서 재해석하는

---

13) 최용주, '사회적 경제의 도래와 협동조합운동', 농협경제연구소, 2009. 10.에서 인용.

사회경제학적 패러다임으로 발전하는 계기가 되었다.

폴라니는 시장 중심의 근대경제학적 형식주의와 방법론적 개인주의에 대한 비판을 토대로, 인간생활의 유지에 필요한 '자원의 이동'이라는 관점에서 시장경제의 의의를 재해석하였다. 그에 의하면, 이러한 자원의 이동은 근대경제학에서 말하는 가격에 의한 상품의 등가거래(시장교환)뿐만 아니라, 공공부분(국가)에 의한 재분배, 공동체에 의한 상보성 원리에 의해 지지되는 과정이다. 경제사적 분석을 통해 시장교환이 국가에 의한 재분배와 공동체적 상보성의 원리가 갖는 미덕을 해치고 인간생활의 궁핍을 초래한 사례들을 확인한 폴라니는 시장의 자율규제가 자원의 최적분배와 후생증대를 가져온다는 자유주의적 강령의 오류를 지적하고, 시장기구로부터 사회를 보호할 수 있는 제도적 장치의 필요성을 강조하였다.

폴라니는 특히 공동체 내에서 형성되는 다양한 이타적 협력, 이른바 도덕경제, 이 시장경제의 확산에 의한 경제의 탈사회화를 방지하는데 크게 기여하고 있음을 보여주고자 하였다. 원시공동체사회 및 산업자본사회에 이르는 다양한 경제활동에 대한 경제인류학적·사회학적 분석을 통해 그는 공동체 구성원 사이에 형성되는 비시장적 교환(상보성)이 가격에 의한 시장거래가 지배하는 현대사회에서도 여전히 중요한 '실질적'인 경제 원리임을 보여주었다는 점에서 오늘날 우리가 이해하고 있는 사회적 경제의 이론적 근거를 제시한 인물로 평가된다.

현대적 의미에서 사회적 경제의 개념은 또한 아마티아 센(A. Sen)의 사회적 능력 이론과 저개발국 빈곤문제에 대한 사회정의론적 재해석에서 많은 영향을 받고 있다고 볼 수 있다(Sen, 1999). 센에 의하면 한 나라 또는 지역의 발전수준은 재화나 서비스의 생산량이나 그 생산함수적 효용성의 측면에 있는 것이 아니라, 사회구성원이 이러한 재화나 서비스를 구매할 수 있는 경제적 능력의 수준에서 결정되는 것이 아니라, 자신들이 원하는 것을 자유롭게 선택할 수 있는 사회적 능력을 통해 획득된다고 보았다. 요컨대, 복지는 사람들이 자유롭게 접근할 수 있는 재화나 서비스의 양이 아닌, 그들이 주장할 수 있는 특정유형의 재화나 서비스를 실질적으로 향유하여 얻는 만족수준과 관련된 것이다.

센의 궁극적인 관심은 저개발국의 빈곤문제 해결에 있었지만, 공급자 중심이 아닌 수요자의 생산 및 공급의 과정에서 형성되는 수요자의 영향력을 중요시했다는 점에서 유럽 등을 중심으로 발전하기 시작한 사회적 경제의 정책적 방향을 세우는 데 크게 기여한 셈이다.

2) 복지국가의 위기와 거버넌스

90년대 이후 사회적 경제에 대한 관심은 80년대 초반 이후부터 본격화되기 시작한 유럽식 사회복지 모델의 위기 및 시민사회의 변화와 밀접하게 관련되어 있다. 에스핑 앤더슨이 지적한 것처럼 유럽의 사회복지 모델은 지역별로 차이는 있지만, 국가에 의한 보편적 복지 공급에 의한 유효수요의 창출이라는 케인즈주의적 발상에 근거하고 있었다. 이러한 사회복지 모델은 전후 자본주의의 황금기에 걸쳐 국가와 시민사회 간 조합주의적 협약을 바탕으로 서구 복지국가의 발전을 이끌었음은 이미 많은 학자들이 다룬 바 있다.

보편적 복지국가의 이념은 그러나 70년대 중반 이후 재정적자의 누적, 경기침체, 산업활동의 생산성 저하라는 삼중의 위기를 거치면서 크게 변질되기 시작하였다. 즉, 대처리즘과 레이거노믹스로 요약되는 신자유의적 정책의 확산으로 탈규제 감세, 재정긴축이 본격화되기 시작하였으며, 사회적 서비스와 복지를 담당하는 공적기구들과 제도들을 민영화, 시장화하려는 정책적 전환이 확산되기 시작하였다.

많은 비판적 논자들이 지적하듯이 신자유주의의 이념과 공급자우선 정책의 확산은 자원 및 소득배분의 양극화와 지역 간 불균등 발전을 초래하기 시작하였다. 각종 구조조정 및 노동시장의 유연화 경향으로 비자발적 실업계층이 급격히 증가하기 시작하였으며, 사회안전망으로부터 소외되고 시장으로의 접근능력을 상실한 '열외계급'의 등장과 신빈곤 문제는 서구사회가 시급히 해결해야 할 정책적 과제로 등장하게 되었다.

국가기능의 실질적 약화와 시장근본주의의 확산은 시장으로부터 제외되어 사회적 서비스를 받을 수 없게 된 계층을 주류영역으로 편입시키기 위한 이른바 '포용적 성장'과 지속가능한 발전을 향한 정책적 전환을 요구하게 되었다. 90년대 초반 이후 지역발전이론분야에서 발전되기 시작한 '내재적 발전론' 역시 이제까지의 시장 메커니즘 중심의 생산함수적 발전론에서 지역의 상향적 능력, 참여, 심의역량 등을 강조하는 새로운 개발전략의 필요성을 역설하기 시작하였다.

80년대 후반 이후 시민영역의 변화, 특히 사회운동의 이념적 변화는 이러한 정책적 전환에 큰 영향을 주었다. 기든스가 언급한 것처럼 지난 20년에 걸친 서구 사회운동의 가장 중요한 특징은 계급정치에서 정체성 정치로의 전환이다. 사회주의의 몰락은 사회운동에서 전통적인 이념정치의 후퇴를 가져왔고, 노동조합 및 각종 계급적 이익집단의 영향력이 급속하게 줄어들면서, 자본-노동의 이분법에 입각한 사회운동의 영향력이 점점 약화되기 시작하였다. 대신 비영리기구, 소비자조직, 직능별로 특화된 결사체조직을 중심으로 다양한 이익들이 표출되기 시작하였으며, 자신들의 생활과 사회적 후생에 직간접의 영향을 미치는 공공정책 및 사회적 현안들에 대한 이해관계자들의 참여, 감시, 심의 활동이 활발해지기 시작하였다.

유럽형 사회복지 모델의 퇴행과 사회적 공공성에 대한 시민영역의 새로운 요구는 사회적 재화 및 복지서비스의 생산과 공급과 관련된 새로운 거버넌스의 구축으로 연결되기 시작하였다. 국가의 본원적 영역에 속했던 각종 공공적 기능과 역할을 민간부문으로 위임하는 신공공관리, 복지혼합, 민관협력 등이 대표적인 사례이다.

페스토프(Pestoff, 2005)가 지적한 것처럼 유럽형 사회복지 모델 위기 이후 큰 변화 중 하나는 국가와 시민영역 간 전략적 제휴에 의한 사회적 서비스와 경제활동의 '제3섹터화'라는 특징을 갖는다. 이런 현대적 의미에서 사회적 경제는 부정부적 공동체주의나 산업자본주의 시절의 협동조합운동과는 달리, 국가의 제도적 후원에 의해 형성된 새로운 '장'에 시민영역이 적극적으로 참여하여 사회적 재화와 서비스를 창출하려는 새로운 거버넌스의 등장으로 이해될 수 있다.

많은 논자들이 이러한 전환을 '확장된' 신자유주의 또는 은폐된 신자유주의라고 규정하고 있지만, 국가능력의 현실적인 한계를 인정한다면, 이러한 전환은 새로운 정책네트워크의 형성, 통치에서 협치로, 다중거버넌스의 발전, 그리고 국가와 시민영역 간 협력 생산체제의 등장으로 보는 것이 정확할 것으로 판단된다.

3) 사회적 경제조직

70년대 중반 초창기 학자들의 사회적 경제에 대한 관심은 주로 결사체, 상조협회, 협동조합과 같은 비영리조직의 조직이론적 성격규명에 있었다. 프랑스앙리 데스로슈(H. Desroche)와 클로드 비니(C. Vienney)가 대표적인 인물이라고 할 수 있는데, 이들에 의하면 사회적 경제조직은 그 인적결합과 경영체적 성격 때문에 다른 조직이나 사기업에 비해 이해관계자들 관계가 복합적일 수밖에 없으며, 이러한 관계들을 합리적으로 조정하기 위해서는 고유의 민주적 관리원칙의 유지가 필수적이다.

데스로슈에 의하면 사회적 경제조직은 네 유형으로 행위자(회원, 관리자, 경영자, 종사원)로 구성되어 있으며, 이 행위자들 사이에 형성되는 관계-멤버십 관계와 사업활동관계 사기업이나 공공부문처럼 위계적 질서 또는 계약관계에 의해 유지되는 것이 아니라, 상호협력과 사업 활동 결과물의 내재화라는 측면에서 고유한 특성을 갖는다. 그는 또한 이러한 조직적 원리가 유지되기 위해서는 사회적 경제조직의 법률적 지위 및 세법상 지위가 지속적으로 보장되어야 한다는 좀을 강조하였다.

클로드 비니는 사회적 경제조직을 행위자의 속성 및 조직 활동의 목표의 측면에서 사회적 경제조직을 정의하고, 사회적 경제조직은 네 가지 측면, ① 회원 간 민주적 관계, ② 회원과 조직관계, ③ 조직과 회원 관계(잉여의 배분), ④ 상품과 용역을 생산하는 경영체에서 고유의 관리원칙을 가지고 있다고 분석하였다.

최근 미국, 영국 등을 중심으로 사회적 목적을 기업적 방식으로 달성하려는 사회적 기업이 확대되고, 각종 비영리재단 등의 사회적 역할이 강조되면서 사회적 경제조직의 성격에 많은 변화와 함께 그 활동의 외연이 점점 넓어지고 있다. 2007 OECD보고서에서 보르자가와 토르티아는 사회적 경제조직의 성격이 초기의 결사체적, 권익단체 수준에서 기업적 또는 위계체적 단계로 진화하고 있음을 지적하고 있다.

(1) 결사체

결사체는 일반적으로 구성원의 사회경제적 이익을 집단으로 대변하는 조직을 가리키는 개념으로 사용된다. 결사체형 조직은 구성원의 시장에서의 지위에 따라 결정되거나 국가나 공공부문에 자신들이 사회적 요구를 관철하기 위한 권익단체의 형태로 발전하기도 한다. 또는 결사체는 구성원의 보편적 요구를 중심으로 결성되거나 또는 특수목적 수행을 위한 기능적 조직으로 활동하기도 한다.

서구사회의 경우, 이러한 결사체 조직은 에스핑 앤더슨(Esping-Anderson, 1990)이 분류한 세 가지 복지국가 모델에 따라 각기 다른 성격을 가진 사회경제조직으로 발전하였다. 첫 번째, 사회민주주의 복지국가(스웨덴, 노르웨이, 덴마크)의 경우, 국가가 보편적 복지의 생산과 공급을 책임지고 있었기 때문에 결사체 조직의 활동은 '사회적 요구의 집합소'로서 국가와 시민사회를 연결하는 사회적 매개기구 역할을 담당해왔으며, 서비스의 공급을 담당하고 있는 공공부문에 압력을 행사하는 사회적 네트워크로서 강력한 영향력을 행사해왔다.

두 번째로 영국이나 미국과 같은 자유주의형 복지국가의 경우, 사회적 복지에 대한 국가의 개입이 주로 경제적 취약계층을 중심으로 이루어지고 있기 때문에 광역화된 사회적 네트워크로서 결사체가 잘 발달되지 못하였다. 또한 이탈리아, 스페인, 포르투갈 등 공공부문에 의한 비시장적 서비스의 제공이 취약한 나라의 결사체형 조직은 주로 지역공동체 단위에서 활동하는 경우가 많이 발견된다. 남부유럽의 경우, 역사적으로 촌락공동체나 가족단위의 사적네트워크 중심으로 사회적 서비스를 공유하려는 경향이 강했는데, 이러한 전통은 전후 자본주의 발전과정을 거치면서 지역단위의 소규모 협동조합이나 가족기업이 발전할 수 있는 토양이 되었다.

셋째로, 조합주의적 전통이 강한 프랑스, 독일, 벨기에, 오스트리아 등의 중부유럽에서는 결사체 조직이 중요한 사회적 서비스 공급기관의 역할을 담당하고 있다. 결사체조직은 일종의 준정부기관적 성격을 유지하면서 사회적 서비스를 직접 창출·공급하는 경우가 많이 있으며, 이러한 서비스 공급자로서의 기능 활성화가 국가 사회정책의 주요한 목표로 인식되기도 한다. 예를 들어 독일 노동정책의 가장 중요한 수단 중 하나인 재취업 교육훈련은 정부의 강력한 후원 하에 있는 민간부문에 담당하고 있다. 결사체 조직에 대한 국가의 적극적인 후원으로 다양한 유형의 전국단위 연합회조직이 결성되면서 그 영향력이 점점 확대되었다.

(2) 상조협회

상조협회는 조직의 회원이 이용자라는 점에서 역사적으로 협동조합조직의 한 형태로 발전되어 왔다. 협동조합이 주로 시장교섭력 증대와 부가가치 창출을 목적으로 하는 시장조직 형태로 발전한 것과는 달리 상조협회는 회원의 상호부조를 목적으로 하고 있다는 점에서 차이가 있다.

상조협회는 노동자들이 노동재해나 질병 또는 은퇴 후 노후대비를 위한 자조조직으로 발전해왔으나, 전후 서구복지국가의 등장과 함께 상조협회의 성격에 많은 변화가 오고 있다. 예를 들어 보편적 복지 모델을 추구하는 북유럽의 경우 많은 건강보험이나 노후보험이 의무화되면서 많은 상조협회들이 결사체조직으로 전환되었다.

그러나 남부유럽이나 프랑스 등 일부국가에서는 공제나 보험을 취급하는 상조협회들이 여전히 활동하고 있으며, 정부의 공적보험을 보완하는 역할을 담당하고 있다. 특히 이탈리아 농촌지역이나 스페인 바스크 지방 등 오지지역에서는 상조협회의 기능이 오히려 더 확대되고 있다. 농촌형 마이크로크레디트(microcredit), 탁아소, 노인개호 서비스 등을 중심으로 그 영역을 넓혀가고 있으며, 최근에는 국가의 제도적·정책적 지원에 힘입어 사회적 협동조합이나 다중이해관계자 협동조합으로 전환되고 있다.

(3) 협동조합

협동조합은 가장 기업화된 사회적 경제조직이라고 할 수 있다. 농업협동조합은 유럽 대부분의 나라에서 비중이 매우 큰 보편적인 형태의 협동조합이지만 역사적으로 볼 때,

각국의 사회경제적·제도적 환경에 따라 다양한 성격을 가진 협동조합이 발전하였다. 영국의 경우, 로치데일형 소비자협동조합의 영향력이 매우 크며, 독일, 스웨덴, 미국에서는 주택협동조합이나 이용협동조합이 크게 발전하였다. 산업자본주의로서 진입이 늦었던 후발국가인 프랑스는 노동자협동조합이 발전하였으며, 이탈리아는 북부 에밀리아 로마니아, 투스카니 지역을 중심으로 지역네트워크형 생산협동조합이 산업발전을 주도하였다.

80년대 중반 이후 유럽형 사회복지 모델의 퇴조와 함께, 사회적 경제조직으로서 협동조합의 역할이 크게 강조되는 경향이 있다. 예를 들어 북구유럽의 경우, 사민주의적 복지국가 특유의 조합주의적 경향 때문에 협동조합과 같은 자조조직보다는 정치적 성향이 강한 결사체조직이 발달하였으나, 최근에는 지역의 사회경제적 현안들을 협동조합 형태로 대처하려는 운동들이 두드러지고 있다. 그 대표적인 사례가 스웨덴의 데이케어 협동조합의 확산이다. 1994년 스웨덴에서는 이미 민간이 운영하는 데이케어 센터가 1,800개에 달했으며, 이 중 1,300개가 협동조합 형태로 운영되었고, 공립을 포함한 총 데이케어 시설의 12%를 차지하고 있었다. 2004년 이러한 협동조합적 형태는 전국적으로 3,000개 이상으로 증가하였고, 전국 탁아시설의 30% 이상이 협동조합이 담당하고 있는 것으로 추산된다.

또 다른 중요한 변화는 남부유럽을 중심으로 확산되고 있는 사회적 협동조합이다. 이탈리아에서는 1970년대 후반부터 공공부문의 손길이 미치지 못하는 공공서비스 제공을 목적으로 하는 사회적 협동조합이 등장하였으며, 1991년 사회적 협동조합의 설립에 관한 법이 통과되면서 2004년 전국적으로 약 7,100개의 사회적 협동조합이 활동하고 있는 것으로 파악되고 있다. 포르투갈도 1999년 사회적 연대협동조합설립에 관한 법을 제정하여 이탈리아와 비슷한 성격의 협동조합의 활동을 독려하고 있으며, 스페인도 2000년에 사회적 협동조합의 설립과 관련된 지방조례를 통과시켰다.

이탈리아의 경우, 사회적 협동조합은 크게 A형(노동통합형)과 B형(서비스 제공형)으로 나누어지는데, 많은 경우, A형과 B형이 혼합된 형태로 운영되고 있으며, 정확한 통계는 없으나 협동조합적 전통이 강한 북부 에밀리아 로마니아 지역에서는 사회적 협동조합의 지역생산 기여도는 약 5%에 달하며, 총 일자리의 7%를 사회적 협동조합이 제공하고 있는 것으로 추산되고 있다.

(4) 사회적 기업

80년대 중반 이후 미국과 영국, 그리고 중앙유럽을 중심으로 이른바 사회적 기업이 등장하면서 사회적 경제조직의 새로운 형태로 자리 잡게 되었다. 사회적 기업 개념은 나라별로 국의 사정에 따라 다양하게 정의되고 있으며, 세법, 기업회계기준, 상법상의 지위 및 국가의 공공정책의 성격에 따라 그 의미가 조금씩 다르게 해석되고 있다. 일반적으로 의료, 보건, 노인개호, 장제사업 중 공공의 복리증진에 필요한 사회적 서비스를 생산하는 민간기업을 사회적 기업으로 총칭하는 것이 보편적인 정의에 속한다.

사회적 기업은 사업의 목적과 운영원리에 따라 다양한 형태로 존재하지만, 크게 보아 ① 고용창출을 목적으로 하는 노동통합형 기업, ② 공공서비스 제공형으로 나뉜다. 노동통합형은 공식적 노동시장에 진입하기 어려운 경제적 취약계층, 장애인, 전과자, 비자발적 실업자에게 일자리를 제공하기 위한 기업이고, 서비스 제공형은 사회적 서비스를 구매할 여력이 없는 취약계층에게 시장가격 이하로 용역을 제공하는 것을 목적으로 한다.

그러나 대부분의 사회적 기업은 1형과 2형이 혼합된 형태로 존재하는 경우가 많이 발견되고 있다. 노동통합형 사회적 기업에 참여하는 경제적 취약계층은 결국 사회적 서비스를 구매할 여력이 없는 계층이 대부분이기 때문에 이러한 취약계층은 스스로 서비스를 생산하고 소비하는 주체가 될 수밖에 없기 때문이다. 이런 의미에서 기업의 참여자는 그 기업이 생산하는 상품과 제품의 이용자가 되는 경우가 많으며, 더 나아가서는 사회적 기업의 소유자가 곧 이용자가 되는 협동조합적 형태로 운영되는 경우가 많이 발견되고 있다. 이탈리아, 스페인, 포르투갈 등 라틴계 유럽의 나라에서는 90년대 이후 급격히 증가하고 있는 '사회적 협동조합'이 바로 이러한 협동조합적 사회적 기업의 대표적인 사례이다.

사회적 기업은 경제적 취약계층의 자활조직이라는 공익적 역할이 매우 크지만, 재화나 서비스를 생산하고 판매해야 한다는 점에서 계속기업으로서 자본건전성과 기업적 효율성이 전제되어야 한다는 과제를 안고 있다. 로이드(P. Loid)는 이러한 공공성과 효율성의 모순관계를 해결할 수 있어야 사회적 기업이 정책적 성과를 거둘 수 있다고 지적하고, 특화된 틈새영역으로서 사회적 시장을 보호하기 위한 국가의 후원자적 역할과 민관 협력체계가 강화되어어야 함을 지적하고 있다.

이런 관점에서 드푸르니(Defourny)를 비롯한 많은 논자는 사회적 기업의 활동은 국가와 협치(governance) 관점에서 해석할 것을 제안하고 있다. 국가에 의한 배타적 서비스공급은 그 표준화된 비차별성 때문에 소비의 한계효용이 떨어질 수밖에 없으며, 공급자(국가)와 수요자(시민영역) 사이에 형성되는 정보의 비대칭현상과 무임승차 욕구 때문에 불필요한 거래비용이 증가하는 한계가 있다. 반면 사회적 기업은 서비스의 수요자가 공급자라는 점에서 이러한 정부의 실패를 보완하는 효과가 있으나 계속기업으로서 존재해야 그 공공성이 유지되는 한계가 있는 셈이다. 따라서 사회적 기업은 국가 부문과 위탁관계 또는 지속적인 계약관계를 통해 사회적 재화를 생산하고, 국가는 이러한 재화를 구매하여 최종 수혜자에게 공급하는 협치체계를 유지할 수 있어야 한다.

(5) 연대경제

70년대 초반 프랑스 사회경제학자 데슈로쉬(H. Desroche) 등에 주도된 초창기 사회적 경제이론은 주로 협동조합과 같은 사회적 경제조직들이 영리기업이나 공공부문과 어떤 차이가 있는지를 살펴보는 미시적, 조직이론 문제의식에서 출발하였다고 볼 수 있다. 그 후 이러한 경제조직들의 사회정책적 역할들이 재발견도기 시작하면서 국가실패와 시장실패의 보완재로서 정책적 함의를 획득하게 되었다.

그러나 90년대 이후 사회적 경제에 대한 이론적·정책적 논의에 많은 변화가 나타나기 시작하였다. 즉, 이전의 조직이론적·미시적 접근을 벗어나 사회적 경제조직의 의의와 성격을 거시적 수준의 정치경제학적 환경과 결부시켜 논의하고, 사회 혁신의 제도적 양식으로 사회적 경제조직이 적극적인 역할에 주목하게 되었다. 이러한 변화는 앞에서도 살펴보았듯이 신자유주의 확산에 의한 케인즈주의적 복지국가 이념의 퇴조, 시장주의의 확산에 따른 시민사회의 위기 등과 밀접하게 관련되어 있으며, '제3의 길'을 강조하는 유럽식 사회 모델의 전환과 함께 등장한 것이다.

사회적 경제에 대한 새로운 문제의식은 사회적 경제조직의 활동영역을 정치적 수분으로 확대하고, 또한 '긴급한 사회적 요구'에 부응하는 소극적인 자활경제, 쉼터경제의 수준을 벗어나 지역개발의 조직적 자원으로 활용하려는 새로운 경향으로 이어지고 있다.

래빌(Lavlle) 등은 이러한 새로운 관점을 연대경제 또는 신사회경제라고 개념화하고, 사회적 경제조직은 자신들의 활동에 실질적인 영향을 미치고 있는 사회 경제적 장과 정치적 공론의 장에 동시에 참여함으로써 실질적인 효과를 얻을 수 있다.

이러한 연대경제론적 접근은 시민영역에 대한 국가의 영향력은 정치적 영역과 정책적 영역에서 동시에 이루어지고 있으며, 이 두 영역에 대한 시민영역의 실질적인 참여가 전제도지 않은 한 사회적 경제조직은 그 설립목적을 달성 할 수 없다는 문제의식에서 출발한다. 따라서 연대경제론자들은 경제행위자는 시민사회의 일원으로서는 정치적 공론의 장에서 자신들의 권리를 주장할 수 있어야 하며, 이를 통해 얻어지는 시민적 역량을 바탕으로 시장과 경제활동의 장에 조직적으로 대응할 수 있다고 본다.

사회적 경제의 의의에 대한 새로운 관점으로서 연대경제론은 칼 폴라니와 앨버트 허시먼의 사회경제학 이론에 많은 영향을 받고 있다고 볼 수 있다. 즉, 경제활동은 시장에서 이루어지는 자원 및 소득의 분배, 국가에 의한 재분배 기능과 공동체적 상보성의 원리가 상호의존하고 있는 과정이며, 궁극적으로는 행위자들이 정치적 공론의 장에 참여하여 자신들의 목소리를 낼 수 있는 실질적 민주주의 정착, 그리고 공동체적 상보성의 원리가 발휘될 수 있는 정책적 후원이 전제되었을 때 이러한 제도적 상호의존성의 효과가 발휘될 수 있다고 보는 점이다.

연대경제론은 ① 자원동원과 운영원리의 측면에서 다양성이 전제된 복합경제, ② 민간부문, 국가, 시장 기능이 복합적으로 작용하는 복지혼합, ③ 정책의 공급자와 수혜자 간의 피드백을 강조하는 '정책네트워크 또는 민관협력 거버넌스 측면에서 사회적 경제에 대한 새로운 인식 틀을 제공하고 있다.

2. 사회적 경제와 협동조합

1) 캐나다 퀘벡의 연대협동조합

사회적 경제의 개념은 산업자본주의 초기 협동조합, 결사체 등 시민영역에서 자생적으로 나타난 자활조직을 배경으로 발전하였다. 그러나 우리가 이해하고 있는 사회적 경제적 프레임에서 보았을 때, 협동조합의 발전 및 역사적 진화과정은 매우 독특한 위치를 점유하고 있다. 협동조합은 경제적 지위가 비슷한 단일이해관계자, 예를 들면 농민, 노동자, 소비자를 중심으로 시장에서의 교섭력을 증대하기 위한 시장조직의 형태로 발전되었다는 점에서 여타 사회경제조직과 큰 차이점을 갖는다.

또한 자본주의 경제의 발전과 함께 많은 수의 협동조합들이 규모화·기업화되기 시작하였고, 회원의 사회적 이익보다는 경제활동의 부가가치 제고를 위한 시장특화 및 전문성 강화를 도모하는 방향으로 발달되어온 게 사실이다. 더 나아가 최근 전 세계적으로 확인되고 있는 협동조합기업의 투자자소유기업(IOF)화 등 탈상호주의화 경향은 사회적 경제조직으로서 협동조합의 본원적 의의에 대한 회의론적 평가를 초래하였다. 시장경제 체제하 협동조합 기업의 쇠퇴는 또한 협동조합적 이념과 사업 활동의 효율성 사이에 존재하는 모순에 대한 분석을 요구하고 있다.

그럼에도 불구하고, 90년대 이후 유럽을 중심으로 나타나고 있는 사회적 경제의 부활은 협동조합적 운영원리와 가치의 회복이라는 점에서 큰 의미를 갖는다고 하겠다. 남부 유럽 등지에서 확대되고 있는 사회적 협동조합사례와 또한 많은 수의 사회적 기업들이 민주적 관리, 잉여의 내부유보, 자본참여제한 등 협동조합적 운영원리를 실질적으로 지향하고 있음이 이를 잘 증명하고 있다. 사회적 서비스의 생산과 유통, 그리고 공동체적 연대와 시민영역의 사회적 역량강화에 의한 사회적 후생증대의 측면에서 협동조합의 새로운 조직적 정체성이 부활하고 있는 셈이다.

문제는 공공정책의 입안자들과 시민사회가 이러한 협동조합적 장점을 제대로 평가하고 활용하여 실질적인 성과로 연결시키고 있느냐 하는 점이다. 이런 관점에서 캐나다 퀘벡 지역의 연대협동조합 발전 사례는 협동조합분문의 장래와 관련하여 시사하는 바가 매우 크다고 하겠다.

2) 다중이해관계자 협동조합의 등장

캐나다 퀘벡 주는 프랑스어를 공용어로 쓰는 등 영미식 자유주의 전통이 강한 여타 주와 달리 유럽적 사유가 강한 지역으로 19세기 말부터 샤를 지드, 르 프레(Le Play) 등 프랑스 협동조합학자들로부터 많은 영향을 받았다. 여타 북미지역과 달리 보건, 주택, 개호, 여가, 농촌관광, 환경분야에 걸쳐 다양한 형태의 협동조합이 결성되어 있으며, 기초공동체에서 주정부 차원의 주정부 차원의 각종 사회경제정책의 수립 및 집행과정에서 협동조합의 영향력이 매우 큰 지역이다. 퀘벡의 협동조합 유형은 크게 농업협동조합과 같은 생산자협동조합, 노동자협동조합, 소비자협동조합으로 대별할 수 있는데 그중에서 소비자협동조합의 비중이 가장 높다.

1997년 퀘벡 주 의회는 협동조합법을 개정하여 '연대협동조합'의 설립을 승인하였다. 개정된 협동조합법에 의하면 연대협동조합은 일종의 다중이해관계자협동조합으로 정의된다. 퀘벡 주 협동조합법에서는 연대협동조합은 '협동조합이 제공하는 서비스의 이용자 회원과 협동조합에서 서비스를 창출하는 직원을 회원으로 구성된다. 또한 협동조합이 추구하는 사회경제적 목적에 동의하는 사람이나 회사도 협동조합의 회원이 될 수 있다. 이러한 회원을 '후원회원'이라 칭한다.

퀘벡의 연대협동조합은 퀘벡식 지역개발 모델이라고 부르는 민간과 정부의 전략적 합작에 의한 지역활성화 전략과 밀접하게 관련되어 있다. 1995년 나프타의 체결과 함께 시장자유화가 본격화되면서 지역과소화, 소득양극화, 공공제정의 부족, 실업의 증가 등 심각한 사회경제적 문제가 대두되었으며, 이를 계기로 퀘벡주정부는 민간단체인 사회경제회의소와 함께 사회적 경제방식에 의한 지역경제개발계획을 수립하였다.

그 결과 다양한 형태의 협동조합기업, 지역공동체기업들이 설립되었으며, 연대협동조합의 설립도 본격화되기 시작하였다.

1997년에서 2007년 사이 489개의 연대협동조합이 설립신고를 하였으며, 2007년 현재 약 300개가 사업 활동을 하고 있는데, 2007년 현재 퀘벡지역 협동조합의 약 28%가 연대협동조합 형태로 운영되고 있는 것으로 조사되고 있다. 연대협동조합의 사업범위는 사회적 서비스부터 농식품 직거래에 이르기까지 다양한 분야에 걸쳐 있는데, 최근의 조사에 의하면 스포츠센터 운영 등 지역주민의 여가활동과 관련된 협동조합이 가장 많고, 그 다음으로는 노인개호, 탁아 등 사회적 서비스를 제공하는 협동조합인 것으로 분류되고 있다.

3) 연대협동조합의 의의

연대협동조합은 지역공동체가 안고 있는 사회경제적 다양한 이해관계자들이 조합원으로 참여하여 해결을 모색한다는 점에서, 농협이나 소비자협동조합과 같은 시장에서 이해를 공유하는 회원이 중심이 되는 단일이해관계자 협동조합과 차이가 있다. 연대협동조합은 공유하고 있는 지역과 시설을 토대로 사회경제발전을 도모한다는 점에서 산업 및 품목 중심의 협동조합 발전과 다른 각도에서 협동조합 운동의 비전을 제시하고 있다.

예를 들어 퀘벡 주의 동쪽에 위치하고 있는 Saint-Camile 지역주민들은 지역의 역사적 유산을 보전하고 관광적 가치를 높이기 위해 협동조합을 결성하여 개인소유로 되어 있는 고택을 위탁받아 공동관리하고 있으며, Adstock, 지역 주민들은 파산한 개인소유 스키리조트를 협동조합 소유로 돌려서 공동으로 운영하여 많은 소득을 올리고 있다. 의료나 보건시설이 부족한 오지지역 주민들 역시 공동으로 개인병원을 인수하거나 외부투자자와 합동으로 의료협동조합을 결성하기도 한다. Saint-Pascal de Kamouraska 지역에서는 생산자와 소비자들이 공동으로 유기식품협동조합을 설립하여 직거래운동을 확산하고 있는데, 생산자와 소비자의 연대라는 측면에서 다중이해관계자형 협동조합의 좋은 사례를 보여주고 있다.

Girard 등에 의하면 연대협동조합의 활동은 지역의 사회적 통합과 지역주민의 시민적 역량 제고라는 외부효과가 오히려 더 중요하다는 점을 강조하고 있다. 협동조합이라는 사회적 매개기구를 통해 지역주민들의 다양한 이해가 상향적으로 조정되고, 지역이 처한 문제와 그 해법을 공동으로 심의할 수 있는 사회적 역량이 배양될 수 있기 때문이다.

이러한 과정을 통해 국가와 시민영역사이의 정보의 비대칭이 해소될 수 있으며, 공공정책의 올바른 집행이 가능하다는 주장은 연대경제의 기본적 문제의식이라 할 수 있다.

4) 사회적 경제와 협동조합운동

오늘날 한국 협동조합 운동은 심각한 위기에 직면하고 있다. 최근 활동이 활발해지고 있는 소비자협동조합이나 일부 신용협동조합을 제외한다면 농협으로 대표되는 한국 협동조합의 진화과정이 과연 협동조합이 추구하는 본원적 역할과 그 역사적 보편성의 측면에서 과연 얼마나 조직적 정체성을 가지고 있는지도 의문이다. 각국의 협동조합이 가지고 있는 사회경제적·제도적 특수성과 발전의 경로종속성을 감안하더라도, 한국 협동조합운동에 대한 비판적 성찰의 필요성은 오히려 더욱 커지고 있다. 그럼에도 최근 농협개혁을 둘러싼 내외부의 다양한 논의에서 보는 바처럼, 협동조합이라는 경제제도가 가지고 있는 고유의 이념과 가치를 어떻게 회복할 것이냐에 대한 진지한 검토는 없고, 단지 '기업조직' 또는 공공정책의 대리인에 대한 구조개혁의 효과가 얼마나 있을 것인지에 관심이 쏠려 있을 뿐이다.

한국 협동조합이 당면하고 있는 위기의 본질은 사실 경영과 효율성의 위기라는 회계학적 그늘에 의해 가려져 있다. 경영체로서 사업경쟁력과 한계생산성이 지속적으로 하락하고 있는 것은 사실이지만, 위기의 본질은 다른 곳에 있다. 효율성과 생산성 향상을 위해 경영혁신이 필요하고, 재부구조 및 자본의 건정성을 제고하기 위해 지배구조의 유연성을 당연히 갖추어야 하지만, 이러한 혁신이 협동조합 고유의 운영원리에 대한 정당한 평가를 훼손하는 결과를 초래해서는 안 될 것으로 보인다.

오늘날 한국 협동조합이 당면한 진정한 위기는 협동조합의 이해관계자(조합원, 직원, 경영진, 그리고 정부)들이 협동조합적 가치와 이념이 발현될 수 있는 '장'을 스스로 만들지 못했고, 더 나아가 이러한 장이 질적 양적으로 확대될 수 있는 정치 경제적·제도적 후원을 확충하는 데 실패했다는 점이다. 이러한 실패는 협동조합 이해관계자들이 협동조합 사업활동의 본질을 각각 다른 프레임에서 해석하기 때문에 발생한다. 더 큰 문제는 각각의 프레임이 가지고 있는 현실 정치적 가중치의 차이 때문에 쉽게 수렴되기가 힘들다는 점이다.

이제 협동조합이 이해관계자들은 시장경제가 지배하고 있는 현대사회에서 협동조합이 담당해야 할 새로운 역할을 중심으로 공유할 수 있는 새로운 개념을 찾아야 한다. 사회적 경제조직으로 협동조합은 이해관계자들이 최소한의 타협으로 공유할 수 있는 개념이 될 수 있다는 것이다. 협동조합은 시장실패와 국가의 실패를 통해 공동체적 호혜성의 원리에 의해 '보완'하려는 역사적 노력의 산물이다. 즉, 시장과 국가, 그리고 공동체 사이에는 제도적 상보성이 존재하며, 이러한 상호의존의 관계 속에서 협동조합은 사회적 경제조직의 의의를 갖는다.

사회적 경제조직으로서 협동조합은 국가와 시민사회에 존재하는 정보의 비대칭을 해소하는 사회적 매개기구의 역할을 수행하여 국가가 불필요하게 부담해야 할 거래 비용을 줄이고, 결과적으로 공공정책 집행의 생산성을 높이는 데 크게 기여한다. 또한 시민 영역에서 배출되는 다양한 요구와 수요를 분류해서 전달하여 수요자 중심의 맞춤식 정책이 수립될 수 있도록 도와준다. 협동조합은 또한 회원 간 동료감시 장치를 통해 정책적 공공재에 대한 무임승차와 역선택의 기회를 차단하는 기능을 담당할 수 있다.

사회적 경제조직으로서 협동조합의 또 다른 미덕은 지역주민들과 경제적 취약계층들이 시민적 역량을 배양하여 사회발전에 기여하는 사회적 혁신의 도구가 될 수 있다는 점이다. 정치적 영역과 시장 영역에서 상대적으로 배제된 사회계층들이 자신들의 문제를 공동으로 인식하고, 이러한 역량은국가적 수준의 참여민주주의 정착의 밑거름이 되는 사례들은 서구의 다양한 협동조합 사례들에 의해 확인되고 있는 바이다. 협동조합은 그 자체가 조직화된 시민으로서 정치적·정책적 공공영역에 적극적으로 참여하여 조합원 및 내부이해관계자의 이익을 대변할 수 있어야 함은 물론이다.

지금까지 최근 등에서 관심이 증가하고 있는 사회적 경제의 관점에서 협동조합의 의의와 성격에 대해 알아보았다. 사회적 경제는 유럽식 사회복지 모델의 후퇴와 신자유주의 확산에 따른 공공성의 위기를 공동체적 대안경제로 대처하려는 유럽고유의 결사체적·협동조합적 전통에서 기원하고 있음을 확인하였다. 또한 이러한 공동체적 대안 모델은 국가와 시장 간에 형성되는 제도적 상호의존성을 전제해야 한다는 점을 강조하였다. 이러한 인식을 바탕으로 현대사회에서 협동조합이 갖는 가치를 재확인하였으며, 이러한 현대적 가치가 한국 협동조합 운동의 전망과 관련하여 어떤 의의가 있는지를 알아보았다.

그러나 유럽식 사회적 경제 모델이 사회경제적·제도적 환경이 다른 한국의 협동조합 운동의 미래를 담보할 수 있는 가에 대해서는 면밀한 정치경제학적 이해와 비교제도론적 분석이 선행되어야 할 것으로 보인다. 또한 유럽 등 선진제국과 개발도상국에서 나타나고 있는 다양한 사례연구가 충분히 축척되어야 할 것으로 판단된다.

3. 협동조합이 만드는 사회경제적 사례[14)]

1) 사회적 경제

사회적 경제는 빈곤과 분배를 둘러싼 갈등이 경제·문화·사회관계적인 '사회적 배제'로 확대되는 상황에서 그 배경을 찾을 수 있다. 즉, 사회적 배제는 빈곤과 취약한 생활환경으로 인해 대부분 사람들이 향유하는 제도·서비스·사회적 관계로부터 배제된다는 것과 이러한 사회적 배제를 해결하기 위한 유력한 방안으로 사회적 경제에 주목하게 되었다. 사회적 경제는 '공동체 이익이라는 사회적 가치를 실현하기 위한 화폐적·비화폐적 자원을 생산-교환-분배-소비하는 경제활동 방식'을 의미한다. 즉, 시장과 국가실패에 대응한 대안적 자원배분을 목적으로 시민사회·지역사회의 이해 당사자들이 다양한 생활세계의 필요를 충족하기 위해 실천하는 자발적·호혜적 참여경제 방식이다. 여기에는 소비자생활협동조합, 의료생활협동조합 등 사회적 협동조합과 비영리 민간단체 중 경제활동에 참여하는 단체 등을 모두 포함한다.

〈그림 11〉 사회적 경제 영역의 구체적 파악

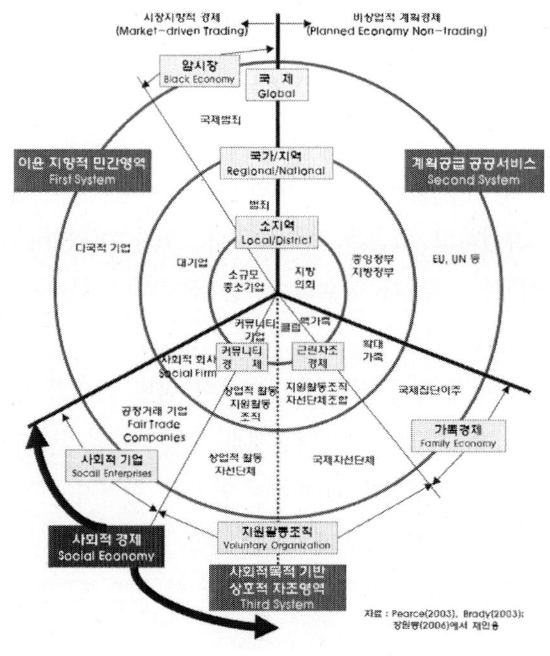

---

14) 전북발전연구원 이슈브리핑(2012, 2), 황영모, '협동조합을 통한 사회적 경제의 준비와 실천'을 참고

2) 사회적 기업과 협동조합

사회적 경제의 대표적인 실체는 사회적 기업과 협동조합으로 파악할 수 있다. 사회적 기업은 협동조합과 비영리 부문의 교차점에서 융합하는 조직 원리를 가진다.

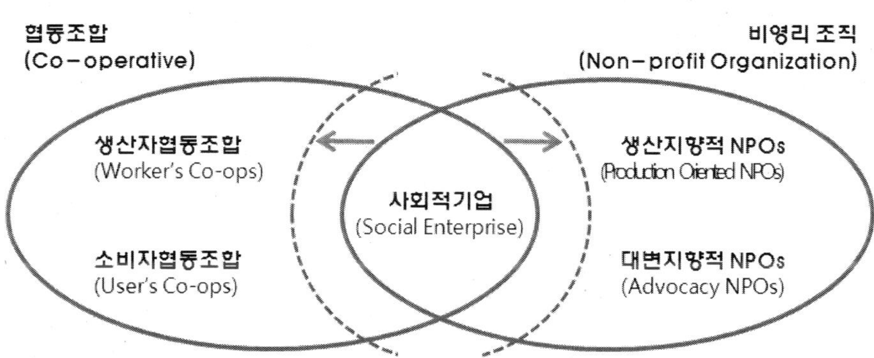

〈그림 12〉 협동조합과 비영리 부문의 교차점에 있는 사회적 기업

자료 : Defourny(2001); 장원봉(2006)에서 재인용

사회적 기업의 활동은 취약계층 노동통합, 사회서비스 전달, 지속가능한 지역 발전의 활동을 하는 민간주도의 사업을 가리킨다. 참고로 유럽의 사회적 기업은 시민사회의 역동성을 반영한 새로운 공공정책으로 인식되며, 협동조합(관련 기업), 민간단체, 공제조합 등에 의해 수행되는 경제적 활동을 포괄한다. 반면, 미국의 사회적 기업은 경제활동과 사회적 가치를 분리·논의되며, 공공부문의 조직형태로 수렴하여 사회적 유익한 활동을 하는 영리기업(사회공헌기업)부터 사회적 경제 임무를 수행하기 위해 상업 활동을 하는 비영리단체까지 넓게 파악, 기업의 사회적 책임과 혼동되는 경향이 있다. 따라서 우리나라 협동조합을 사회적 경제의 실체로 볼 것인가에 관한 이견이 있지만, 협동조합의 원칙을 지키면서 사회적 경제를 실천한 주체임에는 틀림이 없다. 이를테면 농협, 수협 등의 협동조합은 관제 협동조합의 전통을 가지고 오랫동안의 정부의 지원과 통제에 익숙해져 있다. 신협, 새마을 금고는 초기 민간의 자발적인 운동에 의해 서민금융을 책임지는 협동조합이었으나 사업과 조직이 커지면서 공동유대가 미비하고 경영부실이 발생하였다. 생협은 민간차원의 오랜 운동의 과정을 거치고 제도화되면서 협동조합의 원칙과 가치를 가장 많이 견지하고 있으며, 최근 사업규모가 커지고 잠재력을 인정받고 있다.

「협동조합 기본법」 제정을 계기로 기존의 다양한 사회적 경제 주체가 협동조합 방식으로 경제활동을 전개해 나갈 것으로 전망된다. 즉, 사회적 경제의 가치와 목적 실현을 위해 사회적 기업, 자활공동체, 사회적 서비스 생산 민간단체 등이 협동조합으로 전환하여 사업 및 활동을 전개할 것으로 기대하고 있다.

<표 5> 우리나라 사회적 경제의 구성 및 조직

성격 I	성격 II	유형분류	세부조직
국 가 ▼	정부의존 ▲	공공지원형 일자리사업	장애인 보호작업장, 노인생산공동체
▼	▲		보건복지부 자활근로사업단
			노동부 사회적일자리 사업
○	○	공공지원형 사회적 기업	노동부 사회적 기업
○	▼		행정안전부 자립형 공동체사업(마을기업)
○	▼		지식경제부 커뮤니티 비지니스
○	자립지향		농림수산식품부 농어촌공동체회사
사회적 경제		민간지원기관	대안금융기관
○	비 영 리	사회적 경제 조 직	시민단체(서비스공급형)
○	▲		노동자협동조합
▲	○		소비생활협동조합
▲	▼		농업협동조합, 수산업협동조합, 산림조합
시 장	영 리		신용협동조합, 새마을금고

* 자료: 노대명(2007), 유정규(2011)

3) 협동조합 사례

썬키스트는 미국 캘리포니아·애리조나 주 감귤재배 농가가 도매상의 횡포에 맞서 결성한 협동조합 기업이며, AP통신은 미국 내 1,500여 개의 신문사들이 조합원으로 참여한 동업자 언론 협동조합이다. FC 바로셀로나는 17만3천여 명 조합원이 운영하는 축구협동조합으로 기업광고 대신 유니세프 로고를 넣고 있으며, 서울우유는 남양우유·매일유업 등의 대기업과 경쟁하는 수도권·충남 등지의 낙농가가 조합원인 협동조합 기업이다. 이렇듯 협동조합의 활성화 사례가 매우 많다. 이 절에서는 협동조합이 중심이 되어 지역단위 사회적 경제를 만들어가는 사례를 소개하고자 한다.

(1) 스위스의 소비자협동조합

스위스 유통업계의 양대 축은 소비자 협동조합 미그로(Migros)와 코프 스위스(Coop Swiss)로 식품시장의 42.7%를 점유한다. 즉 스위스 유통업계 1위, 2위로 소매시장의 29.9%를 담당하면서도 술과 담배는 판매하지 않고 사업액의 1%는 사회적 활동에 사용된다.

미그로는 10개의 지역 협동조합이 참여한 소비자 협동조합으로 50개의 협동조합 기업에서 8만4,000명의 직원이 연간 10조 원의 순이익을 올리고 있다. 즉, 조합원이 200만 명으로 생필품의 유통마진을 줄여 경쟁업체보다 40% 저렴한 가격으로 판매한다.

코프 스위스는 전국 단일 생활협동조합을 지향하며 5만 명의 직원이 연간 3천8백억 원의 순이익을 올리고 있다. 즉, 조합원이 250만 명으로 2002년 입성한 다국적 유통자본 까르푸 매장 12개를 2008년 모두 인수했다.

대형마트의 저가정책보다 생산지와 품질, 지역경제를 중요시하는 소비자 의식과 협동조합이 국가경제를 지탱하는 기둥으로 기능하고 있다. 즉, 조합원은 이윤증대를 요구하기보다 값싸고 질 좋은 물건을 요구하고 협동조합 기업은 단기이익에 매이지 않는 지속가능 경영으로 경제의 선순환 구조를 만들어낸다. 또한 소매유통 이외에 국민이 살아가는데 필요한 음식, 금융, 문화, 유류, 가구, 피트니스 등의 대부분의 서비스를 협동조합이 제공한다.

(2) 이탈리아의 에밀리아 볼로냐 협동조합

에밀리아 볼로냐 지역(인구 430만 명)은 8,000여 개의 협동조합과 40만 개의 중·소·영 세 기업이 지역경제의 발전을 선도하고 있다. 이 지역 총생산의 30%를 점유하고 볼로냐市에서 협동조합 경제비중이 45%를 차지한다. 또한 생활협동조합과 상인협동조합이 소매시장의 28%를 담당한다. 크고 작은 여러 협동조합 기업들이 생산한 수많은 상품을 생협매장이 안정적 판로를 제공하며, 중소규모 수퍼상인 협동조합 코나드(CONAD)가 10.2%, 레가코프 생협(Lega Coop)이 17.8%를 차지한다. 아울러 다양한 협동조합이 협동조합 간의 협동으로 혼자서 할 수 없는 영역의 지평을 열어가고 있다. 볼로냐 시에서는 어린이연극협동조합(La Baracca), 홍보기획서비스협동조합(Kitchen Coop), 노숙인자활협동조합(Coop La Strada), 주택건설시행협동조합(Muri), 유기농업협동조합 컨소시엄(Libera Terra), 소비자협동조합(Coop Adriatica), 도서협동조합(Librerie Coop) 등 협동조합은 매우 다양하다. 돌봄노동자협동조합(Cadiai)-건축협동조합(Cipea), 급식협동조합(Camst)은 공동으로 어린이집 건축과 운영 프로젝트를 공동으로 실행하고 있다.

(3) 캐나다 퀘벡 주의 연대협동조합

퀘벡 주는 1980년대부터 민간단체와 주정부가 지역사회의 5대 이슈 논의를 통해 지역문제 해결을 도모해 왔다. 주로 지역개발, 마을 공동화와 주민편의시설 폐쇄문제, 보육활동의 사회화 문제, 취약계층의 일자리 창출문제, 노인의 홈케어 서비스 문제 등을 다뤘다. 1996년 기업, 협동조합, 지방단체 등이 참여한 '경제 및 사회 정상회의'를 개최하고 협동조합법 개정을 추진하여 1997년에 개정하였다.

개정된 협동조합법에서 연대협동조합(solidarity cooperatives) 설립을 규정하였다.

연대협동조합은 조합원 범주에 협동조합 사업의 이용자 조합원, 종업원 조합원, 협동조합 목적달성에 관심을 둔 개인·회사도 조합원(후원 조합원)이 될 수 있도록 하였다. 법적 근거에 힘입어 479개(2007년까지)의 연대협동조합이 설립되고 327개가 운영 중이다. 농림수산업, 제조 및 건설업, 유통·운송·교육·레저·문화·의료·사회서비스, 컨설팅 등에 걸쳐 활동영역은 매우 다양하다. 이들 연대협동조합의 조합원은 5만여 명에 달하고 창출된 일자리는 2,100여 개, 매출액은 5,600만 달러에 이른다.

(4) 원주시의 협동사회경제네트워크

원주의 협동사회경제 모델은 1970년대부터 시작된 주민참여와 협동의 경험에 기반하고 있다. 1970년대(남한강 대홍수 재해대책 사업, 탄광지역 소비자협동조합)→1980년대(한살림, 원주생협)→1990년대(공동육아협동조합, 나눔의 집)→2000년대초(누리협동조합, 의료생협)로 이어져오고 있다. 이러한 노력은 2003년 개별 협동운동 조직들의 네트워크로 지역사회의 변화를 꾀하고자 협동조합운동협의회를 창립하고 2009년 협동사회경제네트워크로 전환하였다. 원주는 다양한 형태의 협동조합과 사회적 기업이 지역단위 협동사회경제네트워크를 형성하였다. 생활협동조합(7개소), 신용협동조합(3개), 공동육아협동조합(1개), 교육협동조합(1개), 영농조합법인(2개), 사회적 기업(4개) 등 22개가 참여하여 활동 중이다.

협동사회경제네트워크 참여 조직은 영리목적보다 사회적 목적을 추구하면서 공동으로 원주지역 사회경제 블록화 사업을 진행 중이다. 22개의 조직 중 사업조직은 16개로 상위 8개 조직은 20억 원 이상, 하위 8개 조직은 3억 원 규모로 총 184억 원의 매출을 올렸다. 상호부조 시스템 구축을 목표로 심포지엄, 사회경제장터(쇼핑몰) 구축, 협동카드 개발 등의 사업을 진행하고 있다.

〈그림 13〉원주시 사회적 경제 블록화 사업 참여조직 및 관계망

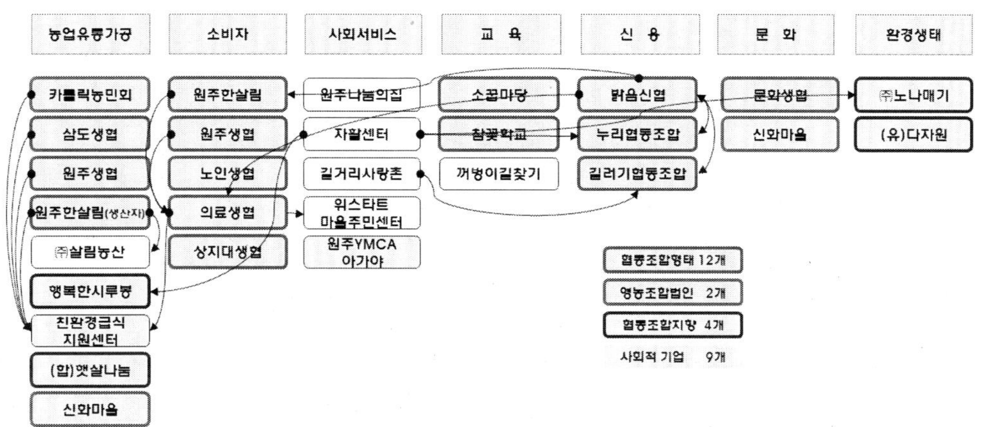

* 자료: 한국협동조합연구소(2011)

제5장 협동조합의 선진 사례

1. 새로운 협동조합 모델의 특징[15)]

1) 새로운 협동조합 모델의 출현

(1) 출현배경

1990년대 이후 유럽에서는 다양한 협동조합 모델이 등장하고 있는데, 이는 유럽연합의 출범과 함께 경제적 국경이 무너지면서 시장에서 다국적 기업을 비롯한 기업과의 경쟁이 치열해짐에 따라 협동조합도 경쟁력강화가 요구되었다.

그러나 전통적 협동조합 시스템으로는 자본을 조달하는 데 가장 큰 한계를 보여 온 바, 자본조달확충의 필요성이 커졌기 때문이다. 주로 가공업 중심의 협동조합들이 새로운 모델을 도입하고 있으나, 제조업·금융업 등의 협동조합들도 공장설립과 시설확대 등의 필요성 때문에 자본조달의 필요성이 매우 커지고 있다.

(2) 새로운 협동조합 모델의 유형

<표 6>은 유럽협동조합의 신협동조합 모델을 포함한 다양한 조직형태를, 그리고 <표 7>은 협동조합의 주요 제도적 특성을 나타낸 표이다.

<표 6> EU 주요국 협동조합의 조직형태

국 가	전통적 협동조합	PLC 협동조합	자회사 협동조합	주식양도가능 협동조합	주식참여 협동조합
덴 마 크	●		●		
독 일	●	●	●		
프 랑 스	●		●		●
네덜란드	●		●	●	●
스 웨 덴	●		●		
영 국	●	●			●

* 자료: 전게서, p.170.

---

15) 김수환, '협동조합 해외 선진사례 및 도입방안 연구'2009. 12. 연구 자료에서 수정 인용.

<표 6>과 <표 7>을 통해서 살펴보면 네덜란드에서는 전통적인 협동조합 외에 자회사 형태의 협동조합과 주식의 양도가 가능한 협동조합, 조합원 이외의 외부주식의 참여를 허용하는 주식참여협동조합 등 다양한 신 협동조합 모델이 출현하고 있다.

PLC협동조합의 경우 투표 및 이익의 환원이 주식을 기준으로 해서 이루어짐으로써 경영측면에서는 일반 주식회사와 하등의 다를 바가 없다. 자회사 협동조합(cooperative with subsidiary)과 주식참여협동조합(participation shares cooperative)의 경우에는 투표권과 이익환원이 조합원은 이용고, 투자자는 참여주식에 따라 이루어지고 있다.

〈표 7〉 EU 협동조합의 새로운 모델

조직체계	전통적 협동조합	주식회사형 협동조합	자회사형 협동조합	비례형 협동조합	주식참여형 협동조합
가 입	자 유	유동적	유동적	제 한	자 유
개인자본	없 음	있 음	투자자에 한함	있 음	투자자에 한함
투 표	평 등	주식 기준	조합원 : 이용고 투자자 : 주식기준	이용고 및 주식기준	조합원 : 이용고 투자자 : 주식기준
다수 의사결정	조합원	투자자	조합원	조합원	조합원
외부참여	없 음	있 음	있 음	제한하거나 투표는 불허	있 음
부가가치 활동	제 한	있 음	있 음	있 음	있 음
조합원의 지분	동일함	주식에 따름	조합을 통해 동일하게 적용	이용고에 따름	동일함
이익환원	이용고 기준	주식 기준	조합원 : 이용고 투자자 : 주식기준	이용고 및 주식 기준	조합원 : 이용고 투자자 : 주식기준

* 자료: 전게서, p.171.

이와 같이 유통이 가능한 주식과 우선주의 발행, 투자에 따른 투표와 배당, 조합원에 대한 출하권리의 부여 등을 포함한 획기적이고 다양한 자본조달 방법을 채택하고 있는 협동조합형태는 일반 기업과 시장경쟁에서 살아남을 수 있는 경쟁력을 자생적으로 키워 나감은 물론 협동조합이 고부부가가치 제품(high value-added products)의 생산을 통해 조합원의 경제력을 개선시키기 위한 협동조합형태, 소위 1990년대 미국에서 발생되었던 신세대협동조합(new generation cooperatives)과 맥을 같이하고 있음은 <표 7>을 통해서 구체적으로 이해할 수 있다.

① 주식회사형 협동조합(PLC)

협동조합을 주식회사로 전환하여 주식시장에 상장시키며, 조합원은 주식회사의 대주주가 되어 사업과 경영을 통제하는 것으로 협동조합은 사업체로서의 실체는 가지지 않고 조합원의 지분을 모아 주식회사를 통제하는 지주회사로서의 역할만을 수행한다. 이 유형이 처음 나타난 아일랜드 낙농협동조합에서는 정관에서 지주회사인 협동조합의 주식회사에 대한 지분을 50% 이상 유지하는 것을 원칙으로 하였으나, 외부자본의 조달 필요성 때문에 보유지분비율은 점차 줄어들고 있는 추세이다. 아일랜드 내에서도 이 유형을 협동조합으로 분류한 것인지에 대해서는 논쟁이 있었으나 조합원의 소유권과 통제권·수익권 형태가 다양하게 변화되고 있는 추세를 반영하여 협동조합(주식회사형 협동조합)으로 분류된다.

② 자회사형 협동조합

이 유형은 협동조합이 주식회사 형태의 자회사를 설립하고, 협동조합의 대부분의 사업을 자회사에 이전하는 것으로 협동조합은 자회사의 최대주주로서 자회사의 사업과 경영을 통제하는 역할을 수행하는 데, 대개 조합원에게 꼭 필요한 기본적인 업무를 담당하거나 자회사와 연계된 일부 사업기능만을 취급하는 경우가 많다.

자회사형 협동조합은 주식회사형 형태로 설립된 자회사를 통해 자본조달 문제를 해결할 수 있다는 점에서 장점이 있으나 지회사의 외부자본 비율이 증가한다면 대주주인 협동조합의 자회사 지분이 줄어들게 되어, 결과적으로 자회사를 효과적으로 통제하지 못하는 문제가 발생할 수 있다.

③ 비례형 협동조합

이 유형의 가장 큰 특징은 조합원의 가입과 탈퇴가 제한적이라는 점과 사업의 이용량에 비례하여 조합원이 출자해야 한다는 점이다. 조합원의 협동조합 가입을 제한시키는 이유는 가입과 탈퇴가 자유로울 경우 조합원들이 협동조합의 사업 전망이 불투명한 초기에는 자본출자를 회피하다가 협동조합이 사업에 성공한 이후에는 가입하기를 원하는 현상이 자주 발생해 초기에 자본을 조달하기가 어렵기 때문이다.

따라서 초기에 가입하지 않으면 협동조합이 사업에 성공한 이후에도 가입하지 못하게 하는 제약조건을 부여함으로써 조합원들의 초기 자본출자와 사업참여를 유도하고자 한다. 또한 협동조합 사업을 이용한 만큼에 비례하여 자본을 출자하도록 함으로써 자본은 출하하지 않고 사업만 이용하고자 하는 조합원들의 무임승차 행위를 방지하여, 협동조합에서의 자본조달 문제를 해결하고자 한다. 이밖에 조합원이 협동조합에 출자한 지분은 조합원 간에 거래가 가능하며, 이 경우 협동조합의 자산 가치와 사업성과에 따라 출자지분의 가격이 변화하게 된다.

이 유형의 협동조합에서는 주로 의결권이 없는 우선주를 발행하여 외부투자를 허용하는 경우가 많다. 무의결 우선주는 외부 투자자에게 의결권을 주지 않고도 외부투자를 유치할 수 있는 장점이 있으나, 최근에는 외부 투자자들의 투표권 요구를 받아들여 이들에게 의결권을 일부 허용하는 경우도 나타나고 있다.

④ 주식참여형 협동조합

이 유형은 협동조합에서 주식을 발행하여 외부 자본을 유치하는 경우로서 외부투자자들은 배당을 받을 목적으로 협동조합에서 발행한 주식을 매입하며, 협동조합은 매년 조합원의 자산가치를 평가하여 이를 주식가치에 반영한다. 이 유형도 역시 조합원으로부터의 자본조달 한계를 외부자본 유치를 통해 극복하고자 하는 의도에서 발생하게 된다. 협동조합에서 발생하는 주식은 의결권이 주어지는 경우와 무의결 우선주로 나누어진다. 의결권이 부여된 주식을 매입한 외부투자자는 투자자 조합원이 되며, 협동조합의 의사결정 과정에도 참여하게 된다.

(3) 새로운 협동조합 모델의 특징

1990년대 이후 나타나고 있는 유럽의 새로운 협동조합 모델의 가장 큰 특징은 협동조합이 기업형 방식을 적극적으로 받아들이고 있다는 점이다. 이는 주로 협동조합이 직면한 자본조달의 한계를 주식회사 방식을 통해 해결하고, 경영의 효율성을 높이고자 하는 필요성에 의해서 비롯되었다.

협동조합이 이러한 선택을 하게 된 동기는 유럽연합의 출범으로 시장에서의 경쟁이 치열해짐에 따라 시설확대 등에 필요한 자본을 외부에서 조달해야 할 필요성이 높아졌기 때문이다.

그러나 협동조합의 이러한 선택은 조합원의 협동조합에 대한 소유권과 통제권·수익권을 약화시키는 결과를 초래하여 협동조합 운동의 정체성에 대한 논란을 불러일으키고 있다.

예컨대 독일의 협동조합 학자인 마르부르크 대학의 뮌크너 교수 등과 같이 일부에서는 협동조합의 기업화 현상은 협동조합의 이념과 가치를 희생시키고, 장기적으로는 조합원에게 불리하게 작용할 것이라는 비판을 제기하고 있다.

2. 서구농협 10대 성공사례의 큰 특징[16)

1) American Crystal Sugar Company(미국)

1973년 사탕무 생산자 조직이 주식회사를 인수하여 설립한 협동조합임. 별도의 배당금 지급이 없으며 출하량에 비례한 프리미엄을 지급함. 폐쇄형 조합원제도와 주식거래를 허용함.

2) Friesland Coberco Dairy Foods(네덜란드)

치즈 시장에 관심을 가지고 있던 4개 조합(Friesland Dairy Foods와 Coberco, Twee Provincien, Zuid Oost Hoek)이 합병하여 1997년 말에 탄생함. 시장평균가격을 기준한 원유가격 책정, 주식 보유지분에 의한 수익배당, 투표권 없는 B형증권 발행.

3) The Greenery bv[17)(네덜란드)

'96년에 9개의 경매농협이 합병하여 탄생한 유럽 최대의 청과도매회사임. 소유와 경영의 분리, 광역합병과 민간기업 인수, 알선중계에 의한 계약판매, 개별 지분증권 발행과 출하액비례 출자의무제.

4) Limagrain(프랑스)

Auvergne의 600여 농업인을 조합원으로 한 협동조합, 지주회사 산하에 여러 자회사를 두고, 육묘, 종자생산에서 제빵제품까지 수직 계열화함. 연구개발에 집중투자를 하면서 분권적 조직구조를 채택하여 세계화에 성공함.

---

16) 우재영 · 박희철 · 박언희, 2009, 서구농협의 10대 성공사례(Ⅰ)요약.

17) 그리너리는 위기 극복을 위해 1996년애 전국 20개 경매농협중 9개의 경매농협이 합병하여, Voedings Tuinbouw Nederland(VTN)으로 합병하여 단일농협이 탄생하였고, 이후 합병 후에는 생산부문을 협동조합이 담당하되, 마케팅 사업은 별도의 자회사인 그리너리 유한회사(Greenery bv)를 설립하여 판매사업을 전담토록 하는 새로운 경영 모델 도입.

5) Ocean Spray Cranberries Inc[18](미국과 캐나다)

크랜베리와 그레프푸르트 재배 농업인이 조직한 협동조합임. 다양한 제품과 포장기술
개발, 혁신적 경영으로 과즙음료 시장의 선두기업이 되어 높은 브랜드 가치를 만들었음.

6) Dakota Growers Pasta Company(미국)

1991년 밀가공을 위해 밀 농가들이 설립한 협동조합임. 원료농산물 공급부터 파스타
생산까지 전 과정을 계열화함. 원활한 자본조달을 위해 2002년 주식회사로 전환함. 기존
조합원은 밀 출하권이 있는 우선주를 보유함.

7) Danish Crown(덴마크)

양돈협동조합이 계속적 합병과정을 거쳐 덴마크 농산물수출액의 50%를 차지하는 규
모로 성장하면서 세계시장의 변화에 대응한 생산 역량을 갖춤. 조합원 대표자와 경영층
이 동시에 참여하는 전략계획 수립과정으로 지속적 발전을 추구함.

8) Fonterra Co-operative Group(뉴질랜드)

30여 년에 걸친 협동조합 간 인수·합병으로 2001년 설립된 강력한 글로벌 낙농협동
조합임. 설립과정에 정부의 법적·제도적 지원을 받았음. 세계시장 진출을 위해 다양한
글로벌 기업들과 전략적 제휴를 함.

9) SEEG Mureck(오스트리아)

오스트리아 남동부 스티리아 지방의 농업인들이 자체바이오 연료 공급을 위해 협동조
합을 설립한 후, 인근국가를 포함한 역내 폐식용유를 수집하여 바이오디젤을 생산·수
출을 하고, 지역난방과 전기 공급까지 사업을 확충함.

10) Wild Care Dairy Products Ltd[19](영국)

환경단체와 협력하여 새로운 우유 브랜드를 만들고 농업인의 소득증대, 환경보호, 소

---

18) 농업협동조합을 통한 다국적 브랜드 구축
19) Wild Care Dairy Products는 제품에 독특한 브랜드 이미지를 부여해서 일반생필품 시장에서
   성공적으로 틈새상품으로 자리 잡음.

비자 욕구충족을 동시에 추구하는 생필품 틈새시장을 구축함.

3. 해외 독특한 협동조합의 사례[20)

1) 아물 낙농협동조합(Amul, India)

Amul은 인도의 구자라르트주에 있는 낙농 협동조합들의 연합회이다. '아물'은 산스크리트어로 '아주 귀중한'이란 의미이다. 1946년 낙농생산자들을 위한 출하조직으로 설립되었다.

그 후 Amul은 규모와 명성 두 분야에서 모두 성장하여 인도에서 가장 큰 식품 출하조직이 되었다. 낙농 생산자들은 원유량이 풍부할 때도 Amul이 있어서 원유를 모두 출하할 수 있었다. 또한 버터와 스프레드, 치즈, 과자, 우유, 분유, 연유, 아이스크림, 초콜릿, 라세와 기타 우유로 만든 음료 등을 생산한다. 최근 Amul은 장차 그들의 제품을 판매하기 위한 '아주 맛있는' 시식가게를 열어 음료와 아이스크림을 제공하고 있다.

매일 하루에 두 번 Amul의 대량 배송망은 1,200만의 생산자들에게 원유를 모아온다. 이 원유는 200군데의 유제품 제조공장으로 수송되어 시음, 등급화, 제조과정을 거쳐 포장되어 800군데의 대소도시의 시장으로 출하된다. 이 과정에서 GLS(지리정보시스템)를 활용하여 이 과정의 지연을 최소화하고 있다. 거기에다 미국과 아랍국가들, 싱가포르에 수출하고 있으며 유럽수출은 EU의 농업보조금이 줄어들기 때문에 늘어나고 있다. Amul은 4가지 유형의 유통고속도로, 즉 신선, 냉장, 냉동과 주변제품이라는 시스템을 구축하였다.

Amul 성공의 중요한 요소는 광고와 마케팅이다. 전환점은 1966년, 그들이 펼친 'Amu Moppet'라는 캠페인성 광고였다. 반복해서 광고에 등장하는 통통하고 건강한 얼굴의 작은 소녀. 실제로 Amul은 스캔들이나 종교운동으로 빚어지는 갈등, 마약 중독과 부패와 같은 시사문제를 두고 코멘트 하는 것을 두려하지 않았다.

그러한 캠페인광고 중에는 미국의 기업 엔론이 부패했다는 주장 속에 붕괴했을 때 Amul의 광고 중에는 '온/오프 Enr'라는 제목이 있었다. 탄탄한 창조적인 마케팅과 신뢰 있는 브랜드 덕분으로 Amul은 차별적인 정체성을 구축하고 시장에서 중요한 위치를 차지할 수 있었다. 협동조합은 고객이 전하는 코멘트를 생산자들에게 직접 전달하고 피드백 한다. 간단히 말하면 Amul은 조작, 제조, 마케팅과 브랜드 구축에서 타 기업을 능가하는 본보기가 되었다.

---

20) 김수환, '협동조합 해외 선진사례 및 도입방안 연구', 2009. 12. 연구 자료를 수정하여 재인용.

〈그림 14〉 온/오프 Enr

* 자료: www.amul.com

Amul은 조합원들이 기획, 생산과 마케팅기술을 습득하도록 도우며, 위생, 사료, 위원회와 리더십능력과 같은 중요한 과제를 위한 훈련을 재공하기도 한다. 예를 들어 2004년에는 3,189명의 여성조합원들이 자기관리 리더십훈련과정을 받았다. Amul은 개인 생산자는 각 마을의 협동조합에 소고하고 이들이 다시 모여 더 큰 연합회를 구성하는 민주적 구조를 갖추었다.

그러나 항상 모든 게 바르게 직진했던 것만은 아니다. Amul은 인도의 수백만의 소 낙농생산자들이 직면한 문제들을 다루어야 했다. 다른 곳에선 원유가 남아돌아 처분하기 어려워 할 때 Amul은 생산자들이 고립되어 있어 원유를 집하하기 어려웠다. 중간상인에 의해 착취를 당한 이들도 있었고 아무런 보장 없이 계절 노동자로 일하거나 고리대금업자의 자비에 매달려야 하는 생산자들도 있었다. 'Amul형 협동조합사업'은 생산자의 소득의 정착과 다양화뿐만 아니라, 정규고용, 생활의 안전보장, 여성의 임파워먼트, 어린이 교육과 같은 농촌개발의 모델을 추진해 왔다. Amul은 이런 점들이 빈곤에서 탈출하여 농촌개발을 인도하는 경제의 지속가능한 기초가 될 것이라고 생각한다. 하지만 이는 협동조합 사업을 정부가 리드할 위험을 지니고 있다. 이런 정부의 시도에 대하여 독립과 자율로 운영되는 협동조합은 맹렬하게 저항해왔다.

아물의 성공은 '백색혁명'이라고도 불린다. 농민들은 우유 가공 설비를 갖추고, 지구연합회나 주연합회를 설립했다. 촌락 단계의 조합, 지구연합회, 그리고 주연합회의 3층 구조는 생산 자재 공급에서부터 가공, 판매에 이르는 계통시스템을 제공하고, 조합원들이 이를 체계적으로 관리한다. 현재 Amul은 인도 최대의 식품브랜드로 농민조합원은 310만 명에 이른다. 아물 모델은 정부기관이 하향식으로 조직화를 하지 않더라도 협동조합의 개발이 이루어질 수 있음을 보여줘, 현재 세계 각지에 보급되고 있다.

* 자료: 2004~2005년 데이터(www.amul.com)

11,600개 마을조합

12개 지역조합

241만 조합원

740리터 원유생산/ 1일, 208억 리터 원유 생산/1년

사업금액 672만 달러

2) 등산장비 생협(Mountain, Equipment Co-op, Canada)

1970년대에 맹렬한 눈보라를 피하고자 산허리에 눈을 파고 텐트를 친 학생들은 함께 이야기를 하였다. 캐나다 산을 탐험하기 위해 필요한 장비를 둘러싼 문제점들에 대해 이야기가 나왔다. 기존의 등산장비 판매점들은 그들의 필요에 맞지 않았다. 그들은 이윽고 그들 자신을 위해서 무언가를 해야 한다는 점을 깨달았다. 2006년까지의 이 등산장비생협(MEC)의 긴 역사는 생략한다. 현재 캐나다 전역에 걸친 판매점과 192개국에 걸친 인터넷 판매점과 전화/메일 주문판매 서비스를 통해 2백만 이상의 조합원들이 이용하고 있다.

그들의 이런 도달점은 강력한 비전에 따른 어려운 노력에 의한 것이다. 협동조합을 설립하는 과정에 있었던 주도적인 경험들은 성공적이었으며, 그들은 시장 속의 익명의 소비자들을 겨냥한 것이 아니라, 자기 자신들의 필요에 따른 사업을 추진함으로써 차별성을 실현할 수 있었다.

예를 들면 그들은 단지 유행을 따라서 제품을 만들지 않았다. 오히려 등산 외투나 켄트, 다른 장비를 개선하였다. 암벽등산을 위한 경량, 신체와 밀착한 외투 등 조합원들의 필요와 만났을 때 보다 개선된 새로운 제품이 나왔다. MEC의 목표는 늘 경쟁자들보다 먼저 조합원의 기대하는 바를 찾고 능가하는 것이다.

'발자국 지우기(Leaving a foot print)'의 이념은 등산가들에겐 친밀한 개념이다. 그런데 MEC는 보다 더 계발적이다. 그들의 제품을 생산하는 노동자들의 조건뿐만 아니라 등산지역의 환경과 윤리적인 측면에서고 발자국 지우기를 실천하고 있다. 그들은 개도국과 그 외 지역 지역의 공장노동자의 조건뿐만 아니라 장비제조 그 자체의 환경코스트도 모니터한다. MEC는 제조업자들이 그들의 윤리, 환경 가이드라인을 접해서 기준을 향상시킬 수 있도록 노력하고 있다.

사업이익은 조합원들의 구매금액에 따른 분배와 사업에의 재투자로 나뉜다. 또한 커

뮤니티발전과 지원, 교육과 환경프로젝트를 위해서 2004년 160만 달러를 사용하였다. 그 결과로서 MEC의 조합원들은 그러한 사회적 투자를 통해서 사업에 대해 더욱 많은 자부심과 소속감 'MEC'의 성공을 위해 기여하고 싶다는 것을 느끼게 되었다.

* 자료: 2005년 데이터(www.mec.ca)
조합원 230만 명
사업금액 195백만 캐나다달러
자산 2천5백만 캐나다달러
환경공헙금액은 총매출액의 약 0.5%(약 975,000달러)로 2007년까지 총매출의 1%까지가 목표

3) 트랜티노의 협동조합들(Italy)

이탈리아 북부의 트렌티노 주는 다양하고 풍부한 협동조합이 고향이다. 전체 인구 440,000 중 협동조합 조합원은 206,000명으로 전 세대의 2/3나 된다. 223개의 도시와 마을에서 1,000개가 넘는 협동조합들이 있다.

20세기로 전환하던 무렵 이탈리아는 무척 빈곤했으며 많은 가족과 공동체는 미국과 다른 나라로 이민을 갔다. 이 무렵 영향력이 있었던 신부 돈 로렌조 구에티(Don Lorenzo Guetti)는 1890년 이 지역 첫 번째 협동조합인 가족협동조합을 서립하였다. 이 협동조합은 단순히 지역주민에게서 이익을 얻기보다는 지역주민들의 필요와 바람에 봉사하기 위한 생협 점포였다. 그 후 이 점포는 연쇄반응을 일으켜 1892년엔 첫 번째 협동조합은행인 농촌은행(카사, 루랄레)이 설립되었다. 이 은행은 높은 수준의 수수료도 받고 농민들에게 저이자 대출을 하여 농촌을 활성화시켜서 곧 농민들이 함께 생산하여 생산경비를 줄이고 중간상인을 배제하는 농협이 생겼다. 나중에는 노동자협동조합과 장애자들을 지원하고 장애자들의 필요에 부응한 사회적 협동조합이 생겼다. 가장 최근에는 조사연구, 기획, 세탁, 케터링(도시락 배달), 삼림, 마케팅, 환경과 같은 영역에서도 새로운 협동조합들이 생겨나고 있다.

현재 트랜티노 주에는 341지점을 가진 69개의 협동조합은행이 있는데 이들의 계좌 수는 이 지역 전체의 60%를 차지한다. 한 중앙 도매업자와 판매업자들이 지역생협에 공급하는 그 지역산 농산물은 전체 구성 중 8%를 차지한다. 이들 협동조합들은 연합조직

인 트렌토 협동조합연합회를 결성하였고, 이 연합회는 회원조합들의 지원, 상담, 대표, 감사업무 등을 담당하고 있다.

협동조합은 민주적으로 운영되며 다양한 방법의 참가를 통해 힘을 얻는다. 이사회는 조합원들에 의해 선출되며, 조합원들을 대표하는 감사회가 이들을 체크하고 조합원들에게 보고한다. 이 감사회 'probiviri'는 불만을 다루고 갈등을 해결한다.

* 자료: www.cooperazionetrentina.it/federazione

조합원 206천 명

4) FC 바르셀로나(Spain)

에프시(FC) 바르셀로나는 1899년 German이 지역신문에 선수공고를 내고 난 후 German이 창설하였다. 원래는 행정 및 관리업무를 선수들 자신들이 하였다. 영국인 Gualteri Wild가 초대 단장이었는데 그도 역시 관리직과 선수를 겸하였다. 1992년까지 팀은 Les Corts 그라운드를 중심으로 활동하였는데 곧 30,0000명의 수용인원과 12,000명이 넘는 회원을 갖춘 'cathedral of football'로 알려지게 된다. 1957년 수용인원시설과 40,000명의 회원을 보유한 그 유명한 Nou Camp이 개장되었다.

이후 스페인 명문 축구팀 에프시(FC) 바르셀로나는 2006~2010년 유니세프 로고를 새긴 유니폼을 입고 뛰었다. 다른 유럽 유명 축구팀들이 유니폼 스폰서비로 연간 수백억 원을 기업한테 받는데, 이 팀은 거꾸로 이 기간에 구단 수입의 0.7%를 에이즈에 노출된 어린이를 위해 유니세프에 지원했다.

에프시 바르셀로나는 또한 큰돈 들여 유명 선수를 사오기보다는 이런 독특한 경영을 선택한 것은 무엇일까? 에프시 바르셀로나가 17만 명 넘는 출자자들이 운영하는 협동조합인 점도 중요한 이유일 것이다.

또한 세계 최대 보험회사 알리안츠, 미국의 AP통신 등의 공통점은 농협과 같은 협동조합 형태로 운영되는 대표적 기업이다.

국내에서도 많은 팬을 거느리고 있는 스페인 프로축구리그의 명문 FC 바르셀로나는 17만 명의 출자자들이 운영하는 협동조합이다. FC바르셀로나는 조합원 공동의 경제 사회 문화적 필요와 욕구 충족을 위해 민주적으로 운영하는 협동조합의 기본 취지를 잘 지키고 있다. 거액을 주고 유명 선수를 스카우트 하는 것을 최대한 자제하고 유소년 축구클럽을 통해 유망주 육성 시스템을 운영해 스타 선수를 길러내기로 유명하다. 현존 최고의 선수라는 리오넬 메시 등 베스트 11의 절반 이상이 이 시스템 출신이다. 또 2006~2010년에는 연간 수백억 원에 달하는 유니폼 스폰서 수입을 포기한 채 선수들이 유니세프 로고가 새겨진 유니폼을 입고 뛰었으며, 구단 수입의 0.7%를 에이즈에 감염된 어린이를 위해 사용하도록 유니세프에 기부했다.

여러 개의 회원서비스와 오피스 및 인포메이션 포인트(센터)도 구장에 배치되어 있다. 클럽은 또한 스페인, 유럽 등 세계에 1,600명의 서포터즈 클럽을 보유하고 있고, 함께 자문회의 구성원도 선출된다. 또한 민원을 듣고 회원들이 정당하게 대우받고 있는지를 조사하는 회원들의 옴부즈맨을 두고 있다.

클럽의 다른 부문은 농구, 핸드볼, 롤러하키, 육상, 배구, 사이클링, 여성 풋볼, 필드하키, 아이스하키, 피겨스케이팅, 럭비 모두 국내뿐 아니라, 국제수준의 실력에 이르는 성공을 거두었다. 2004년 이러한 클럽 부문에서 829개의 타이틀을 얻었다. 또한 여러 개의 비직업 부문도 두고 있다.

5) 라보은행(Netherlands)

네덜란드의 라보은행은 조합원 180만 명, 48개국의 고객 1,000만 명, 직원 5만8,700명, 2010년 말 기준으로 자산 6,525억 유로(약 1,011조 원), 네덜란드 3대 금융기관이자 세계 25위의 은행이다. 은행업무, 보험, 연금, 자산관리와 투자, 리스계약, 부동산 업무, 모기지론을 취급하며, 이 모든 서비스분야에서 선두주자이다. 37개국에 244개의 지점을 두고 고객의 필요에 부응하기 위한 광범한 분야에 걸친 '금융백화점'이 될 것을 목표로 삼고 있다. 이런 목표를 성취하기 위해서 라보은행은 대단히 전문화된 사업을 만들었다. 라보은행은 세계에서 가장 높은 신용등급을 지니고 있다.

현재 141개 지역은행을 둔 라보은행은 네덜란드 농업금융의 84%, 저축의 41%, 주택담보대출의 30%, 중소기업 분야 금융의 38%를 차지하고 있다(2007년 말 기준). 조합원에게 따로 배당을 하지 않는다. 라보은행은 지난 100여 년 동안 적립금을 축적해 세계에서 세 번째로 안전한 은행으로 평가받고 있다.

141개 지역은행은 12개의 지역대표자회의로 묶이고, 이 12개의 지역대표자회의에서 각각 6명씩 선출해 중앙대표자회의(총 72명)를 구성한다. 이 회의는 일종의 의회 구실을 한다. 1년에 네 차례 소집되는데 중앙 감독위원회 의장이 회의를 주재하며 중요한 정책을 심의하고 정책 대안을 제시한다. 중앙 라보은행에 대한 지역 라보은행의 영향력을 강화한 것이다.

최근 35년 동안 작은 은행들은 정보기술의 도입과 같은 발전에 발을 맞추어 합병을 거듭해왔다. 직접 은행을 방문하는 경우는 줄어들고 전화와 인터넷을 이용한 상담과 안내가 특히 일반화되었다. 몇 군데는 자기네들끼리 경쟁하는 관계임을 알고 합병을 하기도 하였다. 지역의 은행이 지녀야 할 기본목표는 '가능한 작게', '가능한 많은 이들이 이용하는 것'이다. 실제로 라보은행은 아직도 그들의 독립적인 관리운영, 조합원이 이사회 이사들을 선출함을 유지하고 있다. 이들 이사들은 무급이며, 관리코스트는 여전히 낮다. 한편 중앙라보은행인 경우, 지역의 라보은행들 사이엔 긴장관계도 있으며, 그들의 관계는 일반적으로 긍정적이며 창조적이다.

조합원제도는 아직도 자발적이나 지역 라보은행들은 조합원을 유지하기 해서 보다 적극적인 참가를 육성하고 새로운 조합원 확대를 위해 노력하고 있다. 예를 들어 조합원 한정의 특별상품과 이자율을 제시하는 등 그 결과 1999~2005년 사이에 조합원은 거의 3배로 증가하였고, 지역 라보은행의 조합원들 모임은 25.50% 증가하였다.

라보은행은 환경과 윤리적 원칙에 근거한 금융상품을 제공함으로써 적극적인 사회적 공헌을 하고 있다. 라보은행은 개발도상국, 앰네스티 인터내셔널, WWF(국제자연보호기금)의 환경관련 프로젝트를 지원하고 있다. 지역의 라보은행들 역시 네덜란드 전역에서 1,000개 이상의 프로젝트를 지원하고 있다.

* 자료: 2004년 데이터(www. robobank.com)
고객 수 900만 명, 조합원 146만 명, 소속은행 264은행
네덜란드의 농촌은행부문의 85~90%
개인저축과 모기지론을 포함하여 중소기업의 은행분야에서 시장 선두두자.
2004년 자산은 475,089백만 유로
고용자 수 56,324명

6) 터치스톤에너지협동조합(U.S.A)

터치스톤에너지는 미국 45개 주의 600개 이상의 협동조합들의 동맹조직이다. 그들은 매일 2천2백만 고객들에게 에너지와 전력을 공급한다. 터치스톤은 그들의 협동조합의 분명한 성격을 전달하여 브랜드시스템으로 급속하게 시장을 변화시키고 있다. 각 협동조합은 각각 특별한 지역커뮤니티에 결합되어 있다. 터치스톤은 고객에게 많은 혜택을 주

는 전국적 네트워크를 제공한다. 이들은 전국을 커버하는 TV와 미디어 광고를 운영하고 관리과 금융서비스를 제공한다. 또한 회원 협동조합들이 자기 업무를 추진하는 것뿐만 아니라 새로운 기술과 아이디어를 발전시킬 수 있는 기회를 조직하고 토론한다.

교육프로젝트를 추진하여 학교용 전기에 관한 교재를 만들었다. 일부 회원 협동조합 켄터키 주 오웬 전기협동조합들은 조합원 자녀의 등록금을 지원하는 장학금제도도 조성하고 있다.

터치스톤에 가맹한 각 전기협동조합들은 조합원 전력사용자들이 운영하고 소유한다. 이들은 자신들의 행동에 대답할 수 있는 이사회를 선출한다. 알래스카에 있는 골든밸리 전기협회와 같은 회원조합은 '조합원 자문위원회'를 설치하여 조합원과 이사회 사이의 연락을 담당하며 중요한 문제들을 제기하고 토론하기 위한 다른 공간을 만들어 낸다. 이익은 사업에 재투자하고 조합원들에게도 환원한다.

원래 많은 협동조합들은 농촌지역에 전기를 끌어오기 위해 설립되었다. 예를 들면, 노스캐롤라이나 주의 블루리지 전기회원기업은 1930년대 중반 심각한 경기침체 중에 결성되었는데 정부가 주도하고 힘 있는 지역주민들이 전기를 끌어오기 위한 기반시설을 만드느라 서로 손을 잡아서 만들어졌다. 이들 협동조합들은 그들 자신의 지역사회에 뿌리를 두고 있으며 따라서 창립 이후 쭉 고객을 위해 최선을 다하는 충성심을 발전시킬 수 있었다.

많은 협동조합들은 지역사회와 환경을 위한 프로젝트에 적극적인 역할을 담당하고 있다. 에너지자원의 고갈과 지구온난화가 진행되면서 이는 더욱 시급한 일이 되고 있다. 블루리지는 재생에너지를 개발하는 데 파트너십을 구성하였다. 조합원들은 최소한 한 달에 4달러를 에너지를 녹색화하는 데 사용하도록 기부를 권장 받는다. 미네소타 주에서는 조합원들은 식목사업이나 주립공원 환경을 개선하기 위해 참가하고 있다.

* 자료: www.touchstoneenergy.cooperative.com
600개의 협동조합, 2천2백만 고객

7) Suma Whole Foods, UK

수마 자연식품은 환경지향적인 상품뿐만 아니라 공정무역, 유기농업, 채식식품의 독립적인 도매업자이자 유통업체이다. 영국 전역을 사업영역으로 삼고 있으며, 약 7,000상품을 자영업, 슈퍼마켓, 커뮤니티 그룹, 병원, 학교 등에 공급한다. 사업은 엄격한 윤리적·

사회적·환경적 기준에 따라서 운영된다. 수마 자연식품은 1974년 리즈에 있는 자기 집에서 식품을 유통하던 한 남자에 의해 창립되었다. 그 이전에는 자연식품의 공급은 런던에서만 가능했다. 그런데 자연식품을 공급해달라는 요구는 무척 높았기 때문에 수미는 급속하게 성장하여 7명을 고용하여 사업을 전개하였다. 이들은 1977년 노동자협동조합을 결성하여 이 사업의 창시자가 되었다. 공동소유권제도는 이들 회원이 그들 사이에 자산을 분배하거나 처분하지 못하게 하였다. 이 제도가 협동조합을 보호하고 그 독립성을 보장해 주었다.

수마 자연식품은 일찍부터 단지 사업이 아니라 일종의 생활양식에 가까웠다. 노동자 조합원들은 같은 집에서 살며, 수마는 하나의 대안적 삶의 형태였다. 사업이 성장하자 노동의 방식과 의사결정방식이 민주적으로 유지되었다. 여기에는 실무책임자나 '사장'이 없으며 관리업무는 분장된다. 즉 조합원들이 관리업무를 하기 위해 훈련받을 필요가 있으면 그 조합원은 다른 조합원이 동의한 기간 동안 주어지는 역할을 하는 것이다. 조합원들은 운영위원회를 선출하는데, 그중 2석은 반드시 여성을 선출한다. 선출직이 아닌 운영위원은 금융, 운영과 개인 코디네이터들이다. 전체 조합원 회의는 연 6차례이며, 주로 주요전략과 정책 결정을 한다. 반면 운영위원회는 매주 회의를 연다. 운영상 구체적인 논의를 하기 위해서는 날마다 여러 회의들이 이루어진다. 폭넓은 상담과 조언, 그리고 적극적인 참가를 통해서 올바른 결정이 보장되고 조합원들은 집단적 책임 속에서 주도성을 발휘하도록 조장된다.

전 직원은 동일한 임금을 받으며, 새로운 기술과 직업에 대해 훈련할 기회를 갖는다. 각 운영위원회 회의는 공개되며 모든 조합원은 위원회에 관한 문제나 관심사를 제기1할 수 있다. 신규 조합원은 반드시 수습기간을 거쳐야 한다.

* 자료: 2005년 데이터(www.suma.co.kr)
조합원 64명과 견습생 12명, 고용자는 85명(정규직)
사업금액 2천만 파운드

8) 몬드라곤 협동조합 복합체[21]

스페인 협동조합의 30% 이상은 노동자협동조합이 차지하며, 그 대표적인 것이 1956년

---

21) 스페인 몬드라곤 그룹(2002.07.14. 동아일보) 및 김성오, 「몬드라곤의 기적」, 역사비평사, 2012 참조.

바스크 지역에 세워진 몬드라곤 협동조합이다.

몬드라곤은 금융, 제조, 유통, 지식부문에 속한 260여 협동조합 기업으로 이루어진 협동조합 그룹이다. 금융부분에서 대표적인 조직으로 노동인민금고와 의료보험, 산재보험, 고용보험, 국민연금을 담당하는 라군-아로 보험과 생명보험을 담당하는 라로-아군 생명보험이 있다. 제조부분에서 파고르 전자와 빌바오구겐하임 미술관을 시공한 우르사 건설사가 대표적이다. 유통부분에서는 스페인 최대 슈퍼마켓 체인점인 에로스키가 있고, 지식부분에는 기술연구소와 몬드라곤 대학이 대표적이다.

몬드라곤에서는 1인1표 원칙에 따라서 운영되는 조합원 총회에서 주요한 모든 사안이 결정되고, 통상 수익의 50%를 기업 내부에 적립하여 재정건전성 확보에 애쓰며, 40%는 출자금에 대한이자 및 배당 등의 형태로 조합원에게 배분되며, 나머지 10%는 지역사회 공헌기금으로 사용된다.

스페인 기업 순위 7위로 사회적 경제의 새로운 가능성을 입증하고 있는 이곳은 세계 최고의 협동조합 몬드라곤이다.

2010년 매출 €13,989,000,000, 총자산 €33,099,000,000, 금융, 제조, 유통, 지식의 4개 부문, 260여 개의 회사에서 8만4,000명의 노동자가 일하는 스페인 7위 '재벌기업'으로, 260여 개 기업 중에는 스페인과 프랑스에 2,100개가 넘는 매장을 가진, 스페인 제일의 대형 마트 체인점과 전국에 420여 개 지점을 보유한 노동인민금고라는 이름의 스페인 10대 은행을 보유한 기업이 있다.

이 기업은 제트엔진용 가변전지도 만들고, 위성 발사용 로켓 센서설비도 만든다. 세계 최고의 건축물로 손꼽히는 빌바오 구겐하임 미술관도 이 기업에서 만들어 올린 것이다. 의료장비, 엘리베이터부터 소시지, 도시락, 사료까지 만들어서 판다. 여행사무소, 헬스클럽 사업도 벌이며, 유치원, 대학, 보험 및 연기금도 자체적으로 운영하고 있다. 기업인수를 위해서 3억 유로의 채권을 발행하기도 하고, 또는 직접 28억 유로의 비용을 들여서 기업을 인수하기도 한다. 780만 명의 연구자가 일하는 5,900만 유로 예산의 기술연구소를 운영하고 있다. 그리고 이 연구소 중에는 '에틱 마이크로소프트'라는 이름의, 마이크로소프트와 공동 설립한 연구소도 포함되어 있다.

엄격한 심사를 거치고 조합원의 동의만 얻을 수 있다면 몬드라곤에서는 누구나 경영자가 될 수 있다. 그리고 이 경영자는 개인과 조합의 발전, 목표 실현을 위해서 편안하고 부담이 적은 평조합원으로서의 삶의 유혹을 떨쳐낸 사람들이다. 몬드라곤 성공의 비밀은 여기에 있는지도 모르겠다. 몬드라곤은 보다 헌신적인 사람, 보다 자발적인 사람,

보다 능력 있는 사람이 자신이 가진 역량을 최대한 발휘할 수 있게 이들에게 보다 많은 기회와 권한을 제공한다. 그리고 성공하든 실패하든 그 결과를 모든 조합원이 공동으로 나누어 가진다. 실패할 경우, 힘들게 적립한 노동인민금고의 기금이 투입되기 때문에 다른 조합의 조합원이라고 해도 지금 추진되고 있는 사업에 관심을 가질 수밖에 없다. 따라서 몬드라곤에서는 사업의 규모가 클수록 더 많은 집단지성이 발휘된다.

몬드라곤은 창업을 제도적으로 지원하고, 실패를 용인하고 공동의 기금을 사용하여 손실을 나누어 가진다. 물론 이익도 동등하게 나누어 가진다. 그리고 특정 조합을 성공시키기 위해서 많게는 3만 명이 넘는 몬드라곤의 조합원이 집단지성과 집단구매력을 발휘한다. 그리고 이 모든 과정이 조합원의 자발적 동의와 합의, 참여에 의해 결정되고 추진된다. 이것이 몬드라곤의 힘이다.

현재 자본주의 시스템이 부딪힌 문제를 근본까지 되짚어 보면 결국은 노동자의 시민권과 사유재산·시장 간의 충돌이다. 객관적 상황이 만들어 내는 갈등의 정도에 따라서 둘 간의 충돌의 정도가 미미할 수도 격화될 수도 있으나 '현재의 삶의 방식이 과연 지속가능할 것인가'라는 질문에 긍정적 대답을 할 사람은 그리 많지 않아 보인다. 지금 우리에겐 대안이 필요하며, 몬드라곤은 이제까지 양립불가능한 것으로 보였던 시민권과 사유재산시장을 성공적으로 융합시킨 가장 성공적 사례 중 하나이다. 2011년 12월 말 협동조합기본법이 통과되었고, 2012년은 UN이 정한 세계협동조합의 해이다. 2012년은 협동조합에 대한 논의와 시도가 활발할 한 해가 될 것이다. 협동이 만든 시스템을 통해서 개인의 욕망을 사회적 가치로 성공적으로 변환시키는 힘. 우리가 협동조합에 주목해야 할 이유일 것이다.

9) 썬키스트협동조합[22]

오렌지의 대명사인 썬키스트는 세계 최대의 품목농협으로서 농업협동조합의 대표적인 성공사례로 평가받아왔다. 세계 50여 개 국가에서 판매되는 600여 개 썬키스트 브랜드 제품의 연간매출은 12억 달러에 달하며, 로열티 수입이 21백만 달러로 전 세계 기업 중 26위를 차지하고 있다.

동네 편의점이나 슈퍼마켓에서 쉽게 볼 수 있는 제품인 '썬키스트(Sunkist)'는 '태양(Sun)의 입맞춤(Kissed)'이라는 의미만큼이나 강력한 역사를 가지고 있다.

---

22) 협동조합사례, 제 844호 (2012년 02월 08일) 한국경제매거진 참조

썬키스트는 미국 캘리포니아 지역에서 생산되는 오렌지의 대표 브랜드다. 캘리포니아에서 오렌지를 재배한 역사는 1840년대로 거슬러 올라간다. 1870년대 미국 대륙횡단철도의 개통은 캘리포니아 지역에 국한됐던 오렌지 소비를 미국 전역으로 확대시켰다.

당연히 오렌지 산업은 크게 성장했지만 오렌지 재배 농가들은 도매상들의 횡포에 고통을 당해야 했다. 도매상들은 판매된 오렌지에 대해서만 대금을 지불했고 그 결과 모든 리스크를 감귤 재배 농가들이 짊어져야 했다. 그럼에도 이익의 대부분은 도매상들이 가로채 가 오렌지 재배 농가들은 적자를 면치 못했다.

결국 1893년 몇몇 오렌지 재배 농가들이 '남부 캘리포니아 거래소'를 만들어 판매와 유통을 직접 수행했다. 1905년에는 조합원이 5,000농가로 늘었는데, 이는 캘리포니아 오렌지 산업의 45%를 차지하는 것이었다. 이 거래소가 오늘날 썬키스트협동조합으로 발전하게 된 것이다. 썬키스트는 1908년부터 거래소에서 판매되는 고품질의 오렌지에만 붙인 이름이었는데, 이를 계기로 썬키스트는 최고급 오렌지의 대명사가 됐다.

오늘날 썬키스트협동조합은 미국 캘리포니아와 애리조나 주의 6,000여 오렌지 재배 농가를 조합원으로 두고 있다. 썬키스트협동조합은 엄격한 품질관리로 브랜드를 관리함으로써 세계적으로 많은 로열티 수입을 올리고 있다.

유통환경 변화에 대응한 썬키스트의 혁신 노력은 농협 종합유통 그룹의 비전과 전략 수립에 유용한 벤치마킹 사례가 다른데 이를 어떻게 제조기반에 적용할 것인 가이다.

10) 협동조합 형태로 운영되는 'AP통신사'[23)

AP통신은 세계 '5대 통신사'로 손꼽힌다. 로이터·AP·AF P·TAS·UPI 등이 바로 그곳이다. 이 중에서도 AP통신은 협동조합의 형태로 운영되는 통신사이다.

AP통신은 1848년 뉴욕의 한 신문사가 입항하는 선박으로부터 유럽의 뉴스를 공동으로 취재하기 위해 결성한 '항구뉴스협회(Harbor news association)'를 기원으로 한다. 1980년대 초에 연간 운영비는 무선 텔레타이프의 위성 중계용 전자장비 및 기타 설비의 설치·유지비용 때문에 크게 늘어나 1억 7,000만 달러를 넘어섰다. 이는 당시까지 세계 통신사 가운데 최대 규모였다. 약 2,500여 명의 기자 및 특파원으로 구성된 직원들은 미국 내 100여 개 도시와 세계 50여 개 도시의 자국에서 근무하면서 세계 100여 개국의 뉴스를 수집해 회원신문사에 공급하고 있다.

---

23) 협동조합사례, 제844호(2012년 2월 8일), 한국경제매거진 참조.

AP직원들의 노고는 10만 명을 상회하는 회원신문사 기자들의 노력에 의해 보완되고 있다. AP에 가맹하고 있는 미국의 신문사 수는 약 1,400개, 방송사 6,000개 업체로서 이들 가맹사가 협동조합체제로 각기 발행부수의 비율에 따라 경비를 분담하고 있다. 전 세계에서 AP로부터 통신을 받고 있는 해외의 신문사·통신사·방송국은 모두 8,800개 사에 달한다.

2011년 기준 현재 AP통신은 AP에 가맹하고 있는 미국 내 회원 신문사에 뉴스를 공급하고 있으며 전 세계 300개 이상의 지국에서 3,700명의 직원이 일하고 있으며 직원 가운데 3분의 2가 뉴스를 수집하고 있다. 최근에는 북한에 지국을 개설하기도 했다.

AP통신의 주인은 바로 미국 내 1,400여 개의 개별 언론사다. AP통신은 이들 언론사들이 발행 부수에 따라 경비를 분담하고 자신을 대표할 이사회를 구성해 운영하고 있다. AP통신의 연차 보고서에 따르면 2010년 말 자산은 총 5억 1,000만 달러이며 출자금은 1억 5,000만 달러에 이른다.

4. 시장경쟁 속에서 뿌리 내리는 협동조합 사례[24)

1) 영국의 사회적 기업

1970년대 영국의 대처가 등장하면서 시작되는 신자유주의 정책에 대해 협동조합이 능동적으로 대처한 사례다. 협동조합이 가지고 있는 자산(부동산, 건물, 인적·사회적 자본 등)을 동원하여 복지국가가 전체를 담당하고 있던 복지, 안전망 기능을 부담하는 방식이다.

1800년대 자본주의가 폭력적으로 진행될 때, 협동조합이 만들어졌듯이 신자유주의의 광풍으로 어려워진 민중 삶, 지역사회 재건에 협동조합이 나서서 극복하는 형태를 말한다.

2) 이탈리아 사회적 협동조합

마찬가지로 협동조합이 사회연대협동조합을 만들어 진행하다가 이탈리아 정부가 법을 만들어 A형 사회적 협동조합과 B형 사회적 협동조합으로 진행하고 있다. 이탈리아 사회적 경제의 큰 부분을 차지하고 있다.

---

24) 김수환, '협동조합 해외 선진사례 및 도입방안 연구', 2009. 12. 연구 자료에서 인용.

3) 스웨덴의 이해관계자협동조합

협동조합 공화국으로 불리는 스웨덴에서는 스웨덴의 보편적 복지를 가능하게 한두 축은 노동조합과 협동조합이다. 역시 신자유주의가 몰아치니까 1980년대 정부가 육아에 대한 부분을 시장에 주지 않고 협동조합에 맡기게 되는데 그 협동조합의 형태가 바로 다중이해관계자 협동조합방식이다.

4) 스위스 소비자협동조합의 까르푸 매장 인수

2008년 세계 2위의 유통자본인 까르푸가 스위스에서 12개의 매장을 철수하게 되는데 그 매장을 인수 받는 곳이 바로 코프스위스(스위스소비자협동조합)이다. 스위스는 소비자협동조합이 전체 소매물류의 20% 이상을 차지하고 있으며, 조합원이 350만 가구이다.

5) 2008년 금융위기에서 협동조합으로 옮겨가는 예금들

2008년 서브프라임 모기지론을 비롯하여 금융위기, 경기침체가 왔는데, 이때 서구유럽에서 투기 은행, 초국적 은행에서 예금을 빼서 이동하는 은행이 스위스 소비자협동조합은행과 오스트리아 라파이젠 은행이다.

6) 포춘지 선정 글로벌 500대 기업리스트 포함 조합 및 증권시장에 간접적으로 상장된 조합 사례

2009년 포춘지 선정 500대 기업리스트에 스위스의 미그로 생활협동조합 등이 있으며, 지주회사로서 미국농업협동조합인인 CHS Inc가 있다.

전통적 협동조합은 주식발행을 하지 않아 기본적으로 증권시장에서의 상장은 곤란하나 우회적으로 자회사를 통하여 상장하는 사례가 있다. 주식을 발행하지 않은 전통적 협동조합과 달리 최근의 협동조합은 새로운 방식으로 자본금을 조달하고 있다. 예컨대 네덜란드의 캄피나 우유협동조합, 세베코협동조합이 1991년 참여 증권을 발행하여 자금을 유치하고 있다. 즉, 미국의 유에스프레미엄비프와 다코다파스타 협동조합은 조합원이 소유권만을 보유하면서 50% 이상의 지분을 시장에 상장한 이례적인 사례로 제시되고 있다. 크레딧에그리꼴(CA)은 프랑스 1위, 세계 4위 금융회사로 토종 협동조합금융의 대명사로 불리는데, 프랑스는 CA를 리딩뱅크로 키우기 위해 보험업 진출, 자산운용사 인수, 은행 합병 등을 허용하였고, 또 상당자산은 주식시장에 상장시켰다.

제2부 지역경제학

제6장 지역경제학의 개요

1. 지역경제학의 기초

1) 지역경제학의 개념 및 학문적 성격

(1) 지역[25]경제학의 개념

지역경제학은 국민경제를 구성하고 있는 지리적 단위로서의 지역경제현상을 연구하는 학문이며, 학자[26]마다 개념정의가 약간씩 다르다. 학자들이 정의한 개념을 종합해보면, 지역경제학이란 지역적인 특성으로부터 초래되는 모든 문제를 해결해가는 과정에서 주로 경제학적인 관점에서 접근해가는 학문분야로서, 그중에서도 특히 지역에서의 경제적 활동의 흐름과 상태에 관한 연구라고 정의할 수 있다. 예컨대 지역경제학은 공간적으로 희소한 자원의 합리적 배분과 공간단위의 경제구조변화는 물론이고 도시 및 지역문제해결을 위한 경제적 접근에 의한 효율적 해결방안을 연구하는 학문분야이다. 지역경제학이나 도시경제학이나 공간경제를 다룬다는 측면에서 구별은 차차 줄어들어 통합하는 경향이 있다. 도시지역도 지역의 일부로 보아 도시지역의 많은 문제들도 지역경제학에서 취급되므로 도시경제학을 지역경제학의 일부로 포함시키는 경우도 있다.

그러나 이 지역경제학은 미국과 영국에서 접근법상의 차이가 있다. 먼저 미국은 전통적인 경제학의 공간적 측면을 비판하고 있다는 것을 비판하면서 등장하였기 때문에 경

---

25) 지역의 유형: 지역의 유형에는 동질지역, 결절지역, 계획지역이 있다. 먼저 동질지역은 지역이 가지는 여러 가지 특성 중 하나의 동질적인 특성에 기초하여 범주화한 공간이다. 자연적 요인(토질, 기후, 지형, 천연자원), 경제적 요인(소득, 산업, 실업률, 경제성장), 역사적 요인(역사배경)에 따라 동질지역을 분류한다. 다음으로 결절지역은 거점지역, 기능적 경제지역이라고도 하는데 상호의존적이고 보완적 관계를 가진 몇 개의 공간단위를 하나로 묶은 지역이다. 네트워크의 개념이라고 생각하면 된다. 결절지역은 통근거리나 시장권, 인구이동상으로 지역을 분류한다. 마지막으로 인위적으로 설정한 계획공간인 계획지역을 들 수 있다.

26) 두베이(Dubey)는 "불균등하게 분포되어 있고 불완전하게 유동적인 자원의 세계에서 공간구역들의 차별성과 상호관계성에 대한 경제학적 관점으로부터의 연구이다"라고 정의한다. 시버트(Siebert)는 "공간상에 있어서 인간의 경제적 행태에 관한 연구"라고 정의했으며, 후버(Hoover)는 "무엇(경제적 활동)이, 어디에, 왜, 그래서 어떻게 되었는가"에 대한 연구라고 개념을 정의했다.

제활동의 공간적 측면을 분석대상으로 하는 학문으로 보고 이론적인 측면을 강조한다. 반면 유럽은 전통적 경제학의 유럽이 직면하고 있던 지역문제(저소득, 고실업, 지역격차 심화 등)를 해결하지 못하는 것을 비판하면서 대두되었기 때문에 지역의 사회문제를 보다 체계적으로 다룬다. 따라서 현실적이며 처방적 측면을 강조한다. 그러나 이론 지형적인 미국식 접근법과 처방 지향적 영국식 접근법이 혼합된 개념정의, 즉 공간선택에 관한 경제주최들의 선택이론을 바탕으로 여러 지역이 직면하고 있는 여러 지역문제의 문제원인을 밝혀내고 보다 효율적 대안을 강구하는 사회과학의 학문으로 보는 것이 가장 최고의 정의라 할 수 있다.

(2) 지역경제학의 학문적 성격

지역경제학의 학문적 성격에 대해 알아보자. 크게 4가지로 분류할 수 있는데 그것은 지역문제를 해결하는데 지역이론을 가지고 정책을 만들어 이를 활용할 수 있다는 응용성, 특정한 지리적 공간에서 이루어지는 현상을 연구하고 이를 처방하는 학문인 공간성, 현상의 지역문제를 해결하는 데 중점을 둔 실효성, 그리고 마지막 이들을 합친 종합성이 그것이다. ① 종합성은 역에서 발생하는 모든 문제를 종합적으로 연구하는 것으로 관련 학문 분야의 지식이나 시각의 포괄적 작용을 강조한다.

② 응용성은 지역경제학은 순수학문에서 개발된 지식을 기초로 새로운 이론을 만들어 내거나 현실문제의 해결에 적용하는 것이다.

③ 공간성은 지역경제학에서 생산요소, 재화, 서비스의 비이동성이나 그 외 자원의 불균등한 분포 등에 관한 논의가 중심논제로 부각되는 것은 이 모든 것이 '거리'라는 중요 변수를 내재하고 있는 공간에서 이루어진다는 사실 때문이다.

④ 실용성은 지역이 가지고 있는 주요한 특징들인 자원 분포의 불균등성, 생산요소, 재화, 서비스의 불완전한 유동성 등으로 초래되는 사회적 문제를 완화하고자 하는 실용적인 목적을 가짐, 지역문제를 해결하는 과정에서 한정된 자원을 경제적으로 사용함으로써 궁극적으로 사람과 지역의 복지 수준을 높이고자 하는 실용적인 목적이다.

그런 의미에서 지역경제학의 연구 초점은 다음과 같이 요약할 수 있다. ① 자원의 불균등한 분포다. 즉, 특정 자원이 풍부하게 보존되어 있는 곳과 그렇지 않은 곳이 있을 뿐 아니라, 자원의 종류 역시 다양하게 분포, 재화와 서비스, 소비에 이르기까지 공간상에 똑같이 분포되어 있지 않고 실질적 차이가 존재할 뿐 아니라 그 차이는 시간의 흐름에 따라서도 다양하게 나타난다. ② 생산요소, 재화 그리고 서비스의 불완전한 이동성이다. 즉, 이와 같은 불완전한 이동성은 이동비용, 이동장애, 관련 정보의 부족, 기타요인들에 기인한다. 노동력의 이동은 임금, 가족관계, 이동비용, 정보부재 등에 따른 노동력 이동 둔화 등이다. 자본의 이동은 자본수익률에 따라 움직이고 자본이동 관련 비용도 현저하게 저렴해지고 있기 때문에 노동력 이동보다는 원활하다. 자본이 희소한 곳은 자본수익률이 높아야 함에도 현실은 반대로 나타난다. 왜냐하면 자본은 투자에 따른 위험성을 줄일 수 있는 방향으로 움직일 가능성이 높기 때문이다. ③ 집적의 경제이다. 즉, 특정 산업이 특정 공간에 집적해 있으면 흡사 특정 산업의 규모가 커져서 규모의 경제가 발생하듯이 공간상에 집적의 경제가 발생-특별한 기술을 가진 노동력 확보가 용이하고 원료를 대량으로 같이 공급받을 수 있고 대량수송 등으로 수송비 절감할 수 있기 때문이다. ④ 인간의 경제적 형태이다. 즉, 희소한 자원을 효율적으로 사용하기 위한 경제적인 문제는 궁극적으로 인간의 경제적 행태에 크게 의존하므로 이는 지역경제학 연구의 초점이 되며, 기본적으로 합리적 경제인으로서의 인간행태에 초점이 맞춰진다.

2) 지역경제학의 필요성

지역의 특성이나 지역문제[27])를 단순한 경제학으로서만 설명할 수 없는 부문이 많으므로 경제이론을 그대로 지역의 경제행위에 적용하기에는 한계를 가지고 있다. 그러므로 단순한 정태적 경제이론만으로 지역문제를 접근할 수 없다. 지역경제는 다양한 요인들이 복합적으로 혼재되어 있으므로 원론적인 경제이론보다는 외부경제, 집적경제 및 후생경제이론으로 해석해야 할 부분이 많다. 또한 지역경제는 효율성과 더불어 형평성을 공동의 연구목적으로 삼고 있으며 공간경제를 연구대상으로 취급하고 있다. 이에 지역경제학은 현실적 필요성으로 도시 및 지역계획을 수립하고 정책예측을 위한 기초자료를 수집하는 연구목적 측면에서 차별성을 갖는다. 아울러 실용적 측면에서 지역경제학은 국민경제의 한 부분으로 주로 지역 내 경제현상을 분석하여 문제점 도출과 발전방향을 모색하

---

27) 지역문제: 자연환경에서 인간이나 조직이 부적응하여 발생하는 여러 사회현상을 말하는데 기업성장의 문제, 지역인구문제, 지역자연환경, 지역고용문제, 지역교통문제, 지역주택문제, 지역범죄문제, 지역문화문제 등이 있다. 그러면 지역문제들이 있는 문제지역이라는 것은 무엇인가? 문제지역이란 지역이 건전한 상태로부터 일탈한 비정상적인 상태에 있는 지역을 의미하는데 이러한 문제지역이란 지역적 병리현상으로서 그 원인을 진단하여 처방(정책)을 하여야 한다. 예로는 낙후지역, 침체지역, 과열성장, 과잉집중 지역이 있는데 낙후지역은 산업화 수준이 아주 미약한 농촌지역을 말하고 침체지역은 산업화된 도시지역이지만 침체(쇠퇴)를 겪고 있는 지역을 말한다. 과열성장과 과잉집중지역은 산업화가 진행되고 있거나 산업화가 이루어진 지역을 말한다.

는 데 그 근본목적을 두고 있다. 또한 간접적으로는 이러한 지역 내 경제활동을 토대로 지역 간 경제환경의 상호관계를 규명하여 그 보완성과 균형발전 기반을 조성하는 것이 목적이다.

3) 성립과 발전과정

지역경제학은 1950년대 말, 1960년대 초를 전후하여 지역과 공간개념이 경제학에 도입되고 공간경제구조를 과학적으로 분석하면서 성립하였다. 경제학에 공간요소 도입은 19세기 초에 발달한 입지이론과 토지경제학 등에서 기원이 된다. 즉, 튀넨의 차액지대설, 웨버의 비용극소화 입지론 등이 이에 속한다.

지역경제학은 공간적 분리를 극복하는 수송비를 경제분석에 도입하는 공간경제학으로부터 발전하였다. 지역경제학은 1960년을 전후하여 대도시의 과밀문제나 과소문제, 지역 간의 격차문제가 대두되었고, 지역과 공간개념이 도입되면서 하나의 학문으로 발전되었다. 그 과정을 전개하면 다음과 같다. ① *J.H.von Thünen*의 고립국(1826): 수송비에 의한 차액지대설, ② A. Weber의 공업입지론(1909): 근대입지론 발전의 기초가 되었고 비용극소화 입지론 제시, ③ *A.Lösch*의 입지경제학(1944): 입지론을 일반균형이론과 연계시켜 발전, ④ E. M. Hoover의 입지이론과 신발·가죽산업(1937), 경제활동의 입지(1948): 비용극소화 입지론에 생산비를 포함시키고 중심지이론을 보다 발전시켜 공간적 요소를 독점적 경쟁이론에 통합, ⑤ W. Isard의 지역분석방법(1960): 지역분석방법을 제시한 후 지역경제이론과 지역경제분석을 통합하여 지역경제학이라는 학문이 성립되는 데 기여, ⑥ M. L. Greenhut의 경제공간에서의 기업이론(1970): 공간상에서 과점이론을 발전시키고, 베버의 수송비이론과 자신의 수요요인을 접목시켜 이윤극대화 입지이론 제시.

4) 연구영역 및 분석방법론

지역경제학의 연구영역은 지역경제이론, 지역경제분석방법, 지역경제 정책부문 등이다. 지역경제이론은 입지이론, 지역성장이론, 지역생산요소시장에 관한 이론, 지역 간 교역이론 등을 포함한다. 지역경제분석방법은 지역 및 도시의 제반문제를 이론적·실증적으로 분석, 또한 지역경제분석방법 연구를 포함한다. 지역경제 정책부분은 여러 가지 지역경제문제를 지역경제학 입장에서의 대책이나 정책을 도출하는 분야 등을 연구한다.

지역경제학의 연구대상은 일반적으로 지리적 자원배분의 문제, 산업별 입지문제, 도시 및 지역의 발전문제, 지역 간의 격차문제, 지방재정 및 지역의 경제정책, 지역 간 균형발전문제 등을 대상으로 한다. 최근의 경향을 보면 산업 클러스터이론, 도시경제의 공간적 구조, 지역 및 지역 간 노동시장 분석, 지역의 지속가능한 성장문제 등이다.

지역경제학의 분석방법론에는 지역계정, 지역소득계정, 전이(轉移)·할당(割當) 분석, 비용편익 분석방법 등이 있다. 지역계정은 한 지역(의도적으로 구분한 경제권역)에서 일정 기간 동안의 경제활동성과(지역에서 생산된 재화와 용역을 의미, 단위 공간 내외의 생산, 소비, 분배, 교환 등의 내용도 포함)를 화폐가치로 나타낸 계정이다. 이는 경제행위 분석에 계량화개념을 도입하고 복식계정 기록방식에 따라 재화와 용역의 수입과 지출 및 동산과 부동산의 자산을 측정하는 계정으로의 의의가 있다. 지역계정의 목적은 ① 지역 내 일정 기간의 경제활동 성과를 파악한다. ② 지역 간 재화와 용역의 교환, 이동 및 흐름을 알아본다. ③ 국민경제나 지역적 관점에서 제반 경제활동의 상대적 위치 분석을 통해 각종 지역정책이나 지역계획에 활용한다. 지역소득계정은 지역계정의 일종으로서 일정기간(1개년)에 있어서 지역 내 경제주체가 경제활동을 통해 새로이 창출한 최종생산물의 가치를 화폐로 평가하여 합계한 것이며, 지역 소득을 파악하는 데는 국민소득과 마찬가지로 지역내주의와 지역민주의가 있다. 또 국민소득계정의 추계방법에 따라 추계방법은 크게 나누어 생산, 배분, 지출 측면에서의 접근방법이 있다. 전이(轉移)·할당(割當) 분석은 일정 기간 일어난 지역경제성과에 대한 변화를 다양하게 측정 가능하며, 지역성장 및 고용의 변화를 파악하고 이들 변화를 구체적으로 분할 분석하는 방법이다. 이는 특정 산업이 지역경제에 대해 미치는 상대적 효과를 측정하는 데 이용한다. 비용편익분석은 사회자본에 관한 투자기준을 마련하기 위해 고안된 분석용구의 하나이다. 민간투자의 경우에는 얻어지는 이익이 판매수익인 화폐액으로 나타나는 데 비해 사회자본의 경우에는 이익이 판매수익을 나타내지 못하므로 한정된 자원을 효과적으로 활용하기 위해서는 이익을 비용과 비교할 수 있도록 화폐단위로 환원해야 한다는 문제가 발생한다. 예컨대 정부 또는 공공단체가 수자원개발을 위해 댐을 건설할 때 몇 가지 계획안을 놓고 각각의 경우의 비용과 이익의 양면을 비교 검토하여 그중 가장 유리한 계획안을 채택하는 것과 같은 방식이다.

2. 지역경제학의 조류[28]

1) 근대경제학의 지역경제분석

(1) 신고전파와 급진파

가. 신고전파의 전통적 입장

근대경제학의 주류경제학과 신고전파 경제학은 원자적인 합리적 경제인으로 구성되는 완전경쟁시장을 이론의 전제로 하고 있다. '경제인'은 이윤이나 효용의 극대화라는 경제적인 계산만을 좇아 자유롭게 행동한다. 이에 필요한 정보는 모두 비용을 지불하지 않고 획득할 수 있다. 산업부문 간 이동이나 입지이동도 자유롭게 할 수 있다. 전통적인 신고전파이론이 대상으로 하는 세계는 공간적인 확장이 이루어지지 않는 이른바 진공의 세계로, 이 상황에서는 경제활동의 지역집중이나 지역적인 불균등 발전은 발생하지 않는다.

신고전파이론은 완전경쟁이 경쟁적인 시장균형을 유도하고 경쟁적인 시장균형은 파레토 최적상태[29]라는 이론명제에 입각하고 있다. 현실의 시장균형은 안정적인 것으로 생각되고 있기 때문에 시장이 원활하게 기능하고 있는 한 지역문제는 발생하지 않는다.

나. 미르달의 비판

안정 균형의 가정에 얽매여 있는 '경제이론의 보수적 편향'이 개발지역과 저개발지역이라는 국내 및 국제간의 경제적인 불평등을 해명하는 경제이론을 만들어내지 못한 원인이라고 고발한 사람은 급진파인 뮈르달(K. G. Myrdal)[30]이다.

만일 사태가 어느 정도의 정책간섭에 의해 방해받지 않는 시장의 제력에 맡겨지면 역사적인 우연으로 개발에 성공한 지역은 다른 지역을 희생하여 성장을 가속화한다. 개발지역의 발전은 그 밖의 지역에 농산물시장이나 기술상의 진보라는 자극을 제공하는 '파급효과'를 갖지만 그 이상으로 다른 지역으로부터 젊은 층 노동력이나 자본을 흡수하고 그 지역의 공업화를 가로막아 농업지역에 머물게 하는 '역류효과'를 가진다. 이러한 상

---

28) 심재희 역, 『지역경제학』, pp.165~221을 인용하여 요약한 것임.

29) 다른 경제주체의 후생을 악화시키지 않고서는 어떠한 경제주체의 후생도 증대시킬 수 없는 상태로 한정된 자원을 사용하여 이용 가능한 재화의 생산량을 극대화하는 효율적인 자원배분이 이루어지는 상태와 같다.

30) 뮈르달은 "시장에서 제력(諸力)의 움직임은 제 지역 간의 불평등을 감소시키기보다는 오히려 증대시키는 경향이 있다"고 지역불균형론을 전개하였다.

호 연관적인 순환적 인과관계의 누적과정을 통해서 개발지역은 점차 성장 중심지로 발전하고 그 밖의 지역은 저개발상태로 남게 되어 지역 간 경제적 불평등은 누적적으로 확대된다.

지역 간 경제적 불평등 경향은 균형론적인 접근방법 대신 '순환적·누적적 인과관계'의 가설에 입각하지 않으면 이해할 수 없다는 것이 뮈르달의 문제제기이다.

그 밑바탕에는 '사회문제의 본질은 상호 연관적·순환적·누적적인 변화와 관련된 점에 있기' 때문에 '균형론적인 접근방법은 적절하지 않다'는 인식이 존재한다. 안정균형의 가정은 누적적인 불균형이 발생하더라도 이를 균형화 과정에서 나타나는 일시적인 형상으로 간주하여 경시하는 경향을 낳기 때문이다.

뮈르달은 경제발전의 공간패턴을 개발지역(성장 중심)과 저개발지역(주변지역)의 불평등한 분극화로 파악하였다. 시장의 작용이 지역 간 불균형발전을 누적적으로 확대한다면 그 해결방안은 시장 밖에서 찾을 수밖에 없다. 뮈르달은 시장의 제력에 대한 조직적인 간섭과 평등주의적인 복지국가정책의 유효성을 강조한다.

지역 간 불평등은 유럽의 부유한 국가에서보다 가난한 국가에서 확실히 크다. 유럽의 부국에서는 20세기 이후 사회보장이나 누진과세 제도를 기반으로 하는 복지국가적인 정책이 시행되어 왔기 때문에 지역 간 불평등은 소멸되고 있다. 그리고 뮈르달은 기회균등의 확대, 평등주의적인 정책이 일국의 경제발전을 유도해왔다고 설명한다. 도대체 지역 간 불균형이란 소득 수준이나 성장률, 고용기회(실업률)의 지역격차로 그칠 것인가, 혹은 불평등의 소멸＝평등화라는 성장 중심지와 주변 저개발지역이라는 분극화가 사라지고 어느 지역이든 서로 비슷한 성장 중심지가 되는 것을 의미하는가가 뮈르달로서는 의문이다.

왜, 무엇에 의해 서구 선진농업국에서는 지역 간 불평등을 축소하는 복지국가적인 정책이 실시되게 되었는가? 뮈르달은 다양한 이해관계의 조화라는 민족국가의 중립적 역할과 국민적 생산력의 발전에 의한 경제적인 기능성을 강조한다. 전자는 '서구문명에서 평등의 이상을 반영'하는 것이고, 후자는 산업혁명에 의해서 달성되었다고 한다. 그러나 복지국가적인 정책은 20세기 이후의 일이다. 자본주의의 독점단계하에서의 대공장을 기반으로 하는 노동조합운동과 사회주의운동의 발전과 계급대립의 격화에 대응하여 자본주의체제의 유지를 목적으로 하고 국가를 기초로 하는 금융자본 주도의 국민적 통합화 정책이 전개되기에 이르렀다는 역사 단계에 대한 인식이 없이는 복지국가적인 정책은 등장할 수 없을 것이다.

다. 신고전파의 반론

시장제력의 자유로운 움직임은 지역 간 불평등을 확대한다는 뮈르달의 주장은 미국의 1880~1950년에 걸친 경험과 일치하지 않는다고 비판하고 신고전파의 지역경제분석을 제시한 것이 보츠(G. H. Borts)와 스타인(J. L. Stein)의 『지역경제의 성장이론』(1964)이다.

그들은 미국의 여러 주간의 일인당 소득이 수렴하는 경향을 근거로 반증을 든다. 그러나 앞에서 언급한 바와 같이 지역 간 경제적 불평등의 문제를 일인당 소득의 지역격차로 환원할 수 있는 것인가는 의문이다. 저개발지역에서 고도개발지역으로의 인구이동이 심할 경우에는 지역 간 경제적 불평등에 관계없이 지역 간 소득격차는 축소되는 경향을 보일 수도 있다. 내부에 지역 간 불평등이 존재하는 합중국의 주와 같은 넓은 지역이 지역분석의 단위로서 적절할 것인가 하는 문제도 있다. 어쨌든 그들의 성장이론의 결론은 농업에서 비농업부문으로의 이동도 포함하여 보다 높은 수익을 올릴 수 있는 부문과 지역으로 자본과 노동이 자유롭게 이동하는 것(자유로운 시장경제)이 부문 간 혹은 지역 간의 수익률을 균등화시키는 경향(경쟁적 균형)을 가져오도록 국민생산을 극대화하는 효율적인 성장패턴으로 유도한다는 것이다.

그러나 이 이론에 대한 증명은 신고전파이론에는 자본주의의 발전단계론이 없기 때문에 20세기 이후의 규모의 경제와 과점을 특징으로 하는 자본주의의 독점단계를 대상으로 하면서 규모에 관해 수익불변의 생산함수를 갖는 원자적인 기업에 의한 완전경쟁이라는 비현실적인 가정에서 이루어지고 있다. 지역경제학에서 가장 중요한 것은 그들이 말하는 지역 간 성장패턴의 경쟁적 균형은 '고용과 자본성장률에 지역 간 차이가 있는 경우에도' 성립하고 '여러 지역에서 균형을 달성한 성장은 경쟁적인 균형에서는 필요하지 않다'는 점이다.

(2) 신고전파의 현상분석

가. 신고전파 지역정책의 기본입장

"정부의 시책은 노동자가 일이 있는 곳으로 옮겨가야 하는가, 그렇지 않으면 일을 노동자가 있는 곳으로 이동시켜야 하는가"라는 문제에 대해 구미의 지역정책은 점차 복지국가적인 입장에서 후자를 선택해 갔지만 보츠와 스타인은 수익률이 낮은 침체지구에 대한 투자를 조성하는 것은 비효율적으로 보고 비판한다. 신고전파 경제학에서는 인간은 자본, 토지와 함께 생산요소의 하나로 취급된다. 생산요소의 공간적 이동성은 자본이 가장 크고 노동, 토지 순으로 적어진다. 시장이 자유롭게 작동하고 있는 상황에서는 지역문제가 발생하지 않는다는 주장은 서두에서도 언급한 것처럼 생산요소가 모두 자유롭게 이동할 수 있다는 것을 전제로 하고 있다. 그런데 현실적으로는 생산요소들 간에 이동성에 차이가 존재하므로 이 차이가 지역적 실업이나 불황지역의 원인이 된다. 기술진보와 교통정보 통신망의 정비, 신용제도 및 교육 등의 발달에 따라서 생산요소의 이동성은 커진다. 그러므로 수익률이 높은 성장지구로 자본이 이동하는 것을 시장원리에 기초하는 합리적인 행동으로 전제하는 신고전파이론에서는 노동자의 직업훈련이나 인구이동을 촉진하기 위한 자금을 조성하고 고용정보를 충분히 확보해둠으로써 침체지구의 노동이동성을 증대하는 것, 환언하면 자본이 향하는 대로 노동을 이동하는 것이 가장 효율적인 공공정책이 된다.

나. 신고전파 지역경제분석의 한계

지역 간에서 지역 내의 공간문제 및 도시와 그 배후지의 토지이용구조 문제로 관점을 돌려보더라도 마찬가지이다. 토지시장에서 경제주체 간의 호가경쟁의 대가로서 예컨대 가장 편리하고 수요가 경합하는 도심은 독점이윤을 획득하고 가장 높은 지가 부담력을 갖는 대기업 본사의 고층 사무빌딩이 입지하고 그 인접부에는 전문점이나 법률사무소의 중·고층 빌딩 및 고층의 고급맨션과 심야노동이나 기타 불안정한 근로 때문에 직장에의 접근성을 우선적으로 고려해야만 하고 자가용도 가지고 있지 않는 저소득자가 밀집 거주하는 빈민가가 입지하며 내환부(內環部)에는 중소기업의 공장과 노동자 아파트가 있고 교외에는 도심의 사무실에 근무하는 화이트칼라나 상류계급의 단독주택이 외주부(外周部)에는 농지가 입지하는 것과 같은 지가구조(地價構造)에 대응하는 토지이용구조가 형성된다.

각 지점이 그 장소에서 최고의 지대를 지불할 수 있는 이용자에 의해 점유되고 있는 상태를 가리켜 토지시장은 균형상태에 있다고 하는데 너스(H. D. Nourse)는 이를 가리켜 공간적 균형으로 부르고 있다. 그 내용은 기업의 경우는 높은 독점이윤을 얻는 대기업 본사에 토지이용의 우선권이 있고 소비자의 경우에는 부자가 그 우선권을 행사할 수 있다는 경제적 불평등이다. 신고전파 균형이론은 이 불평등한 현실을 정당화하는 역할을 수행하고 있다. 도시의 중심부에 입지함으로써 커다란 사회적인 의의를 갖는 부문이더라도 수익력이 크지 않으면 입지할 수는 없다. 일반시민의 거주는 불편한 주변부로 밀려나게 되어 결국 직주분리 현상이 나타난다. 도시는 혼거성(混居性)의 매력을 잃고 기능적·계층적인 공간분화가 진행되어 간다.

신고전파의 균형개념은 사회적인 공정성이나 사회 전체에 있어서 바람직한가 바람직하지 않은가 하는 문제와는 관계가 없다. 경제주체 간의 수익력이나 가계수입의 격차를 전제로 하여 각각의 전제조건하에서 주관적 가치기준을 최대로 집계하는 것에 불과하다. 이 범위에서의 분석을 수학적인 기법으로 정치화하려고 하는 것이 신고전파 경제학의 입장이라고 할 수 있다.

그러나 지역은 자연적·역사적·사회적인 조건 속에서 형성되는 인간의 생활공간으로 사회적 사용가치의 문제이다. 신고전파의 지역경제분석은 지역을 분석대상으로 하면서 지역 고유의 관점을 갖고 있지 않다. 이런 한계를 인식하지 않고서 지역정책에 관한 제언이 이루어지면 비현실적인 것이 될 수밖에 없을 것이다.

2) 정치경제학의 지역경제분석

(1) 도시와 농촌의 대립

가. 마르크스와 엥겔스의 지역론

정치경제학의 지역경제분석의 첫 번째 기본시각은 도시와 농촌의 대립이다. 도시는 인구와 생산수단, 자본, 향락, 요구의 집중을 특징으로 하는 데 반해 농촌은 자연의 움직임에 크게 의존하고 도시와는 달리 고립과 분산을 나타낸다. 도시 대립으로 파악된다. 도시와 농촌의 대립은 계급대립의 지역적인 현상으로 인류문명의 역사를 관통하여 오늘에 이르고 있다. 이러한 관점은 '독일이데올로기'나 '자본론' 및 그 밖의 고전 속에서 언급되고 있다.

홀랜드가 평가하고 있듯이 마르크스의 상대적 과잉인구론은 지역경제에 대한 예리한 분석을 하고 있다. 상대적 과잉인구[31]는 자본의 유기적 구성의 고도화[32]와 경기순환[33]을 특징으로 하는 자본주의적 축척의 필연적 산물이고 그와 반대로 자본주의적 축척기반[34]이기도 하다.

---

31) 실업자 또는 반실업자를 의미함.
32) 노동생산성의 발전의 결과로서 기계 등에 투하되는 불변자본 부분의 노동력에 투하되는 가변자본 부분에 대한 비율이 증가하는 것.
33) 활황·번영·공황·불황의 주기적 운동.
34) 자본에 종속되어 자유롭게 이용되는 산업예비군.

나. 농촌의 빈곤과 과소화

농업부문에서는 기계화로 인한 노동생산성의 상승은 경영토지면적의 확대를 필요로 한다. 토지공급의 제약으로부터 절대적인 과잉인구가 발생한다. 또 도시의 산업자본가 계급이 싼 임금을 희망하고 증가하는 값싼 수입농산물과의 경합 등에 의해서 농민층 분해가 진행하며 과잉인구가 발생된다. 이렇게 해서 농업인구의 일부는 항상 비농업인구로 이동하게 된다. 마르크스는 그들을 상대적 과잉인구의 한 형태로서 잠재적 과잉인구라고 불렀다. 공업화가 진행되지 않은 농촌에서는 이들 산업예비군을 받아낼 고용기회가 부족하기 때문에 이들은 산업혁명 이후 산업자본의 생산거점으로 성장하는 공업도시로 비자발적으로 이동하지 않을 수 없다.

도시와 농촌이 분리하고 대립한 결과 나타난 농촌에서 도시로의 노동력 이동은 유순한 저임금노동을 도시의 산업자본에 공급하고 취업노동자를 위한 노동조건의 개선을 저지하여 자본주의적 축척의 기반이 된다. 그러나 교육 수준이 낮고 적응력이 부족한 가난한 농촌 노동력이 도시로 이동했다고 해서 더 좋은 기업기회와 풍요로운 생활이 주어지는 것은 아니고 오히려 이들은 도시 슬럼을 형성하기도 한다. 그러므로 농촌에 체류한 채 가난하게 살아가는 빈농이 생겨난다. 도시와 농촌의 양쪽에서 불균형이 생겨난다. 농촌에서 도시로의 노동력 이동은 부분적으로는 어떨지 모르지만 전체적으로 보면 신고전파 이론처럼 자발적인 이동은 아니고 반드시 균형을 가져오는 것은 아니다.

시장메커니즘에 맡겨두면 앞에서 살펴본 것과 같은 상황이 나타나지만 현대자본주의 하에서는 국가는 지방재정 조정제도 등을 통해 가난한 농촌지역에서도 국민최저 수준을 정비하게 된다. 교육 수준이 높아지고 적응력이 강해지면 다수의 농촌 과잉인구는 농촌에 체류하기보다는 성장정책으로 노동수요가 확대되고 있는 도시로 유출한다.

다. 전국적 도시화와 남북문제

산업구조의 변화 속에서 농업인구의 비율은 격감하고 농촌은 이미 노동력 공급원으로서의 지위를 상실해가고 있다. 대도시는 더욱더 거대해지고 있을 뿐만 아니라 농촌에도 도시적 생활양식이 침투하여 전국적 도시화가 진행되고 있다. 도시와 농촌의 대립보다는 도시 내부에서의 중추-주변관계에 공간모순이 집중적으로 나타나고 있는 것처럼 보인다.

오늘날 선진공업국에서는 도시와 농촌을 대립관계로 보는 시각은 낡은 것이라는 논의가 제기되고 있다. 도시와 농촌의 대립은 국내에서는 이미 해소된 상태이고 그것은 국내 수준을 벗어나 국제화되어 남북문제로 나타나고 있다고 봐야 할지도 모른다. 그러나

이 경우에도 제3세계는 1차 상품의 수출에 특화한 단일경작적인 농업식민지에 머무르고 있는 것은 아니고 NIES나 ASEAN처럼 급속히 공업화를 추진하고 있는 국가도 나타나고 있기 때문에 그렇게 단순하지는 않다.

라. 정신적 노동과 육체적 노동

도시와 농촌의 대립은 정신적 노동과 육체적 노동의 대립, 즉 지배와 피지배 관계의 지역적인 표현이라는 측면에서 보면 저개발국이 공업화를 이루었다고 해도 선진국과 저개발국의 대립으로 바꿔지고 있다고 볼 수 있다. 그러나 이 점에서 보면 국내에서의 대도시권과 지방권, 대도시권에서의 중추대도시와 주변 교외, 중추대도시에서의 도심과 이너시티, 지방권에서의 중심도시와 농촌의 대립이라는 중층적인 대립구조를 도시와 농촌의 대립현상으로 이해할 수도 있을 것이다. 이런 의미에서 지역구조는 도시와 농촌의 중층적 대립구조이자 경제잉여의 창출-흡인의 중층적 회로이고 정신적 노동과 육체적 노동의 중층적 대립관계로서 파악할 수 있다.

저개발국가 간에서는 산유국, 신흥공업경제지역, 후발도상국 그리고 기아, 연료 부족, 물 부족, 생태학적 난민문제로 고통받고 있는 최빈국과 같이 뚜렷한 분화가 나타나고 있는 것이 1970년대 이후의 특징이다. 저개발국 내부에서는 폭발적인 대도시와 가난한 농촌지역의 대립과 대도시 내부에서는 근대적 고층빌딩이 빼곡히 들어선 도심과 농촌에서 유입된 빈민으로 확대되는 교외 슬럼의 대립을 볼 수 있다.

마. 자본과 토지소유

도시와 농촌의 대립은 자본과 토지소유의 대립으로도 파악할 수 있는데 오늘날에는 산업자본주의 단계와 같은 산업자본과 토지소유의 대립보다는 독점이윤을 기반으로 하여 독점자본이 토지소유를 확대하고 도시지대를 독점하고 있다. 도시에서의 토지이용과 도시정책은 금융독점과 토지독점의 융합에 의한 부동산자본화이론에 의해서 규정되고 있다. 이 융합은 자본과 지대의 모순을 배제하기는커녕 반대로 자본의 기생적·투기적 경향과 생산적 투자 간의 모순에 결부되어 있다. 자본과 토지소유의 일체화는 대도시에서 전형적으로 나타나므로 그 배후에 도시와 농촌의 대립이 존재하고 있는 것은 물론이다. 그러나 농업인구의 격감, 농촌에까지 침투하고 있는 생활양식의 획일화, 전반적 도시화 속에서 도시와 농촌의 대립에 국한하고 있는 시각의 범위는 문제의 소지가 있는 것으로 현대의 분석시각으로 재정립해야 할 것이다.

바. 인간과 자연의 물질대사

현대의 도시화는 도시의 논리만으로 생각하지 말고 농업이나 농촌을 남겨두고 농촌적인 생활양식에서 체크하는 것이 필요하다.

환언하면 도시와 농촌이 어떻게 병존할 것인가를 전망하는 것이 현대 지역경제론의 과제라는 점이다. 도시와 농촌의 대립과 그 극복이라는 관점은 오늘날에도 여전히 존재한다. 그러나 그것은 단순히 계급대립이나 지배와 종속의 지역적인 현상의 문제에 그치지 않고 인간과 자연의 물질대사라는 경제사회의 존립기반에 관한 문제로, 또 노동력 재생산의 문제에 국한하지 않고 널리 인간의 정신적·육체적·전체적인 발전을 추구하는 요구 충족의 문제로서 결정적으로 그 중요성이 커지고 있다고 할 수 있다.

그러나 이 문제는 마르크스의 자본론에 있어 자본제적 대공업은 도시와 농촌에서 자연을 파괴함에 따라 다시 인간과 자연 간의 물질대사를 사회적 생산을 규제하는 법칙으로써, 또한 인간의 전체적인 발전에 적합한 형태로 체계적으로 확립할 것을 강제한다는 논점에서 제시된 것이다.

도시와 농촌의 대립이라고 하면 공업에 대한 농업의 낙후, 도시에 의한 농촌의 착취와 지배라는 시각에서 농촌의 빈곤이나 종속을 문제시하는 경우가 많다. 카우츠키(K. J. Kautsky)의 『농업문제』(1899)가 그것으로, 레닌(V. I. Lenin)이 이런 입장을 이어받아 그 후의 마르크스 경제학에 의한 지역론도 같은 경향을 보이고 있다. 그러나 도시와 농촌의 대립이라는 마르크스의 시각에는 도시의 빈곤이나 도시발전의 제약, 도시와 농촌을 포함한 인간발달과 경제사회의 발전에 대한 제약의 관점이 포함되어 있었던 것은 상대적 과잉인구론이나 인간과 자연의 물질대사, 인간의 전체적인 발전의 관점에서 보면 명확하다. 도시문제나 경제사회 전반의 문제에까지 그 영향을 미치기 때문에 도시와 농촌의 대립이라는 시각은 결정적인 중요성을 갖는다.

(2) 지역경제의 불균등 발전

가. 자본주의와 불균등

정치경제학은 지역적 불균등을 자본주의체제의 필연적 산물로서 받아들인다. 자본주의체제는 다음과 같은 고유한 불균등 발전과정으로 특징된다. 그것은 첫째, 생산수단의 소유와 관리를 집중하는 소수자(자본)와 생산수단으로부터 분리되는 다수자(노동) 간의 불균등과 둘째, 자본주의적 상품생산의 무정부성과 자유경쟁에 수반하는 자본축적과정의 불균등, 구체적으로는 개개 기업 간의 성장의 불균등, 여러 산업부문 간의 성장의 불균등, 국가 간의 성장의 불균등 그리고 셋째, 공사 양 부문에서의 발전의 불균등이다. 결국 시장의 실패로 사회적 사용가치와 관련된 공공부문이 민간자본을 끌어들이는 사적부문에 비해 뒤떨어진다. 한편 공공부문이 어떤 상태에 있는가에 따라 기업 간·산업부문 간·국가 간의 불균등 발전, 즉 대체로 첫 번째와 두 번째의 불균등 과정 전체에 미치는 영향은 달라진다. 이른바 불균등 발전의 현대에 있어서의 공간적·지역적인 현상을 수용하려고 하는 것이 지역적 불균등론이다.

나. 지역경제의 불균등

현실의 지역은 자원부존의 지리적 불균등과 입지론에서 중시되는 거리 및 전근대적인 사회조건의 잔존상태 등에 규정되어 다양한 지역을 만들고 있다. 자본주의 발달과 자본의 침투는 이러한 지역적 제약에 의해 지역적으로 불균등하게 된다. 이 지역적 불균등은 자본이 기술진보나 교통통신수단의 발달에 뒷받침되고 가치합리성의 논리에 의해 전국적으로 침투하여 여러 지역을 통합하는 생산의 사회화라는 역사적인 과정을 표현하는 것에 지나지 않는다. 앞서 의제 조건이 갖는 지역적 제약성도 이 과정의 결과로서 어느 정도 약화되고 있을 뿐 완전히 극복된 것은 아니다. 그러므로 이들 문제는 자본주의체제 고유의 지역적 불균등이나 현대자본주의에서 점점 그 중요성이 커져가는 지역적 불균등을 중시하는 입장에서 보면 핵심적인 문제는 아니다.

어쨌든 현대자본주의하에서 오래전부터 발달해온 공업지역이 불황지역으로 변화하고 농촌지역이 국가나 자치단체의 지역개발정책에 의해 공업지역으로 급성장하기도 하며 유통도시나 관광도시 등 다양한 지역이 생겨나는 등 확실히 지역경제는 불균등 발전의 양상을 보이고 있다. 그 같은 현상 속에서 현대자본주의에서 유래하는 어떤 경향이 관철되고 있고 어떤 지역모순이 나타나고 있는가를 탐구하는 것이 지역적 불균등론이다. 그것은 도시 대 농촌이라는 이분법적 이극분화론으로는 해결할 수 없는 다양한 지역경제의 불균등 발전을 수용하려고 하는 것이다.

다. 현대 대도시화의 원인

"자본주의에서 지역이 안고 있는 모순을 단지 소득이나 인구, 경제력의 격차만으로 측정해서는 안 되고 각자의 지역에서 빈곤을 중심으로 하여 어떤 사회문제가 발생하고 있는가를 분석하는 것이 지역론의 과제이다"라고 한 사람은 宮本憲一이었다. 그의 지역적 불균등론은 이런 지역문제론의 관점을 일관하고 있는 점이 특징이다. 그는 현대의 지역경제의 불균등 발전을 대도시화에 초점을 맞춰 파악하고 그 원인을 다음의 다섯 가지로 정리하고 있다.

① 독점체에 의한 집적이익의 독점과 집적불이익의 전가, 여기서 宮本이론의 독자성은 사회자본론과 사회적 손실론 또는 사회적 비용론의 응용에 있다. 지금까지의 입지론에서 집적이익은 분업의 이익 혹은 접촉의 이익과 같은 사기업의 집적에서 유래하는 것에 초점이 맞춰져 있다. 宮本은 사회자본의 집적이익에 주목한다. 대도시에는 여러 종류의 거대하고 첨단적인 사회자본이 집적하고 있다. 독점체는 독점이윤으로 도심의 비싼 토지를 사들이고 사회자본의 집적이익을 독점하고 있다고 한다. 결국 현대자본주의에 있어 특징적인 국가경제활동에서 유래하는 집적이익의 독점이야말로 독점체가 대도시에 집중 입지하는 기본적인 이유라는 것이다. 종전의 이론에서는 집적이익은 곧 집적불이익의 증대에 의해 상쇄되고 후자가 전자를 상회함에 따라 당연히 대도시화는 정지되고 집중에서 분산으로 이동할 것이다. 그런데 인구규모로 보면 일천만 명을 초과하는 거대도시화가 진행되고 균형점 등이 존재하지 않은 채 과대도시화화고 있는 것이 현실이다. 이 수수께끼를 해결하는 열쇠는 집적이익을 누리는 사람과 집적불이익을 부담하는 사람이 다른 점을 명확히 하는 것이다. 즉, 집적이익을 누리는 독점체가 만들어내는 수많은 집적불이익이 자본주의적 시장메커니즘에서 독점체의 비용으로 내부화되지 않고 하수도 정비나 통근난, 공해병, 쾌적성의 상실 등 공공부문이나 시민에게 사회적 손실 혹은 사회적 비용으로 부담·전가되고 있는 점에 거대도시화의 원인이 있다. 집적불이익이라고 하더라도 토지를 담보로 이용하는 기업에게는 집적이익으로서의 의미를 갖는다.

② 독점단계에서의 산업구조의 변화, 즉 농업의 근대화와 중화학공업의 발전, 중추관리기능 및 연구·정보기능 등 경제상부기능의 발전이다.

③ 정부의 지역정책, 일반적으로 지역정책은 지역적 불균등을 시정하는 정부정책이라고 할 수 있지만 이와 반대로 지역정책이 현대자본주의의 생산관계가 반영되어 불균등 발전의 원인이 되고 있는 점이 지적된다.

④ 동력화와 생활양식의 획일화, 대량생산체계에 기인하는 대량소비의 촉진이 지역적 획일화를 초래함과 동시에 지역적 불균등의 기초가 되고 있다는 점을 지적한다. 지역적인 획일화 측면을 보지 않고 지역적 불균등을 일방적으로 강조하거나 지역적인 획일화 경향을 가지고 지역적 균등화로 보지 않는다.

⑤ 다국적기업시대의 경제의 국제화, 국제적인 경제적 불균등이 국제적 노동력 이동과 계층분화를 낳고 선진국에 있어 대도시화의 원인이 되고 있다. 자본의 국제화에 의

해 세계도시화는 도쿄가 직면하고 있는 노동의 국제화문제이기도 하다.

(3) 지역경제의 자치론적 접근방법

가. 자치단위로서의 접근

경제지리학자들 중에는 오늘날의 높은 생산력에서 보면 일본의 경우, 부현 수준에서 지역경제를 생각하는 것은 너무 협소하므로 지방블록단위에서 생각해야 한다는 비판을 제기하고 있다. 이 비판 속에는 영국의 지역주의가 기존의 협소한 자치단체의 틀을 타파하는 광역행정단위의 형성을 목표로 하는 운동을 전개하고 있다는 점이 강조되고 있다.

오늘날 고도의 생산력이 전개되는 범위에서 생각하면 세계경제 수준만이 존재한다. 지방블록은 너무 협소하다. 오히려 생산력의 발전이 글로벌 경제를 만들어내고 있음에도 불구하고 지역경제를 생각해야 할 근거란 무엇인가 하는 의문이 제기되고 있다.

일본 부현의 역사는 겨우 100년에 불과한데 전후 헌법 아래서 지방자치단체로서 그 위치가 설정된 후부터 계산하면 반세기가 채 되지 않는다. 그러나 그렇더라도 코뮌이나 지역의 역사를 갖고 있지 않은 일본에서 도시와 농촌의 광역적인 조정체로서 기능해온 부현은 그런대로 자치의 전통을 키워왔고, 적정규모라는 측면도 있는 역사적·사회적인 존재로서 안정적인 광역적 자치단체이다. 이것을 타파하고 도주제(道州制)를 도입하여 지역문제를 해결하고 지역경제를 육성하는 주체로서의 주민운동과 결합할 수 있을지 어떨지 의문인데 위로부터의 관리를 용이하게 하는 수단이 될 가능성이 있다.

나. 지역(region)

이탈리아에서 현은 지방에 설치된 정부기관일 뿐 자치단체는 아니다. 1970년대에 코무네(comune) 간의 조정을 목적으로 하는 광역자치단체로서 주(州)가 등장하였다. 그러나 그것은 극히 역사적·경제적인 영역단위로서 모든 주민이 인식하고 있었던 자치개념으로의 리지오네(regione)의 제도화였다. 한편 코무네에서의 자치를 강화하기 위하여 지구주민평의회가 제도화되고 실시된 점도 주목할 만하다.

영국의 지방주의에 대해서도 1969년의 모든 보고서는 도시와 농촌의 통일, 도시지역의 계획과 수송문제의 일원적인 파악을 위해서 새로운 광역행정단위를 제안하였는데 그 수는 61개에 이른다. 결국 행정의 효율화를 위해 최저 인구규모를 25만 명으로 하고 동시에 민주주의를 위해 최고 인구규모를 1백만 명으로 크게 상회해서는 안 되는 것으로 하였다. 일본의 부현보다 분명히 그 규모가 작다는 것과 지방자치단위로서 설정되어 있는 점에 주목해야 한다.

프랑스에서는 1982년 3월의 이른바 지방분권화법에 의해 보통지방 공공단체가 된 레지옹(region)의 인구규모도 파리를 포함하는 일드프랑스(Ile de France) 1,077만 명에서 코르스(Corse) 24만 명에 이르는 총 22개 레지옹의 평균인구는 247.5만 명으로 일본의 도도부현 제도하에서 도쿄도 1,183만 명에서 도토리 현 62만 명에 이르는 총 47개 도도부현의 평균인구 257.6만 명과 거의 같다. 대규모의 자치단체는 오히려 일본의 현향 도도부현 쪽이 많다.

여하튼 지역의 범위는 일의적인 척도는 없기 때문에 국가마다 역사적·사회적인 존재로서의 자치단체를 기초로 생각해야 할 것이다.

다. 지역과 국토의 비전

도시와 농촌의 대립이나 지역경제의 불균등 발전이라는 시각은 자본주의하에서 지역경제의 발전경향을 비판적으로 파악하는 것이다. 도시와 농촌 간의 대립을 어떻게 타파하고 지역경제의 균형발전을 어떻게 이루어야 할 것인가, 도시와 농촌을 모두 없애는 것인가, 지역 간 상장속도나 내부구조를 균등화하는 것인가.

엥겔스의 『주택문제』는 인구나 사업소를 전 국토에 평균적으로 확산시킴으로써 도시와 농촌을 융합하는 계획을 생각하고 있다. 그러나 이 입장은 대도시의 폐기에 그치지 않고 도시가 갖는 사회적 생산력으로서의 의의를 부정하는 것이라고 할 수 있다. 경제발전과정에서 불균등은 으레 나타나기 마련이므로 지역 간 성장속도를 일정하게 유지하려 한다면 그것은 정체상태 그 자체가 되고 말 것이다. 불균등 발전 자체를 부정하는 것이 아닌 그것을 어떻게 통제하고 지역경제 간 연대를 위한 발전에너지를 어떻게 활용할 것인가가 문제인 것이다.

어떤 지역경제도 동일한 산업구조와 동일한 내부구조를 가지고 있으면서 지역 간 분업을 부정하는 것은 비현실적이다. 지역경제는 갑자기 지역 간 분업을 생각하는 것이 아닌 시민의 생활수요에 대한 대응을 최우선시하는 '시민적 경제'를 확립하는 것을 출발점으로 하여 지역분업을 중시하고 경제환경의 변화에 자율적·주체적으로 대응할 수 있는 독자적인 내부구조를 형성하면서 경제·행정·문화 등 어떤 부문의 활동에서도 전국적·국제적 중심지의 하나가 되고 전국적·국제적인 교류거점이 되는 것을 목표로 해야 한다. 이런 의미에서 특색 있는 독자적인 기능을 갖는 다수의 정점이라고 할 수 있는 인간활동의 중심지로서 독자적인 지역경제를 각지에 발전시켜 다양한 지역경제의 수평적 교류로 이루어지는 다극분산형 국토를 형상하는 것이 국토계획의 목표(이념)가 될 것이다.

宮本憲一은 도시와 농촌의 대립을 어떻게 할 것인가는 도시의 미래, 21세기의 국토상을 그리는 마지막 과제라는 입장에서 엥겔스처럼 도시의 폐기를 생각하기도 하고 영국의 뉴타운 정책을 도입한 도시계획과 하워드의 『내일의 전원도시』(1920)처럼 교외의 농촌지역에 인공 신도시를 건설하는 것으로 대표되는 제3의 길을 시론적으로 제기하고 있다.

도시든 농촌이든 양자는 공히 지역사회라는 역사적인 전통을 가지고 사회적으로 형성되어온 존재이다. 자본이 지금까지 무원칙하게 공간을 이용해온 결과 나타난 여러 가지 지역문제를 해결하면서 도시와 농촌이라는 각각의 독자적인 의의와 논리를 가지는 그러한 실재성(實在性)을 전재하고 활용하는 방향에서 도시와 농촌의 공존, 새로운 상호의존 방식을 생각하는 것이 도시와 농촌의 대립을 없애는 길이다. 지역경제의 자치체론적인 접근방법에 입각하는 지역과 국토의 비전에 대한 기본방향을 제시하는 것이라고 할 수 있다.

3) 경제지리학의 공간경제분석

(1) 입지론에서 시스템이론으로

가. 전통적 지리학과 입지론

경제의 공간적인 전개과정을 대상으로 하는 학문으로 경제지리학이 있다. 환경결정론이라고 해야 할 전통지리학은 경제현상의 장소적인 차이를 자연자원의 지역적 분포나 기후조건 등 지리적인 자연환경으로 환원해왔지만 전후의 지리학은 경제현상의 공간적 질서에 관한 원리로써 본질적인 역할을 수행하고 있는 것은 경제의 작용이자 사회적 요인이라는 입장에 입각하고 있다.

1960년 이전의 경제지리학의 주류는 입지론이었다. 전통적 입지론은 공간적 차원에서 경제환경이 산업입지 결정에 어떤 영향을 미치는가를 연구한다. 이 경우의 공간적 차원은 전통지리학처럼 다양하고 구체적인 지역이 아닌 공간적인 범위로 원료지, 시장접근성과 같은 거리와 경제활동의 지역적 집적에 초점을 맞춘 것으로 이해된다. 입지론은 신고전파이론에 수송비를 부과하는 거리와 수익체증효과를 갖는 집적이라고 하는 공간개념을 도입한 응용이론이다.

수송비와 집적경제 간의 상호·대체관계에서 원자적인 합리적 경제인으로 상정되는 기업가에게 최대이윤을 가져다주는 최적입지란 무엇이고 제 지역 간의 상호의존관계 속에서 경쟁균형을 성립시키는 조건이란 무엇인가를 탐구한다. 전자의 부분균형론으로서의

대표적인 입지론은 최소비용입지론을 전개한 베버의 '공업입지론'이다. 후자의 일반균형
론으로서의 입지론의 원점은 계층적 육각형 시장권 모형을 전개한 뢰쉬(A. Lösch)의 『경
제입지론』(1940)이다. 전후의 입지론 연구는 근대경제학(신고전파)의 접근방법과 겹치는
형태로 고도의 수학적인 기법을 사용하여 그 정치화를 꾀하였다.

나. 대기업체제의 기업지리학

전통적인 입지론에서 상정하고 있는 기업은 단일공장(또는 사업소)만을 경영하는 원자
적인 소기업이다. 오늘날에도 자본의 집중과 기업의 성장에 수반하여 다수의 공장을 다
수의 지역이나 국가에 걸쳐 입지 전개하는 대기업이 지배적이다. 개개의 공장입지만을
고려하여 최적입지를 구할 수는 없다. 국경을 초월하여 확대되는 기업체제와의 관련 속
에서 파악할 필요가 있다. 현대의 대기업은 주변 경제환경의 명령에 종속하는 경제인이
라기보다는 주변의 경제환경에 작용을 가하여 기업성장에 유리하게 조작하려고 하는 거
대조직이다. 입지론의 한계는 그 기본가정과 현실과의 괴리에 주된 원인이 있었다.

현실의 대기업의 성격을 '계획화'라는 개념으로 명확히 한 사람은 베블런(Thorstein Bunde
Veblen)의 학풍을 잇는 제도학파의 갤브레이스(John Kenneth Galbraith)이다. 현대사의
중요한 동력인 거대기술은 현대기업으로 하여금 거대한 고정자본을 떠맡게 한다. 필요자
본액의 거대화, 생산회임기간의 장기화, 제반 생산요소의 비유동화가 현저하게 되고 기
업은 광범위한 계획화가 필요하게 되어 계획을 수행하기 위한 조직이 반드시 요청된다.
불확실한 시장에 좌우되지 않고 계획과 이론으로 시장을 통제하려고 하는 대기업이 지
배적인 현대자본주의를 갤브레이스는 대기업 체제라고 불렀다.

산업시스템은 거대조직(대기업과 정부)과 공장, 사무실, 제품, 생산과정(기술)도시 및
정보의 연관에 의해서 구성된다. 대기업이나 거대조직의 조직화이론에 초점을 맞춰 산업
시스템의 공간적 반영으로서 현대의 경제지리를 파악하려는 기업지리학 또는 시스템 접
근방법이 등장하였다. 맥니(R. B. McNee)의 논문을 선구로 하지만 프레드의 『선진경제
의 도시시스템』이 대표적인 저작이다. 시스템 접근방법은 사이먼(Herbert Alexander
Simon)이나 챈들러(A. D. Chandler)에 의한 기업과 의사결정과정에 관한 행동과학적 분
석이나 주식회사조직의 경영사적 연구성과를 받아들이고 있다.

다. 계층적 기업조직

현대의 대기업은 계획화를 수행하기 위해 업무의 세분화와 통합화를 원리로 하여 조

직을 편제한다. 그것은 계층적 기업 내 분업이라는 조직형태가 되어 나타난다.

기업은 우선 공장생산처럼 표준화된 일상 반복적인 업무기능과 경영, 기타 비일상적인 업무기능으로 분할된다. 대량생산시대에서는 제품의 라이프사이클에 수반하는 제품시장의 성숙화에 대응하기 위해 생산보다는 오히려 제품개발과 마케팅이 기업경영에 있어 가장 중요한 문제가 된다. 연구개발, 마케팅, 재무부문의 전문화가 필요하게 된다. 계획화는 기업의 의사결정을 복잡하게 하므로 경영능력의 강화가 요구되고 관리기능이나 관련된 비일상적인 업무기능의 확대가 불가피하게 된다. 기업조직이 거대화에 수반하여 어떻게 세분화되고 연관되는가 하는 점에 주목하는 것이 기업시스템론이다.

대기업은 공장생산 현장기능에서 규모의 경제에 충실히 한다. 철강, 석유정제, 사석유화학과 같은 소재형 중화학공업만이 아니라 여러 부품을 조립하는 기계공업의 경우에서도 상당한 정도의 내부화를 이룰 수 있다. 중소기업처럼 반드시 다른 공급자나 시장에 가까운 곳으로부터 획득되는 집적경제 없이는 존립할 수 없는 미시적인 존재인 것은 아니다. 대도시의 중심부에 공장이 입지함으로써 나타난 집적불이익으로 인해 비용이 상승하면 대도시의 주변부나 원격지에 분산 입지하여 규모의 경제를 먼저 이룰 수 있다. 한편 하청기업을 이용하여 위험을 분산하거나 회사 밖의 전문기술이나 전문서비스의 성과를 받아들이기 위해서 다른 기업과 관계를 맺는다. 이러한 기업 간 관계를 다루는 것이 생산시스템론이다.

라. 지역시스템

기업시스템과 생산시스템의 하부구조를 담는 용기이자 두 시스템이 존재하기 위한 전제조건이 지역시스템이다. 양자는 상호작용관계에 있기 때문에 후자는 단지 수동적인 용기만을 의미하지는 않는다. 지역시스템은 소수의 대도시에 중추관리기능이나 혁신기능을 집중하고 일상 업무적인 대량생산기능을 여러 주변지역에 중간적인 생산·영업·관리기능을 중간지역에 입지시키면서 통합한다고 하는 산업시스템의 계층적인 편제원리를 반영한 계층적 지역구조를 특징으로 하는 것으로 형성된다. 산업시스템 혹은 대기업의 의사결정에서 보면 공간적 계층제에 초점을 맞추지 않고서는 현대의 지역시스템이나 경제의 지리적인 현상을 해명할 수 없다는 것이 명확해졌다.

시스템 접근방법의 특징은 종래의 입지론처럼 생산요소로서의 원료, 토지, 자본, 노동을 중시하는 것이 아니라 기술과 정보를 중요자원으로 보는 점에 있다. 지역시스템에서 중추-주변관계도 접근성보다는 거대조직위 관리기능, 즉 정보와 사람에 의해 형성되고 있다.

도시와 배후지라는 관계에서 성립하였던 지역패턴은 해체되었다. 대기업이 지배하는 산업시스템의 반영으로 몇몇 고도 중추도시를 정점으로 하는 중추관리 기능권과 고도 중추도시 간의 상호의존관계가 형성됨에 따라 경제의 전국적인 통합시스템이 전개되기에 이르렀기 때문이다. 이 분석은 크리스탈러나 뢰쉬의 중심지이론에서는 풀지 못한 현실의 계층적 지역시스템을 해명하는 것이라고 할 수 있다.

마. 경제지리학의 초점 변화

1970년대 이후 경제지리학의 연구대상은 크게 확대되었다.

전통적 입지론이든 행동파이든 간에 1960년대까지의 경제지리학은 새로운 공장입지 결정에 준석의 초점이 일치하였다. 기업의 지리학이나 시스템 접근방법에서 입지결정은 연구에 있어 유일하고 최대의 관심사는 아니다. 실제로 대기업에 있어 입지결정은 투자 결정을 할 때 고려하는 주요항목이 아니다. 생산능력의 확대나 신제품의 제조에 관한 결정이 중심이고 그 결과로서 새로운 시설이 필요하게 될 때 입지가 문제될 뿐이다.

역으로 말하면 생산능력을 확대하기 위한 신기술이 도입되었다고 하더라도 새로운 공장입지는 전혀 문제가 되지 않는 경우도 있다. 특히 석유위기 이후인 1970년대의 장기 불황에서 그것은 일반적이었다. 새로운 공장입지에 대한 결정이 이루어지지 않아도 신기술 도입이라고 하는 기업의 비공간적인 의사결정은 큰 지리적인 결과를 초래한다. 예컨대 극소전자기술의 도입에 따라 공장입지지역의 비숙련고용은 격감하고 소프트웨어 개발이나 연구개발 등 새로운 숙련기술을 필요로 하는 고용은 늘어나 지역노동시장에 커다란 변화를 불러일으켰기 때문이다.

산업구조의 변화 속에서 구조불황에 빠진 업종에서 공장집약화에 의한 규모경제의 추구라는 경영방침이 취해질 때 공장폐쇄 결정은 종래의 입지론이 문제시해 온 것과 같은 당해 공장의 입지에 대한 좋고 나쁨보다도 공장설비의 노후화나 당해 공장의 노동조합의 조직력·전투성 등 비공간적인 이유로 이루어진다. 기업의 의사결정에 공간적인 측면이 고려되고 있지 않다고 하더라도 공장폐쇄의 결과는 지역사회에 커다란 영향을 미친다.

새로운 공장입지는 어떻게 존재해야 할 것인가 하는 문제가 없더라도 1970년대 이후의 경제의 구조변화 속에서 기업의 비공간적인 의사결정이 커다란 지리적 변화를 초래하였다. 경제지리학이 경제의 공간적인 현상을 연구대상으로 한다면 이러한 기업활동이 경제환경이나 지역경제에 미치는 영향을 다루어야 할 것이다. 경제지리학은 경제환경이 산업입지에 미치는 공간적 차원의 영향으로부터 기업활동이 경제환경에 미치는 영향으로 관심의 초점을 옮기게 되었다. 거기에는 입지결정에 한정하지 않고 기업의 모든 결정이 지리학적인 의의를 갖고 있다고 하는 새로운 인식이 존재하였다.

(2) 정치경제학적 접근방법

가. 노동의 입장-자본과 노동관계의 중시

경제지리학의 새로운 조류에 따라서 구미에서는 정치경제학의 입장에서는 급진파 경제지리학이 활발한 움직임을 보였다.

급진파 경제지리학과 시스템 접근방법은 공히 공업생산가능의 전국적·세계적인 규모에서의 분산, 전통적인 중심-배후지 관계, 환언하면 도시와 그 주변의 농촌으로 구성되는 지역의 해체, 중추관리기능의 대도시 집중과 같은 현대의 새로운 입지동향과 그것에 규정되는 국민경제 혹은 세계경제 지역구조를 연구대상으로 하고 있고, 그 방법에 있어서도 자유시장의 가격메커니즘의 작용으로 이론을 구축하는 전통적인 입지론의 한계를 탈피하여 현대자본주의는 고동의 기업 내 기업 간 분업을 전개하는 독점이나 과점이 지배하는 경제체라는 거시경제과정의 현실을 중시하여 이론을 구축하려고 하는 점에서 공통적이다.

양자의 차이는 구체적으로 어떻게 인식하는가에 있다. 시스템 접근방법에서는 기업조직은 거대한 생산력을 관리하는 기술, 필연적인 합리적·계층적 기능분담 시스템으로 그 반영인 현대의 지역구조는 계층적 기능분담 지역시스템을 형성하고 기술 합리적인 공간적 체계성을 그 특징으로 하고 있는 것으로 파악된다. 이에 대하여 급진파에게 있어 기업조직에서의 기능분담은 기술의 문제로서만이 아니라 노동과정의 재편제 문제[35]로 거론된다. 그러므로 현대의 계층적 지역구조는 자본의 요구만이 아니라 자본과 노동의 대립과 투쟁을 반영하는 것으로, 환언하면 자본주의적인 생산관계의 공간적 편제로 공간적 불균등, 지배와 종속관계를 특징으로 하는 생산의 공간적 구조의 발전으로 파악된다.

따라서 이러한 입장의 급진적 접근방법은 구조이론으로 불린다. 양자의 인식의 배경에는 시스템 접근방법이 전통적 입지론과 마찬가지로 입지문제를 경영자의 입장에서 효율의 문제로서 고찰하고 급진파는 노동의 입장에서 사회적 불평등이나 계급대립의 문제로서 고찰한다는 학문적인 견해가 있다.

---

35) 생산현장기능에서의 기존 숙련노동의 비숙련화와 연구개발·관리기능에서의 새로운 숙련으로의 전문적·지식적인 화이트칼라 노동의 중요성과 고용의 증대를 의미함.

그러나 급진파가 노동문제를 생각하든 어떻든 간에 기업의 기술적 공간분업이나 기업 간 경쟁에 대응하는 기업행동의 공간적인 전개에 대한 분석이 전제가 되므로 시스템 접근방법의 연구성과는 비판적인 착취의 대상이 될 수 있다. 노동의 입장에서 행하는 비판적인 분석만이 아니라 지역정책을 구상할 경우에는 경제효율이나 경영문제를 완전히 무시하고서는 산업정책 없는 지역정책이 될지도 모르고 경제사회의 통괄능력을 형성할 수 없어 정책주체일 수 없을 것이다. 시스템 접근방법에 있어서도 효율성과 함께 공정성의 문제, 사회적 불평등의 문제를 간과하고서는 사회과학이라고 할 수 없을 것이다. 두 접근방법은 배타적으로 대립하는 것이 아닌 서로 배우는 보완관계를 유지해야 할 것이다.

실제로 스미스는 공업입지 연구에서 공간적 불평등 문제에 깊은 관심을 나타내고 있고 마르크스주의적 연구성과를 받아들인 작품을 저술하고 있다.

나. 하이머의 공간구조론

1970년대 이후의 급진파 경제지리학의 방향을 시사한 것이라고 할 수 있는 1970년대 전반의 하이머(S. H. Hymer)의 논문은 시스템 접근방법의 선구인 사이먼이나 챈들러에 의존하고 있다.

하이머는 다국적기업을 주식회사조직의 발전이라는 시각에서 파악하고 사이먼 등의 계층적 조직구조를 물리적 단위로 전환하여 포괄적인 공간구조를 형성하는 것으로 하였다. 영업, 관리, 운영의 3계층에 의거하여 ① 국제적인 시야와 장기적인 전망에 입각하여 전략적인 의사결정을 행하고 수행상황을 모니터하는 정점조직인 종합 본사는 자본시장, 각종 매체, 정부에의 접근, 직접적인 정보의 필요성에서 글로벌 도시로 집중 입지하고, ② 기업의 제반요소를 결합시키는 현장경영의 조정기능을 담당하는 중간조직인 조정본부를 화이트칼라의 채용, 통신시스템과 정보입수의 필요성에서 대기업에 집중하며, ③ 일상 업무적인 현업부분을 담당하는 하부조직인 생산거점은 시장집적보다도 저임금 노동이 존재하는 전 세계의 소도시로 분산 입지하는 경향이 있다는 것이 하이머의 문제 제기였다.

다. 메시의 공간분업론

급진파의 실증연구로 높은 평가를 받고 있는 메시(D. Massey)의 공간적 분업은 하이머의 관점을 발전시키고 있다.

기업규모가 작은 단계에서 본사와 공장은 일체화하고 기업조직 전체가 한곳에 모여 입지하였다. 이러한 기업이 전국 각지에 입지하여 형성하는 공간적 분업은 계층이 없는 수평적인 성격을 특징으로 한다.

대기업은 다수의 공장을 여러 지역이나 국가에 입지 전개하고 있다. 분공장 경영은 본사의 의사결정에 놓여 있다. 음료회사와 같은 최종 소비재공업의 경우에는 분공장은 각 소비지=시장권에 입지하고 전 생산공정을 맡고 있다. 일렉트로닉스 공장의 경우에는 분공장은 부분공정을 담당할 뿐이다. 업종이나 기타 형태상의 차이에 따라 기업행동은 다양하지만 후자의 부분공정구조가 등장 확대되는 상황이 오늘날의 특징이다. 어떻든 분공장은 본사-연구개발-공장이라는 계층적 기업조직의 말단에 위치하고 있다.

일상 업무적인 반복노동에 의한 단조로운 부분공정을 담당하는 분공장은 저임금 비숙련노동을 찾아 주변지역이나 제3세계에 입지한다. 분공장은 본사로부터 외부 통제를 받고 고도의 경영이나 연구개발 등 서비스적·정신적인 직종을 갖지 않는다. 분공장에 의존하는 지역경제, 즉 분공장경제는 내발적인 혁신력을 형성할 수 없고 생산한 이윤과 그 지방의 유능한 인재를 중추지역으로 이전한다. 계층적 기업조직이 전국이나 세계에 입지 전개하여 형성하는 공간적 분업은 수평적이 아니고 지배와 종속의 계층적인 성격을 특징으로 한다.

메시는 이렇게 공간적 분업의 변화라는 관점에서 현대의 공간적 불균등을 명확히 하고 이 변화를 기초로 하여 계급관계와 경제적·정치적 관계, 국민적·국제적 관계의 변화에 대응하는 '생산의 공간구조'가 발전과 재편성을 이루고 있다는 것을 지적한다.

라. 현대의 지역구조와 구조이론

구조이론은 1970년대 이후 미국의 공업이 전통적·중추적인 공업지역에서 비공업적인 농촌지역으로 입지를 이동한 사실에 대해서도 비슷한 관점으로 설명한다. 1970년대 이후의 세계경제의 구조변화, 국제경쟁의 격화라는 자본축적의 역사적·구조적인 조건하에서 미국의 제조업은 저임금 노동만이 아니라 높은 노동규율을 요구하였고, 노동조합이 강하고 고임금의 숙련노동 집적지역으로부터 노동조합이 존재하지 않고 조직적인 전투성의 전통이 없는 지역[36]으로 공업생산기능을 이동시켰다.

이러한 미국의 산업공동화에 연결되는 기업의 리스트럭처링과 그 일환으로 자본이동 과정을 극명하게 추구한 블루스톤과 해리슨은 고든과 마찬가지로 미국에서는 한국이나

---

36) 남부와 서부 혹은 발전도상국.

일본과 달리 자본을 한 산업에서 다른 산업으로 이동하거나 한 지방에서 다른 지방으로 이동하는 것을 노동규율의 확보를 위한 효과적인 정책으로 보는 경향이 있다고 결론짓고 있다.

1970년대 이후의 미국 공업의 입지이동을 종래의 입지론처럼 집적불이익이 집적이익을 상회하게 되었기 때문에 집중에서 분산으로 변하였다고 설명하더라도 언제 어떻게 상회하게 되었는지에 대해서는 아무런 구체적인 답을 할 수 없기 때문에 설득력이 없다. 자본과 노동의 대립이라는 비공간적인 관점을 가진 정치경제학적인 분석이 오히려 현대적인 공간현상을 설명할 수 있었다고 할 수 있다.

연구개발, 관리, 금융, 기타 비즈니스 서비스부문의 대도시집중은 노동을 중시하는 정치경제학적인 접근방법으로는 어떻게 설명할 수 있을까? 관리기능과 생산기능을 분리할 때까지 자본의 집중과 과점적 지배가 진행한다는 자본축척단계 및 전자의 기능이 직접적인 교류를 가능하게 하는 집적을 꼭 필요한 것으로 만드는 것이라는 점을 전제하는 것은 당연하다고 할 수 있다.

공간적인 불균등하에서 대도시는 고임금 지역이더라도 오늘날의 기업에서 중추적이고 결정적인 역할을 수행하고 대규모의 고용을 요구받고 있는 새로운 숙련노동이나 전문적·지식적·서비스적인 노동을 공부하는 거대한 풀(pool)이라는 사실과 한편으로 이러한 직종을 담당하는 화이트칼라나 전문직 종사자들이 노동과정이 개별적·비정형적인 관계로 개인주의적이고 대공장제도의 집단적·정형적인 노동과정에 기초를 두는 노동조합운동이 아직 조직화되지 않고 있는 사람들이라는 사실에서 그 해답을 찾아야 할 것이다. 스코트(A. J. Scott)는 전자와 관련하여 대도시의 사무노동시장이 거대하다는 사실이 사무노동자의 임금률 상승을 억제하려는 작용을 한다는 점을 중시하고 있다.

어쨌든 구조이론에 따르면 새로운 숙련노동을 집중하는 중추지역과 저임금의 비숙련 반복노동을 제공하고 중추지역으로부터 외부통제를 받는 분공장경제인 주변지역의 성장 및 중추지역에서 폐기된 낡은 숙련노동을 고용하여 불황지역으로 전락해가는 문제지역이라는 3개의 공간분할이 현재의 공간적 불균등 발전패턴의 기본이라 할 수 있다.

마. 하비의 건조환경론

경제지리학의 이론 구축을 위하여 최근 가장 눈부신 활약을 하고 있는 사람이 하비(D. Harvey)일 것이다. 마르크스가 『경제학비판요강』이나 『자본론』에서 제기한 경제사회이론과 지리학의 통합을 추구하는 하비는 자유로운 마르크스 해석으로 연구성과를 잇달아 발표하고 있다. 여기서는 '자본의 도시화'를 단서로 해서 그의 '건조환경' 개념을 중심으로 하는 도시화 분석에 초점을 맞추기로 한다.

하비는 도시화나 도시시스템을 자본축적단계에 대응하여 변화하는 경제적 잉여가 순환, 생산, 전유, 흡수하는 지리적인 패턴이라는 관점에서 파악하려 한다. 자본의 원시적 축적단계에 있는 도시는 자본외부에서 생산된 잉여를 무역이나 독점, 군사적 지배에 의해 전유하는 것에 그 본질이 있다. 산업혁명 이후의 공업도시는 자본이 생산과정을 지배하고 잉여를 생산한다. 노동력과 생산수단의 지리적인 집중, 세계시장에 대한 개방성, 보편적인 화폐와 신용의 확립을 특징으로 한다.

자본주의적 생산관계에서 나타나는 생산과 소비의 모순을 타개하기 위해 자본은 시장권의 지리적 확장을 추구한다. 공간상의 이동은 시간과 비용을 수반하므로 자본은 거리라는 공간장해의 배제와 '시간에 의한 공간의 폐기(마르크스의『경제학비판요강』)'를 위해서 노력한다. 거리가 없을 정도로 공간적으로 집적하는 것도 하나의 방법이지만 신용제도와 교통통신수단의 발달에 의해 유통을 촉진하고 시간거리를 단축하여 유통시간과 유통비를 축소하고 자본의 회전을 가속화하여 이윤율을 상승시키고자 한다.

자본의 경쟁은 자본으로 하여금 절대적 잉여가치의 추구에서 상대적 잉여가치의 추구로 그 중점을 이동시킨다. 생산성 향상을 위해 새로운 기계나 설비가 도입되고 자본의 유기적 구성이 고도화된다. 이와 더불어 공장이나 사무실뿐 아니라 도로 기타 사회적 하부구조에 대한 투자가 확대된다. 경제활동을 수행하기 위해 필요한 이들 토지에 고착하는 제반시설에 대한 고정투자자본이 '건조환경'을 구성한다.

건조환경은 자본이 활동하는 용기임과 동시에 도시경관을 형성한다. 공간분화는 기능적으로 공간적 분업으로써 나타날 뿐만 아니라 경관적으로도 특수한 공간형태를 띠고 나타난다. 자본의 생산공간으로서 공간형태가 인간의 생활공간이 요구하는 공간형태와 대립한다고 하는 공간적 모순을 발생시킨다.

바. 포디즘과 케인즈주의적 도시

경쟁은 자본의 집중을 진행하고 독점을 낳는다. 독점제는 규모의 경제를 추구하는 한편 하청 네트워크를 형성함에 따라 생산의 지리적 집중을 더욱 촉진함과 동시에 생산성을 늘리고 대량의 생산을 진행시킨다. 생산과 소비의 모순은 확대되고 독점단계 특유의 심각한 공황을 유발한다.

이를 해결하기 위해서 포드(H. Ford)는 1914년 하루 8시간 노동, 5달러의 제도를 도

입하였다. 컨베이어 시스템에 의한 노동관리로 노동생산성을 늘리고 그 틀 속에서 노동
자에게 더 많은 임금을 지급하여 노동자를 지배하고 그 생활을 관리하여 상품의 대량구
입·대량소비를 촉진함으로써 도시문제를 해결하고 대량생산체제를 확립하려고 하는 포
디즘(포드주의적 축척체제)의 토대가 거기에 있었다. 현실적으로는 공황을 과소소비의
문제로 간주한 포드의 임금인상은 실패하지만 제2차 세계대전 후 국가에 의한 총 수요
관리정책을 특징으로 하는 케인즈주의하에서 실현된다.

유효수요의 창출과 관리를 위한 도시화가 진전되고 잉여가치의 생산을 위한 공장도시
와 긴장관계에서는 소비 및 잉여가치를 실현하기 위한 도시, 즉 케인즈주의적 도시가
등장하였다. 케인즈주의적 복지국가는 노동자의 통근교통수단, 교육, 주택, 건강과 관련
된 사회적 하부구조를 정비한다. 노동자를 체제 속에 끌어들임으로써 생산성을 향상시키
고 생산과 소비에 있어 자본의 회전기간을 가속화할 수 있기 때문이다. 교외화와 도시
개발이 활발히 진행되었다. 자동차가 없으면 불편을 느끼도록 도시구조를 바꿈으로써 자
동차화에 성공하였다. 자동차, 석유, 고무, 자동차 대부, 가솔린 판매소, 도로건설 산업
등 자동차 관련 산업 이해집단이 성장하여 현대자본주의 경제성장을 견인하였다.

4) 공간경제학과 지역경제학

(1) 공간적 불균등론과 지역적 불균등론

가. 공간의 정치경제학

제2차 세계대전 후의 경제지리학의 발전을 기반으로 하여 등장한 급진파의 경제지리
학은 현대자본주의 공간구조를 사회적 불평등을 내부에 내포하는 자본주의적 생산관계
의 공간적 편제로써 파악하여 공간적 불균등론을 전개하였다. 그것은 정치경제학의 지역
경제학과 많은 부분이 중첩되는 논의였다. 경제학의 주류는 지금까지 시간의 경제학이었
다. 사회자본 혹은 사회적 공통자본, 넓게는 건조환경이 사회적 재생산과정에서 갖는 의
의가 커지고, 또 인간을 전체적인 발달 측면에서 파악하려는 경향이 확대됨에 따라 오
늘날 공간의 경제학을 확립할 필요성이 제기되고 있다. 시간의 경제학에 대한 공간의
경제학이란 문제제기 방식은 용어가 갖는 힘이 느껴지고 경제원론 수준에서의 이론구축
을 위해서는 일단은 공간이라는 추상적인 개념으로부터 시작할 수도 있다. 지역경제학은
공간의 경제학을 구성하는 요소나 공간의 경제학을 확립하기 위한 하나의 방법으로 규
정할지도 모른다.

나. 공간과 지역

공간적 불균등이나 공간구조, 공간편제를 분석하는 공간경제학과 지역적 불균등과 지역구조, 지역편제를 분석하는 지역경제학에서 보이는 공간과 지역에 포함되어 있는 특수한 의미의 차이에는 주의를 기울여야 할 것이다.

전자는 자본의 운동법칙이 만들어내는 자본주의의 공간편제가 안고 있는 모순, 즉 자본주의의 공간적 모순을 명확히 하고 자본주의체제를 비판하는 것이다. 이 수준에 한정하면 자본주의인가, 사회주의인가 하는 선택만이 제기된다. 이런 의미에서 공간은 추상적·공간적인 성격이 강하다. 후자는 전자의 논점을 포함하고 그것을 기초로 하면서 자본주의인가 사회주의인가의 선택을 벗어나는 문제나 자본주의체제 내에서의 선택, 즉 경제민주주의 측면에서 개혁의 바람직한 모습(정책론)은 어떠해야 하는가와 같은 논점도 포함한다. 이러한 의미에서 지역은 공간의 성격을 포함하면서 구체적·주체적인 성격도 함께 가지고 있다.

여기서 공간은 보다 전체적인 개념이고 지역은 특정지역을 가리키는 협의의 개념이라고 생각하지는 않는다. 지역에는 구체적·개별적인 지역을 포함하지만 동시에 전체로서의 공간이 포함되어 있다. 후자는 여러 개별지역의 상호연관을 통해서 형성되는 지역구조로 파악하고, 또 반대로 개개지역의 상태를 규정하는 작용을 갖는 것으로 파악하고 있기 때문이다.

다. 기본시각과 현상분석

지역적 불균등은 개별지역의 경제분석과 동시에 전체의 지역구조분석을 과제로 한다. 정치경제학의 지역경제학에서 보면 도시와 농촌의 대립과 지양 및 지역적 불균등론을 기본시각으로 하고 개별지역의 경제분석과 지역구조분석을 현상분석의 과제로 한다. 그리고 각각의 지역문제와 국토문제를 명확히 하여 지역정책과 국토정책을 전망한다.

현상분석은 기본시각으로부터 당장 이루어질 수 있는 것은 아니다. 개별지역의 경제분석을 예로 들어보면 지역의 자연적·역사적 조건을 바탕에 두고서 지역의 산업구조나 산업조직, 기업조직, 산업입지, 자본의 성격과 행동, 토지소유, 계급구성, 교통체계, 생활양식, 자치단체의 모습, 노동운동, 주민의 주체형성, 그리고 국제적·국내적·지역적인 불균등 발전, 즉 전체 지역구조에서 차지하는 당해지역의 위치와 같은 개별지역의 경제분석에만 존재하는 매개항으로서의 중간적 정치경제 구조에 대한 분석이 반드시 이루어져야 한다. 국민경제의 지역구조분석과 그 밖의 경우도 마찬가지이다.

어쨌든 개별지역경제는 지역적 불균등 발전이라는 제 지역 간의 상호연관적 발전 형태로 규정되고 그 일부를 구성하는 것으로 존재하고 있다. 그러므로 새로운 발전전략을 제시하여 성공한 지역이 있었다고 해서 다른 지역이 이를 모방하게 되면, 지역시스템의 차이나 지역적 불균등 발전에서의 위치의 차이로 인해 당해지역에서는 실패할 수가 있다. 이 점에서 보더라도 지역적 불균등 발전론을 논하지 않고서는 지역경제분석이나 지역문제론, 지역정책론은 존재할 수 없게 된다.

경제지리학의 일부에서는 지역적 불균등론으로 산업의 입지·배치를 중심으로 하는 국민경제의 지역구조를 직접 표현할 수 없기 때문에 지역적 불균등론은 의미가 없다는 비판을 제기하고 있다. 구미 경제지리학에서 발전하고 있는 공간적 불균등론의 흐름을 받아들이지 않는 비판이다. 비판을 가하는 사람은 정치경제학적인 입장을 지향하였다고 하지만, 지역적 불균등이라는 공간모순을 문제 삼지 않는 지역구조분석이 정치경제학의 입장일 수 있는지는 의문이다.

(2) 공간경제학에서 지역경제학으로

가. 사회자본론의 중시

도대체 경제지리학에서 지역의 관점이나 지역경제학적인 관점이 없었는가? 그렇지 않다. 그것은 특히 구미에서 경제지리학을 현대정치 경제학의 일부로 구축하려는 사람들이 견지하고 있는 기본적인 논점 속에서 잠재적으로 내포되어 있다.

먼저 건조환경 개념은 지역개념으로 발전시킬 수 있다. 건조환경은 하비에게 있어서는 생산관계 관점에서 자본축척단계에 대응하여 파악되고 있지만 그뿐만 아니라 무엇보다도 먼저 생산력 개념 내지 생활권에 관계되는 개념이라고 파악하면 생산력의 지역적인 제약성 문제를 제기하여 지역의 관점을 확립할 것을 요구하는 개념으로 이해할 수 있다.

하비의 건조환경 개념은 경제활동을 수행하기 위해 필요한 토지에 고착하는 제반시설의 집합 전체를 가리킨다. 거기에는 공장, 사무실용 빌딩과 같은 사적·일반적 소비수단 그리고 항만도로 등 사회적·일반적 노동수단 및 공동주택·미술관·공원 등 사회적 공동소비수단 혹은 국토보전시설이나 법원·병영 등 권력시설이 일괄하여 포함되어 있다. 이들 시설을 전부 파악하는 것은 중요하지만 사회적 재생산과정에서 각각의 시설이 갖는 의의를 기준으로 이를 범주화하고 종합하는 방법을 취해야 할 것이다. 이 점에서는 사회자본론의 국제적·선구적인 업적이라고 할 수 있는 宮本憲一의 사회자본론을 참고로 해야 할 것이다.

어쨌든 1970년대 이후 도시사회학의 카스텔(M. Castells)이 집합적 소비개념으로 도시문제를 분석하고 있고, 근대경제학의 宇澤弘文이 1970년대 이후의 현대를 시장적 불균형과 사회적 불균형이라는 두 가지 의미에서 불균형의 시대라고 부르고 이 두 불균형을 분석하고 해결하는 것을 현대경제학이 직면하고 있는 주된 문제로 규정짓고 사회적 공통자본 개념으로 후자의 문제를 해결하려 하고 있는 것을 포함하여 사회자본을 중심으로 현대사회에 접근하려는 연구가 활발하게 이루어지고 있다.

사회자본 혹은 널리 건조환경은 장소적 고정성, 지역적 원세트성, 회임기간이 길고 즉시 이용하거나 변경할 수 없는 등의 특징 때문에 지역개념으로 이해해야 할 성격을 갖는다고 할 수 있다. 전국과 세계를 연결하는 고속교통 통신수단 등 광역적인 성격을 갖는 사회자본은 지역과 지역을 연결하는 것으로 이해되어야 한다.

나. 기본권 인권과 지역

宇澤弘文의 '사회적 공통자본' 개념은 대기, 하천, 삼림 등의 자연자본과 제방, 도로, 공원, 하수도, 전력, 철도 등의 사회자본으로 이루어진다. 사회적 공통자본으로 만들어지는 서비스는 고찰대상 국가의 경우, 시민의 기본적 권리의 구체적인 내용이 어떻게 규정되고 있는가 하는 것과 밀접한 관련을 가지고 있다.

시민의 기본적 권리는 시민혁명 후의 시민적 자유로부터 20세기 이후의 각 개인이 건강하고 쾌적한 생활을 할 수 있다는 생활권 사상을 배경으로 한 권리로 발전해갔다. 바꿔 말하면 의식주, 교육, 의료, 교통, 자연환경 등에 대해서 문화적으로 최저한의 서비스를 시민이 기본적인 권리로 향유할 수 있게 하는 제도를 유지하는 것이 정부의 책무가 되었다. 이러한 서비스 수준을 구체적으로 어떻게 결정하면 좋은가 하는 문제는 신고전파이론처럼 고립된 합리적인 경제인을 상정하는 대신 스미스(A. Smith)의 『도덕감정론』(1759)이 말하는 상호 동감(同感)을 통해 유지되는 사회적 존재로서의 시민을 전제로 하여 먼저 해결될 문제이다.

이러한 시민생활의 장은 지역이다. 그러므로 '정부의 책무'는 지역의 모습에 직접 책임을 지는 지방자치단체의 역할을 제고하였고, 그것을 뒷받침하는 것에 중앙정부의 역할이 존재한다는 형태로 수행되게 된다. 또 시민의 기본적인 권리를 실현하는 지역 만들기 과정에서 '동감을 통해 유지되는 사회적 존재로서의 시민'도 나타난다.

사회자본 내지 건조환경 혹은 사회적 공통자본, 기본적 인권을 구체화하는 장으로의 인간의 생활권, 지방자치 내지 동감에 의해 유지된 사회적 존재로서의 주체(주민)의 개념은 지역개념을 구성하는 것으로 파악할 수 있다. 이러한 의미에서의 지역을 뒷받침하는 경제를 지역경제로 파악하는 방법이 새로운 지역경제학의 입장이다.

다. 노동과정에서 생활과정으로의 확대

자본주의 공간적 현상을 자본의 요구만이 아니라 자본과 노동의 대립을 반영한 것으로 보는 정치경제학적 접근방법의 기본입장을 확대하고 발전시키는 과정에서도 지역관점은 확립될 수 있다. 노동과정에서 한 걸음 나아가 보면 노동자의 통근권이나 노동자의 소비생활권, 그리고 더 나아가서는 널리 주민의 생활권이 자본과 대립하는 것은 노동과정에서의 노동의 이론만이 아니다. 자본의 입지와 자본에 의한 공간이용의 형태를 좌우하는 것은 노동과정에서 볼 수 있는 노동자의 저항만이 아니다. 더 넓게는 노동자를 포함하는 주민이 스스로의 생활을 어떻게 생각하고 무엇을 소중히 여기는가 하는 주민의 심성에 따라 자본에 대한 지역의 대응은 다양하게 나타난다. 돈만 있으면 잘살 수 있다는 지역관점만을 갖고선 풍요로운 개인주의적인 상품소비만을 생각하고 있는가, 그렇지 않으면 생활거점으로서의 지역이 갖는 의의를 이해하고 인간적인 교류와 협동, 자연환경이나 역사적 환경 등의 쾌적성, 도시에 대한 농업의 다면적인 역할, 자랑스러운 문화나 보람을 느낄 수 있는 일이 있고 동질성을 느낄 수 있는 지역이나 주택, 공동소비의 충실화, 안전하고 공해가 없는 거리 등을 소중히 하고 자신들의 손으로 만들어 가자고 진심으로 생각하고 있는 점, 바꿔 말하면 수동적인 소비자가 주체적인 생활자 주권을 확립해가는 것을 뜻한다.

주민과 자치단체가 후자인 생활자 주권에 입각한 지역 만들기를 목표로 할 때 그

것을 무시한 자본에 의한 자유로운 공간이용은 어려움에 직면한다. 지역의 이론에 따라 지역 만들기에 협력하면서 기업활동을 하는 것이 요구된다. 혹은 자본은 다른 지역으로 입지를 이동해도 좋은가 하고 지역에 양보를 강요하거나 실제로 다른 입지를 선택할지도 모른다. 이에 굴복하는 경우도 있을 것이고 이것을 견뎌낼 수 있는 지역 만들기나 내발적 발전을 주민과 자치단체가 추진하는 경우도 있을 수 있다.

다른 측면에서 말하면 지역이란 이렇게 다양하고 이와 같은 각 지역에서의 자본과 노동, 자본과 주민의 관계를 통해서 국민경제나 세계경제의 지역구조가 형성되고 있다. 개별지역에 대한 경제분석을 통해 이러한 지역의 이론을 파악하지 않고서는 국민경제의 지역구조분석은 제대로 이루어질 수 없다.

이데올로기적 가치판단에서 탈피하여 과학장려적인 정밀성을 추구한다고 일컬어지는

경제학 입장과는 달리 사상성과 실천성을 겸비하는 정치경제학의 입장에서 이루어지는 공간분석은 자본과 노동만이 아니라 자본과 주민의 관계를 파악하고 지역관점을 확립할 수 있는 가능성을 가지고 있다. 자본이나 토지소유, 노동, 지역, 국가, 국제관계, 세계경제의 이론 대립과 통일을 받아들이고 지역경제와 지역구조에 관한 현상분석과 정책구상을 실행하는 지역경제학으로 발전해갈 가능성이 있다.

(3) 사회적 분업시각과 내발적 발전론

가. 분공장경제론, 종속이론, 지역주의

모건과 세이어에 의한 구조이론에 비판이 포함되어 있는 논점 역시 지역경제학을 구상해간다는 점에서 흥미롭다. 그들의 구조이론이 기업 내 분업의 시각, 특히 노동과정에서의 자본과 노동의 관계라는 관점에 치우쳐 있고, 또 하나의 분업인 사회적 분업의 관점, 즉 시장에 있어서의 자본과 자본의 관계라는 관점을 빠뜨리고 있는 점과 지배와 종속의 관계를 기본으로 하는 공간구조를 고정적으로 받아들이는 경향이 있는 점을 비판하였다.

지금까지의 지역개발의 주류는 외부에서 기업을 유치하여 외래기업에 지역의 운명을 맡기는 '외부의존형 개발'이었다. 후진지역이나 주변지역은 선진지역 혹은 중추지역에서 대기업의 공장을 유치함으로써 지역경제를 진흥하는 방식을 사용해왔다.

지역에 진출한 공장은 ① 투자결정 등 경영전략에 관한 의사결정권을 갖지 못하고 역외의 본사로부터 외부통제를 받는 자율성이 부족한 분공장이다. ② 역외의 본사나 모공장과의 기업 내 공업연관이나 역외 사용자 기업에 대한 납입과 같은 기업 간 공업연관에 의한 지역 간 산업연관은 활발해도 지역 내에서 관련 산업을 육성하거나 기존의 지방기업과 연결되는 지역 내 산업연관은 미약하다. ③ 저임금 비숙련노동을 찾아서 진출할 뿐 노동자나 주민 사이에서 기술축척을 유발하지는 않는다. 또 수준 높은 경영이나 자율적인 정신노동을 하는 연구개발이나 마케팅부문, 배무부문 등은 포함되어 있지 않고 그 비장의 유능한 인재에게 활동공간을 제공하는 등의 다양한 직종을 갖고 있지 않다. 부분적인 저차원의 경영을 담당하는 분공장 경영장도 역외의 본사에서 파견되어 온다. ④ 따라서 경제환경의 변화에 대응하는 적응력이나 내발적인 혁신력이 형성되지 않는다. 진출공장에 의존하는 지역경제는 외부통제를 받고 진출공장의 성격을 반영하는 분공장경제가 된다. 지역경제의 양적 확대에 성공하더라도 지역경제의 질의 문제가 발생한다.

공간구조론에 의하면 후진지역이나 주변지역이 처해 있는 상황은 공간적 불균등이라는 지배와 종속의 관계를 기본으로 하는 전체의 공간구조에 규정되고 있다. 선진·중추지역처럼 지원기업이나 지원산업이 독자적인 발전을 이루어가기 어렵기 때문에 후진·주변지역은 문제상태로 남겨져 있었다. 내발적 발전을 기대할 수 없다고 하면 외부의존형 개발에 의존할 수밖에 없는데, 이 경우에는 분공장경제라는 문제가 제기되고 외부의존형 개발을 받아들이지 않으면 후진지역 문제가 해결되지 않은 상태로 남게 된다. 공간구조론하에서 후진지역은 고립무원의 상태에 놓이게 된다.

지역의 이러한 상황이 자본주의적 생산관계의 공간적 편제인 생산의 공간구조에 포함되는 모순의 결과라면 자본주의체제를 비판하는 것이 구조이론의 입장일 것이다. 여기에는 사회주의 입장에서 이루어지는 체제비판은 존재하지만 자본주의하의 경제민주주의 입장에선 정책론은 없다.

프랭크 등의 종속이론을 지역경제학에 적용하는 입장에서 보면 후진지역은 중추지역과의 관계를 끊고 자립적인 발전을 지향하는 것이 되어야 할 것이다. 그러나 세계적인 규모로 발전하는 현대의 생산력 수준을 무시하고 폐쇄적인 지역에서 발전을 생각하더라도 큰 성공은 기대할 수 없다. 기껏해야 도시론을 고려하지 않는 토지와 물 이용을 중심으로 하는 농촌의 자조노력, 지연기술(地緣技術)에 의한 자립운동을 강조하는 지역주의에 머무를 수밖에 없다. 이러한 입장에서는 발달한 자본주의국가에 현실적으로 존재하고 있는 거대한 산업시스템을 어떻게 관리해갈 것인가 하는 기본문제가 고려되고 있지 않다.

어쨌든 기존의 공간구조론이 견지하고 있는 공간적 불균등 발전이라는 시각에는 공간의 불균등 발전이나 공간적 불균등의 변화 가능성을 인정하지 않는 고정적인 성격이 강하다.

나. 외래형 개발에서 내발적 발전으로

호쿠리쿠(北陸) 지방의 도야마(富山)-다카오카(高岡) 지역은 메이지 이래 전원(電源)개발이나 신산업도시 건설계획, 테크노폴리스계획 등 외래형 개발을 추진해온 전형적인 지역이다. 그러나 정말로 분공장경제인가에 대해서는 근래에는 이 측면만으로 볼 수는 없게 되었다. 외래형 개발에 대한 실패를 반복해왔음에도 불구하고 기계, 알루미늄 가공, 의약품공업 등에서 기술과 개발력을 갖는 지원기업이 다수 성장하고 있다. 그 지방에 근거지를 갖는 중견·중소기업을 발전시키는 것을 주된 목표로 하는 내발형 지역개발로의 전환이 요청되기에 이르렀다.

장기간에 걸친 외래형 개발이 내발적 발전으로 나아가게 하는 어떤 잠재력을 조성하였다는 사실을 완전히 부정할 수는 없을 것이다. 이것은 고정적인 분공장경제론을 넘어서는 문제이다. 내발적 발전론에 있어서도 도식적인 외래형 개발을 대신하는 것에 그치는 것이 아닌 외래형 개발을 반복해온 지방경제의 현실에 바탕을 둔 새로운 내발적 발전론을 전개해가야 하는 의의를 가지고 있다고 할 수 있다.

이 점에서는 지점경제로 불려온 도호쿠(東北)의 지방중추도시인 센다이(仙臺)에 대해서도 인구집적을 기반으로 하여 경제의 소프트화와 서비스경제화 시대의 내발적 발전을 전환해갈 잠재력을 축척하고 있다고 할 수 있을지도 모른다. 그와 동시에 동경권의 주변부로 편입되고 새로운 외부 의존형 개발이 이루어지는 현실에 직면하고 있다는 것을 명심해야 한다.

다. 외부통제와 실증연구

외부통제에 의한 지배와 종속의 공간구조라는 인식과 관련하여 다음과 같은 의문도 제기된다. 예컨대 A지역에 다수의 분공장이나 지점이 B, C, D 등이 여러 지역에서 진출하고 있다고 하자. 이 경우 각각의 본사와 분공장, 지점의 외부통제 관계는 이해할 수 있지만 A지역과 B, C, D 그 밖의 지역과의 관계는 어떻게 이해해야 할 것인가. A지역은 각 지역에 종속되어 있다고 할 수 없을 것이다. 기업 내의 관계와 지역 간의 관계는 문제 수준이 다르기 때문에 혼동해서는 안 된다. 개별지역 간 관계는 차치하고 A지역이 외부통제를 받는 분공장경제라는 점에는 틀림이 없기 때문에 지배와 종속의 공간구조 문제로 종속경제라고 생각해야 할 것인가. 그러나 이 경우에서도 종속경제라고 평가하는 것만으로는 정치경제학적인 분석에 지나지 않을 뿐이다. 이런 현실 속에서 변화나 내발적 발전에 대한 전망을 제시하는 이론과 정책이 요구되기 때문이다.

다음으로 A지역이 자원자본을 주체로 한 산업을 발전시키고 있고 독자적인 경제기반을 바탕으로 보완적인 위치에서 역외의 분공장을 다수 유치하고 있다면 어떨 것인가. 이 경우 지역개발의 주도권은 지역에 있고 도시의 전통과 조화를 이루는 범위 내에서 교외의 한정된 지구에 계획적으로 기업을 유치하고 있다고 하자. 예컨대 독일의 하노버 등에서 그와 같은 사례를 볼 수 있다. 이 경우는 외래형 개발이라기보다는 내발적 발전으로 생각해야 할 것이다. 개개의 분공장은 역외의 본사로부터 외부통제를 받고 있다고 하더라도 지역으로부터 도시환경과 조화를 이루지 못하는 것과 같은 경제활동은 허용할 수 없다는 제제를 받고 있다. 이러한 형태로 분공장을 유치하는 지역경제를 분공장경제화라고 할 수 있을 것인가. 외부기업을 유치하는 것을 모두 외부 의존형 개발이라고 하는 것은 아니다. 반대로 지원자본을 주체로 하는 지역개발을 전부 내발적 발전이라고 하는 말은 아니다. 어느 쪽의 경우도 그 형태가 문제이다.

또 A지역에는 B, C, D 기타 여러 지역으로부터 분공장이나 지점이 진출하고 있지만 반대로 B, C, D 기타 지역들에 A지역 기업이 분공장이나 지점을 진출시키고 있는 상호 진출의 경우에는 어떨 것인가.

다국적기업단계에서 이루어지는 세계도시 간 상호침투는 이 경우가 될 것이다. 국내 대도시들 사이에서 혹은 전국적 중추도시-광역중추도시- 현 내 중핵도시에 있어서도 이 사례는 확인할 수 있을 것이다. 상호침투라고 하더라도 사례마다 그 내용은 같지 않다. 수평적인 관계를 발전시키는 경우도 있을 것이고 지배와 종속의 관계가 침투되어 가는 과정일지도 모른다. 그것을 명확히 하기 위해서는 상호침투과정에 대한 동태적인 구조분석이 이루어져야 하고, 추상적인 공간불균등론이 아닌 지역경제의 내부구조와 지역 간 구조를 현실적으로 파악하는 지역경제학에 의한 현상분석이 절대적으로 필요하다.

(4) 계층적 지역시스템의 내발적 발전

가. 현대의 관리시스템과 지역계층

스미스가 제기하는 자본주의든 사회주의든 간에 계층적 구조를 갖는 거대조직 자체가 공간적 불균등과 그것에 기인하는 사회적 불평등을 초래할 가능성이 있다고 하는 논점은 지역경제학의 문제의식과 명확히 중복되고 있다.

현대자본주의의 공간적 불균등은 독점단계의 자본주의적 생산관계의 공간적 편제일 뿐만 아니라 복잡한 현대사회에 있어 관리의 일반적 성격, 즉 관료기구가 갖는 계층적 성격의 공간적 반영이기도 하다. 사회주의적 계획경제는 전자를 극복할 수 있다고 해도 후자의 측면으로 되돌아가 공간적 불균등을 확대할 수도 있을 것이다. 구조이론처럼 전자의 측면을 비판하는 것만으로는 현대적인 이론이라고 할 수 없을 것이다. 오늘날의 공간경제학은 공간적 불균등을 극복하려면 관리를 한층 분권화하고 지역 수준에서의 주민참여가 필요하다고 주장한다.

과연 중앙관리조직은 불필요한 것인가. 작은 것이 아름답다는 사고방식에 입각하면 분권화와 중앙관리조직은 양립하지 않는다. 그러나 소규모 지역에서 자립하려고 할 경우에는 필연적으로 자원부존의 지리적 불평등은 피할 수 없다. 자원공급을 지역베이스에서 균등화하기 위해서는 조정기관으로서의 중앙관리조직은 반드시 필요하다. 중앙관리조직의 역할은 지역 수준의 수요에 응하는 조정기관으로 한정시키기 위한 효과적인 수단이 요구된다.

나. 지원관리와 분권화

생산의 사회화가 진행되고 국내외적으로 매우 긴밀한 상호의존관계가 확대되고 있다. 그 결과 지역민들의 생활을 좌우하는 중요한 결정이 어딘가 멀리 다른 지역에서 이루어지는 경우가 많다. 사람들이 자신의 운명을 자기 자신이 실제로 더 관리할 수 있어야 하지 않은가. 사람들이 지역사회 속에서 함께 생활하고 이해관계를 함께하는 공동성을 만들어내고 있다. 이 지역이라고 하는 수준에서 관리가 이루어질 수 있는 분권화를 도모해야 한다. 다른 지역 사람들에게 피해를 입히지 않는다는 조건부이기는 하지만 지역의 일은 지역에서 결정한다는 지원관리는 정당한 것이다.

여기서의 조건부와 관련지어 말하면 대도시의 상황이 당장 문제가 될 것이다. 지원관리는 어딘가 멀리서부터 통제되고 있는 지역의 문제만은 아니다. 다른 지역을 지배하고 그곳에서 생산된 경제잉여를 흡수하는 가운데 성립하는 대도시가 자체적인 경제기반 위에서 자립하는 지역경제로 전환하고 결국 대도시로 또한 내발적 발전의 길을 밟아 다른 지역과 공생을 이뤄가야 한다는 의미에서 지원관리는 대도시의 과제이기도 하다.

무한정 확대되어 가는 것처럼 보이는 동경권의 외연적 팽창은 동경이 생활공간 및 경제공간으로서도 스스로 통제 가능한 통합적인 자치단체라고 하는 도시의 본질을 상실하고 있는 과정이다. 그것은 일본경제·세계경제의 움직임에 규정되어 지원관리를 할 수 없는 도시가 안고 있는 고민의 표현이기도 하다.

다. 주민참여와 주체형성

분권화만으로 지방자치는 가능한가. 자치단체의 수장이나 관료기구가 독주할 위험성이 있다. 지방자치를 위해서는 분권화와 동시에 주민참여가 필요하다. 주민참여 위에서 분권이 이루어지는 것이야말로 그 의의가 있다. 주민참여가 어느 정도 이루어질 수 있는가는 무엇보다도 참여를 위한 제도적인 절차에 의존하고 있는데 참여를 단념하게 할 수 있는 절차가 존재하는 것이 현실이다. 따라서 계획 결정과정에 참여할 수 있고, 또 쉽게 참여할 수 있다는 것에 바탕을 둔 주민참여의 제도화가 필요하다.

주민참여에 의한 지방자치라고 하더라도 각기 다른 부민에 대해서 일반화해서 말하는 것만으로는 의미가 없고 노동조합이나 주민조직과 같은 응집력이 있는 사회집단을 형상할 수 있는지 어떤지에 관련되어 있다.

지원관리, 즉 지방자치의 담당자인 집단은 어떻게 해서 형성할 수 있는가. 그 하나는 지역경제의 쇠퇴 등 지역이 처한 역경 속에서 지역의 재생을 위해 일어서는 사람들이 등장할 때일 것이다. 또 한 가지 중요한 것은 '건조환경'이다. 공동 소비를 위한 공공서비스를 공급하는 사회자본이나 도시경관을 만드는 건조환경은 그 모습에 따라 주민들 사이에 교류와 연대를 낳고 공동의식이나 귀속의식을 키워가기 때문이다.

라. 물질주의적 경제발전을 넘어서

스미스는 경제발전의 바람직한 모습에 대해서도 언급하고 있다. 선진자본주의 세계에서는 사람들은 물적 풍요, 즉 더 많은 소비재를 바라고 개인주의적 경쟁적인 행동양식으로 내몰리고 있다. 러시아형 사회에서도 구미의 소비 수준을 따라가려고만 하고 있다. 그 결과 자원배분은 사회적 서비스에 대한 국민최저 수준의 향상보다도 사적 소비재에 우선적으로 전용되어 전체적으로 더 풍요로운 사회가 되더라도 그 내부에서는 더 큰 불평등을 낳고 자본주의사회와 같은 행동양식이 확대되어 사회주의의 기반을 형성하고 있는 인간의 협동을 위협하고 있다고 스미스는 경고한다.

일당 독재적·중앙집권적 관료제에 대한 불만을 서방의 물질편중주의에 대한 추종으로 달래려고 해도 모순은 격화될 뿐이다. 사람들은 국가에 더 많이 의존하고 자주적 참여와 공동 관리능력이 쇠퇴하면 경제효율은 상승하지 않고 중화학공업화 시대에는 일당 독재적·중앙집권적인 관리시스템은 점차 대응력을 상실해간다. 사람들의 불만은 고조되고 국민경제가 감당할 수 있는 수준을 넘어서는 생활보장을 국민에게 제공하여 불만을 진정시키려고 하면 국가재정은 파탄될 수밖에 없다.

시장제도의 본격적 도입은 필연적으로 시장을 도입하면 할수록 분권화의 필요성이 커져 일당 독재적·중앙집권적인 관료제와 저촉될 수밖에 없다. 페레스트로이카(개혁)는 불가피한 것이 되었다. 그러나 시장원리는 그 자체로 경제발전을 약속해주는 것은 아니고 효율과 평등을 양립시키는 것도 아니다. 경제적 불평등의 확대, 투기성의 증가, 인간적 황폐, 환경문제 등 자본주의국가, 특히 성공한 국가로 간주되고 있는 일본에서야말로 개혁이 필요하다고 해야 할 상황에 있다. 계획경제인가, 시장경제인가가 아니라 계획과 시장을 어떻게 조화시킬 것인가 하는 것이 문제가 되고 있고, 더 근본적으로는 경제발전의 바람직한 모습은 어떠해야 하는가가 문제가 되어야 할 시기에 와 있다.

스미스는 인간의 협동이나 평등한 사회의 건설에 참가하는 즐거움, 비물질적인 사회적 만족감이야말로 인간의 적극적인 행동을 촉구하는 자극으로 보고 이를 중시하는 것과 같은 경제발전 본연의 모습을 추구한다. 그리고 물질주의적·경쟁적인 인간행동으로부터 인간의 협동과 소득, 서비스 및 생활수준의 지리적인 평등의 방향으로 인간행동을 바꾸어가기 위해서는 공간적인 재편성과 도시와 농촌 간의 대립을 지양하는 것이 필요하다는 것을 지적한다. 다만 그 내용은 엥겔스적인 '도시와 농촌의 진정한 융합'에 의한 대도시의 폐지에 한정되고 있다. 대도시의 분절화·다극화를 전망하고 도시와 농촌의 융합이 아닌 공존을 목표로 하는 현대적인 국토상을 명확히 내세우지 못하고 있다. 여하튼 정리하면 스미스의 논점이 분권과 참여라고 하는 현대적 지방자치의 확립을 토대로 하고, 환경보전의 틀 속에서 지역경제의 발전을 도모하고 지역을 기반으로 하여 인간의 발달과 협동, 생활의 질 향상과 평등화를 실현하려고 하는 지역경제학의 '내발적 발전론'의 문제의식과 중복되는 부분을 갖고 있는 것은 분명하다.

제7장 지역성장·발전이론

1. 지역성장이론

　지역(경제)성장이란 지역 생산증대, 생산요소의 생산성증대, 효율적 산업구조, 1인당 지역소득증대를 의미한다. 지역주의는 지역 고유의 특성을 바탕으로 자유시장 경쟁을 통하여 타 지역과 다른 지역성장을 도모하는 가치관으로서 지역이기주의와 구별해야 한다. 그러나 지역주의를 추구함에 있어서 지역 간 부존자원 및 환경의 차이는 자본주의 속성상 이윤추구에 따른 자본의 공간집중으로 이어져 필연적으로 지역불균형이 초래되는데, 이러한 문제인식에서부터 지역경제학은 출발한다. 지역불균형에 관한 이론에는 마르크스주의적 접근방식으로서 주변의 자본이나 자원 등이 중심지역에 흡수된다는 소위 라틴아메리카의 '종속이론'과 노동이동이나 지역발전과정에서 지역 간 개발능력의 차이가 계속 누적됨으로써 불균형이 야기된다는 지역구조적 접근방식 등이 있다. 제반 이론을 보면, 지역성장에 관한 이론은 성장의 유발요인을 수요 측면, 공급 측면, 그리고 산업구조 측면 가운데 어디에서 찾느냐에 따라 대별할 수 있다. 먼저 수요 측면에는 지역의 기반이 되는 부문에서 생산된 재화를 타 지역으로 수출함으로써 성장이 이루어진다는 경제기반이론과 수출수요와 지역 내 유효수요에 의한 성장을 함께 고려한 전통적인 케인즈이론 등이 있다. 공급 측면에서는 대표적으로 신고전모형을 들 수 있는데 지역규모가 클수록 생산비 감소로 투자가 촉진된다고 보고 생산의 규모경제로 인한 성장 가능성에 비중을 두었다. 산업구조적 측면에 의거한 Perroux의 견해는 일반적으로 경제성장은 자본집약적·기술집약적·추진적 산업에서 시작되는데, 지역경제에 미치는 전후방 연계효과 정도는 산업구조에 따라 결정된다는 것이다.

　지역의 경제성장에 영향을 미치는 주요변수를 크게 세 가지로 나누면 하나는 수요 측면이고 다른 하나는 공급 측면, 나머지 하나는 두 가지 측면을 모두 고려한 복합적 측면이다. 다만 그 변수가 수요 측면이든 공급 측면이든 어떤 특정시점의 정태적 상황이 아니라 시간의 흐름에 따라 변화하는 동태적 과정이 초점이 된다.

(1) 수요 측면

　지역경제를 국가경제의 축소판으로 간주하고, 지역의 성장은 외부로부터의 수요에 의하여 결정된다고 보는 케인즈류의 경제이론(수출기반이론).

(2) 공급 측면

수요의 한계 때문에 성장이 제약받는 것이 아니고 노동이나 자본 등 생산요소의 공급과 기술 수준의 향상이 장기적인 성장의 동인(動因)이라고 파악하는 신고전학파 주도의 공급이론.

(3) 복합적 측면

수요 측면과 공급 측면 이외에도 지역성장에 있어서 수요 측면과 공급 측면이 모두 고려되어야 한다는 측면에서 수요와 공급의 통합모형을 제시.

먼저 고용·인구 상호작용 모형은 지역인구의 증가가 산업활동을 활성화시키고 고용을 증대시키는데, 고용기회의 확대는 또다시 새로운 인구유입을 불러일으킨다는 이론이다.

그리고 누적적 인과모형은 지역산업의 생산성이 높아지면 산출량이 증대하고 수출이 확대됨에 따라 규모의 경제와 집적이익이 발생하고, 이와 같은 규모의 경제와 집적이익 때문에 생산성이 높아진다는 이론으로, 즉 수요가 확대되면 생산성이 향상되고, 생산성의 향상은 공급 측면에 영향을 미쳐 다시 생산비를 떨어뜨리고, 생산비의 감소는 다시 수출수요를 증대시킨다는 누적적 관계를 말한다.

경기순환이란 경제적 활동 수준에 있어서의 순환적인 변동상황을 말한다. 경제적 활동의 순환적 변동으로 먼저 후퇴기는 호황기의 정점으로부터 경제적 활동이 계속적으로 떨어지는 시기이다. 침체기는 실업이 증가하고 경제적 활동 수준은 경제의 장기적인 평균선 이하로 떨어지는 시기이며, 회복기는 기업의 생산활동이 다시 활기를 되찾게 되고 경제적 활동 수준은 그 장기적인 추세로 다시 복귀하게 되는 시기다. 마지막으로 호황기는 경제적 팽창이 계속되는 시기이지만 조만간 경기후퇴의 조짐이 발생할 수 있다.

지역실업의 원인은 ① 마찰적 실업(직업을 바꾼다든지 하는 경우에 발생하는 실업으로 동태적인 노동시장에서는 거의 언제나 발생), ② 구조적 실업(노동의 이질성으로 인한 실업으로 직종 간 또는 지역 간 노동력의 이동성이 낮으면 낮을수록 더 격화됨), ③ 자발적 실업(노동시장이 마치 상품시장과 똑같은 방식으로 움직이는 곳에서 발생하며, 노동력의 수요에 비해서 공급이 과다한 형태임), ④ 비자발적 실업(노동력시장에서 실업이 발생하는 등의 불균형이 생기는 것은 상품시장에서의 불균형과 연계되어서 발생함)이다.

지역실업의 특징으로는 ① 기술 수준의 문제, ② 기술 유형의 문제, ③ 산업 차이의 문제, ④ 연령과 건강의 문제, ⑤ 차별의 문제 등을 들 수 있다.

1) 수출기반이론(exports base theory)

한 지역에서 생산된 재화의 비교우위가 확보되어 타 지역으로부터 외부수요가 증가되면 지역수출의 증대로 새로운 생산요소가 유입되고 이로 인하여 연관산업 및 보조산업이 활성화됨과 동시에 내적 규모경제를 통한 지역경쟁력이 강화됨으로써 지역의 고용창출과 소득증대 및 지역성장이 이룩된다. 수출기반이론에 의거하여 발달된 도시로는 미국의 Chicago, Pittsburgh, Detroit(내륙도시)와 New York, Boston(항구도시) 등을 들 수 있으며, 영국의 북서부 지역은 석탄을 수출하여 얻은 자본, 기술을 활용함으로써 기계, 조선 공업지역으로 성장한 경우이다.

<모형>

> 지역 i의 경제성장률, y_i는 지역기반산업의 수출성장률, x_i의 함수이다:
> $$Y_i = f(X_i)$$

<증명>

지역 i의 순소득은 다음과 같다. 단, 민간투자는 없는 것으로 간주한다.

$$Y_i = C_i + X_i - M_i, \quad (7.1)$$

여기서 C_i는 비기반산업의 재화에 대한 지역 내 소비이며 $X_i - M_i$는 기반산업의 재화에 대한 다른 지역으로의 순수출을 나타낸다.

c_i와 m_i를 각각 한계소비성향과 한계수입성향이라 정의하면 $C_i = c_i Y_i$, $M_i = m_i Y_i$이므로 (7.1)에 대입하여 정리하면 다음과 같다.

$$\frac{Y_i}{X_i} = \frac{1}{1 - c_i + m_i} \quad (\equiv K: \text{지역승수})$$

지역의 수출과 소득비율은 지역승수에 의하여 결정되는데, c_i와 m_i가 단위기간 동안 일정하다고 할 때 지역승수 K는 상수가 된다. 따라서 지역수출이 늘어날수록 i지역의 소득은 K배만큼 증가하게 된다.

이 이론의 한계점은 다음과 같이 지적할 수 있다. 첫째, 정부정책, 소득탄력성, 기업가정신 등의 요인이 배제된 수출산업에 치중한 단순지역 성장모형이다. 둘째, 승수효과는 실제로 지역의 산업구조(1차 혹은 2, 3차) 형태와 규모에 따라 달라질 수 있으며 더 나아가 지역성장이 지역의 산업구조변화에 미칠 수 있는 상황에 대한 설명이 부족하다. 셋째, 기반, 비기반산업을 구분하는 데 현실적 어려움이 있으며 구분이 가능할 경우 비기반산업이 기반산업에 미치는 성장효과를 고려해야 한다. 넷째, 시기별 수출이 가변적이며, 다섯째, 지역수입이 늘어나면 그 지역으로 산업입지가 이루어져 소득 및 고용이 증대되는 등 수입이 지역경제에 미치는 효과를 무시하였다.

2) 신고전이론

대표적인 공급 측면의 지역경제성장이론으로서 Borts, Stein('64), Romans('65), Siebert('69), Smith('75), Carlberg('81) 등이 주장하였다. 생산함수의 기초하에서 지역 간 생산요소의 이동이 지역의 경제성장 요인으로 작용하며 지역의 생산성 증대가 지역성장을 의미한다.

완전고용, 완전경쟁시장, 수송비=0, 규모에 대한 수익불변, 지역 간 동일한 생산기술을 가정한다. Cobb-Douglas 생산함수를 사용하면 지역 i의 생산은

$$Y_i = AK_i^{\alpha} \cdot L_i^{(1-\alpha)} \quad (7.2)$$

K와 L에 대하여 편미분하면

$$\Delta Y_i = A\alpha K_i^{\alpha-1} \Delta K_i \cdot L_i^{(1-\alpha)} + A(1-\alpha)K_i^{\alpha} \cdot L_i^{-\alpha} \Delta L_i$$

Y_i로 나누면

$$\frac{\Delta Y_i}{Y_i} = \alpha \cdot \frac{\Delta K_i}{K_i} + (1-\alpha)\frac{\Delta L_i}{L_i}$$

여기서 α는 생산의 자본탄력성($\equiv(\Delta Y/Y)/(\Delta L/L)$)이고 $(1-\alpha)$는 생산의 노동탄력성이다. 이로부터 지역경제 성장률은 자본성장률과 노동성장률에 의하여 결정됨을 알 수 있다.

지역 간 자본과 노동의 이동이 수익률에 대한 타 지역 및 전국 평균치와 비교하여 이루어진다고 볼 때,

$$i \text{ 지역의 자본증가는 } \Delta K_i = \beta_0 + \beta_1(r_i - r_a);$$

i 지역의 노동증가는 $\Delta L_i = \gamma_0 + \gamma_1(w_i - w_a)$로 나타낼 수 있다. 여기서 a는 전국평균, r은 자본수익률, w는 임금 수준이다.

결국 기술적 진보가 있거나 자본과 노동 등의 생산요소의 증가와 축적에 의하여 지역경제가 성장하게 되며 고도의 경제성장률을 달성하기 위해서는 타 지역과 비교하여 해당지역의 수익률(생산성)이 상대적으로 높아야 한다.

신고전모형의 한계점은 다음과 같다. 첫째, 타 지역 간 상호 경제행위를 무시하고 한 지역만을 대상으로 이론을 전개하였으며, 둘째, 1차, 3차 산업 간의 성장률 차이가 존재함에도 불구하고 지역의 산업구조를 전혀 반영하지 않았다. 셋째, 현실적으로 기술진보의 경제성장에 대한 직접적 파급효과에 비하여 투자환경, 노동시장 여건의 변화를 통한 간접적 효과의 개연성이 높다는 것이다. 넷째, 주어진 국가경제 성장률하에서 한 지역의 성장은 다른 지역의 침체를 의미하게 되는데 이는 지역경제의 성장으로 국가경제의 성장이 결정된다고 보기 때문이다. 다섯째, 지역별 생산요소의 수익률에 대한 정확한 정보를 획득하기란 사실상 불가능하며, 마지막으로 수요 측면에 의한 성장가능성이 완전히 배제되었다.

3) 신균형이론

국가 간 또는 지역 간 교역에 관한 정태적 균형이론에 의하면 동차생산함수, 한계생산체감 및 교통비 제로라는 가정적 조건상에서 생산요소와 상품의 완전한 자유이동은 요소가격의 완전한 균형화를 가져온다고 한다. 더 나아가서 요소가격의 균형화와 동일한 요소비율 패턴은 지역 간 노동참여율의 차이가 없다는 가정에서 지역 간 1인당 소득 수준의 균형화를 초래한다는 명제를 이 이론으로부터 연역할 수 있다.[37]

허시먼의 지역성장이론이나 윌리엄슨의 지역소득 균형화 이론은 위와 같은 균형이론을 그 밑바닥에 깔고 있다. 허시먼은 경제발전의 초기단계에서는 분극효과 때문에 지역

---

37) G. H. Bortz & J. L. Stein, op. cit.

간 소득격차가 커지는 경향이 있으나 어느 정도의 발전단계를 지나면 지역경제 간의 점 증하는 교류와 보완관계로 인하여 낙후지역에 대한 보다 잘사는 지역의 투자확대가 일 어나고, 이것은 결국 지역 간 소득격차를 해소하게 된다는 것이다. 이러한 효과를 적하 효과라고 부른다.

균형화 이론은 비현실적인 가정 위에 서 있으므로 한 나라의 지역적 차이의 경제적 현상을 정확히 설명하기에 불충분하다. 사람과 상품의 이동은 비용을 수반하는 것이 현 실이며 어떤 지역은 규모경제의 이점을 누린다. 더구나 이러한 이론은 신상품 및 신기 술의 개발, 새로운 자원의 발견, 소비패턴의 변화와 같은 정태적 균형을 파괴하는 많은 동태적 요인을 고려치 않고 있음이 큰 흠이다. 이러한 동태적 요인은 흔히 지역 간 소 득격차의 수렴화 경향을 저해하는 작용을 한다.

신균형이론(=파국이론): 1980년대에 등장한 이 이론은 카세티에 의하여 1970년대 중 반 이후 미국 주들의 경제적 실적과 운명의 반전현상을 이해하는 탐색적 수단으로 1981 년에 제창되었다. 카세티는 한 지역 내의 자본형성 순자본 형성을 경험하는 지역으로 인구유입을 유발하고 반대로 자본스톡의 순감소를 경험하는 지역으로부터의 인구유출을 유발한다고 보았다. 그리고 자본의 지역 간 완전한 이동이란 가정하에 순지역의 자본형 성의 모형을 정립하였다. 그의 모형에 의하면 지역 간 자본의 이동은 자본의 한계생산 성의 차이에 따라 일어나는데 어떤 지역으로 유입되고 그 반대, 즉 여타지역의 자본의 한계생산성이 당해 지역의 그것보다 크면 자본은 타 지역으로 유출된다. 만일 양 지역 의 자본 한계생산성이 동일하면 자본의 순이동은 전혀 일어나지 않는다.

카세티의 파국이론이 신고전이론과 다르게 하는 것은 어떤 지역의 자본의 한계생산성 (MPRC: marginal productivity of regional capital)이 시간적으로 변한다는 그의 주장 때문 이다. MPRC가 지역 총생산 규모가 저급한 지역의 발전 초기 단계에는 낮았다가 그 지 역의 역사적 발전의 어떤 시기에서 지역 총생산 규모가 커짐에 따라 이 MPRC도 같이 증가하며 이때는 지역자본이 비약적으로 증대되며 많은 자본의 유입을 경험하게 된다. 그러나 그 시기를 지나면 그 지역의 상대적인 MPRC가 점차 하락하고 따라서 그 지역 으로부터 유출자본이 유출되며 이때부터 그 지역은 파국적이 자본의 감소, 일자리의 감 소, 그리고 지역총생산의 감소를 맞이하게 된다.

이 이론에서 성장기에는 지역자본의 한계생산성이 왜 커지는지를 인과모형이나 베르 두언법칙을 원용하지만 쇠퇴기에는 공해에 대한 강한 정부의 규제, 경제적 집중에서 오 는 집적의 불경제 등 과거 경제활동의 부정적 효과, 기존자본에 체화된 상대적으로 낡고 낙후된 생산기술 등이 MPRC의 하락요인으로 지적되고는 있으나 왜 성장기에서 급격히 쇠퇴기로 파국적인 반전을 하게 되는지 그것만으로는 설명이 불충분하다는 것이 지적되고 있다.

파국이론을 정리하면 어떤 지역이 지역의 산출이 적은 성장 초기에는 베르두언법칙에 따라 산출의 성장에 호응하여 자본의 한계생산성도 증가하고 이것이 새로운 정부에 의한 강한 환경규제, 기존자본에 체화된 낡은 뒤떨어진 기술 등의 이유로 자본의 한계생산성은 서서히 하락하고 그에 따라 투자와 산출이 떨어져서 그 지역의 생산활동은 결국 파국적 국면에 처하게 된다는 것이다.

4) 불균형이론

먼저 뮈르달의 불균형이론을 알아보자. "시장에서의 힘의 작용은 지역 간 불균형을 축소시키기보다는 더 증대시키는 경향이 있다"라고 지적하였다. 그의 누적순환 인과관계라고 하는 불균형 모형에 의하면 분산효과와 역류효과라는 두 가지 상반된 힘이 누적적인 상향 또는 하향운동을 일으킴으로써 지역 간 격차를 지속시킨다. 또한 구심력과 원심력이란 두 가지 힘의 결과에 따라 각 지역의 성장률은 달라진다.[38]

새로운 지역 간 이동은 반드시 지역 간 소득균형화를 보장하는 것이 아니라 오히려 낙후지역의 산업화를 저해하거나 생산패턴을 왜곡시키는 등 낙후지역에 불리하게 작용한다. 시장의 여러 가지 힘은 규모 증가적 수익의 성향이 높은 경제적 활동을 어떤 특정한 지역경제에 집중시키게 되는데 이러한 경향도 자원부존상태, 교통의 이점 등 원래의 입지 이점에도 불구하고 집적 중심지에서의 규모에 따라 점차 증가하는 내부 및 외부경제로 인하여 더욱 지속된다. 이러한 경제활동 집중지역의 이점에 비하여 낙후지역의 극히 제한적인 이점은 전자의 집적의 이점을 상쇄하기에는 불충분하다. 부유한 지역이 낙후지역의 성장에 미치는 영향이란 주로 유도된 효과이다. 낙후지역의 주생산품인 농산품에 대한 부유한 지역의 시장 확대, 쇄신의 확산 등은 부유한 지역으로부터의 파급효과를 구성한다. 반면에 낙후지역으로부터 부유한 지역으로의 불균형적인 노동과 자본의 이동은 일종의 낙후지역에 대한 역류효과가 된다. 또한 인구이동은 선별적이어서 좋은 노동력이 낙후지역으로부터 부유한 지역으로 유출됨으로써 낙후지역에 큰 손실을 주게 된다. 그뿐만 아니라 자본은 경영능력을 가진 사람과 함께 거꾸로 낙후지역에서 집적의

---

38) Gunnar Myrdal, Economic Theory and under-Developed Region.

이익이 크고 기술혁신이 빠른 부유한 지역으로 역류함으로써 또한 낙후지역에 빈곤의 악순환을 일으킨다. 따라서 지역성장은 균형화의 과정이라기보다는 불균형화의 과정이라고 뮈르달은 본 것이다.

다음은 **칼도의 불균형이론이다.** 칼도는 1970년도에 뮈르달 이론의 한 변형을 제시하였다. 그는 "누적인과의 원리는 제조업에 있어서의 외부경제나 집적경제를 포함하는 넓은 의미의 규모 크기에 따라 점증하는 수익의 존재에 불과"하다고 주장하였다.[39] 더 나아가서 지역의 생산과 수출은 외적 요인, 즉 지역생산품에 대한 세계수요와 내적 요인 또는 준내적 요인, 즉 타 지역에 비교되는 그 지역의 능률임금의 움직임에 달렸다고 한다. 상대적 능률임금은 시장 전체에 대한 그 지역의 시장점유율이 하락하는지 또는 상승하는지를 결정하는바, 능률임금이 낮으면 낮을수록 지역생산의 성장률은 높아진다. 능률임금의 변동은 지역 생산성의 변화에 대한 화폐임금의 변화라는 두 가지 요인에 의하여 결정된다.

칼도는 지역의 1인당 산출의 성장속도는 규모의 경제와 생산의 전문화에 따른 이점을 얼마나 활용하는가에 달렸다고 보며 이러한 칼도의 이론을 발전모형화한 사람들이 딕슨과 썰월이다. 그들은 한 지역의 생산성의 성장은 총산출의 성장에 의하여 결정된다고 보았다.

과연 지역생산의 증가율이 크면 클수록 지역생산성이 커지는가, 모든 지역의 화폐임금 상승률이 동일한가, 생산성 증가율의 지역 간 차이가 화폐임금 상승률의 지역 간 차이보다 큰 것인가 등을 점검할 수 있는 가설을 제공한다는 점에서 칼도의 모형이 뮈르달의 모형보다 진일보한 것이라고 할 수 있으나 칼도의 모형도 한계를 가지고 있다.

칼도의 모형의 이론적 한계는 다음과 같다. 어떤 수출산업이 전문화되어야 하는가에 대하여 전혀 언급이 없다. 요즘 지역총생산의 주요한 원천으로 각광을 받는 3차부문은 도외시하고 있다. 베르두언효과도 여러 가지로 나타나는데 생산의 분업과 전문화, 그리고 기술진보의 기회를 제공하기도 한다. 경험적 증거가 불확실하며, 마지막으로 지역총생산의 증가가 지역수지에 어떤 영향을 주는지 전혀 설명이 없다. 칼도의 모형은 고성장지역이 왜 계속 높은 성장을 하게 되는가를 설명하지만 무엇이 이러한 누적적 과정을 시동하는가에 관하여는 설명이 없다. 더구나 지역적 차원에서 생산성의 상승을 '베르두언법칙'으로만 설명하는 것은 너무 단순하다는 비판을 면하기 어렵다. 지역적 차원에서 중요시될 수 있는 집적경제, 외적 규모의 경제, 경제활동의 공간적 집중에 있어서 불가

---

39) H. W. Richardson, op. cit.

분성과 같은 요인의 복합적이 역할에 관한 언급이 전혀 없는 것이다.

더구나 생산성의 증가가 어떻게 보다 높은 지역성장을 유도하는가를 설명함에 능률임금의 개념을 사용하는 것은 또 다른 문제를 제기하게 된다. 부유하고 높은 성장률을 보이는 지역의 화폐임금이 타 지역보다 높게 상승할 수도 있고, 또 이러한 경향이 보다 높은 생산성의 상승으로 상쇄되지 않을 수도 있다. 능률임금이 하락하지 않는 것이 곧 지역성장률의 둔화를 의미하는 것이 아니고 오히려 물가의 상상을 초래할 수도 있다. 특히 지역성장률이 상대적 능률임금에 달렸다고 함은 모든 지역이 서로 직접적인 경쟁관계에 있음을 의미하나 실제로 지역의 산업구조가 서로 다를 수 있으므로 이러한 가정은 틀릴 수도 있다.

2. 지역발전이론

1) 산업화이론

산업이란 말은 주로 제조공업을 의미한다. 그래서 이 용어는 공업이란 말과 같은 의미로 사용된다. 그리고 산업화란 말은 대규모 제조공업을 바탕으로 하는 사회를 조직하는 것을 의미한다. 또한 산업화란 공업 중심의 경제구조를 조직하는 것을 의미한다. 이렇게 볼 때 지역발전을 위한 산업화란 한 지역에서 공업 중심의 경제구조를 조직하고 이것을 통해 그 지역의 발전을 도모하려는 것을 의미한다.[40]

세계는 제2차 세계대전이 끝나면서 지역발전에 대한 적극적인 관심을 갖게 된다. 이때는 모든 나라가 전후 복구사업을 실시하고 이와 더불어 자국의 경제를 발전시키기 위해 노력하고 있던 그러한 시기였다.

그래서 많은 나라에서는 자국의 경제개발을 위한 여러 가지 형태의 계획을 수립하고 이것을 적극적으로 실시하였다.

그런데 이때 이러한 발전계획은 주로 1930년대부터 알려지기 시작한 자본주의적 경제성장이론에 근거를 두고 있다. 이 당시의 자본주의적 경제성장이론은 주로 슘페터(J. A. Schumpeter), 케인즈(J. M. Keynes), 클라크(C. Clark) 등이 대표하고 있던 때이다. 이들의 이론은 크게 세 가지로 구분하여 요약될 수 있다.

첫째, 한 지역의 경제가 발전하려면 우선 생산기술의 혁신과 이를 주도하는 기업가의

---

40) Z. Y. Hershlag.

경영적 지도력이 필요하다.

둘째, 한 지역의 소득을 증대시키려면 실업자를 줄이고 고용을 증대시켜야 하는데 이렇게 하려면 정부가 시장경제에 적극 간여하는 것이 요구된다.

셋째, 한 지역의 경제성장은 그 지역의 총량적 소득증대를 통해서 이룩된다. 이러한 생각들은 그 후 후진국 및 개발도상국들의 경제발전계획에서 주요한 역할을 하였다. 특히 이들의 생각은 그 후 유엔에서 발표한 전문가보고서에서 구체화되었다.

1951년 유엔에서는 전문가보고서를 발표한 바 있는데 이 보고서에는 후진국이나 개발도상국들이 그들의 국가를 발전시키기 위하여 취해야 하는 여러 가지 전략을 건의하고 있다.

이 보고서에서 강조하고 있는 발전의 목표는 경제성장이다. 그것도 총량적인 측면에서 보는 총체적인 경제성장인 것이다. 이 주장에 따르면 1인당 평균소득이 향상되면 그것은 발전이 이루어진 것으로 간주된다.

그래서 후진국이 선진국의 생활수준을 따라가려면 우선 선진국에서 채택하고 있는 산업화의 길을 답습해야 한다고 주장한다. 선진국에서 채택하고 있는 산업화의 길이란 우선 국가경제를 개방하고 도시산업화를 추진하여 자본을 축적하든가 아니면 외국자본을 들여오도록 한다. 그리고 현대적인 경제사회구조를 조성해나가는 것이다. 그러기 위해 국가가 이를 주도하도록 한다. 이것은 산업화가 이루어지면 소득이 증가하고 소득이 증가하면 지역의 발전이 이루어진다고 보는 견해이다.

이와 같은 산업화 전략은 다음과 같은 몇 가지 이론적 배경에서 출발하고 있다.

첫째, 개발도상국의 발전에서 자원의 분배는 집중되는 것이 분산되는 것보다 유리하다는 것이다. 이것은 국가경제의 측면에서 산업화의 시작은 한두 곳 혹은 기준산업에서 일어난다고 보기 때문이다.

둘째, 발전을 효과적으로 수행하려면 우선 국가성장을 유도하고 이것이 점차로 지역성장을 증대시켜 나가도록 하는 것이 바람직하다는 것이다. 이것은 국가경제의 발전이 일정한 단계를 거쳐 다른 지역으로 확산되어 갈 뿐만 아니라 궁극적으로 국가경제는 통합된다고 보기 때문이다.

셋째, 빠른 경제성장을 달성하기 위해 시장메커니즘에 따르고 중앙집중방식을 채택하는 것이 유리하다는 것이다. 이것은 국가의 경제성장이 처음에는 집중되다가 그 이후에는 분산되는 경향이 있다고 보기 때문이다.

이러한 산업화 전략의 이론적 배경에 관하여는 학자들 간에 많은 논란을 일으키고 있다. 어떤 학자는 산업화 전략의 이론에 대하여 궁극적인 평가를 하는가 하면 어떤 학자는 이 이론에 대하여 부정적인 평가를 하고 있다. 쿠즈네츠(S. Kuznets)라든지 루이스(W. A. Lewis) 같은 이들은 상기의 이론적 배경을 뒷받침하고 있다. 이들에 따르면 경제성장의 초기단계에서는 개인소득이나 지역 간의 소득이 불균형하게 나타나다가 얼마간의 시간이 지나게 되면 이것은 균형을 이루게 된다.

그러나 실제로는 이런 상황이 일어나지 않는다는 것이 일반적인 주장이다. 그래서 산업화가 일정한 단계에 이른다고 하더라도 지역격차나 개인 간의 소득격차는 줄어들지 않는다는 것이다. 오히려 지역 간의 격차는 시간이 지나면서 더욱더 악화되고 있는 것이다. 여기에 산업화이론의 문제가 있는 것이다. 그래서 이 이론의 타당성에 대한 의문이 계속되고 있다.

근래에는 이에 대한 대안적 이론이 모색되어야 한다는 주장이 강력하게 대두되고 있다. 한편 산업화이론의 문제점을 다소 보완한 것이 성장거점이론이다. 그러므로 성장거점이론은 산업화이론을 더 구체화시킨 것이라고 할 수 있다.

2) 성장거점이론

지역성장이란 지역이 가지고 있는 경제적 및 비경제적 구성요소의 양적·질적 성장을 의미한다. 지역성장을 설명하는 이론은 수요에 중점을 두는 이론, 공급에 중점을 두는 이론, 산업구조에 중점을 두는 이론으로 나눌 수 있다. 이 중 공급에 중점을 둔 지역경제성장이론에는 신고전경제이론 성장거점이론이 있는데 이 중 신고전경제이론 지역경제성장(지역생산)은 그 지역에 있는 생산요소(노동, 토지, 자본, 기술의 외생변수)의 공급과 지역 간 생산요소의 이동(타지로부터의 유입)에 결정된다는 이론이다. 식으로 표현하자면 LG=lg으로 표현할 수 있다. 이 중 수요에 중점을 둔 수출기반이론은 경제기반이론으로서 신고전경제이론의 단점을 보완, 수요 측면을 강조하는 지역경제성장이론으로서 국제경제학의 수출기반이론을 지역성장에 도입한 이론이다. 이것의 예로서 대전지역에서 생산하여 국내 또는 국외로 수출하여 지역성장을 하는 것으로 지역성장이 특정지역에서 수출기반산업(기업)이 생산한 재화(상품)를 사는 외부수요에 의해 결정된다는 이론이다. 마지막으로 산업구조에 중점을 둔 누적성장이론과 성장거점이론이 있다. 누적성장이론은 불균형성장이론으로 수요 측면을 강조하는 지역성장이론이다. 지역, 소득이 높은 지역은 잘살고 지역소득이 낮은 지역은 지역경제가 쇠퇴한다는 것이다. 따라서 잘사는 지역이 가난한 지역에 미치는 효과에는 파급효과와 역류효과가 나타난다. 위의 파급효과는 부유한 지역이 성장이 가난한 지역의 성장에 긍정적인 영향을 미치는 것이고 역류효과는 부유한 지역이 성장이 가난한 지역의 성장에 부정적 영향을 미치는 효과이다. 다음의 성장거점 모형은 지역성장은 힘의 공간(결절지역)인 도시에서 이루어진다. 성장주의적 공간상의 입지이론이다. 예로는 아산시 탕정산업단지가 있는데 삼성전자가 다른 연관 산업과 관련하여 크게 자리 잡고 있는 형태를 들 수 있다.

성장거점이란 성장의 잠재력을 갖고 있는 도시를 의미한다. 여기서 도시란 중심이 되는 도시를 나타내고 중심도시란 그 지역의 경제, 사회, 문화, 정치활동 등의 중심이 되는 도시를 뜻한다. 성장잠재력이란 그 지역이 발전하는 데 필요한 여러 가지 요건을 의미한다. 따라서 성장거점전이 주변지역으로 확산되게 하는 데 관련된 이론을 의미한다.

원래 성장거점이론은 산업화로 인하여 발생된 농촌문제와 이로 인하여 야기되는 농촌인구의 도시집중문제를 해결하기 위하여 고안된 것이다. 이 이론은 성장극이론에서부터 출발한다. 성장극이란 원래 프랑스의 경제학자 페로가 처음 사용한 말이다. 1955년 그가 발표한 한 논문에서는 경제공간이라는 용어가 사용되고 있다. 여기서 경제공간이란 경제활동의 흐름으로 이루어지는 공간을 의미한다. 그런데 이러한 경제공간에는 원심력과 구심력이 작용하는 극이 존재하게 되는데 이 극이 바로 성장극이 된다.

여기서 성장극이란 산업, 기업 또는 이들의 집단으로 이루어진다. 이 성장극은 성장을 가져오는 시발점이 된다. 왜냐하면 이들 성장극은 몇 가지 특성을 가지고 있기 때문이다. 첫째, 성장극은 자체의 성장을 유도하고 그리고 그 성장을 다른 곳으로 확산시킨다. 둘째, 성장극은 성장을 촉진시키는 쇄신, 새로운 아이디어를 받아들이는 성향을 갖는다. 셋째, 성장극은 경제적 지배력을 가질 수 있을 만큼 충분히 큰 규모를 갖는다. 넷째, 성장극은 전체 산업의 평균성장률보다는 훨씬 빠른 성장속도를 갖는다. 다섯째, 성장극은 다른 산업과의 연계성이 상당히 높다. 이러한 페로의 성장극이론에 지리적 공간개념을 추가시킨 것이 성장거점전략이다. 따라서 성장극은 그 지역의 중심도시가 되고 이것은 그 지역발전의 시발점이 된다. 그래서 중심도시인 성장거점을 먼저 발전시키면 그 발전은 그 후 다른 주변지역의 발전을 유도하게 되고 따라서 전체지역이 발전하게 된다는 것이다.

이러한 성장거점이론을 뮈르달은 역류와 확산효과의 개념을 갖고 설명하고 허시만은 극화와 연계효과의 개념을 갖고 설명하고 있다. 그리고 프리드먼은 중심과 주변지 모형을 갖고 설명하고 보드빌은 극화지역의 개념을 갖고 설명하고 있다. 이들의 성장거점개념을 페로의 성장극 이론을 약간 변형시킨 것에 불과하다.

그러나 실제에 있어서는 성장거점의 발전만 이루어질 뿐 주변지역의 발전은 이루어지지 않는다는 것이다. 이것은 농촌과 도시 간에 발전의 차이가 깊어진다는 뜻이 된다. 여기서 성장거점의 문제가 대두되는 것이다.

그러면 왜 이런 문제가 발생하는 것일까? 여기에는 여러 가지 이유가 있다. 첫째, 성장거점의 성장이 어느 시점에 도달하게 되면 이곳의 성장은 둔화되고 반대로 주변인 농촌지역에서 성장이 일어나야 한다. 그런데 이러한 논리가 적중되지 못하고 있다. 둘째, 개인이나 기업의 투자는 항상 성장거점에서만 일어나고 있다.

이것은 성장거점이 농촌보다 투자의 안정성이 높기 때문이다. 셋째, 성장거점은 제조업을 기반으로 하고 있고, 농촌은 농업을 기반으로 하고 있다. 그런데 제조업은 성장속도가 빠르고 농업은 성장속도가 느리다. 그래서 성장거점은 계속 빠르게 성장하게 된다. 넷째, 성장거점에는 서비스기능이 강화되어 있다. 여기서 서비스란 재정, 교육, 연구, 계획 등을 의미한다. 이들은 산업발전에 필수적인 것이다. 이것은 산업이나 기업이 계속해서 성장거점에 입지하도록 자극하게 된다. 다섯째, 성장거점이 형성되면 각 지역의 상품들이 이곳으로 모여들면서 이곳에는 시장이 조성된다. 시장이 조성되면 또한 여러 가지 산업이나 기업이 이곳으로 모여들게 되고 이것은 투자를 유도하게 된다.

반대로 농촌지역에서는 이러한 일들이 일어나지 않는다. 여섯째, 농촌에서는 이출현상이 계속되는데 이들의 대부분은 젊은 층이거나 교육 수준이 높은 계층에 속하는 사람들이다. 따라서 농촌은 유능한 지도자라든지 성장에 필수적인 노동인구를 잃게 됨으로써 발전을 하지 못하게 된다. 일곱째, 농촌지역에는 현대산업발전에 필요한 투자재원이 부족하고 주민들의 조세능력이 낮기 때문에 충분한 예산을 확보하지 못하게 되고 이것은 결국 발전을 지연시킨다.

지역의 경제성장에 있어서 산업구조의 영향이 지대하고 특히 기술혁신이 지역발전에 큰 공헌을 한다는 점을 이미 지적한 바 있다. 성장산업을 많이 가지고 있는 지역은 그렇지 못한 지역에 비하여 지역경제의 성장이 빠를 것이며, 새로운 기술을 도입하여 제품을 생산하는 기업이 많으면 많을수록 지역성장 면에서 그만큼 유리할 것이 분명하다.

1970년대 후반부터 1980년대 전반에 걸쳐 영국이나 미국과 같은 선진공업국에서 어떤 지역들, 특히 과거 한때 공업이 굉장히 번성했던 지역들이 큰 고용의 감소를 경험하게 되는 반면 실리콘밸리 지역과 같은 지역에서는 첨단산업의 집중으로 고용증대와 그로 인한 지역경제의 성장을 경험하게 됨에 따라 기술혁신과 첨단기술을 생산에 이용하는 첨단산업이 지역발전에 미치는 영향에 대하여 많은 관심을 갖게 되었다. 일본에서는 첨단산업을 인위적으로 유치하여 지역의 발전을 도모하기 위한 전략적으로 이른바 기술

집적도시(technopolis)를 지정하여 개발하려는 정책을 채택하고 있기도 하다.[41]

갑작스러운 고요감소를 경험하게 된 오래된 공업지역들을 경제적으로 재건하기 위하여 옛 산업들을 다시 부흥시키는 전략은 아무런 효과를 거둘 수 없고 새로운 산업을 일으키는 길만이 이들 지역을 부흥시킬 수 있다고 한다. 슘페터(J. Schumpeter)는 새로운 산업의 창출을 가져오는 기술혁신을 기본적 혁신(basic innovations)이라 부르고 신상품의 도입, 새로운 생산방법, 새로운 시장의 개척, 새로운 원료나 반제품의 공급원 개발, 산업의 새로운 조직방법의 창안 등을 기본적 혁신의 예로 들고 있다. 이러한 상업적으로 이용할 수 있는 기술혁신이 있을 때 한 나라나 한 지역의 경제성장이 가능한 것이다.

첨단산업(high-technology industries)은 기술적으로 진보된 제품의 생산에 관련된 산업이라고 일반적으로 지칭된다. 사람에 따라 여러 가지 다른 의미로 사용되는 경우가 많지만 지역경제의 성장, 특히 고용과 소득의 증대에 관심을 둘 때는 생산과정에 첨단제품을 사용하는 산업보다는 첨단제품을 생산하는 산업을 첨단산업으로 보는 경향이 있다. 기술혁신은 크게 제품혁신(product innovation)과 공정혁신(process innovation)으로 구분되는데 새로운 제품, 특히 기술적으로 진보된 새로운 제품의 개발이 신기업의 창출과 그를 통한 고용증대를 가져온다는 점에서 중요시되며, 그러한 신제품을 생산하는 산업을 첨단산업으로 중요시하게 된다.

그러나 실제로 어떤 산업들을 구체적인 첨단산업으로 볼 것인가의 문제가 그렇게 쉬운 것은 아니다. 그리하여 피터 홀(Peter Hall) 등은 전 제조업체의 평균 이상으로 엔지니어, 엔지니어링 기술자, 컴퓨터 과학자, 생명공학분야의 과학자, 수학자들을 높은 비율로 가지고 있는 산업들을 일단 첨단산업으로 분류한다. 그 외에도 빠른 성장률, 연구 및 개발비의 높은 비율 등을 적용하여 첨단산업의 여부를 판별하기도 한다. 이러한 기준에 따라 분류된 첨단산업들로서는 반도체산업, 컴퓨터산업, 신소재산업, 정밀기계 및 정밀화학산업, 통신정보산업, 항공우주산업, 의공학 및 생명공학산업, 에너지산업 등을 들 수 있다.

이러한 첨단산업들은 ① 에너지 및 자원 절약적이다. ② 지식 집약적 산업이다. ③ 제품주기가 짧다. ④ 제품의 부가가치가 높고 부피가 작다. ⑤ 시스템 종합적인 산업이라는 일반적 특징을 갖는다.

번성하는 지역과 침체한 지역의 차이는 기술혁신의 차이라고 한다. 첨단산업들이 어떻게 지역성장을 촉진하는가, 낡은 공정을 사용하거나 낡은 제품을 생산하는 기업들을 가진 지역은 경제적으로 침체하지 않을 수 없다. 다른 지역의 산업에 비하여 낡은 제품

---

41) Peter Hall, "The Geography of the Fifth Kondratieff", Peter Hall and Ann Markusened.

을 생산하거나 낡은 공정을 사용하는 업체는 경쟁자들보다 높은 제품가격으로 판매하게 되며, 그것은 결국 판매량의 하락과 이윤의 하락을 초래하게 된다. 이윤의 하락은 결국 기술개발투자를 포함한 투자의 감소를 가져오게 되며, 이것은 다시 기술적 낙후와 그로 인한 판매량 및 이윤의 감소라는 악순환을 가져온다. 그러나 일단 기술혁신을 통한 첨단산업이 어떤 지역에 창출된 후에는 이런 현상이 일어난다. ① 그 첨단산업에서 고용과 소득이 창출된다. ② 그것을 모태로 하여 새로운 첨단산업들이 분가적으로 창업된다. ③ 이들 첨단산업들에 여러 가지 부품을 공급하는 산업들이 탄생하게 된다. ④ 이러한 첨단산업과 그 관련 산업의 발달은 그 지역에 건설업, 부동산업, 여러 가지 개인 서비스업의 발달을 추진하게 됨으로써 지역경제 전체의 성장을 가져온다. 다른 산업과는 달리 특히 첨단산업이 지역의 경제발전의 원동력으로 작용하는 데는 제품주기 또는 이윤주기 이론(product cycle-profit cycle theory)과 밀접한 관계를 가지고 있다.

3) 제품주기론 및 이윤주기론

1966년 레이먼드 버논이 슘페터의 기술혁신이론을 기초로 처음 발전시켰다. 이 이론의 골자는 모든 제품과 그 제품을 생산하는 산업은 유년기, 장년기, 노년기의 단계를 거쳐서 성장과 쇠퇴를 하게 된다는 것이다. 이러한 입장에서 보면 모든 제품과 산업은 한 때의 기술혁신으로 창출되었으며 그러한 점에서 새로운 첨단산업이었다.

사람에 따라 여러 가지 이름의 단계를 나누고 있지만 피터 홀 등은 혁신단계, 시장침투단계, 시장포화단계, 합리화 단계의 네 단계로 구분하여 제품과 산업의 성장과정을 설명한다.

다음으로 이윤주기이론이다. 안느 마르쿠젠은 혁신단계의 기업은 신제품의 급격한 시장성장으로 폭리를 얻으나 다음 단계에서는 점차 치열한 경쟁으로 도산이 속출하고 이윤도 점차 하락한다. 성숙단계에서는 반독점 대기업이 경쟁배제 및 제품 다양화로 정상이윤을 성취하게 되고 최종단계에서 축소와 신흥공업국 또는 신흥공업지역으로부터의 경쟁을 당하여 이들 기업은 폐쇄나 일부 해고 또는 해외입지 등의 합리화 정책을 추구한다고 한다.

미국 내의 첨단산업의 입지패턴은 산업분야에 따라 다르게 나타나고 있다. 특히 제품의 표준화 단계를 지난 첨단산업과 연구개발 및 관리기능은 혁신중심지에 그리고 생산기능은 노임이 저렴한 지역에, 기능적 분리입지를 가능케 하는 기업조직의 변화를 겪은 첨단산업들은 강한 분산입지 경향을 보인다. 이들은 같은 지역 내의 소도시나 대도시

주변에 근거리 분산경향을 보인다.

　그러나 제품개발단계에 있는 대부분의 첨단산업들은 창업주의 고향이나 대학이나 연구소가 있는 혁신의 중심지에 집중하는 강한 경향을 보이고 있음이 많은 연구들에서 밝혀지고 있다.

　첨단산업의 입지와 관련하여 특히 주목할 점은 옛 공업지역에서는 첨단산업의 창업이나 입지가 이루어지지 않는다는 것이다. 예외가 없는 것은 아니지만 대체로 이들 지역들은 낡은 도시기반시설, 낡은 생활환경, 혁신적 기업가나 기업정신의 부족 등으로 첨단산업의 창업이나 입지가 잘되지 않는다. 일단 불리한 사양산업들로 산업구조가 지배되면 이들은 필요한 산업구조의 개선에 심한 장애가 된다. 이것을 가리켜 유파스 나무효과(upas tree effects)라고 한다. 특히 옛 공업지역의 잠재적 기업가들은 기존기업의 관리직에 안주하게 되고, 이들 낡은 기업들의 당면과제는 신제품의 개발보다는 기존제품을 보다 저렴하게 생산하는 공정혁신이기 때문에 신기업의 창업이 부진하다. 이들은 오히려 그들의 낡은 기업이 시장포화상태에 이르면 타 지역의 기존기업이나 고성장기업을 취득하는 데 주력한다.

　첨단산업의 입지요인으로 양호한 국내외 항로를 가진 주요공항, 온화한 기후와 좋은 자연환경, 좋은 주거·문화·교육·위락시설, 강하지 않은 노동조합·저렴한 임금·높은 실업률, 내부의 접근과 연계성, 특히 고속도로망의 발달, 전문적인 비즈니스 서비스와 기타 지원설비의 구비, 비규제적이며 자유기업 등 우호적 기업분위기, 연구개발기능이 활발한 대학·정부, 대기업의 연구소의 존재, 국방비의 집중적 지출 등이 일반적으로 지적된다.

　이러한 입지요인을 잘 갖춘 지역에 첨단산업이 입지하면 여러 기업이 한 곳에 집중하게 되는 원인은 이렇다.

　① 연구소나 창업기업으로부터 분가적 창업이 일어난다.

　② 정보 때문에 경쟁기업들은 모태기업이나 선도기업들 부근에 있으려 한다.

　③ 기업들이 한곳에 입지함에 따라 전문노동시장이 형성된다.

　④ 모인 기업들이 만들어내는 지적이며 혁신중심지를 떠나서 일하기란 사실상 어렵다.

　⑤ 독특한 창업 자본시장, 기타 전문적인 지원서비스가 존재한다.

　⑥ 많은 경우의 첨단산업의 제품주기가 짧아서 표준화된 대량생산 단계에 도달하지 못한다.

　이러한 이유로 대부분의 첨단산업들은 집적의 이점이 있는 곳에 모여서 입지하게 된다. 한 나라나 지역의 경제가 왜 호황과 불황을 거듭하는가, 그러한 경기변동의 원인과 변동경로는 어떠한가의 문제는 일찍부터 많은 경제학자들의 관심사였다. 특히 최근 일찍부터 산업혁명을 통하여 공업화를 이룩한 영국을 비롯한 서구의 국가들이 경제적 침체를 맞게 되며, 특히 이들 선진국의 옛 공업지역들이 극심한 고용감소를 겪으면서 이른바 탈공업화(deindustrialization)를 당하게 되자 장기적인 경제활동의 변동주기에 대하여 새로운 관심을 갖게 되었다. 따라서 여기에서는 지역발전과 관련하여 장주기이론(long wave theory of regional development)을 소개하고자 한다.[42]

콘드라티에프(Kondratieff)는 1935년에 자본주의경제는 50년을 주기로 호황과 불황 그리고 회복기를 거쳐 다시 호황으로 이어지는 주기적인 변동을 한다는 사실을 통계적으로 확인하였다. 서구의 자본주의경제는 1789~1814까지 25년간은 경기상승기였고, 1814~1849년까지 35년간은 경기하강기였다고 한다. 1849~1973까지 24년, 그리고 1873~1896까지 23년간 역시 마찬가지로 각각 경기상승기와 경기하강기에 해당하는 것이다. 그는 로스토우(Rostow)와 마찬가지로 가격의 움직임을 통하여 이러한 경기의 주기를 파악하였다.

그의 뒤를 이어 슘페터(J. Schumpeter)는 경제활동의 변화를 통하여 이러한 장주기가 존재함을 확인하였고, 그는 한 걸음 더 나아가서 8~10년의 주기 그리고 3년 주기들이 장주기(long cycles)에 겹친다는 사실을 발견했다.

특히 최근 독일의 맨시(Mansh)가 서구경제의 기술혁신 자료를 통계적으로 분석하여 이러한 경제의 장파(長波)가 존재함을 다시 확인하였고, 특히 그러한 장파는 기술혁신에 의하여 주도된다고 주장하였다. 따라서 오늘에 와서 장주기의 기간이나 그 원인에 관하여는 많은 논쟁이 있지만 장주기가 존재한다는 점은 대체로 인정되고 있다.

마찬가지로 한 국가 안의 지역경제에도 장파가 존재한다고 본다. 지역경제도 회복-호황-침체-불황의 장주기를 따라 변동한다. 그러한 장파가 어떻게 일어나며 어떤 경로로 변동하는가를 보기로 하자. 장파의 원인에 관하여는 크게 두 가지 시각의 설명이 있다. 하나는 ① 사회간접자본 투자 등 수명이 오랜 자본투자의 주기나, ② 한 묶음으로 일어나는 기술혁신과 산업의 주기(industry life cycle) 등을 통한 경제내부의 요인으로 설명하려는 마르크시스트적 접근이다.

정유, 제철, 통신, 동력, 교통부문의 기간산업 시설이나 사회간접자본은 한번 투자를 하면 그 시설의 수명이 오래가는 것이 특징이다. 그런데 이러한 시설은 불황기에는 초

---

42) Douglas E. Booth, op. cit.

과용량(excess capacity)이 발생하므로 이러한 부문에 투자를 더 이상 하지 않게 된다. 그러나 상당한 시간이 경과하면 결국 이러한 부문에 대한 투자의 필요성이 절실히 느껴지고, 이 분야에 대한 자금이 배분되어 투자가 이루어지면 이것이 경제 전체의 수요와 생산을 자극하게 된다. 그러나 이때의 투자는 장기적 필요를 초과하는 투자로서 결국 초과용량이 발생하게 되어 상당기간 이 부문에 대한 투자를 하지 않게 된다. 그러면 이로 인하여 경제 전체의 수요와 생산이 따라서 위축된다. 이것이 사회간접자본 투자의 주기를 통한 지역개발의 장파 설명의 골자이다.

그러나 슘페터나 맨시는 기술혁신과 그로 인한 산업의 주기를 통하여 경제의 장파현상을 설명한다. 이들의 국가경제의 주기변동에 대한 설명은 그대로 지역경제의 장파현상에도 적용할 수 있다. 슘페터는 새로운 산업을 창출하는 기술혁신을 기본적 혁신(basic innovations)이라 부르고 이러한 기본적 혁신이 묶음(bunching)으로 일어나는데 이것이 경제의 장주기를 주도한다고 한다.

기술혁신을 수행하는 기업가적 재능은 그 공급이 제한되어 있으며, 이런 재능 있는 기업가들의 기술혁신이 덜 재능 있는 기업가들에게 기술혁신의 길을 열어주기 때문에 기술혁신이 묶음으로 일어나게 된다는 것이다. 선도기업인의 성공은 그보다 덜 재능 있는 사람들의 혁신을 부추기게 된다.

이러한 기술혁신과 신사업의 등장으로 경제가 호황을 맞이하게 되지만 신제품에 대한 투자수요의 증가는 자본재의 가격상승을 가져오고, 이것이 기존기업의 이윤감소를 가져오게 되어 상당한 자기 파괴적(self-destructive)인 면을 갖게 된다. 신사업에 참여가 늘고 점차 경쟁이 치열해짐에 따라 신사업의 이윤도 감퇴하게 되어 경제는 침체하게 된다. 특히 기업가들은 회복기와 호황기에 부채를 갚기 때문에 투자재원이 감소하고 투자의 부족은 경제를 호황에서 불황국면으로 들어가게 한다.

맨시는 기초혁신이 새로운 산업을 창출하고 새로운 산업은 빠른 성장기, 성장둔화기 그리고 절대감소의 일생주기를 가지며, 이러한 산업의 주기에 따라 경제의 호황과 침체의 장파가 발생한다고 한다. 상품주기와 그에 따른 산업의 성장과 침체의 주기는 앞에서 상세히 설명했으므로 생략하지만 골자는 신사업은 결국 시장포화단계를 맞게 되고 신사업의 성장둔화는 경제전반에 파급을 미쳐 경제성장의 둔화를 초래하고 성장의 둔화는 경제전반에 파급을 미쳐 경제성장의 둔화를 초래하고 성장의 둔화는 자본투자의 저조와 경제의 침체를 가져오게 된다는 것이다. 그는 불황기에 기초혁신들이 묶음으로 일어나서 다시 경제를 호황국면으로 들어가게 하는 것은 종전 성장상업들이 성장을 멈추게 되면 새로운 산업에 투자하려고 노력하기 때문이라 한다.

부스(Booth)는 한 가지만으로는 설명이 불충분하므로 사회간접자본 투자의 주기설과 혁신 및 산업주기설을 종합하여 지역경제의 장파를 설명하고자 한다. 불황기에는 나쁜 경제여건과 사회간접자본 등의 기간시설의 초과용량으로 사회간접자본 투자는 저조하게 된다. 그러나 결국은 이러한 기간시설의 노후한 것을 대처하는 투자가 이루어지게 되고 경기는 서서히 회복하게 된다. 개선된 경제여건으로 기초혁신이 시작되고 그 결과로 탄생되는 신기업과, 이 신기업의 탄생으로 유발되는 사회간접자본 투자는 경제를 호황국면으로 진입시킨다. 그러나 결국은 간접자본의 투자율이 기본적인 필요를 넘어서게 되고 이리하여 초과용량이 발생하면 상당기간 간접자본에 대한 투자가 중단되며, 그 결과 경기가 후퇴하여 불황국면으로 들어가게 된다. 이러한 불황국면은 초과용량이 다 없어질 때까지 오래 지속된다. 거기에다가 기존 성장산업이 시장포화를 겪게 되어 경제 전체를 이끌 수 없기 때문에 더욱 그러하다. 사회간접자본 투자가 기본적 필요 이상으로 투자되어 초과용량을 발생하게 되는 것은, 그러한 투자를 기준으로 하는 최대성장률이 오래 지속되지 못하기 때문이다.

이에 대하여 멘델(Mandel)은 자본주의경제 내부의 메커니즘을 작동시키는 외적·사회 정치적 과정과 자본주의 위기경향에 대한 마르크스적 설명을 연계함으로써 장파를 설명하려 한다.

그는 자본가 간의 치열한 경쟁은 생산과정의 기계화 노력을 초래하고 이것은 고정자본의 증가를 가져오며, 이는 결국 자본가의 이윤율의 하락을 가져온다. 이윤의 하락과 함께 경기도 하강국면으로 접어들게 된다.

경제가 수축에서 다시 팽창국면으로 돌아가려면 새로운 투자기회를 얻어야 하는데 이것은 값싼 노동력, 값싼 원료, 진보된 기술, 판매망 등의 이로운 경제여건이 마련되어 평균 이상의 잉여이윤이 발생할 수 있을 때 가능한 것이다. 이러한 이로운 득점적 경제여건은 경제내부에서 마련되는 것이 아니고 오히려 식민지의 새로운 시장개척, 제국주의 전쟁 등 사회 정치적인 힘에 의하여 마련된다.

마셜은 한 걸음 더 나아가서 산업자본주의 장파는 생산의 사회적 관계와 기술적 힘의 결합형태를 내포하는 것이며, 그 변화의 중심은 기술변화라기보다는 노동과정(labour process)의 역사적 변모라고 한다. 그것은 새로운 상품이나 공정개발의 도입 및 그 확산은 생산에 있어서 노동의 자본에 대한 사회적 복종의 새로운 형태의 도입을 통해서만 가능하기 때문이라 한다. 그는 슘페터나 맨시가 경제발전의 장파를 증기기관, 철도, 증기선, 자동차, 전자 등 기술혁신의 장파로 이해하는 것과는 달리 생산의 사회적 관계의 변화, 수공생산제(manufacture), 기계 위주 생산제(mach-inofacture), 과학적 관리법 및 포드주의 그리고 신포드주의(neofordism) 등으로 장파를 이해하려 한다.

4) 종속이론과 지역발전

종속이론(dependency theory)이란 경제발전과 저개발의 원인을 설명하려는 일단의 이론으로서 후진국의 사회경제적 발전은 외부의 힘, 즉 선진자본주의 국가들에 의한 후진국의 지배에 의하여 조건 지어진다고 주장하는 이론들을 말한다. 이들은 심지어 후진국의 저개발은 선진국의 개발의 반영에 불가하다고 주장한다. 다시 말하면 선진국의 발전은 후진국의 희생으로 이루어진 것이고 후진국의 저개발은 그 결과라고 본다.[43]

이들은 선진자본주의 국가들이 후진국으로부터 식민지나 또는 다국적기업과 같은 방법으로 경제적 잉여를 수탈하여 가기 때문에 선진국들은 빠른 성장을 하게 되고, 후진국들은 경제적으로 침해되어 저개발상태에 머물러 있게 된다고 주장한다. 종속이론은 경제적 잉여의 수탈을 저개발의 원인으로 보는 면에서 저개발이론(underdevelopment theory)과 많은 면에서 맥락을 같이한다.

이러한 종속이론과 저개발이론에 담겨진 많은 사상과 주장은 식민주의와 제국주의에 관한 마르크스의 이론과 사상 속에 이미 내포되어 있지만 이들 이론은 제2차 세계대전 전 식민지였던 나라들의 경제발전 문제에 관한 케인즈나 신고전학파의 접근법에 대한 비판으로 프랑크(Andre Gunder Frank), 바란(Paul Baran), 아민(Samir amin), 산토스(Milton Santos) 등에 의하여 1950년대 이후 발전이론으로 등장하여 특히 1970년대에 유행하였다. 제2차 세계대전 후 식민지로부터 독립한 남미, 아프리카, 아시아의 이른바 제3세계 국가들의 경제적 발전을 선진국과의 지배종속관계의 틀 속에서 설명하려는 이 종속이론은 국가발전의 문제에 주 초점을 두고 있음이 사실이지만 국내의 지역개발과 저개발의 문제도 같은 시각에서 설명할 수 있다고 보기 때문에 지역개발의 이론으로서 관심을 갖게 된다. 특히 지역개발의 이론으로 이들이 각광을 받게 된 것은 ① 1970년대 말 미국, 영국, 프랑스 등 선진국에서 제2차 세계대전 후 각광을 받던 지역계획이 퇴조하고, 그 대신 지역문제의 해결이 역주기 정책(counter cyclical policy)이나 통화 정책적 차원에서 모색된 점, ② UN의 첫 개발 10년의 실패, 특히 후진국의 지역개발문제의 미해결과 선

---

43) Adre' Gunder Frank, On Capitalist Underdevelopment(London: Oxford University Press).

진국 주요도시에서 확산되었던 폭력 등의 문제발생으로 성장거점 전략과 그의 이론적 기초가 된 신고전학파나 케인지언의 경제성장이론에 대한 비판, ③ 서구의 몇 나라에서 중앙정부가 높은 실업 등 지역경제문제를 적절히 대응치 못함에 따라 지난날의 지역적 불만, 문화적 차이, 희소한 자원에 대한 투쟁이 재발됨으로써 새로운 투쟁적 지역주의가 등장한 점 등으로 도농격차, 계급관계, 지역의 정치주권이 새로운 논쟁의 대상으로 등장한 데 연유한다.

지역발전에 있어 무엇보다 중요한 요소는 그 지역이 보유하고 있는 이동이 불가능한 자원이다. 이것이 그 지역의 가장 기초적인 입지조건을 구성하여 그 지역의 개발 잠재력을 나타낸다. 지하자원은 물론이요, 하천, 지형, 토질, 항만조건 등이 바로 이러한 자원의 예이며, 이러한 부존자원에 따른 제1차적 입지조건이 어떤가에 따라 그 지역의 산업구조가 결정된다. 공업이 입지할 수 없는 지역은 공업입지 조건이 양호한 지역에 비하여 대단히 불리한 산업구조를 갖지 않을 수 없고 이러한 불리한 산업구조가 결국 지역발전에 불리하게 작용할 것이 틀림없다.

그다음으로 들 수 있는 요소는 이동이 가능한 자원이다. 여기에는 생산의 원료와 생산요소인 노동과 자본이 그 대표적인 예라 할 수 있다. 한 지역의 발전은 이러한 생산요소나 원료에 의하여 그 한계가 정하여진다. 지역은 그가 보유하고 있는 생산요소나 원료의 한계 이상으로 성장할 수 없다. 따라서 이러한 요소의 한계점에 이른 지역이 더 크려면 다른 지역으로부터 이러한 자원을 동원할 수 있어야 한다.

특히 이와 관련하여 주목할 요소는 지역이 보유하거나 동원할 수 있는 기업가, 전문경영인이다. 한 나라의 발전에 있어서 기업가정신이 중요시되는 것과 같이 한 지역의 발전에 있어서도 새로운 '아이디어'를 받아들이고 쇄신을 수용하고 더구나 리스크 테이킹(risk-taking)하는 자세를 가진 기업가야말로 대단히 중요한 요소가 아닐 수 없다.

한 나라의 발전과 경제성장도 그러하지만 지역의 성장이나 발전에 있어서 또한 중요한 요소로 기술의 진보와 쇄신의 확산을 들지 않을 수 없다. 새로운 기술을 개발하는 것도 중요하지만 다른 지역에서 개발된 쇄신적 기술을 빨리 채택하는 것도 대단히 중요한 발전인자가 아닐 수 없다. 쇄신이 공간적으로 확산될 때는 도시의 계층구조를 따라 계층적으로 퍼진다는 것은 앞에서도 본 바와 같다. 그러한 의미에서는 한 지역의 도시가 어느 정도로 안정된 계층구조를 가지고 있느냐가 대단히 중요하다.

도시의 쇄신을 창출하고 또 그를 전파시키는 주요 경로라는 점에서도 중요하지만 집적의 이익과 도시적 서비스를 제공함으로써 강하게 산업을 끌어들이는 힘으로 작용한다는 점에서도 그 역할이 중요시된다. 도시는 다 그러한 것은 물론 아니지만 흔히 다른 지역에 성장을 전파시키는'성장거점'으로서 그리고 공간경제의 통합 '네트워크'로서 중요한 지역발전의 요소가 된다.

끝으로 사회간접자본, 그중에서도 교통·통신망의 중요성을 들지 않을 수 없다. 교통·통신망은 원료, 생산요소, 쇄신적 아이디어 등을 전파시키는 중요한 경로이기 때문에 흔히 지역성장의 잠재력을 크게 하는 요소로 간주된다. 교통의 역할은 지역 내 교통의 개선 및 능률화와 지역 간 교통의 개선에 따라 그 지역성장에 미치는 영향이 다르다. 지역 내 교통의 개선이 지역 전체의 입지조건을 개선해주는 것으로 해석할 수 있지만 지역 간 교통의 개선이 대도시로의 산업집중을 촉진할 것인지 그로부터의 분산을 촉진할 것인지 일률적으로 말할 수 없다.

지역 간 교류는 지역성장에 지대한 영향을 미친다. 한 지역에서 발생한 성장력은 그 지역 내의 다른 성장요인을 자극하여 그 지역의 성장을 더욱 지속적이고 가속적으로 만들기도 하고 더 나아가서 다른 지역으로부터 필요한 자원을 끌어들임으로써 자신의 성장은 촉진되지만 자원을 잃는 지역의 성장을 저해하기도 한다. 시버트(Horst Siebert)는 전자를 상승효과(rein-forcing effect)라 부르고, 후자를 탈취효과(withdrawal effect)라고 부른다. 그뿐만 아니라 한 지역에서 발생한 성장은 다른 지역으로 전파되기도 하는데 이러한 것을 그는 전파효과(leveling effect)라고 한다.

그는 한 지역 내의 원천적 성장력과 유발적 성장력의 합이 다른 지역으로 유출되는 전파효과보다 큰 지역을 자립성장지역(regions with autonomous growth)이라 하고 전파효과가 탈취효과보다 큰 지역을 유발성장지역(regions with induced growth)이라 한다. 탈취효과와 전파효과가 같은 지역은 정체지역(Stagnating regions)이라 부르고 전파효과가 탈취효과보다 작은 지역은 침체지역(contracting regions)이라 부른다. 자립성장지역은 이른바 성장거점(growth pole)이라 볼 수 있다.

제8장 내발적 발전전략

1. 진행과정

지방자치제 실시 이후의 우리나라에서 어떤 내발적 개발전략을 수립할 것인가 하는 문제는 지역개발전략의 수립에 중요한 논점이 되고 있다. 외래형 또는 외발형 개발전략이란 간단히 말하면 외부 대기업의 유치나 국가 주도 개발을 통하여 지역진흥을 꾀하는 전략이고, 내발형 개발전략이란 지역이 주체가 되어 지역의 자원이나 잠재력을 활성화시킴으로써 지연기업 내지 산업의 성장을 꾀하는 전략이다. 일본에서도 이런 문제를 둘러싸고 1970년대와 1980년대에 지역경제학계에서 활발한 논쟁이 있었다. 이런 논쟁을 통하여 일본에서는 1980년대 후반 이후는 적어도 지역개발의 기본기조로서 내발형 발전이 자리 잡게 된다. 일본에서의 이런 논쟁은 향후 우리나라의 내생적 지역개발론의 구축에 많은 참고가 될 것이다. 일본에서 내발형 발전을 주장한 대표적인 그룹에는 미야모토 겐이치 그룹과 키요나리 타다오를 중심으로 한 지역주의가 있다.

1) 고도성장기 지역개발의 문제점과 학계의 연구동향

1967년의 '전국종합개발계획' 등 고도성장기에 나온 일련의 지역개발정책은 국가 차원의 중화학공업 입지 확보를 골간으로 하면서 지역정책으로서 거점개발방식을 지향하였다. 이런 일련의 정책전개는 지역개발론 연구에도 강한 자극을 주었다. 크게 두 가지 유형의 연구방향이 나타났는데, 하나는 정책추진 주체의 필요에 따라 개발계획의 책정과 실시에 불가결한 투자효과 분석을 중심으로 다루는 정책론적 연구이다. 다른 하나는 정책을 수용하는 편인 지역으로부터의 요청에 의해 나온 이론으로, 주로 정책경제학파에 속하는 지방재정학의 연구자에 의해 주도되었다. 과소, 과밀 공해 등 소위 지역문제에 촉발되어 각지에서 전개된 지역개발에 대한 비판적 운동의 요청에서 나온 이 이론은 1960년대 지방 각지에서 나타난 혁신자치체의 지역정책에 이론적 기반이 된다. 내발적 발전론은 바로 후자를 비판적으로 계승한 이론이다. 그러나 당시 경제지리학에서는 이런 문제에 부응하는 연구성과를 내놓지 못하고 있었다. 경제지리학을 인문환경론이며 관계의 과학이라는 시점에서 보고 각지에 방대한 현지조사 자료를 축적했지만 그것을 일방

방향으로 수렴시켜 체계적으로 지역문제의 발생 메커니즘을 구명하는 이론적 틀을 결요하고 있었다. 시마 야스히코의 지역불균등론이 대표적인 연구로 손꼽힌다. 시마는 지역불균등을 자본주의, 특히 제국주의와 연관된 독점 자본주의의 속성에 기인하는 것으로 파악하였다. 그는 주민의 요구를 무시한 공공투자를 규제하기 위해 민주주의적 체계에 주민의 참가와 지방분권의 중요성을 주창한 이 이론은 1960년대의 혁신지자체 운동의 이론적 기반이 되었다.

2) 지역불균등론의 비판과 새로운 이론의 등장

1970년대부터 나오는 여타의 이론은 시마 불균등론을 비판 또는 발전적으로 계승하는 형태로 생겨난다. 먼저 지역구조론자인 야다 토시후미는 "지역적 불균등의 원인을 자본주의경제의 불균등 발전논리의 해명에 돌리면 지역적 불균등을 독자적으로 해명할 논거가 없다"고 비판한다. 따라서 그는 지역문제의 파악에서는 지역적 불균형론보다는 국민경제의 지역구조 해명이 더 유효하다고 주장하면서, 고도 성장과정에서 형성된 국민경제의 지역적 구조를 분석해야만 지역격차 문제의 원인과 대책의 제시가 가능하다고 본다.

한편 내발적 발전론의 입장에서도 비판의 기본적 초점은 마찬가지이다. 지역적 불균등론은 역시 지역격차 문제를 현대자본주의라고 하는 체제비판으로 환원하고 있기 때문에 자본주의하에서 지역경제의 발전을 생각하는 정책론이 나올 수 없다고 비판한다. 계층적 지역구조의 문제는 현대자본주의라는 체제에 환원해서는 안 되고, 계층성을 완화하도록 새로운 지역구조의 존재방식, 더 나아가서는 지역경제와 지방차지의 존재방식을 적극적으로 구상하고 전망해나가는 연구와 실천이 요구된다고 하면서 현대 관리시스템으로서의 관료제의 극복, 즉 분권화와 내발적 발전을 대안으로 제시하고 있다. 미야모토는 "지역경제 불균등 발전론 혹은 그와 유사한 지역격차론의 결함은 도시는 풍요롭고 농촌 혹은 지방은 가난하다는 인식에 서서 지역개발이라는 것은 도시의 경제력을 농촌에 분배 혹은 분산하는 수단이라고 말하는 것"이라고 비판한다. 따라서 농촌지역의 소득격차 문제뿐만 아니라 도시지역의 문제, 즉 현대적 빈곤문제까지를 지역문제로 다루는 지역경제학의 시점이 필요하다고 본다. 즉, 미야모토는 지역경제학의 대상범위를 매우 폭넓게 잡고 있다.

3) 내발적 발전론의 형성: 고도성장기의 지역개발정책의 비판

미야모토의 내발적 발전론은 지역불균등론을 비판하면서도 주민참여의 지역개발, 민주적 지방자치를 강조하는 점에서 시마의 이론을 비판적으로 계승 발전시킨 것으로 고도

성장기의 대규모 공장의 입지와 콤비나트 건설을 주민의 입장에서 조사하고 그 문제점을 고발 비판하였다. 일본의 고도성장기인 1950~1960년대에는 거점개발방식에 의한 태평양벨트 지역의 중화학공업의 집중배치정책이 추진되었고 1970년대 중반까지는 수도권의 조립가공 공장의 지방분산정책이 추진되었다. 이 결과 지방으로의 공장분산은 외래형 개발에 의한 지역진흥을 가능하게 했다.

미야모토 등의 외래형 개발은 다음과 같은 문제를 낳았다.

첫째로 일부 입지조건이 유리한 지역만이 콤비나트 유치에 성공하고 그 외의 지역은 여전히 후진지역으로 남았다는 것이다.

둘째로 콤비나트 유치에 성공한 지역의 경우도 이윤은 본사가 있는 도시로 유출되고 지역기업과의 연관성이 희박하였으며 심각한 공해문제를 낳았다는 것이다.

셋째로 주변 농촌지역은 인구가 빠져나가 과소지역이 되는 반면 도시는 과밀의 문제를 안게 되었다는 것이다.

이 시기의 이론적 기반이 되는 대표적인 저서는 미야모토의 『사회자본론』인데 여기서 미야모토는 빈곤을 저소득과 실업이라고 하는 고전적인 빈곤과 공해라든지 도시문제, 과소문제 등과 같은 현대적인 빈곤으로 나누고 현대적 빈곤은 소득재분배나 중앙집권적인 복지국가정책으로는 해결되지 않을뿐더러 현대사회주의로서도 해결될 수 없다고 하면서 분권적 주민자치를 주장한다. 이와 같이 이 시기에 미야모토 등은 외래형 개발이 가져온 지역문제와 학문적 격투를 벌이면서 동시에 새로운 지역개발의 대안적 사례가 없는가를 탐색한다.

그러나 이 단계에서는 지역개발연구의 주류가 현실의 지역개발에 대한 정책비판이었기 때문에 아직 내발적 발전론이란 개념이 지역개발의 이론적 틀로서 본격적으로 사용되지 않았다.

4) 1980년대 내발적 발전론의 체계화

내발적 발전론이 이론적으로 체계화된 것은 1980년대에 들어서이다.

미야모토는 내발적 발전이란 "지역의 기업·조합 등 단체나 개인이 자발적 학습에 의해 계획을 세우고 자주적인 기술개발을 기초로 지역환경을 보전하면서 자원을 합리적으로 이용하고 그 지역의 문화에 뿌리박은 경제발전을 이루면서 지방자치제의 손으로 주민복지를 향상시켜 가는 지역개발"이라고 했다.

그 방법의 원칙으로서는 첫째, 지역의 산업, 문화를 토대로 지역의 주민이 학습하고 계획할 것, 둘째, 환경을 고려하는 개발 아래 어메니티, 복지, 문화의 향상을 중심 목적으로 하고 지역주민의 인권확립을 꾀하는 종합성을 가질 것, 셋째, 지역 내 산업연관을 중시하여 지역산업의 다각화와 부가가치의 지역 내 귀속을 도모할 것, 넷째, 주민참가제도를 만들어 자치제가 자본이나 토지이용을 규제할 수 있도록 자치권을 확보할 것을 제시하고 있다.

한편 시게모리 아키라는 내발적 발전의 원칙으로 자치의 원칙, 지역경제의 원칙, 공동의 원칙, 인간발달의 원칙을 들고 있다.

이들은 내발적 발전론을 단순히 지역산업개발론으로 주장하고 있는 것은 아니다. 오히려 내발적 발전론은 지역의 다양한 고유자원, 문화, 전통을 재발견하고, 자주성에 기초하여 발전을 도모하는 하나의 사회변화과정이며, 다선적 발전이라고 본다.

내발적 발전의 성공적인 전개과정은 위기의식의 공유→목표의 명료화(지역종합계획)→주민의 결집(학습회 등)→리더의 헌신이라는 과정을 통하여 추진된다.

5) 내발적 발전론의 지역경제상과 지역정책론

내발적 발전론에서 그리는 지역경제상은 자립을 중심단어로 한 산업수도 구상이라고 볼 수 있다. 이것은 특정한 산업분야에서 전국적 내지 세계적인 중심지가 되어 생산현장인 공장부문만이 아니라 본사기능으로부터 연구개발, 영업부문, 디자인광고 등 경제상 부기능을 동일 지역에 집적시킨 도시를 상정한다. 이 경우 '도시의 자립성'은 타 지역에 의존하지 않는 자급권을 의미하지는 않는다. 지역 간의 상호의존의 관계의 위에 선 '도시의 자율성'이다.

지역 내 분업을 심화 발전시키는 도시에서는 '특화를 통하여 지역 내 분업을 심화시켜 생산력을 발전시키면서 새로운 특화 분야를 준비하는 독자의 내발적인 지속적 발전의 내부구조'를 조성하는 것이 소망스러운 지역경제의 구조라고 보는 것이다.

한편 도시 간의 관계, 즉 광역시스템은 이러한 자율적 도시가 상호 교류하는 수평적 지역 간 분업시스템을 만드는 것이다. 나아가 "지역 혹은 도시를 단위로 하는 하나의 새로운 정치경제구조를 가지고 독자의 개체로서의 지역경제 혹은 도시경제가 '국민국가=국민경제'를 넘어서 직접 세계와 연결되는 시대"라고 한다.

내발적 발전론의 주요 주장을 정리하자면, 첫째, 현재까지 일본의 국토정책, 산업입지정책 등은 실패였을 뿐만 아니라 지역의 발전에 무용했다.

둘째, 중앙과 지방의 관점이 아니라 '지역'의 관점에서 보아야 한다. 즉, 하나의 독자적인 단위로서 지역을 보아야 한다.

셋째, 지역단위는 광역단위보다는 주민자치가 가능한 시·정·촌 단위가 기본적 단위이다.

넷째, 지역 진흥은 지역의 자원, 기업 그리고 주민의 자발성에 기초해야 한다.

다섯째, 지역산업 진흥의 구체적 방법은 다양하며 일의적으로 말할 수 없다. 다만 지역의 전통, 역사, 문화를 중시하고 지속적인 자기 혁신이 가능한 산업기반을 조성하는데 주안점을 두어야 한다.

여섯째, 소위 지역문제란 지역격차 문제뿐만 아니라 환경의 질과 어메니티, 복지, 인간성 회복 등의 문제까지 포함한다.

일곱째, 대량생산, 대량소비 사회로부터 다품종 소량 생산사회 또는 유연적 생산시스템 사회로 이동하는 현대에서는 그리고 블록화 국제화될수록 또 환경문제를 중시하는 지속적 발전의 사회가 될수록 국가의 역할보다는 지역의 역할이 더 중요하다.

다음으로 우리는 왜 내발적 지역발전의 길을 지역경제발전의 새로운 대안으로 제기하는가에 대해서 알아보자.

먼저 우리나라 지역모순의 핵심이 서울에 지배 거점을 둔 중앙집권적 국가와 재벌체제가 주도하는 성장제일주의 전략과 수직적 지역통합전략에 있다는 점이다. 현재 극심한 지역 간 불균형 및 수직적 지역구조와 그에 따른 지역의 종속과 위기는 그 현상적 표현이며 바로 이러한 한국자본주의 발전양식에서 비롯된 것이다. 이러한 지역모순을 극복하는 길은 필연적으로 중앙집권적 국가와 재벌체제가 주도하는 성장주의전략 및 수직적 지역지배전략 자체를 전환시키고, 동시에 그 대안으로서 지역발전의 원동력을 지역 안에서 구하고 주민의 기본공동생활권인 지역공동체의 자립적·총체적 발전을 지향하는 내발적 지역경제발전을 추구하는 길이 될 수밖에 없다. 둘째로 이러한 지역모순의 격화는 국가 차원에서 한국자본주의의 수직적 지역통합전략의 귀결일 뿐만 아니라 지역 차원에서 외래형 지역개발로 특징지어지는 종래의 지역개발전략이 야기한 부정적 귀결이며 이러한 외래형 개발의 한계와 실패에 대한 근본적 비판과 반성이 제기되고 있다는 점이다. 우리나라 지방자치단체의 지역개발정책은 전형적인 외래형 개발이 그 주조를 이루어온 것이다. 지역의 주체적·통합적 발전과는 거리가 먼 것이었고 오히려 지역산업과 지역고용의 위기 및 지역경제의 지점 경제화, 과밀도시의 직접불이익과 과소 농촌의 분산불이익에 따른 현대적 빈곤과 주민공동체의 해체 위기를 가속적으로 심화시켜 온 것이다.

지역경제정책으로서 외래형 개발은 다음과 같은 결정적인 결함을 안고 있는 것이기 때문이다. ① 유치, 진출 기업의 경영방침은 기업계열의 이익을 우선시키고, 진출할 때는 관련 자회사를 연계시키거나 계열 내 거래로 되거나 지역산업기업과의 산업 연관을 이루기 어렵다는 점, ② 유치 진출 기업의 이익은 본사가 있는 대도시로 역외로 유출되고 지역경제의 확대 재생산에 기여하지 못한다는 점, ③ 대부분의 외래형 개발은 환경 파괴형이고, 지역기업이 아닌 까닭에 환경과 지역 고용 등에 대한 사회적 책임이 경시되어 지역의 지속적 발전을 저해할 위험성이 크다는 점, ④ 지방자치제는 산업 기반을 정비할 수는 있을지라도 진출과 퇴거 조업 등의 의사결정권은 민간기업에 있기 때문에 지역의 뜻대로 계획적인 경제진흥을 추진하기 어렵다는 점이다.

셋째로 지역사회에서 중앙집권적 지역통합전략과 외래형 지역개발전략에 대한 비판과 저항이 점차 제고되고 있으며, 지역과 주민이 주체가 되는 내발적 발전의 길에 대한 지역주민 생활권을 둘러싼 현재적 빈곤과 주민생활 공동체의 해체 위기에 대응하는 주민운동, 지역산업과 지역기업의 위기에 대응하고자 하는 지역주민의 지역경제 살리기 운동, 지역의 실업문제와 고용 위기에 대응하고자 하는 지역주민의 지역경제 살리기 운동, 지역의 실업문제와 고용 위기에 대응하는 지역노동운동, 지방자치단체와 중앙정부의 지역정책형성에 대한 주민참가운동 등 새로운 지역학회 운동이 새로운 흐름으로 성장하고 있는 것은 이를 반증하는 것으로 보아야 할 것이다.

물론 이러한 지역사회운동의 현상을 보면 아직 지역공동체와 지역경제의 발전전략이 명확히 정립되어 있지 않고 대중성과 통합성의 부족 등 조직적 주체역량이 취약한 상태에 있지만 괄목할 만한 발전추세를 보이고 있는 것은 분명하다.

넷째로 국민경제와 국민국가의 틀을 벗어나는 국제화·세계화가 가속됨에 따라 지역이 국가를 대신하는 경제단위로서 중시되고 중앙집권체제의 폐해를 극복하기 위해 지방자치가 중시되고 있다는 점이다. 서울 일극 집중경향이 가속되는 가운데 지역의 소외와 위기가 더욱 가중되고 있으며 한국자본주의의 **지역모순이** 한층 격화될 전망이다. 결국 국가주의적 지역통합전략과 외래형 지역개발의 한계가 분명히 드러나면서 정치단위와 지역통합전략과 외래형 지역개발의 한계가 보다 분명히 드러나면서 정치단위와 경제단위로서 지역의 주체성과 통합성을 중시하는 내발적 발전의 길에 대한 지역주민 대중의 주체적 요구가 강화되지 않을 수 없다.

끝으로 산업과 도시를 둘러싼 새로운 변화요인에 따라 내발적 발전의 길이 21세기의 지역개발정책의 필연적 발전방향과 일치한다는 점이다. 기술혁신, 특히 교통통신수단의 혁신에 따라 기업의 입지상의 제약조건이 완화되고, 소비자 욕구의 변화에 따라 다품종 소량 유연생산의 시대로 이행될뿐더러 하이테크화, 소프트화, 정보화 등 사업구조가 변화됨에 따라 이에 적합한 중소기업의 유리성이 부상되고 있으면, 노동자와 주민들의 거주공간 어메니티 지향성이 높아질 전망이기 때문이다.

2. 전개 및 특징

미야모토에 따르면 내발적 발전이란 "지역의 기업조합 등의 단체와 개인의 자발적 학습을 통해 계획을 세우고, 자주적인 기술개발을 기초로 하며, 지역의 환경을 보전하면서 자원을 합리적으로 이용하고, 지역의 문화에 뿌리를 둔 경제발전을 추진하며, 지방자치제의 힘으로 주민복지를 향상시켜 나가는 지역개발"을 말한다. 이것은 다음 네 가지로 정식화되고 있다.

① 개발은 대기업의 중앙정부에 의한 개발사업이 아니라 지역의 기술, 산업, 문화를 토대로 하여 지역 내 시장을 중시하고 지역의 주민이 학습하고 계획하는 것이다. 내발적 발전은 외래형 개발과 대치되는 것이라 해서 외래 자본이나 기술을 무조건 거부하는 것은 아니다. 지역의 기업, 노조, 협동조합 등 조직, 개인, 자치체가 주체로 되고 그 자주적 결정과 노력이 전제로 된다면 선진지역의 자본이나 기술을 거부할 이유가 없다.

② 환경보전의 틀 안에서 개발을 생각하고 자연의 보전과 생활환경을 중시하며 복지와 문화의 향상을 통해 주민생활을 풍요롭게 하는 종합목적을 지향하는 바이다.

③ 산업발전에 있어 특정업종에 한정하지 않고 다양한 산업 연관구조를 지역 안에 만들어내고 부가가치가 지역에 귀속되도록 지역경제의 질을 만들어가는 것이다. 이는 결코 폐쇄적인 지역경제가 아니라 지역경제의 내적 통합성을 제고시킴으로써 오히려 주체성을 가지고 세계화의 흐름에 적극적으로 대응하고자 하는 사고를 내포하고 있는 것이다.

④ 주민참가를 제도화하고 자치체가 주민의 요구에 기초해서 자본과 토지소유를 공공적으로 규제할 수 있는 강력한 자치권을 창출하는 것이다.

지방도시의 내발적 발전사 연구를 토대로 제시한 지방도시의 내발적 발전의 조건이 주목된다. 그것은 ① 지역 이노베이터와 그 담당자로서의 시민의 주체성, ② 지역에 뿌리를 둔 창의성과 지역중핵산업의 전략적 진흥, ③ 지역 내 산업 연관적 발전의 중시, ④ 독자적인 경제상부고조의 강화와 자율성 본사기능의 형성 및 유지, ⑤ 지역 내 경제순환에 의한 종합적 발전의 중시 등이다.

이 이론에서 농촌문제와 관련하여 주목되는 특징은 농촌보다도 도시의 내발적 발전의 논리를 중시하고 지방도시의 내발적 발전이 주변 농촌경제발전을 뒷받침하는 것으로 보고 도시와 농촌을 포함한 광역지역 경제권의 자립론으로 나아간다는 점이다. 특히 우리 농촌처럼 지역경제의 조건이 열악하고 어려울수록 내발적 발전의 길을 중시할 필요가 있다. 그러나 문제점과 한계도 함께 보아야 한다.

내발적 발전론은 국제적 규모로 지역 간 경제의 상호의존관계가 확대 심화되는 현대에서는 지역 내 경제순환은 매우 부분적·국지적일 뿐이다. 대기업 및 다국적 대기업의 지역적 투자전략이 지구 상 대부분의 지역경제를 좌우하는 것이 현실이다. 그러므로 대기업 지배체제에 대한 일관된 비판에 기초를 두고 지역주체론의 입장에서 내발적 발전의 한층 발전을 주장하는 것은 다분히 원칙론적 범위를 크게 벗어나지 못하고 있다고 할 수 있다. 현재 필요한 것은 대기업의 사회적 존재와 그 역할의 크기를 인정하면서 지역사회에 대한 사회적 책임과 공헌을 담보할 수 있는 전략과 능력을 주목해야 할 것이다. 무엇보다도 내발적 발전론의 중요한 한계는 한 나라 전체의 사회경제 구조의 개혁 프로그램과 지역을 어떻게 결부시켜 갈 것인가 하는 점에 있다.

곧 독점의 규제, 경제민주주의, 주민의 차지, 분권, 지역산업의 전개방향 등이 제시되는 가운데 생활문화의 향상, 참된 풍요의 실현, 지역개발 등을 어떻게 추구해나갈 것인가, 이것이 오늘의 과제이다.

끝으로 지역경제의 내발적 발전은 무엇보다도 주민자치의 발전을 필수적·핵심적 기초조건으로 삼는다는 점이다. 20세기 중앙집권국가의 한계를 극복하고 지역경제자립을 위한 내발적 발전과 더불어 주민의 인권확립, 생활향상, 민주주의의 발전이라는 요구에 부응하기 위한 주민자치란 무엇인가? 어떤 것이어야 하는가? 그것은 민주적 지방분권, 지방자치에 대한 주민참가, 주권자로서의 주민의 책임과 학습이라는 자치문화의 향상으로 요약할 수 있다.

첫째로 민주적 지방분권은 주민자치 발전의 불가결한 필요조건이다. 분권은 현행 중앙집권국가와 지방과의 관계를 전제로 하면서 가능한 범위에서 행정권한과 재원을 지방에 이전하는 행정적 분권인가보다 진보적인 지방주권화인가, 위로부터의 분권인가 아래로부터의 분권인가가 문제의 핵심이다. 후자 쪽이 민주적 지방분권임은 재론할 필요가 없다.

둘째로 주민자치의 핵심 주민참가에 있다. 정보공개, 주민투표, 주민발안, 주민소환제도, 커뮤니티위원회, 지구주민평의회 등과 같은 주민참가의 제도화와 주민 대중의 자치역량 강화, 그리고 노조, 주민조직, 자치제직원 등 주체의 형성이 무엇보다도 중요하다.

셋째로 주권자로서 주민의 책임과 공동학습이 중요하다. 분권과 지방자치의 확립, 주민참가, 환경보전의 사회계획을 기조로 하는 지역경제계획, 주권자로서 주민의 책임, 문화 수준의 향상, 사회교육과 자기 학습을 통한 주민자치의 발전이야말로 내발적 발전을 위한 중요한 기초조건으로 중시되어야 할 것이다.

3. 논쟁 및 비판

1) 지역구조론자의 비판

내발적 발전론을 가장 강력하게 비판한 것은 지역구조론자이다. 이들은 지역의 자립적·주체적 노력만으로는 지역문제를 해결할 수 없다고 본다. 오히려 국민경제의 지역구조를 변화시키는 것이 더 중요하다고 본다. 이들은 지역구조와 지역경제를 구분하고 지역구조는 국민경제의 지역적 분업체계이며 국민경제의 공간시스템이라고 파악한다.

내발적 발전론과 지역구조론의 가장 큰 차이는 '지역' 개념을 파악하는 방법이다. 지역구조론에서는 지역이란 산업입지의 결과 형성된 경제지역을 의미하나, 내발전 발전론에서는 지방자치단위를 역사적·문화적 생활공동체로 보고 이를 지역이라고 한다. 따라서 지역경제란 문자 그대로 지역의 경제이다.

그러면 구체적으로 지역구조론에서 주장하는 지역의 구조개편 방향은 무엇인가? 이들은 무엇보다도 일본의 '동경 일극 집중형 국토구조(東京 一極 集中型 國土構造)'를 가장 큰 문제로 삼고, 이를 역내 순환이 높은 균질적 광역경제권으로 개혁할 것을 주장한다.

첫째, 몇 개의 현을 하나로 묶은 광역경제권을 단위로 해서 거기에 성장산업을 필두로 다양한 기능의 집적을 도모하고, 광역경제를 역내순환이 높은 균질적 산업구조를 가진 경제권으로 만들며, 둘째, 광역의회 등과 같은 광역행정권을 만들어 중앙집권적 정치경제시스템을 분권화할 것을 제안한다.

이런 입장에선 지역구조론자들은 내발적 발전론을 다음과 같이 비판한다.

첫째, 내발적 발전론자들은 '지역'의 단위를 행정단위인 시·정·촌으로 봐 '자치제라는 경제가 내발적으로 발전한다는 식'으로 말하나 이는 지역경제가 몇 개의 도(道), 도(都), 부(府), 현(縣)을 묶은 광역경제권으로 움직이는 것을 간과한 것이며, 둘째, 지역경제는 전국적 규모의 대기업의 입지행동에 현저하게 영향을 받으므로 이러한 기업 내지 중추산업의 입지패턴을 조정하는 정책, 즉 국토정책 내지 광역단위의 정책이 필요하고, 더구나 국가의 범위를 넘어 행동하는 다국적 기업시대 내지 글로벌시대에 작은 단위의 자치제 중심의 자립화가 사실상 가능하지 않을 것이라고 비판한다.

셋째, 지역구조론자는 내발형만으로 지역진흥이 가능하지 않다고 본다. 내발형으로 제조업을 일으켜 지역을 활성화시킨 예는 토착산업지역에서 다소 볼 수 있으나, 현대적 공업부문에는 덕이 없으며 많은 경우 외부로부터의 기업 유치에 의존한 것이었다고 한다.

2) 내발적 발전론의 반비판

이러한 지역구조론의 비판에 대해 내발적 발전론자는 지금까지 일본의 국토정책, 산업입지정책 등은 실패였을 뿐만 아니라, 지역의 발전에 무용했다고 하면서 각 시·정·촌 단위의 스스로의 내발적 발전 노력 없이는 광역정책이나 국토정책은 성공할 수 없다고 본다. 만약 광역정책이 필요하다면 그것은 자율성을 가진 지역이 연합으로 아래로부터 만드는 자율적 도시의 수평적 지역 간 분업시스템이 되어야 한다고 주장한다.

한편 내발적 발전의 가능성에 대해서도 나카무라와 같은 경우는 일본과 같이 구심적·수직적 지역구조하에서는 지역의 내발적 발전은 매우 어렵다는 것을 인정한다. 그러나 이 가운데에서도 농촌에서는 성공한 지역이 적지 않고, 지방도시에서는 가나자와 시와 같은 사례도 있기 때문에 불가능한 것은 아니라고 본다. 또 지역이 통제력을 가지고 있는 경우에 보완적으로 외부기업 유치를 통한 지역발전도 가능하다는 것이다. 그러나 문제는 최근 들어 해외 이전에 의한 지방으로의 기업 유치의 한계, 정부 재정 적자 등으로 인해 중앙정부 지원이 축소되어 더 이상 외래형 개발이 가능하지 못하게 되었기 때문에 내발적 발전을 하지 않을 수 없다는 것이다.

한편 내발적 발전론의 입장에서는 반대로 지역구조론을 다음과 같이 비판한다.

첫째, 지역경제를 국민경제의 산업배치의 종속변수로 보아 경제지역을 지역경제로 보는 것은 잘못이라는 것이다. 지역경제학은 지역으로부터 출발하는 경제학이 되어야 하며, 그것은 역사적·문화적 존재인 동시에 인간의 공동생활 공간인 지역을 대상으로 해야 한다고 한다.

둘째, 지역구조론에서는 자립적 산업구조를 가진 광역경제권을 주장하지만, 이런 광역경제권이 형성되더라도 도시시스템의 계층성이 없어지는 것이 아니라는 점이다.

셋째, 광역경제권을 소득격차와 지역격차를 해소하기 위한 방안으로 제안된 것이나, 지역을 큰 블록으로 묶을수록 당연히 지역 간 격차는 통계적으로 축소 내지 평준화될 수밖에 없다. 따라서 지역문제 그 자체가 희석된다.

넷째, 지역구조론자들은 소득이나 고용(실업) 수준 등의 지역격차만을 지역문제로 파악하고 있다. 그러나 현대의 지역문제는 환경문제, 지원문제, 자기실현의 기회, 지역문화, 주민참가, 지방자치 등 이른바 현대적 빈곤으로서의 지역문제이다. 이런 문제는 단순히 산업의 재배치로 해결될 수 없다는 것이다.

4. 발전전략 사례

1) 이탈리아 중소도시의 내발적 산업정책

볼로냐 시, 피렌체 시를 비롯한 이탈리아 북부의 중소도시는 전통적인 지연산업(地緣産業)이 기술혁신을 이루면서 발전해온 내발적 발전의 전형적인 도시들이다.

특징의 하나는 도시계획과 산업발전의 통일에 있다. 도시계획이라 해도 도로확장이나 건물을 고층화하는 재개발사업이 아니라 역사적 거리의 복구, 보존이나 주변녹지 보호로 아름다운 문화도시를 만드는 사업이다. 예컨대 볼로냐 시에서는 역사적 거리(중세의 성벽 내부)를 복구한 다음에 중세 서민주택을 복원시키고, 또 시민 1인당 30㎡를 목표로 공원녹지계획을 추진했다. 1959년에 70ha였던 공원녹지는 1984년에 630ha로 9배로 늘어났다. 그리고 100km의 가로수를 조성했다. 이러한 것은 도시를 인간의 생활거주 공간으로서 질적인 향상을 시키는 사업들이다.

이러한 문화도시는 국제적으로도 통용되는 개성적인 기법(技法) 위에 혁신적인 기술, 디자인이나 패션을 끊임없이 창조, 발신하는 토양으로 되고 있다. 이러한 도시의 높은 생활문화가 산업발전의 모체로 되고 있는 것이다(宮本, 1990).

또 하나의 특징은 직인기업(職人企業)이라는 소기업과 그 협동조합에 있다. 직인이란 생산수단을 가지고 있는 노동자이며, 1985년의 직인산업보호법(職人産業保護法)에서는 개인경영일 것, 전문직종일 것, 대량 생산하지 않는 제품을 생산하고 있을 것을 기준으로 직인산업(職人産業)을 독립분야로 취급하고 있다. 이탈리아에서는 대기업을 중심으로 한 중화학공업은 부진하지만, 직인산업이 외화를 벌고 경제성장을 유지하고 있다. 경영 규모로는 영세하지만 그러한 기업이 한 나라의 경제발전을 지탱할 만큼 강한 열쇠는 협동조합인 직인조합에 있다. 영세규모의 직인기업은 개개의 노력만으로 경쟁하기 어려우므로 직인조합이 생산에서 판매에 이르기까지 중요한 역할을 하고 있다. 제조업부터 서비스업에 이르기까지 업종별 직인조합이 있고, 전국조합과 지역조합도 있다. 직인조합의 주된 역할은 기술혁신과 새로운 시장, 특히 외국시장의 개척이다. 그리고 직인의 양성과 재교육도 실시하고 있다. 지방자치단체는 시유지를 아주 저렴한 가격으로 임대하여 직인 산업의 단지화와 협동화를 촉진하거나 대학과 협력해서 기술혁신을 하도록 돕고 있다. 이와 같은 지역으로부터의 내발적인 산업발전은 국가로 하여금 관계법을 개정하거나 제정하도록 유도하고 있다.

　이탈리아의 산업정책에서 주목할 것은 자연적·역사적 환경을 보전하면서 산업을 발전시키고 있다는 것과 영세기업에 국가나 지역경제의 주역을 맡기면서 국제경쟁력을 갖추도록 지원하는 것이다.

2) 독일 중소도시의 내발적 산업정책

　독일의 도시들도 대체로 예술, 문화의 도시, 수풀로 우거진 도시라는 것을 자랑하고 캐치프레이즈로 내걸고 있다. 독일 남부의 슈투트가르트 시(인구 60만 정도)는 벤츠사의 본거지인데, 본사와 공장은 교외에 입지하여 시가지에서는 공업도시의 분위기가 나지 않는다(鹽見, 1989).

　이 도시는 시대의 변화에 대응하기 위해서 새로운 기능을 추가시켜 나갈 뿐만 아니라, 도시의 역사나 전통, 문화를 계승해나감으로써 도시의 개성이나 지방색을 유지하고 있다. 그리고 이 지방성이 국제성의 원천이 되고 있다. 슈투트가르트의 발레단이나 오케스트라는 국제적인 평가를 받고 있다. 벤츠사는 안전을 제일로 하여 고급차를 생산하고 있는데, 슈투트가르트 시가 아니면 안전을 책임질 수 있는 자동차를 만들 수 없다고 자부하고 있다고 한다. 여기서도 지방성을 중시하고 지역문화 속에서 성숙한 시민들의 지역적인 생활태도가 세계시장에서 통용되는 국제성을 높이고 고부가가치 생산의 원천이 되고 있다.

　독일의 북부도시 하노버 시(인구 50만 정도)도 폭스바겐의 트럭공장이나 타이어산업을 위주로 한 인상적인 도시이다. 제2차 세계대전으로 구시가지의 60%가 파괴되어 복구된 도시임에도 불구하고, 안정되고 조화로운 도시임을 느끼게 한다. 도심부의 건물은 6층 이하로 규제되고 있으며, 건물 창문의 재질이나 벽의 색깔, 처마의 각도까지 규제를 받고 있다. 도시는 시민의 생활공간임과 동시에 공공의 공간이라는 생각을 기초로 하여 중세도시의 분위기를 회복하고 도시의 개성을 지키려고 노력하고 있기 때문이다.

　하노버는 북유럽과 서유럽을 연결하는 국제교통의 요충지적 위치를 살려 하노버 메세로 유명하다. 교외의 메세 회장 가까이에 공업단지를 조성하고 아이비엠 등의 공장을 유치해 산업구조의 다각화를 추진하고 있다.

　독일의 도시들은 일반적으로 살기 좋은 지역을 만들고, 시민들이 지역고유의 역사와 문화, 자연에 대해 애착과 자부심을 가지도록 개성적인 지역개발을 하고 있다. 이와 동시에 지역경제를 특정분야에서 현장적 기능에서부터 고차적인 기능까지를 모두 포함한 특정부문의 전국적·국제적 센터로 형성하고 있다. 따라서 지역이면서 전국적이고 국제적인 활동이 가능하도록 활동의 공간을 만들어나가고 있다. 즉, 국제적으로 생각하면서 지역적으로 행동하는 인력을 지역에 집결시켜 지역경제발전을 담당하게 한다. 또 여기서 일하는 인력은 인간으로서의 자신을 재생하고 업무에 활력을 불러일으켜 주는 장으로의 지역을 생각하게 되고 매력 있는 지역개발에 관심을 갖게 된다. 지역생활과 지역산업의 상호의존적 순환이 일어나는 것이다. 이러한 것을 가능하게 하는 것은 중앙으로부터의 국토계획이 아니라 지방에서의 지역계획이라는 것은 의미가 깊다.

3) 미국의 Research Triangle Park와 라스베이거스

세계 테크노파크의 성공한 모델로 꼽히는 곳이 노스캐롤라이나에 있는 Research Triangle Park이다. 이곳은 1960년대 초반만 하더라도 미국에서 후진 농경지역이었다. 발전의 전망이 보이지 않고 북부의 산업화지역에 밀려 빈곤한 곳이었다. 이 지역을 진흥할 방안을 찾던 당시 헤지스라는 지사는 산업화로 성공할 가능성이 희박한 이곳에 3개의 대학을 기반으로 뭔가를 해볼 구상을 하게 되었다. 수백만 평의 토지를 우선 매입해서 대학을 중심으로 당시로는 생소한 연구단지를 만들기 시작했다. 선각자의 비전은 지역주민의 호응을 얻었고, 지역주민들의 집약된 개발의지로 이 지역을 빈곤의 길에서 번영의 길로 바꾸어놓았다. 지금 Research Triangle Park은 박사밀도가 미국에서 제일 높고 포춘 잡지가 선정한 미국에서 가장 기업경영하기 좋은 지역 속에 올라 있다.

또한 라스베이거스는 누구나 외면하는 황량한 사막 한가운데 세워진 도시이다. 그러나 사람들이 몰려와 돈을 뿌리고 간다. 선각자가 내놓은 카지노라는 기발한 착상이 쓸모없는 이곳을 황금고장으로 만들었다. 라스베이거스는 처음 환락의 도시, 도박의 도시로 시작했지만 사회변화를 재빨리 포착하여 이제는 가족단위로 휴양하고 저렴하게 쉴 수 있는 전천후 오락지로 탈바꿈하여 번영하고 있다.

4) 스위스의 취리히

유럽에서 150년 전만 해도 스위스는 가난한 나라였다. 용병을 다른 나라로 보내 목숨 걸고 번 돈으로 가족들을 먹여 살린 곳이다. 용병이 송금해준 돈을 모아 관리해주는 것에 착안한 한 선각자의 비전으로 빈곤을 이기고 잘사는 방법을 찾았다. 금융기법의 발전이다. 이를 시작으로 오늘날 취리히가 세계에서 유수한 금융지로 발전하게 되어 세계 각지에서 부를 모아들이고 있다.

결론적으로 내발적 발전이란 개념은 근래 일본의 지역개발정책의 기조가 되고 있다.

그 배경으로 엔고 이후 기업의 해외 이전으로 지방에서의 기업유치 곤란, 중앙정부의 재정적자로 공공사업 및 지방지원의 축소와 동시에 일품일촌(일촌일품)운동 등 지방에서의 내발적 발전의 성공사례 대두 등을 들 수 있다. 또한 세계화과정에서 시장논리에 따르는 기업입지 행동을 정부가 얼마나 규제할 수 있는가, 즉 국토정책이나 지역구조론에서 말하는 광역정책이 얼마나 실효성이 있는가에 의문이 제기되고 있다.

지역 스스로가 자조 노력으로 성장하지 않으면 안 되는 현실이 일본의 현 상황이다. 이 경우 소득향상 이전에 인구의 정주를 중시하고 지역발전에 주민자치와 결집, 그리고 리더의 역할을 강조한 내발적 발전론의 의의가 돋보인다. 또한 내발적 발전론은 1인당 지역소득의 격차의 시정만을 지역문제로 보지 않고, 도시지역도 포함한 현대적 빈곤과 지역의 자립성, 내포적 순환성, 안정성, 성장잠재력들 포괄적으로 지역문제를 보는 것에 의의가 있다. 내발적 발전론은 이런 점에서 타 경제정책의 보완적인 복지정책의 영역이 아니라, '지역을 연구하는 경제학'으로서 독자적인 지역경제학의 영역을 세우기 위한 새로운 시도로서 의의가 있다고 평가할 수 있다.

또 내발적 발전론의 최대의 특징은 자치론적 접근인 점이다. 즉 '자치제론으로서의 지역경제론'이다. 주민의 주체형성과 지역문화의 의의를 중시하는 정치경제학적인 어프로치인 것인데, 이 점이 내발적 발전론이 가지고 있는 가장 중요한 실천적 의미와 가치이다. 실제로 내발적 발전을 추진하려면 주체를 어떻게 만들고 어떻게 지역의 성공의 사례를 끌어낼 것인가가 핵심적 요소가 된다. 이를 위해서는 내발적 발전의 실천단위로서 지방자치단위에 주목하지 않을 수 없다. 지방자치구역은 같은 공동체의식과 문화를 배경으로 역사적으로 형성된 공동체단위일 뿐만 아니라, 기초지방자치단위인 시·정·촌 수준의 행정의 역할도 내발적 발전과정에서 간과할 수 없는 중요성을 지닌다. 내발적 발전론자들은 지역경제의 내발적 발전을 위해서는 분권적 지방자치와 주민자치, 그리고 기초단위 지방자치의 역할과 중요성을 강조한다. 이 점이 내발적 발전을 실천적 과제로 고민할 때 현실적으로 부딪히는 가장 핵심적인 과제이다. 그런 의미에서 내발적 발전론의 과제도 적지 않다.

첫째로 내발적 발전론은 농촌지역에서는 몇몇 성공사례가 있으나 도시지역에서는 성공한 예가 그리 흔하지 않아 도시지역의 내발적 정책의 연구가 더욱 필요하다고 보인다.

둘째로 이와 관련하여 내발적 발전의 사례를 객관적으로 일반화하는 데에는 아직 서구이론 수준을 따라가지 못하고 있는 것으로 보인다. 이런 내발적 발전전략의 일반적 정식화 문제는 도시지역 연구뿐만 아니라 농촌지역 연구에도 마찬가지이다. 일본의 내발적 발전론은 이런 이론적인 미성숙에도 불구하고, 서구이론의 실천적 적용사례의 연구가 부족하다는 점을 상기할 때, 그것이 가진 실천적 의의가 크다고 할 수 있다.

셋째로 유치 대기업의 지역경제에 대한 기여와 도착화에 대한 보다 체계적인 연구가 부족하다. 물론 내발적 발전론자들도 대기업이나 외래 자본의 유치를 지역이 주도성을 가지는 경우 수용할 수 있다는 입장을 가지기는 하나, 기본적으로 대기업 통제론의 입장에 서 있기 때문에 어떻게 유치자본을 지역에 토착화시킬 것인가 하는 문제는 깊이 있게 다루지 않는다.

한편 일본의 내발적 발전의 모델이 우리나라에도 적용될 수 있는가 하는 문제에 대하여는 보다 많은 연구가 필요하다. 일본의 내발적 발전사례는 일본의 사회적·정치적·제도적 여건을 바탕으로 하고 있는 것이 사실이다. 일본에서도 집권화의 폐해가 지적되고 있으나 실제 일본의 지방자치는 상당한 정도 지역 독자성이 주어진 유연한 분권화이고, 기초자치단체인 정과 촌의 인구규모가 우리나라의 기초자치단체인 군 단위보다는 작아 주민자치가 가능하며, 지방에 커뮤니티가 아직 잔존해 있고, 또 1960년대에 혁신지자체시대에 지방주권의 경험을 했던 덕이 있다. 그러나 이런 일본적 특성을 중시하여 일본의 내발적 발전의 사례가 일본만의 특수한 사례라고만 간주할 수 없다.

우리나라도 IMF 경제위기 이후 중앙정부의 지방제정지원이 한계에 봉착하고 대기업의 공장 신·증설이 중단되어 더는 외래형 발전으로 지역개발을 꾀할 수 없는 시대에 들어섰다. 아울러 세계화·정보화 시대의 혁신의 '지역적 매력'의 중요성(Asheim & Dunford, 1997)은 우리나라에서도 새로운 지역개발전략의 변화를 요구하고 있다. 우리나라의 사회적·문화적 환경에 적합한 독자의 내발적 발전의 원칙과 수법, 과정을 어떻게 체계화할 것인가가 앞으로의 과제이다. 이를 위해서는 먼저 최근 각지에서 자생적으로 추진되는 지역주도 개발정책의 사례를 조사하여 내발적 발전의 사례를 발굴하고 연구집단을 형성하여 내발적 발전론의 이론적 체계화를 도모하는 동시에, 대표적인 성공지역을 만들고 성공지역 간에 연대를 형성하여 이를 전국으로 확산해나가는 방향을 모색해야 할 것이다.

제9장 우리나라 지역경제

1. 지역경제의 특징

오늘날 지역경제를 둘러싸고 있는 환경은 매우 급속히 변화하고 있다. 지구화·세계화가 진행되는가 하면 한편으로는 지방화·분권화가 추진되고 있다. 우리나라도 이러한 환경 속에서 본격적인 6·27지방선거 이후에 변화는 더욱 가속화되었고 이러한 환경변화에 적응하기 위한 노력이 정부와 민간부문에서도 절실히 요구되고 있다. 이러한 관점에서 과거 중앙정부로부터 의존적 행태에서 벗어나 자율적인 발전의지를 갖고 지역의 잠재력과 모든 경제요소를 활용하여 창조적으로 지역개발 및 경제발전에 참여해야 할 것이다. 지방자치는 성장거점의 다양화 및 다핵화라는 장점을 가지고 있으나 지역이기주의를 심화시킬 개연성이 있다. 요즘 각 지방자치단체는 경제전쟁이라는 심각한 경쟁 속에서 우위를 점하기 위해 많은 정치, 행정, 경제적인 노력을 경주하고 있는 상황이다. 이러한 점에서 지역경제 활성화를 위해서 정부부문 특히 지방정부의 역할이 점차적으로 강조되고 있다. 따라서 지역경제의 특징을 자세히 살펴보고 또 지역경제를 활성화시키기 위해 우리가 모색해봐야 할 방안들을 생각해보아야 할 것이다.

세계경제의 부분체계가 국민경제이고 국민경제의 부분체계가 지역경제라고 볼 때, 국가 전체의 국민경제를 형성하는 지리적 분할단위로서의 공간경제이다. 따라서 한 국가의 모든 지역경제를 결합한 것이 국민경제가 되는 것이다. 지역경제는 국민경제와 비교하여 볼 때, 공간적 범위에 있어서 국민경제가 국가경제를 하나의 단위로 삼고 있음에 비해 지역경제는 분할된 국토의 각 지역을 단위로 하고 있다. 경제체제의 외부환경은 국민경제의 경우 국제경제이지만 지역경제의 경우는 1차적으로 국민경제이고 2차적으로 국제경제가 된다. 계획의 대상으로 보아도 국민경제가 물량중심인 데 비해 지역경제는 공간위주가 되며, 따라서 관심의 초점이 전자는 산업구조인 데 반해 후자는 지역구조에 두고 있다. 그리고 국민경제의 정책적 기조가 경제성장에 있는 반면에 지역경제의 그것은 주민복지에 있으며, 이로 인해 개발의 기본전략을 국민경제는 거점개발에 두고 있지만 지역경제는 균형발전에 두고 있다. 또한 주변과의 관계에 있어 국민경제가 다소 폐쇄적임에 비해 지역경제는 보다 개방적이라고 볼 수 있다. 한편 지역경제력이라고 하는 것은 한 지역의 경제적 능력이라고 정의할 수 있다. 여기서 지역이라 함은 국토를 어떤 목적에 의해 구획한 하나하나의 공간단위를 뜻한다. 그리고 경제적이라는 말은 생산과 유통 및 소비의 활동과정에서 나타나는 물질적이고 화폐적인 성격을 띠는 현상을 뜻하며, 따라서 정치적·사회적·정신적·문화적이라는 용어들과 대조되는 말이다. 능력이라는 것은 수준의 정도를 뜻하며 어떤 기준과 비교한 상대적 의미를 내포하고 있다. 따라서 지역경제력이란 일정한 범위의 공간적 단위에서 정도의 크기라고 할 수 있다. 지역경제력은 지역주민이 갖는 경제적 능력이므로 주민의 힘이라고 할 수 있을 것이다.

그러면 지역경제 활성화가 왜 필요한가? 그의 필요성에 대하여는 다음과 같이 여러 가지 이유가 있겠지만 대표적으로 첫째, 지역의 균형적 개발 측면에서의 도농의 지역격차 완화 및 지역의 균형적 개발 측면과 둘째는 국민경제의 지속적이고 건전한 성장의 관점에서 그 지역의 특성에 적합한 인적·물적 자원의 최대 활용 및 개발을 유도하고, 셋째는 지방자치기반을 강화하여 지역주민의 경제적 지위를 향상시키고 자주적인 역량을 강화하여 민주성 확보 측면에서 그 필요성을 제기하고 있다.

우리나라 지역경제의 특징을 알아보면 다음과 같다.

1) 장점

(1) 새로운 고용기회 창출

지역 활성화의 필요성으로서 새로운 고용기회의 창출을 들 수 있다. 예전에는 지역인력이 수도권으로 빠져나가는 경향을 볼 수 있었지만 최근 마땅한 일자리만 있으면, 대도시를 떠나 지방에서 쾌적한 곳에서 생활하고 싶어 하는 사람들이 점차 증가하는 추세에 있다. 이러한 경향들은 대도시의 지가상승, 대기오염, 교통체증 등이 귀향을 자극하고 있다. 이에 참여정부에서부터 국토균형발전을 추진하면서 지방마다 혁신도시를 추진하는 실정이어서 고용유발효과를 기대해볼 만하다.

(2) 지식집약산업의 유도

소프트웨어산업, 연구개발형 산업 등 앞으로 미래산업의 중핵이 될 지식집약형 산업은 아직까지 대도시권을 중심으로 입지해 있는데, 산업규모의 확대와 정보기술의 발달로 지방으로 확대될 가능성이 크다. 하나의 사례를 들면, 근래 춘천시가 애니메이션산업의 메카로 주목을 받고 있다. 도시형 산업을 지역에 입주시키기 위해서는 디자인센스나 창업정신이 강한 사람, 그리고 기업의 역할이 중요하다. 이를 위해서 지역의 우수한 인재,

기업 등을 육성하고, 이를 활용할 수 있는 시스템을 구축하는 것이 지역 활성화의 과제
이다. 대도시의 지가상승이나 생활환경의 악화를 고려하면, 오늘날의 상황은 대도시의
인재나 기업을 지역으로 유치할 수 있는 절호의 기회이기도 하다. 앞으로 지식집약형
매니지먼트 서비스분야를 중심으로 자연환경이 쾌적한 지역에 리조트 오피스와 같은 생
산거점을 구축하는 경우가 점차 증가할 전망이다. 이러한 지식집약형 산업을 지역으로
유치하기 위해서는 쾌적한 생활환경, 편리한 교통수단과 함께 기술 또는 디자인 등에
기본적인 기능을 갖춘 인재의 육성, 공급 및 연구개발을 지원할 필요가 있다.

　지역경제를 활성화시키기 위해서 지식집약산업단지를 육성한 사례를 살펴보자면, 충북
의 오창과학단지를 들 수 있을 것이다. 오창과학단지는 미래 충북지역 발전의 핵이 될
전망이다. 우리나라 미래산업을 이끌고 갈 정보통신산업(IT)과 나노산업(NT)의 메카가
되기 위한 힘찬 나래를 펴고 있다. 충북도는 오창산업단지를 미국의 실리콘밸리처럼 연
구단지와 생산기지, 기술인력 양성기관 등이 함께 자리 잡은 '미래형 복합기술도시'로
개발한다는 계획을 가지고 있으며, 오창과학단지는 생산단지는 물론 연구단지와 주거단
지가 함께 들어서는 세계 어디에도 경쟁력을 갖춘 첨단 미래형 신도시가 만들어질 것이
다. 오창단지는 생산인력 4만 300명, 연구인력 4,000명, 서비스업 5,000명 등 총 5만
2,000명을 수용하는 자족도시로 변모하고, 또 오송생명과학단지와 대덕연구단지가 연결
된 미래형 산업벨트가 형성되면 오창단지는 연간 3조 1,970억 원에 달하는 산업 생산이
가능할 것으로 전문가들이 내다보고 있다.

(3) 관광 리조트산업의 개발과 정비

　성숙된 문화지향형 사회에 대응할 수 있는 지역산업으로서 관광 리조트산업을 들 수
있다. 관광 리조트산업은 소득수준의 향상, 노동시간의 단축으로 앞으로 급속히 성장하
여 지역의 중심 산업이 될 수 있다. 최근 중앙정부는 물론, 자치단체에서도 관광 리조트
산업에 지나칠 정도로 많은 관심을 보이고 있다. 문제는 특별한 경우를 제외하고 전국
어느 지역이나 관광 리조트산업의 대상이 될 수 있다는 것이다. 다만 사람을 끌어들일
수 있는 매력 있는 관광 리조트지로서 성공하기 위해서는 단순히 하드웨어적인 시설이
나 천혜의 자원, 그리고 기업 단독의 노력만으로는 한계가 있다. 중요한 것은 확고한 개
발의지와 장기적인 비전에 대해 지역주민의 합의가 있어야 한다는 것이다. 그리고 단순
히 하드웨어의 확충 또는 사회간접자본의 개발뿐만 아니라, 전통예능이나 문화재의 보존·
정비, 시대적 감성을 불어넣은 참신한 이벤트나 특산품의 개발, 지역을 사랑하는 분위기

조성 등 지역 전체의 노력이 필요하다. 나아가서는 관광 리조트개발과 일체가 되어 '학습하는 일터', '더불어 사는 일터'와 같은 새로운 개념에서 기존산업의 변신 노력도 필요하다.

관광산업을 개발하기 위해서 지역마다 많은 산업을 유치하고 있지만, 충북권 내 청원군 오창에서 유채꽃 축제 행사를 치르고 있다. 3회에 걸쳐 치르고 있는 유채꽃 축제는 1회에 50만 명에 이른다. 축제는 청원군과 기획회사가 맡아서 더욱더 풍성하고 볼거리 많은 축제로 자리를 잡을 것으로 내다보고 있다. 또 최근에는 종전과 달리 관광객이 50만에서 100만 명으로 추정하고 있으며 그에 따른 파급효과도 만만치 않을 것이다.

2) 단점

(1) 수도권과 지방의 불균형화

우리나라는 그동안 중앙집권적인 불균형발전 전략에 의해 단기간에 눈부신 압축 성장을 이뤘다. 그 원동력은 국민들의 잘살아보겠다는 헝그리정신과 정부의 강력하고도 일사불란한 리더십 덕분이었음을 부인하기 어렵다.

하지만 이러한 발전전략은 수도권의 지나친 비대와 지역 간 불균형이라는 문제를 잉태해왔음도 사실이다. 지방의 소외는 어제오늘의 일이 아니다. 전쟁의 폐허 위에서 단기간에 압축 성장을 하려다 보니 대표선수에게 돈과 노동력을 몰아주는 '불균형 성장전략'을 택할 수밖에 없었다. 그러나 외환위기는 이 같은 전략이 더는 먹혀들 수 없음을 적나라하게 보여줬다. 이제 지방문제를 풀려면 불균형 성장전략의 틀을 통째로 바꾸는 발상의 전환을 해야 한다고 전문가들은 입을 모은다. 과거에도 지방이 소외돼 있다는 의식은 있었다. 그러나 외환위기 이후 수도권과 비수도권의 갈등은 감정 차원을 넘어섰다. 그나마 남아 있던 생업의 기회조차 수도권에 빼앗길 뿐 아니라 '삶의 질'도 수도권과 비교할 수 없이 열악한 처지이기 때문이다. 그동안 사장됐던 각 지방의 독특한 특성과 잠재력이 최대한 발휘돼야 국가경쟁력 향상도 가능해지기 때문이다. 결국 지속적인 발전을 위한 새로운 원동력은 '지방의 힘'에서 구해야 하지 않을까 생각된다. 기업부설연구소, 벤처기업, 외국기업의 75%도 수도권에 집중돼 있다. 여기에 정보획득의 기회나 취업의 기회도 서울 중심으로 이뤄지기 때문에 수도권과 지방 간 '기회의 격차'도 더욱 심화하고 있다. 대학진학과 취업이라는 두 번의 기회를 통해 수도권으로 지속적인 인재유출이 이뤄지는 것도 지방발전을 제약하는 하나의 요인이 된다. 우리의 뇌리에 깊이 뿌리박힌 '사람은 크려면 서울로 가라'는 속담이 무색해지지 않고서는 수도권과 지방의 격차는 영원히 좁혀지지 않을 것이다. 앞으로의 지역감정은 '영남과 호남의 갈등'이 아니라 '수도권과 지방의 갈등'에 의해서 생겨날 것이라는 의견이 설득력을 갖는 것도 이 때문이다.

수도권에서 지방으로 본사를 이전하는 기업에는 세금감면 등 혜택을 부여한다고 하면서 한편에서는 수도권 공장입지에 관한 규제를 풀어버리는 이율배반적인 정책이 지속되는 한 진정한 지방의 발전을 기대하기 어렵다고 본다. 지방의 '창의'와 '자율' 그리고 '적극성'이 제대로 발휘될 수 있도록 잃어버렸던 '지방의 힘', '지방의 주권'을 되찾아야 할 것이다.

(2) 지역경제기능의 강화

지방자치단체나 지방의회가 지방경제 활성화를 위해 실질적인 활동을 수행하기 위해서는 먼저 지방자치단체와 의회가 제약하고 있는 각종 법률의 정부가 선행되어야 한다. 또한 지역산업에 유리한 기업활동 여건을 조성하기 위해서 정부기능의 지방분산화가 필요하다. 각종 인허가 규제, 지원업무를 담당하는 정부기관이 중앙에 집중되어 있고 지역경제 관련 업무를 국가가 직접 처리하거나 지방의 특별행정기관을 통하여 처리하는 현행제도를 지양하고 지방정부가 지역경제행정의 주체가 되어야 할 것이다. 또한 지방정부 간 산업유치경쟁은 지역산업들로 하여금 최선의 산업활동 여건을 제공하는 지역으로의 자발적 이전을 촉진하게 할 것이며 이러한 지방정부와 지역산업의 능동적 역할은 비교우위에 있는 산업을 특화, 육성, 발전시키려는 노력으로 자연스럽게 연결될 것이다.

(3) 지역경제 관련 조직정비 및 전문성 확보

행정기능이 중앙에 집중됨으로써 지역경제 관련 등이 획일적으로 중앙에 편중되었고 이는 통제로 인한 지역 간의 특성을 반영하지 못할 뿐만 아니라 정태적·고정적으로 운영되어 행정수요의 변화에 신축적으로 대응하지 못하는 상황이었다. 따라서 지방화시대에 지역경제 활성화를 위해서는 지역실정에 맞게 재정비되어야 할 것이다. 즉, 기술개발, 품질관리, 기업유지, 특화산업진흥 등 지역별 수용에 따라 특성을 살릴 수 있는 전담부서의 신설 등이 마련되어야 한다. 그리고 자치단체의 일부 경제 관련 조직은 다원화되어 있어 업무의 조정이 어렵거나 민원인의 불편을 초래하는 등 문제점을 드러내는 우려가 있다. 따라서 유사 관련 조직의 통폐합이나 총괄기능을 담당하는 전담부서의 설치가 요구된다.

우리나라 지역경제의 특징에 대한 결론은 다음과 같다. 우리는 같은 나라 안에 살고 있으면서도 지역과 지역으로 나뉘어 살아오고 있다. 나라가 잘살아야 서민들도 함께 잘 산다고들 언론들은 말한다. 하지만 사실상 우리 서로가 살고 있는 지역이 잘살아야만 우리 주머니도 두둑해지는 것 같다. 지역경제의 활성화를 위해서는 자치단체들 저마다 경쟁에 뛰어들어 지역의 이름을 알리는 데 힘을 쏟아부어야 할 것이다. 그러기 위해선 자치단체들이 많은 노력을 기울여야 한다. 우선 규제완화와 더불어 중소기업이나 벤처기업들의 지원, R&D 산업의 육성, 지방대학들과 연계하여 산업지원 등을 아끼지 않고 지원하며, 스스로가 필요성을 느낀다면 지역 활성화를 이룰 수 있을 것이라고 생각한다.

지금도 많은 곳에서 지역을 위해 노력하는 사람들이 있을 것이다. 여수세계박람회 유치, 대구세계육상선수권 유치, 평창동계올림픽 등 관광 리조트분야의 유치 등이 증명해준다. 또 오창과학단지와 오송생명과학단지로 인해 증평산업단지가 육성되고 충주산업단지도 영향을 받아 충청북도의 산업단지 조성의 붐을 일으키고 있다. 이러한 것들로 인한 고용유발효과와 지역시민들의 소득증대도 기대할 수 있고, 인구유입 등이 나타나 파급효과가 커지고 있다.

앞으로 지역경제를 살리기 위해서는 중앙정부와 자치단체 그리고 시민들이 함께 경제를 살리기 위해 할 수 있는 지역정책[44)]에 대한 방안들을 생각해보아야 하며, 스스로가 지역경제의 중요성을 생각하고, 경제를 살리기 위해 노력한다면 지역 활성화의 도움뿐만 아니라 글로벌화시대에 지역을 알리는 것에 많은 도움이 될 것이다.

2. 지역경제의 문제점과 개선

1) 경제발전과 지역경제

지역경제는 국가경제를 구성하는 지리적 분할단위로서의 공간경제의 개념으로 자체의

---

44) 지역정책: 지역정책이란 지역환경에서 발생한 사회문제를 해결하거나 지역에 새로운 비전을 제시하기 위하여 행정체제(중앙, 지방정부)가 만든 해결책, 즉 행동방침이다. 지역정책이 형성되기 위해서는 먼저 지역문제를 정의하고 원인규명이 선행되어야 한다. 지역문제의 파악을 토대로 목표를 설정해야 하는데 이때 정책의 효율성과 형평성, 인구이동과 산업이동, 집중과 분산, 개발과 보존 등 여러 가지를 고려하여야 한다. 목표가 설정되면 정책목표를 달성하기 위한 정책 대안 중 하나를 선택하고 정책을 집행하고 그 효과를 평가한다.

경제순환구조를 가질 수 있는 영역으로 생산, 교환, 분배, 소비의 경제활동과 그러한 활동의 효과로 나타나는 지역의 경제구조 및 경제상태를 의미한다. 국가경제와 대비해보면 지역경제는 국민총량경제의 지역적 분화이며 지역특성을 바탕으로 국민경제를 구성하고 있는 지역단위의 경제로 정의내릴 수 있다. 지역경제는 지방경제라고 불리기도 하는데 지역경제가 총량적 국민경제를 구성하는 부분적 공간단위의 경제임에 비하여, 지방경제는 중앙, 곧 서울의 경제, 수도권경제에 대응한 개념으로 받아들여지고 있다.

과거 60년 동안 정부의 지역개발정책은 철저하게 불균형발전 전략을 추구해왔다. 지역경제는 장기적인 계획이 없는 불균형 개발로 인하여 심각하게 왜곡되었다. 대도시와 중소도시의 심각한 불균형발전, 도시와 농촌 간의 격심한 불균형 개발, 지방과 지방 간의 현저한 개발격차, 동서지역의 심각한 개발격차 등으로 전체 국토의 경제개발은 더 이상 개선하기 힘든 기형적인 불균형 구조를 형성하고 있다.

서울, 경기도를 포괄한 수도권의 면적은 전국의 11.8%를 차지하면서 인구는 46.3%의 비중을 점유한다. 국가공공기관은 84%가 집중돼 있다. 100대 기업 본사는 91%가 몰려 있다. 또한 수도권은 외국기업의 75%, 벤처기업의 70%, 주요 대학의 65%, 정보통신업체의 89%가 집중되어 있다.

수도권은 금융대출의 67%, 벤처기업 및 연구개발의 70%를 차지하였다. 이 같은 수도권 집중은 수도권의 단독 지배체제를 강화시키면서 사실상 슈퍼모노 구조를 고착하고 있는 것이다. 여기서 발생하는 부작용은 실로 심각한 상황이다.

이러한 심각한 문제에 대한 어떠한 해결책도 지엽적이고 부분적인 방안으로 해소할 수 없는 상황에 도달했다. 유일한 해결책은 종합적인 장기계획으로 획기적인 접근이 있어야만 해결할 수 있다.

2) 과거 지역개발정책의 전략

지금까지 한국의 지역개발전략은 거점지역을 중심으로 집중 투자하는 역류효과에 의해서 인구와 자본이 집중되고 이것이 중심지의 소비를 증가시키면 여기서 유발된 거점지역의 증대된 소비를 충족하기 위해 배후지에서는 농업생산이나 원료생산을 증대시키면서 중심지의 고급기술이 배후지역으로 확산 보급되는 개발효과의 극대화(확산효과)를 추구해왔다.

거점지역의 성장이 확산되면 내부효과, 외부경제를 통한 누적효과로 다른 지역의 부담 아래 중심지의 성장이 가속화되어 확산효과와 역류효과를 발생시킨 것이다.

우리나라 도시 및 지역개발은 지난 60년 동안 서울 수도권과 영남지역을 집중적으로 개발하는 불균형 개발정책을 추구해왔다. 이 같은 사실은 역사적인 통계에서도 잘 나타나고 있다.

거점 중심 지역개발정책의 결과 해당지역은 막대한 외부효과의 혜택을 톡톡히 보았다. 해당지역 주민들의 생활수준은 타 지역에 비해 상대적으로 빠른 속도로 크게 향상될 수 있었다.

특정지역에 공원, 교통시설, 공공건물, 공장건설, 공공주택건설, 신도시건설, 산업단지 개발 등이 집중적으로 들어서 파생효과를 낳음으로써 혜택을 입을 수 있었다. 해당 개발지역은 인구가 몰려들었고 새로운 수요와 시장이 폭발적으로 창출 유발하면서 개발 배후지역의 농수산물 수요를 창출하는 계기가 됐다.

아울러 개발 배후지역의 부동산 값이 폭등하게 되고 선대로부터 땅을 물려받았거나 정보입수를 통해 땅 투기를 한 사람들은 손쉽게 외부효과의 덕을 볼 수 있었다. 이 같은 무임승차 덕분으로 짧은 시간 내에 개발지역 및 인근지역까지 신흥 땅 부자들이 나타날 수 있었다.

이미 개발되고 인프라가 잘 구축된 거점지역의 집중적인 개발에서 발생하는 외부효과를 극대화시켜야 한다는 시장논리를 내세움으로써 오히려 엄청난 부작용을 초래하면서 시장실패의 악순환을 되풀이하였다.

특정지역에 몰려 있는 공장건설과 인프라구축이 낳는 외부효과가 투자촉진과 인근 및 배후지역개발을 가속화하는 전략 추구로 혜택을 입은 지역주민들은 무임승차하면서 불로소득, 인구집중 등의 부산물을 양산하였고 지역 간 양극화를 부채질해 온 것이다.

지금까지 진행되어 온 지방경제의 발전은 그동안의 지방자치에도 불구하고 지역 간 불균형은 해소되지 않았다. 지방경제의 자발적 역량은 자기 결정권과 세원이 없는 지방자치로 인해 발휘되지 못했다.

지역경제발전의 혁신적인 개선은 국가제도 자체를 뜯어고치는 작업부터 해야 한다. 구미 선진국 연방제로 지방 하나가 강력한 경제단위가 되어 국가경제 전체를 최고 수준으로 끌어올리는 제도를 구축한다. 국방과 외교를 제외한 모든 권한을 지방에 이양해 각 지방정부를 작지만 강한 국가체제로 육성한다.

중앙정부가 주도해온 지역개발주의에서 벗어난다. 중앙정부 주도로 정책과 사업을 추진하는 방식에서 벗어나는 것이다. 연방제 형태로 전환된 지방이 스스로 나서 지역경제와 발전을 꾸려나가도록 한다. 중앙정부의 지원을 많이 얻고자 다투는 지방 간 경쟁에서 벗어난다.

지역경제는 지방자치를 성공적으로 이끌어가는 주체이고 지역개발을 촉진시키는 핵심이다. 따라서 모든 지방자치단체는 자기 지역의 특성을 살려 지역경제를 발전시키고 활성화시켜야 한다. 지역경제와 지방자치의 관계는 서로 주고받는 밀접한 관계로 되어 있다.

지역경제는 지방자치의 능력을 제거시키고 기반을 공고히 하는 데 기여하며 자율적 발전을 가능케 하는 역할을 한다. 지역의 균형적 개발 측면에서의 도농의 지역격차 완화 및 지역의 균형적 개발 측면에서 국민경제의 지속적이고 건전한 성장의 관점에서 그 지역의 특성에 적합한 인적·물적 자원의 최대 활용 및 개발을 유도한다. 또한 지방자치의 기반을 강화하여 지역주민의 경제적 지위를 향상시키고 자주적인 역량을 강화하여 민주성을 확보하는 데 지역경제 활성화가 필요하다.

3) 지역기업 활성화에 있어서의 문제점

지방자치제가 실시된 이래로 자치단체장들이 공통적으로 주력해온 분야가 '지역경제 활성화'라는 사실은 최근에 실시된 각종 여론조사 및 연구에서 밝혀진 바 있다. 실제로 지역경제 활성화는 국가적인 관점에서는 지속적인 경제성장, 국토의 균형개발, 지방자치 기반의 강화라는 차원에서, 그리고 지방자치단체의 관점에서는 지역발전 및 주민의 복지 향상이라는 차원에서 국가나 지방자치단체가 해결해야 할 최대의 과제라는 점에는 이견이 있을 수 없다.

그러나 우리나라의 지역경제는 취약한 재정구조, 지역 간 불균형의 심화, 변화에 대한 적응력 부족, 산업구조의 취약, 중앙정부에 대한 과다한 의존성, 자본과 기술의 부족 등의 많은 문제를 안고 왔다. 또 현재도 이러한 문제들이 크게 개선되지 못하고 있는 실정이다. 이러한 불리한 여건 속에서 그동안 자치단체들은 효율적인 지역개발과 지역산업의 활성화를 위해 많은 노력을 기울여 왔고, 중앙정부는 이러한 자치단체들의 노력을 지원하기 위해 여러 가지 방안을 강구해온 것도 사실이다.

(1) 중앙집권적 대기업·대도시 중심의 지역경제 진흥

지역경제 진흥을 위한 행·재정 권한이 중앙에 집중되어 있으며 중앙의존적 지역경제 진흥체제가 지역기업 육성에 있어서 하나의 문제점으로 지적될 수 있다. 국가 전체적인 관점에서 산업구조나 산업부문을 진단 처방하는 노력은 많았지만 지방 및 지역의 관점에서 지역산업 및 지방기업의 문제점을 체계적으로 파악하여 조치를 강구하는 노력이 미흡한 실정이다. 즉, 정부 주도의 지역산업정책에 의한 지원수단의 획일성 등으로 인하여 실질적인 지역기업 육성효과는 크지 않은 것으로 인식되고 있다. 또한 대기업 및 대도시 위주의 산업정책으로 인하여 지역불균형 발전, 중소기업 육성의 미흡, 산업 간 불균형 등을 초래하여 지역기업 육성 및 지역경제 활성화에 대한 구조적인 문제점을 노출시키고 있다. 그 결과 자본의 중앙집중, 기술, 정보, 인력의 중앙집중 등으로 인하여 중소도시에서의 기업입지 및 기업활동 여건이 상대적으로 불리하여 무리한 수도권 집중을 초래하여 지역경제 활성화를 위하여 지역특성에 맞는 지역산업 육성이 효과를 거두지 못하고 있는 실정이다.

(2) 지역기업 진흥 유인 및 제도적 장치 미흡

지역에서의 기업활동이 활발히 이루어질 수 있는 유인장치가 미흡하다는 점도 제기된다. 지역의 균형발전과 지역에 기업유치 및 분산을 위하여 각종 비과세, 감면제도, 수도권 억제정책을 추진하고 있으나 이의 실효성을 거두지 못하고 있다. 비과세, 감면 등 약간의 조세상의 유인이 있다 하더라도 해당지역의 사회간접자본 시설이 미흡하거나 금융, 정보, 행정 등 기업환경 등이 열악하여 조세제도 이외의 다른 제도상의 불합리가 존재할 경우에는 기업의 입장에서 볼 때 본사 또는 공장의 이전에 따라 추가적으로 감수해야 하는 비용의 합이 세금 절감액보다 더 많다고 판단되어 선뜻 지방으로의 이전이나 지방에서의 기업활동을 실행하려고 하지 않을 것이다.

마찬가지로 자치단체의 입장에서도 지역으로 기업을 유치하는 효과가 실질적으로 크게 나타날 수 있도록 유인할 수 있는 재량이나 제도적인 뒷받침이 미흡하다. 지역이 기업유치를 통하여 소득효과, 고용효과, 지방재정 확충효과 등을 통한 전반적인 지역경제 활성화를 기대하고 있다.

그러나 현행 소득세 및 법인세가 국세로 되어 있고 또한 소득 및 소비 관련 세제가 국세로 집중되어 있어 지역경제활동으로 인한 소득이 지역에 재투자되지 않고 주로 중앙으로 유출되는 지방세제상의 구조적인 문제로 인하여 지방재정 확충효과는 그다지 크지 않다. 즉, 지방세제는 재산과세 위주로 되어 있어 경제 활성화에 따른 소득은 주로 국세로 유입되는 국세 중심의 조세체계가 지역경제 진흥을 위한 재원의 지역 재투자 여력을 저해하고 있는 실정이다.

(3) 기업활동에 대한 규제 및 준조세 과다

기업활동에 대한 각종 규제 및 준조세 과다 등으로 인하여 기업의 경영활동에 장애요인이 존재하고 있다는 점을 들 수 있다. 한 예로 행정안전부의 여론조사 결과에 의하면, 우리나라에 있는 외국 기업들의 고충에 대해 다음과 같은 결과가 나타났다. 127명의 주한 외국기업 최고경영자(CEO)에 대한 여론조사 결과 각종 규제와 준조세를 비즈니스의 최대 장애물로 지적하고 있다. 각종 규제와 협찬·성금 등 준조세를 기업활동 장애물로 답한 기업이 35개사로 28%를 차지하고 있다. 이어 강경 노조 등 노사관계 불화가 29개사로 23%를 차지하고, 기업·금융회계 투명성 부족이 28개사 22%, 부실한 금융 서비스가 25개사로 20% 순으로 나타났다.

(4) 재정 및 금융지원의 미흡과 기업활동지원 미흡

지방기업 진흥과 지역경제 활성화를 위해서는 자치단체 및 기업에서는 무엇보다도 투자재원 및 사업자금이 중요하다. 지역의 중소기업 및 특화산업지원 등 지역 활성화 시책의 추진을 위한 중앙정부 및 자치단체의 재정지원과 금융상의 지원이 미흡한 실정이다. 이와 아울러 지역에서의 창업 및 기업활동에 있어서의 중앙 및 자치단체 차원에의 각종 통상 지원활동이 미흡한 실정이다. 물론 자치단체의 제정은 행정안전부 자료에 의하면 현실적으로 지방세수입에 의해 인건비를 해결할 수 없는 자치단체가 248개 자치단체 중 146개 단체로 전체의 59%에 달하고 있어 대부분의 자치단체에서는 재정여력이 없는 실정이다. 그러나 이들 자치단체에서는 지방교부세, 국고보조금, 지방양여금 등 중앙정부의 재정지원책에 의해 사업을 영위하고 있으므로 자치단체가 투자 우선순위 설정, 계획적인 사업추진 등을 통한 지역기업 진흥 및 지역경제 활성화를 위한 재원확보 및 대응 여지는 많이 있다는 점도 간과할 수 없는 사실이다.

4) 지역기업 진흥과 지역경제 활성화 방안

(1) 지역 간 인프라의 균형적 확충

기업활동 인프라의 지역 간 균형과 세제의 탄력적 활용지역 간의 인프라 격차가 지역의 기업활동에 있어 기업입지 및 기업활동을 어렵게 하고 있으므로 지역 간 인프라의 균형적 확충이 필요하다. 지역의 인프라를 크게 물적 인프라(도로, 항만, 공항, 에너지, 생활용수 공급시설, 공업단지 등), 제도적 인프라(자치행정체제), 인적 인프라(지역 내 인적자원의 양과 질)로 유형화할 수 있는데 유형별로 지역 간 일정 수준을 확보하게 하여 기업이 어느 지역에서 사업 및 투자하더라도 가능한 한 지역 간 큰 차이가 발생하지 않도록 지역산업 기반을 조성해야 할 것이다. 한편 정부 간 세원배분 조정을 통하여 지역의 기업활동에 의한 지역소득이 지역에 보다 유입될 수 있는 조세체계의 정비가 필요하다. 그리고 현재 제도화되어 있는 탄력세율제도의 활용을 통하여 자치단체가 자주적인 노력으로 세율을 탄력적으로 적용하여 한편으로 취득세, 등록세 등 지방세 감면으로 기업부담을 완화하여 기업유치 및 기업경영 여건 개선을 기하고 다른 한편으로는 필요한 부분에서는 인상세율을 적용하여 재원을 확보하는 방안도 고려해볼 수 있다.

(2) 기업활동 규제 및 관행의 개선

기업활동에 지장이 되는 규제를 지속적으로 발굴 개선할 필요가 있다. 2009년 규제개혁위원회 자료에 의하면, 우리나라의 규제는 11,000여 건으로 추정되고 이 중 약 50%의 각종 규제가 폐지되거나 개선된 것으로 나타나고 있다. 그러나 아직 기업활동에 있어서의 불합리한 규제가 기업활동의 애로사항으로 지적되고 있다. 따라서 인허가 관련 법령, 자치단체 규칙 등을 면밀히 검토하여 기업활동에 부담이 되는 규제발굴 개선 및 절차 간소화를 지속적으로 추진하고 상공회의소, 중소기업조합 등 지역기업단체 등의 의견을 적극적으로 조사하여 수용할 필요가 있다.

그리고 기업에 부담이 되는 관행 개선을 통하여 보다 기업하기 좋은 환경을 조성할 필요가 있다. 이를 위해서는 기업에 대한 준조세 부담을 완화해야 할 것이다. 첫째, 기부금품 모집규제법의 엄정한 준수가 필요하며 비자발적인 기부금품의 모집 및 접수금지, 조례 제·개정 및 금고 등 선정 시 성금·기부금을 재원으로 하는 규정 신설, 금고계약 등 금지 등을 들 수 있다.

둘째, 불법적인 기부금품 모집행위의 집중단속 강화가 필요하며, 셋째, 법령에 근거 없는 조건 부여를 근절해야 한다.

(3) 지역도시가 중심이 되는 대규모 지역공동체 건설

세계화 진행에 따라 한국경제가 성장세를 이어가도 지방도시는 오히려 침체되면서 위기가 진행되고 있다. 금융-실물-환경위기에 더해 지방의 공동화 또한 현재 한국경제가 직면한 위기구조다. 이는 가장 오래된 문제이면서도 새로운 문제로 부산을 예로 들면 서울과 부산 간 교통을 편리하게 할수록 오히려 돈과 인재와 정보가 모두 서울로 집중되는 현상이 심화되는 게 현실이다. 이에 대한 대안으로 지역도시가 중심이 되는 대규모 지역공동체 건설을 들었다. 해양도시인 부산의 경우 부산을 중심으로 하는 '해협경제권' 구축이 대안이 될 수 있다.

일본의 오사카를 예로 들면 도쿄에 경쟁이 되지 않은 오사카는 인근 교토와 나라, 고베를 끌어안아 철도망을 확충하면서 공동경제권을 만들었다. 또 소외된 후쿠오카와 큐슈 등 서북부 9주는 그에 대항해 해협경제공동체를 만들고 있다. 따라서 부산이 울산과 마산, 나아가 대구와 포항, 안동까지 아우르는 해협경제권을 만들어야 한다. 일본 도시들이 진행하는 해협경제공동체가 부산에도 기회인 동시에 위협이 된다. 부산이 단독으로 서울뿐만 아니라 일본의 9주까지 상대하면서 동북아 해양경제 이니셔티브의 주도권을 쥐는 것은 어렵다. 울산과 마산, 나아가 대구와 포항, 안동까지 아우르는 해협경제권을 일본 9주와 마찬가지로 구축해 지역경제 교류기반을 다지는 노력이 필요하다.

또 인근 지역도시와 부산이 하나가 되기 위해서는 부산이 다른 도시에 줘야 할 게 있다. 부산 신공항(동남권 신공항)을 가덕도에 세우는 것은 부산이 다른 도시와 함께하지 않겠다는 뜻과 마찬가지다. 인근 지역도시와 함께 사용할 수 있는 공항을 만들어야 한다. 이와 관련 동남권 신공항은 부산과 경남, 대구, 경북, 울산 등 동남부 도시들이 동북아 제2허브공항을 동남권에 만들자는 생각으로 지난 2007년 건설 합의한 신공항이다.

따라서 부산, 울산-마산-대구-안동경제권을 활성화하여 지역도시가 중심이 되는 대규모 지역공동체를 건설하여야 한다.

(4) 지방재정의 지역기업 진흥 및 경제 활성화 촉진기능 강화

자치단체 예산을 지역경제 활성화에 집중적으로 투입하는 노력이 필요하다. 지방예산을 지역 SOC 등 생산적 분야에 상반기 중에 집중 투자하여 지역기업의 참여 유도를 통한 지역경제의 조기 활성화를 도모하는 것이 필요하다. 그리고 기업입지 기반시설의 확충을 위해서는 임대공단 조성, 기존 산업단지 저가분양 등 입지조건의 개선이 필요하다. 또한 전자상거래 지원센터 설치 등 정보 인프라 구축을 지원하고 투자여건 조성을 위한 제도정비를 위해서는 민간투자촉진조례 제정 및 정비 보완과 외국인 투자 및 민간투자법 등 관련 법규의 지속적 개선이 필요하다. 아울러 투자유치 서비스 제공을 위한 Infra-Net 구축이 필요한데, 이를 위해서는 투자환경정보 제공 및 홍보를 위한 전용 인터넷 홈페이지 구성, 잠재적 해외투자가 및 관심 기업체 ID 수집 DB화 추진이 필요하다. 한편 외국인 투자기업지원·관리체계 확립을 위하여 투자 상담에서 사업완료 시까

지 전담공무원 지정, 입지정보 제공, 투자신고 및 인허가 등 각종 행정절차 대행, 투자유치 애로사항 지속 발굴, 조기 해결방안을 강구해야 할 것이다.

(5) 지역산업과 지역특화상품의 육성

지방화라고 불리고 있는 오늘날 지방자치단체에 있어서 지연산업의 육성은 지역기업을 살리고 지역경제 활성화를 위한 하나의 중요한 과제가 되고 있다. 이는 지역의 중소기업이 주류를 이루고 있는 지연산업 혹은 지연산업의 일각을 형성하는 지역특화산업 및 상품의 육성·개발이 지역경제 진흥에 크게 공헌하며 지방의 시대에 걸맞은 지방산업정책의 중요한 수단이 되고 있음을 의미한다.

특히 지역특화상품의 개발육성은 첫째, 지역기업의 활동을 유도하게 되어 지역경제 활성화에 효과를 기대할 수 있다. 이를 통하여 생산에 필요한 자원을 지역 내에서 조달하는 파급효과, 소득효과, 고용효과 등으로 지역경제를 활성화시켜 지역주민의 삶의 질 향상을 기대할 수 있다. 둘째, 이를 통하여 지방재정의 수입기반인 지역경제가 활성화되어 지방재정을 확충하는 효과를 기대할 수 있다.

자연산업 및 지역특화상품의 육성을 위해서는 효율적인 추진체계 및 종합적인 행정지원체계가 구축되어야 한다. 즉, 지연산업 및 지역특화상품 육성조례의 제정과 이들 산업 및 상품의 육성개발을 지원할 전담부서의 설치가 필요하다.

이와 아울러 자치단체의 재정 및 금융지원의 확대가 전제되어야 한다. 지연산업 및 지역특화상품을 육성하고 개발하는 데 있어서는 무엇보다도 자금지원이 필요한데 하나의 대안으로 고려해볼 수 있는 것은 자치단체와 지역금융기관이 공동으로 출자하여 기금을 마련하여 지역산업진흥 및 지역 활성화를 위한 사업자에 대해 장기 저리로 융자하는 제도를 고려해볼 수 있다. 이외에도 지역상품의 판매 활성화를 위한 유통시설 확충과 지역상품의 수출을 촉진하기 위한 해외시장정보, 해외전시회 개최 등 수출지원 자금을 확대할 필요성이 있다.

(6) 지역기업 진흥 및 지역 활성화에 대한 자금지원체제 구축

가. 지역경제 활성화와 벤처기업 육성

지역경제 진흥을 위해서는 무엇보다도 지역에서 기업이 활발한 경영활동을 할 수 있는 여건조성이 필요하며 이를 위해서는 기업의 각종 투자여건과 자금난을 해소하는 것이 중요한 과제라 할 수 있다. 여기에는 특히 지방정부의 재정 및 금융정책의 지역경제 활성화에 대한 역할이 매우 중요하게 작용된다.

지역경제 활성화와 벤처기업의 육성은 매우 밀접한 관계를 가지고 있다고 할 수 있는데, 지역에서의 유망 벤처기업의 육성은 결국 지역기업 경영활동 촉진과 지역경제 활성화에 중대한 영향을 미치고 있다. 담보력이 없는 지역의 유망 벤처 중소기업의 자금난을 해소함으로써 지역 벤처기업의 활발한 기업활동이 이루어지면 지역경제는 보다 활성화될 것이다. 따라서 벤처기업의 육성을 통한 지역경제의 활성화를 기하기 위하여 자치단체가 공공자금에 의한 펀드 조성을 하고 있다. 현재 벤처 펀드를 최초로 조성한 전북도를 비롯하여 대부분의 광역자치단체에서는 벤처 펀드를 조성하고 있는 것으로 나타나고 있으나 아직 미흡한 실정이다.

나. 일본의 벤처 육성자금지원과 지역경제 활성화 사례

일본은 지역경제침체에서 벗어나고 지역경제 활성화를 기하기 위한 하나의 수단으로 벤처기업 육성을 적극적으로 추진하고 있으며 이를 위한 매우 다양한 자금지원 시책이 추진되고 있다. 우선 중앙정부 차원에서는 벤처기업 육성을 위해 다양한 법과 지원 분야별로 구분하여 지원체제가 체계적으로 구축되어 있는 것으로 나타나고 있다.

첫째, 경영사업 운영분야를 들 수 있다. 여기에는 경영 노하우, 사업자금, 설비투자, 운전자금, 세제 등의 지원이 있다.

둘째, 기술 및 연구개발 분야를 들 수 있다. 여기에는 연구개발 설비투자사업화 자금, 기술지원, 지원기관 등의 지원이 있다.

셋째, 인재 및 고용 분야를 들 수 있다. 여기에는 인재확보를 위해 채용활동, 환경정비 등의 지원이 있고 그리고 인재육성을 위해서는 인재 고도화 지원 등이 있다.

넷째, 기타 간접지원 분야를 들 수 있다.

여기에는 정보제공, 코디네이트 활동, 인재 및 기술매칭 등의 지원이 있다.

한편 벤처기업지원 네트워크를 구성하여 운영하고 있다. 이는 그동안 벤처기업지원이 부서별로 이루어지고 있어 지원효과에 있어 문제점이 지적되고 있음을 고려하여 벤처기업을 위한 민관 각 기관 및 단체가 제휴하여 각종 지원시책을 효과적으로 실시할 목적으로 운영되고 있다. 여기에는 후생노동성, 문부과학성, 농림수산성, 경제산업성, 총무성, 고용능력개발기구, 중소기업종합사업단, 통신방송기구 등이 네트워크를 구성하고 있다. 이 외에도 신사업창출촉진법(벤처펀드에 출자), 산업기반정비기금, 엔젤세제(일정 요건을 갖춘 기업의 주식을 취득한 개인에 대한 세제상의 특혜), 중소기업경영혁신지원법, 중소기업창조활동촉진법 등이 벤처기업 관련 지원제도라 할 수 있다. 실제 오사카 시의 경우를 조사한 결과 이상에서 제시한 벤처기업에 대한 자금 지원제도 외에도 다양한 벤처기업에 대한 융자지원제도가 실시되고 있다. 예를 들어, 신규개업지원특별대부, 신사업육성지원융자, 신산업창조지원자금융자, 이노베이션 21, 성장사업육성특별융자, 신수인수권부사채, 지역중소기업활성화대부, 벤처 서포트론(벤처지원 융자제도) 등 다양한 제도를 마련하여 벤처기업의 육성을 통한 지역경제 활성화에 적극적으로 대응하고 있는 것으로 나타나고 있다.

다. 일본의 후루사토 융자제도 및 시민뱅크제도에 의한 기업자금지원 사례

일본의 경우는 지역에서의 창업 및 사업활동에 대한 자금지원이 매우 다양한 형태로 이루어지고 있다. 우선 일본의 시민 뱅크제도란 지역사회의 교육, 복지, 취미, 유통 등의 생활영역에서 사업을 시작하고 싶은 여성이나 환경보호, 유기농업 등 사회적으로 의의가 있는 사업을 지향하는 시민단체에 자금과 노하우를 제공하는 제도이다.

시민뱅크는 1989년 4월 도쿄에 있는 永代신용조합과 시민사업의 연구, 그리고 경영컨설팅을 행하는 (주)프레스 올터너티브가 제휴해서 설립했는데, 시민뱅크는 융자뿐만 아니라 상담, 정보, 노하우의 공유, 구인, 구직, 교류사업 등의 기능을 통해서 사업 상호간의 자립과 협력체제를 구축하고 있다.

이와 같은 시민에 의한 사업은 지역사회 속에서 주부 그룹이나 볼런티어 단체 등이 그 활동을 자립시키는 형태로 기업화를 지향하고 있다. 이미 전국에서 수천 단체 및 기업이 시민뱅크를 통해서 눈부신 활약을 하고 있어 지역 활성화에 크게 기여하고 있는 것으로 평가되고 있다.

한편 일본의 후루사토 융자(지역 가꾸기 융자)제도는 1988년 12월 다케시다 내각의 후루사토 창생사업의 일환으로 시작되었다. 당시 자치성·대장성이 공동 협력하여 설립하였는데, 이는 공익법인으로서 도, 도, 부, 현과 정령지정도시의 출연에 의해 설립된 지역종합정비재단(후루사토 재단)이 업무를 담당하고 있다. 지방자치단체가 지역 활성화에 도움이 된다고 생각하는 민간기업이나 사업에 대해 설비자금의 20%를 상한으로 장기 무이자로 대부해주고 있다. 재원은 지방자치단체가 지방채의 발행에 의해 금융기관으로부터 조달하고 있고 이자의 지불에 대해서는 국가로부터 지방교부세에 의해 보전되고 있으며 또한 나머지 설비자금은 금융기관이 협조 융자하고 있는 시스템을 형성하고 있다.

이와 같은 중앙 및 지방자치단체의 재정 및 금융지원에 대한 제도적 구축에 의해 지

역경제 활성화를 위한 사업이 일본 전국의 자치단체에서 보다 활발히 추진되고 있으며 이로 인한 지역기업의 활성화도 크게 유도되고 있다.

5) 자금지원체제 구축방안

지역에서 창업이나 기업활동이 활발히 이루어질 수 있도록 하기 위해서는 앞서 제시한 행정규제 및 관습의 개선, 인프라 확충, 지방분권 추진 등 다양한 방안들이 모색되어야 함과 아울러 새로운 자금 지원체제의 구축이 필요하다. 이를 위한 하나의 대안으로 일본의 사례를 참고로 하여 자치단체가 벤처 펀드를 조성하거나 중앙정부와의 협력과 지역의 금융기관과 협력하여 새로운 형태의 기금을 조성하는 것을 고려해볼 수 있다. 이를 통하여 지역에서의 창업지원뿐만 아니라 지역의 중소기업 경영안정자금 융자도 확대하고 또한 지역기업에 대한 신용보증기능을 강화하여 지역기업의 자금난을 적극적으로 완화해나가야 할 것이다.

6) 지역경제정책 확립방안

지역경제정책의 확립을 위해서는 우선적으로 재정분권의 확대가 필요하다. 재정분권 확대를 위해서는 첫째로 국세 및 지방세원의 재배분이 필요하다. 현재 재산과세 위주인 지방세에 소득과세를 중심으로 소비세를 보완하는 제도를 통해 총 조세의 20.5%인 지방세 비중을 제고하여 자치기반을 공고히 해야 한다.

둘째, 기준재정수요 산정의 개편이 필요하다. 재정수요 산정 시 인구집중, 공장, 산업, 환경문제, 교통, 도시화 문제 등의 집적에 따른 추가 행정수요를 반영해야 한다.

셋째, 중앙정부 재정조정제도의 최소화와 지방 간 재정조정이 필요하다. 중앙정부의 재정조정제도는 국가가 보장하는 국민의 최저 수준까지만 분배하고, 나머지는 지방세체계에 흡수될 수 있도록 지방세제와 재정조정제도를 개편해야 한다. 넷째, 조세특례 및 재정지원 등 예외조항의 최소화가 이루어져야 한다. 또한 지역경제정책의 발전을 위해서는 중앙정부가 천편일률적으로 일정형태를 만들어 제안하는 것이 아니라 지역의 자발적 의지와 잠재적 역량에 맞도록 지배구조가 만들어져야 한다. 따라서 광역지방자치단체가 중심이 되어 지역개발청을 만들어야 한다.

광역지자체별로 기초지자체를 포함한 지역정부, 기업, 사회적 파트너, 지역의회, 지역별·산업별 협회 등 다양한 경제주체들이 참여하여 초기적 단계로나마 지역개발청을 만들어야 한다. 모든 광역지자체에 조직구성을 일률적으로 강요하는 것이 아니라 각 지역의 수준에 맞게 협의체 또는 연합체 성격까지 유연하게 조직을 구성할 수 있도록 해야한다. 다음으로 인적자원개발정책의 지배구조를 개혁해야 한다. 지방의 효율적인 인적자원개발정책 수립과 집행을 위해서 지역 내 인적자원개발 관련 단체들(산·학·관·연) 간 파트너십 구축이 절실하다. 이를 위해 각 중앙부처가 지역단위에 두고 있는 다양한 협의 및 심의기구를 통폐합하여 각 지방자치단체 산하에 '인력개발위원회(가칭)'를 구성하여 인적자원개발정책의 중복성과 비효율성을 제거해야 한다.

동 위원회의 구성원은 고용주, 사업자 대표와 노동자 대표, 정규교육기관 및 훈련기관 대표, 지방자치단체 및 관련 단체이며, 그 역할로는 인력개발 계획 설계 및 발표, 인력개발시스템의 척도 마련, 기술수준과 고객 만족도 점검, 정기적으로 고용주와 구직자의 요구 평가, 인력개발전략 개발 및 권고, 인력개발 서비스 개발, 피드백 및 정책결정 권고안 작성, 인력개발시스템 개선 및 관리 등이다.

7) 지역경제의 개선

(1) 지방 중심의 권한 이양

지방 중심의 경제를 활성화하기 위해서 가장 중요한 것은 이제까지 시행되어 온 정치, 경제, 사회, 문화, 환경, 복지 등 모든 분야에 대한 중앙집권적이고 상부하달식인 계도와 시행의 탈피가 필요하다. 진정한 지방화의 의미는 규제완화와 민영화, 분권화가 있다. 지역경제 활성화를 위한 작고 효율적인 행정지원체제도 구축해야 한다.

금융정책의 개선도 필요한데 이는 지역경제의 위축을 유발하는 요인으로 작용하는데 지역경제 활성화를 위한 지역의 실물부분 투자수요에 즉시 대출할 수 있는 지역금융의 원활한 내부적 순환시스템을 구축해야 할 것이다.

지방조성자금의 서울 유출방지와 역내실물부문에 투자할 수 있는 제도적 뒷받침이 필요하다. 때문에 지역은행의 역할강화가 요구된다. 지역은행 간 금융시장 및 자금결제기구 및 상호협력체계를 구축하여 지역은행 간 자금수요를 조절할 수 있도록 해야 할 것이다.

(2) 행정체제의 정비

지방행정의 이원화는 투자의 낭비와 행정의 비효율을 초래하는데 단기적으로는 기능조정방안을 채택하여 집행업무의 일원화를 기하고 장기적으로는 양 기관의 통합을 통하여 지방행정체계의 일원화를 도모하는 방안이 필요하다. 그리고 지역경제 관련 민간 및 공기관 단체들과의 긴밀한 협조체제를 구축하고 운영할 필요가 있다.

(3) 지역경제 기반의 강화

지반 자본의 형성을 위해서는 앞서 지적한 바와 같이 금융정책의 혁신, 기업본사의 지방 이전, 지역기업의 본사의 서울화 방지를 위한 각종 제도의 개선과 세제의 개편을 통하여 지역기업으로 하여금 인센티브를 갖도록 해야 한다. 그리고 지역중소기업의 경쟁력 제고를 통한 지역자본의 형성이 필요한데 지역중소기업의 경영상 불이익을 보전해줄 수 있는 중앙 및 자치단체의 지원강화가 필요하다.

개방적 경제 공간 속에 국가 간, 지역과 국가 간, 지역과 지역 간의 신속한 교류체계의 확보는 지방산업의 경쟁력 강화와 생산향상을 위해 필수적이다. 그러나 지역의 기간 시설 확충은 대규모 투자가 따라야 하므로 미약한 자치재정으로는 감당이 힘들다. 따라서 지자체 실시 후 기초 및 광역단체의 무분별한 물적 기반 시설의 확충요구는 우선순위를 지역경제 활성화에 기초하여 투자해야 한다.

지역화의 폐단 혹은 지역화의 진척에 장애요인 중 하나가 바로 지역인력의 부족이다. 단순히 중앙과 지방의 2분법적 구도에서 볼 때도 그렇고 광역과 기초의 구도로 나눌 경우 도시와 농촌 간의 문제도 바로 상대지역에 비해 인력이 부족하다. 지역경제의 강화를 위해 지역노동력 활용을 늘려야 한다.

(4) 지역별 특화산업육성

지자체 실시를 전후하여 국토의 균형개발이라는 측면에서 지역마다 비슷한 기업활동을 강화하거나 입지시키는 경향이 늘고 있다. 그러나 장기적으로 볼 때 산업마다 다음 세기에 대비한 역점사업을 우선 육성해야 한다. 특히 지역의 연고산업, 전통, 입지, 기후, 대외적 요인 및 인프라 등에 기초한 사업을 발굴 및 특화하여 개발하고 무분별한 사업개발을 지양해야 한다.

8) 지역경제발전을 위한 요약

국가경제 활성화를 위해서는 지역 중심이라는 기본방향이 설정되어야 한다. 지역을 중앙의 하부개념으로 인식하는 것에서 탈피하여 중앙 주도적 정책이 아니라 지역의 내발적·내생적 개발정책으로부터 출발하는 경제 활성화 전략이 필요하다고 생각된다.

3. 지역경제 활성화 내용

우리나라는 지난 반세기 동안 강력한 중앙집권체제하에서 집권-집중형 발전 모델을 통해 '불균형발전 전략'을 추진해왔다. 그 결과 수도권 면적은 전 국토의 11.8%에 불과하나 인구(47.6%), 산업(47.5%), 교육, 의료 등 모든 기능이 수도권에 집중되는 현상은 세계적으로 유례를 찾기 어려울 정도로 심각한 수준에 이르게 되었다(수도권 인구집중도: 일본 32.4%, 프랑스 18.2%, 영국 12.1%, 대만 14.5%). 또한 통계청 홈페이지에는 수도권에 집중된 전 산업별 사업체 수(1,352,524개) 비율이 전국의 42%에 달하고 있는 것으로 파악되었다.

그래서 지난 노무현 정권에서는 이러한 국토 불균형문제를 개선하기 위하여 수도권은 공장총량제, 대학정원규제, 세금중과 등 양적 팽창을 억제하고, 지방은 지방이전유도, 낙후지역개발 등을 통해 육성하는 정책을 추진하였으며 아울러 노무현 정부는 지방의 자립을 지원하는 것이 균형발전의 핵심이라는 관점에서 행정중심복합도시 건설과 수도권에 집중된 공공기관을 지방에 이전하는 혁신도시건설, 민간의 창의성과 자본을 활용하여 지역의 신거점을 육성하는 기업도시건설을 추진하여 국토의 균형발전 및 지역경제 활성화를 도모하고자 하였다.

하지만 이러한 시도는 수도권과 지방 간의 '소모적'이고 '대립적'인 경쟁만 유도하였다고 비난받아 오면서 여전히 수도권으로 인구와 경제력이 집중하였다.

그리하여 지난해 이명박 정부가 출범하면서 내놓은 5+2광역경제권 구상은 국토의 비전적·전략적 균형발전을 시도하고 있다. 그렇지만 지난해 예상치 못한 미국발 금융위기로부터 시작된 세계대공황이 초래되면서 현 정부는 지난해 10월 30일 국가경쟁력 강화를 위한 국토이용의 효율화 방안이라는 취지로 발표한 수도권 규제완화는 시작부터 수도권 대 비수도권이라는 극한 대립의 예상된 갈등을 나타내기도 하였다. 금번의 수도권 규제완화정책은 수도권 규제를 전면 풀어 기업투자를 활성화시킴으로써 최악의 경제위기를 타개한다는 목표를 가지고 있는데 기업이 투자하지 않는 것은 수도권 규제 때문이 아니라 비싼 인건비, 잦은 노사분규, 해외시장 개척 때문임이 이미 밝혀졌다. 설령 수도권에 일시적으로 투자가 이루어져도 부동산 투기만 부추길 뿐이고 수도권 집중은 집적의 이익을 넘어 주택, 교통난, 환경오염 등 막대한 사회적 비용을 유발하고 비수도권인 지방은 자립기반이 계속 약화될 것이며 이로 인해 지역 간 격차가 계속 심화되고 국가경쟁력은 저하되고 말 것이다. 결국 지방의 황폐화를 촉진하는 수도권 규제완화만으로 경제회복을 기대하는 것은 애초부터 무리한 정책목표라 보지 않을 수 없다. 어떻게 보면 과거에 시행된 '불균형발전 전략'이나 수도권 규제완화는 과거 우리나라 가난한 집안에서 장남에게만 집중적으로 투자 육성한 뒤 그 장남이 성공한 후에 집안의 부모 형제들을 부양한다는 논리와 일맥상통하는데 현대사회에서는 오히려 그렇게 성장한 장남이나 자식들이 부모와 형제들의 은혜를 모르고 내팽개치면서 자신의 처자식들을 먹여 살리는 데에만 급급한 상황을 주변에서 자주 볼 수 있다. 즉, 거점의 성장효과가 지역에 내부화되지 못하고 외부로 누출되는 경우가 많다는 것이다. 또한 그러한 사례에서 장남의 성공만을 바라보던 부모 형제들이 오랜 시련의 기다림 과정에서 운명을 달리하거나 패가망신하는 경우도 자주 볼 수 있다. 그러한 맥락으로 본다면 지역경제의 운명은 어떻게 되는가? 오랜 시련의 기다림 과정 뒤에 거점이 성장한 뒤 지역으로의 성장효과분배를 하려는 시점에서 지역경제는 활성화는커녕 침체, 황폐화가 되어 있는 상태에서 손을 댈 수도 없다는 것이다.

다시 말해서 현대사회 그리고 미래에는 국가의 주요기능과 업무 그리고 인구의 절반이 국토 11.8%에 몰려서는 경쟁력을 기대할 수 없다는 것이다. 즉, 수도권은 지금 '다이어트'가 필요하다. 2007년 8월 3일 한국인간개발연구원이 주최한 최고경영자 포럼 강연에서 건설교통부 장관이 주장하였듯 수도권은 '비워서' 살리고, 지방은 '채워서' 살리자는 균형발전이 필요하다는 것이다. 이 장관은 "수도권의 경쟁력에 의존하던 산업시대 전략으로는 글로벌 경쟁시대에 살아남을 수 없다"면서 "전 국토에 잠재된 역량과 특성을 최대한 발굴하고 키워야 한다"고 덧붙였다. 그것이 곧 지역경제 활성화를 촉진할 것이다.

지역경제를 활성화시켜야 하는 필요성은 크게 보면 앞서 언급한 것처럼 국토균형발전이라는 측면과 국가경쟁력 강화를 위해서는 당연히 추진되어야 할 과제이다. 지역경제 활성화를 통해서라도 수도권에 모든 기능과 업무가 집중됨으로써 발생하는 문제점을 해소하여 국토균형발전을 달성하기 위한 발판을 마련하고 나아가 수도권이라는 한 거점을 중심으로 형성된 국가경쟁력보다는 다양한 거점을 중심으로 형성된 국가경쟁력으로 미래를 준비하고, 아시아 나아가 글로벌 사회의 리딩 국가로서의 국제적 위상을 제고하여야 한다고 생각된다.

그러면 지역경제를 활성화시키기 위한 개선방안은 무엇이 있을까? 사실 과거 경제개발 5개년 계획으로 고도성장한 우리나라는 그 결과로 나타난 국토 불균형문제, 산업 간 불균형문제, 계층 간 불균형문제 등의 부작용을 해소하고 시정하기 위하여 정부는 그동안 끊임없이 다양한 정책들을 내놓고 추진하여 왔다. 국토 불균형문제를 해소하고 지역경제를 활성화시키기 위하여 그때마다 논의되었던 것들 중에 하나가 바로 ① 수도권에 집중된 기업을 지방으로 이전시키자는 것이었다. 앞서 얘기한 것처럼 수도권에 모든 기능과 업무가 집중됨으로써 발생하는 문제점을 해소하고 지방도시 입장에서는 기업유치를 통한 고용증대 및 인구의 유입을 초래해 지역인구가 증가되며, 기업의 생산활동을 통해 산업생산을 증대시켜 고용과 생산 등의 복합작용을 기초로 지역경제 활성화에 기여할 수 있다. 이를 통한 지역 내 총생산의 증가는 다시 기업의 증가를 가져와 지역경제를 더욱 활성화시키는 계기로 정착될 수 있다. 쉽게 말해서 기업이 유치되면 지역민의 소득이 높아지고 지역경제가 활성화되면 지방세수가 증가하는 선순환 구조가 작동되기 때문에 지역으로의 기업을 이전 유치해야 한다. 그 예로 현재 우리나라에서 기업들이 많이 입지해 있는 서울, 인천, 경기, 울산 등이 2008년 시도별 재정자립도 현황자료에 따르면 1, 2, 3, 4위를 차지하였다고 한다.

물론 기업이 가져다줄 수 있는 악순환 구조도 있을 것이다. 그렇지만 선순환 구조가 가져다주는 효과가 악순환 구조가 가져다주는 효과를 상쇄하고도 남음으로 수도권 및 지방자치단체들이 기업유치에 사활을 건다고 할 수 있다.

따라서 지역에서는 제조업 및 서비스 부문에서의 기업이전, 유치가 중요한 의미를 가지면서 외국기업, 국내기업, 창업활성화, 벤처기업의 이전, 유치가 지역경제에 중요한 역할을 한다고 볼 수 있다.

예컨대 오설리반의 도시경제학 저서 '제4장 기업은 어디에 입지하는가?'에서도 도시는 기업에 의해 생긴 고용의 중심지역 부근에서 생성된다. 따라서 기업의 입지선택은 도시의 입지와 도시성장을 결정한다. 그만큼 기업입지 또는 유치로 인한 도시로의 파급효과가 크다는 것을 말해주는 부분이다.

군산의 기업유치를 보게 되면 2006년에 군산공단에 입주하겠다며 협약을 체결한 기업만도 306개 업체에 달하며, 이들 기업의 투자규모만도 총 6조 5,427억 원에 3만여 명의 고용창출효과를 이뤄냈다. 그리고 그러한 투자규모와 고용창출의 효과는 지역경제 활성화에도 커다란 기여를 하였다고 한다.

사실 정부도 그동안 수도권 기업을 지방으로 이전시켜 일자리를 분산하여 지역경제를 활성화시키고 나아가 국토 불균형문제를 해결하기 위하여 여러 가지 수도권 입지 규제책과 지방이전 지원책을 추진하였음에도 불구하고 수도권 집중과 지방의 낙후는 갈수록 심화되어 왔다. 그 이유는 여러 가지가 있겠지만 우선은 지난해 방송매체에서 보도된 설문자료의 결과를 서술하면 수도권기업을 대상으로 지역으로의 이전의사가 있느냐, 그리고 이전의사가 있다면 혹은 없다면 무엇 때문인가라는 설문조사에서 지역으로의 '이전의사'는 전체 응답의 20%대이었고 '이전의사가 없다'는 50%를 넘었다. '이전의사가 있다'의 이유에서는 앞서 언급한 것처럼 정부에서의 지방이전 지원책을 주로 꼽았고 '이전의사가 없다'의 이유에서는 수도권이 지방에 비해서 '정보의 획득 및 지식파급이 빠르고 편리하다'와 '사회 인프라 시설이 잘 갖춰져 있다'라는 응답이 합하여 전체 응답 비율의 절반이 넘었다.

이 설문조사결과가 암시하는 것은 정부의 지방이전 지원책만으로는 기업들이 수도권에서 지방으로 이전 혹은 지방으로 기업이 입지한다는 것이 한계가 있다는 것이다. 위에서 언급한 '이전의사가 없다'의 이유에서 절반이 넘는 비율이 외부적 규모 경제의 지역화경제(중간투입요소에 대한 공급자의 공동이용, 노동 풀의 공동이용, 정보의 공동이용 등 이 세 가지 경우 모두 개별 기업의 생산비용은 산업군집의 총생산이 증가함에 따라 감소한다. 이와 같은 외부경제를 '지역화경제'라 하는데, 비용의 감소는 군집에 속한 기업들에만 발생한다는 것을 시사한다), 도시화경제(도시화경제는 지역화경제로 인해 도시 내 총생산이 증가할수록 개별기업의 생산비용이 감소하면서 발생하게 되는데 그 특징으로는 전체 도시경제의 규모로 인해 발생하고 도시 전체의 입지기업들에 편익을 창출한다)의 이점을 누리고 기업이 활동하는 데 필수적인 사회 인프라 시설이 잘 갖추어진 곳을 선호한다는 것에서 우리는 정부가 기업에 대한 지방이전 지원책 이외에도 기업이 앞부분에서 서술한 집적의 경제 이점을 누릴 수 있고 사회 인프라 시설을 추가 확충하여 지방에서 기업들이 기업하기 좋은 환경 아니 유리한 환경을 계속해서 조성해주어야 한다.

또한 현재 심각한 경제난을 타개하기 위해 단기적인 안목에서 수도권에는 규제완화를 실시한다면 장기적인 안목에서 지방에는 집중적인 SOC투자사업과 다양한 측면에서의 정부지원책 그리고 지방자치단체의 역할강화 및 자립지원을 끊임없이 실시하여 기업들이 수도권이 아닌 지방으로 시선을 돌려 지역경제 활성화를 촉진하고 나아가 국토균형발전 및 국가경쟁력 강화를 이룰 수 있는 토대를 마련하여야 한다.

지역경제 활성화를 시키기 위해서는 앞서 언급한 기업유치뿐만 아니라, ② 수도권의 경쟁력 있는 대학의 지방으로의 이전 및 유치가 필요하다. 기업과 대학은 상호 밀접한 관계가 있을 뿐만 아니라 수도권의 경쟁력 있는 대학의 지방으로의 이전 및 유치로 인해 지역경제가 얻을 수 있는 효과는 앞서 논의된 기업이 지방으로의 이전 및 유치로 인해 얻을 수 있는 효과와 유사하다고 할 수 있다. 물론 수도권의 경쟁력 있는 대학의 지방으로의 이전의사를 묻거나 이전의사가 없다에 대한 이유들 중에서도 기업의 지방으로의 이전에 관한 설문조사결과와 유사하게 나올 것이다. 그러므로 수도권의 경쟁력 있는 대학의 지방으로의 이전 및 유치를 추진하기 위해서는 정부의 각종 지원책 및 유인책이 병행되어야 하며 수도권의 경쟁력 있는 대학들이 기꺼이 지방으로의 이전 및 유치가 되도록 지방으로의 집중적인 SOC투자사업과 지방자치단체의 역할강화 및 자립지원을 끊임없이 실시하여야 한다. 그리고 현 정부에서 2012년부터 본격적으로 시행될 예정인 대학자율화 정책과 5+2광역경제권구상 정책들을 잘 활용하여 지역별 발전전략과 연계되어 원원될 수 있는 특수목적대학교들을 지방으로 이전 및 유치하거나 기존의 지역대학 살리기를 통하여 정부에서 시행하는 정책과 맞물려 돌아가면서 지역경제 활성화를 도모하는 것도 하나의 방안이라고 생각된다. 정부의 장기적 지역발전전략 바탕 위에서 지역의 기업과 대학의 상생전략이 끊임없이 맞물려 돌아갈 때 지역경제 활성화를 가져올 뿐만 아니라 국가 전체의 경제도 활성화될 것이라고 생각된다. 그리고 현재 지역대학 중에서는 글로벌 대학으로의 발판을 마련하기 위하여 중국, 일본, 영어권 국가 등의 대학들과 자매결연을 하여 대학의 경쟁력 강화에 힘을 쏟고 있는데 범정부적 차원에서 지역으로 이전 혹은 입지하게 되는 수도권의 경쟁력 있는 대학과 지역대학에는 해외의 대학들과의 교류 활성화를 도모하고 촉진하는 제도적 장치를 마련해주는 것도 필요하다고 생각된다.

③ 다음으로 자치단체와 자치단체장의 노력이 필요한데 앞서 언급한 수도권기업과 대학의 지역으로의 이전 및 유치에는 정부의 정치적·행정적 요인 등 여러 가지 요인들이 영향을 미치지만 그중에서도 자치단체와 자치단체장의 역량이 그 성패를 좌우한다고 생각된다. 지역의 발전전략구상과 기업유치에 성공한 자치단체와 자치단체장의 사례를 살펴보면 다음과 같다.

1) 해외사례분석(지역별 발전전략의 중요성 강조)

일본 나고야 시와 인근 도시가 경제통합으로 지방도시의 한계를 넘어 급성장한 사례가 있다. 제조업 공동화와 도시형 서비스 수요의 수도권 흡수 등 나고야 시가 경제통합을 추진하기 전 상황과 우리나라 지방 경제상황이 상당히 유사하다. 나고야 시는 1988년 올림픽 유치 실패를 계기로 '그레이터 나고야(Greater Nagoya)'를 표방하면서 자동차로 1시간 이내에 이동할 수 있는 거리(반경 80~100㎞)의 지역을 같은 경제권으로 통합하는 발전전략을 구사했다.

나고야 시와 아이치 현 등 인근 3개 현과 22개 시, 10개 상공회의소와 36개 경제 관련 단체를 묶는 경제통합 구상이었다. 이른바 '나고야 경제권'은 지역 간의 역할분담을 강조했다. 나고야 시의 3차 산업과 연구·개발(R&D), 도요타 시의 수송·항공우주·전자기기, 토우카이 시의 철강, 미에 현의 전자부품, 기후 현의 섬유와 세라믹 등을 연결하는 선순환 구조를 마련하고 '그레이터 나고야' 브랜드명으로 지역이 하나가 되어 대외적으로 통합 마케팅을 실시했다.

또 중부권 국제공항 건설, 역세권 정비 등 인프라를 확충하고 전통산업을 첨단 및 고부가가치 산업으로 개편했다.

이 결과 나고야권은 일본 경제의 중심축으로 성장했다. 상업 중심지로 도쿄와 함께 선두 다툼을 해온 일본 제2의 도시 오사카가 상대적으로 쇠퇴한 반면 제조업 중심지로 거듭난 나고야 지방이 급성장한 것이다.

여기서 보면 나고야 시가 추진하였던 전략들이 현재 이명박 정부에서 국토균형발전과 지역별 특성화 그리고 경제 활성화를 추진하기 위해 계획하고 있는 광역제권구상 정책과 유사하게 생각된다.

2) 국내사례분석(지방자치단체장의 노력 강조)

기업유치에 발 벗고 나선 군산의 사례가 있다. 군산의 기업유치는 전국 모범사례로 선정되었다고 한다. 이는 대기업 유치과정에서 공장 허가까지 평소 한두 달이 걸리는 절차를 단 하루 만에 원스톱으로 모든 행정을 마무리한 사례를 인정받았기 때문이라고 한다.

1990년 초 공단 조성공사가 시작된 군산단지는 몇 년 전까지만 해도 공장부지 분양률이 30%를 밑돌았으며 매년 2천여 명씩 인구가 감소하는 등 불 꺼진 항구로 전락했던 군산, 하지만 지난 2006년 민선 4기 시장 취임 이후 군산공단에 입주를 하겠다며 협약을 체결한 기업은 306개 업체에 달하였다. 군산공단의 분양률은 95%로 총 708개의 기업이 입주해 있다.

이러한 기업유치의 배경에는 농업기반공사 사장 출신인 군산시장이 기업의 모든 애로사항은 기업의 입장에 초점을 맞추어 적극적으로 해결해나가는'친기업 중심의 행정지원 시스템' 구축에 있다고 한다.

문 시장은 우선 친기업 중심의 조직강화를 위해 기업유치 전담부서인 투자유치과와 항만물류과를 신설해 전문가를 영입하는 등 우수인력을 투입하는 한편 기업유치 유공자에게는 인센티브를 시행, 특별승진과 근평가점을 부여하는 등 공무원의 사기진작에도 힘썼고, 공무원의 마인드 변화를 위해 정기적인 교육을 통해 기업인을 대하는 공무원의 자세부터 변화시켰다고 한다.

또 2007년 7월, 이전 기업의 지원을 위해 기업지원 조례를 개정해 대규모 투자기업에는 최대 100억 원까지 지원하도록 하고, 증설 투자 시 50억 원, 고용 및 교육훈련 보조금을 4억 원까지 확대 지원하는 등 파격적인 기업지원을 위한 발판을 만들었다. 여기에 기업이전과 운영에 걸림돌이 되는 복합민원의 경우 부시장 주재의 지원 총괄팀, 기업애로 해소팀, 시설지원팀으로 구성된 인허가 TFT팀을 운영, 이곳에 접수된 모든 민원은 법정기한이 아닌 7일 이내에 모든 민원을 처리하도록 했다.

특히 과장급 이상 간부공무원이 정기적으로 현장을 방문해 각 기업의 애로사항을 청취하고 처리해주는 속칭 '해결사' 역할을 담당하는 1인 2사 결연기업 멘토링제를 운영, 발로 뛰는 서비스를 제공하고 있다고 한다. 또한 온라인상에 '지역산업 정보시스템'을 구축하여 기업이 필요로 한 인력을 적시적소에 제공하고 나섰다고 한다.

국내외 사례에서도 살펴보았듯이 지방자치단체의 지역별 발전전략과 지방자치단체장들의 노력이 필요하다.

지방자치단체의 지역별 발전전략에서는 지방자치단체가 스스로 지역별 현황을 진단하고 장래에 지역경제를 활성화시킬 수 있는 산업이 무엇인지 정확히 예측 판단하여 독자적인 행보보다는 주변 지역과 공생공존하고 경쟁 발전할 수 있는 발전전략을 제시하여야 한다. 실용주의를 표방한 이명박 정부에서 구상하고 있는 전국을 광역경제권으로 묶는 5+2광역경제권 구상처럼 성격이 비슷한 권역에 지정된 지방자치단체들은 서로 연계하여 발전할 수 있는 시스템을 갖추어야 한다. 과거에는 한 지방자치단체가 타 지자체보다 많은 기업이나 대학 등을 유치하는 것이 지역발전의 바탕이었다면 미래에는 인접한 지자체들이 공생 공존할 수 있는 발전전략을 수립하여 기업이나 대학 등을 유치하여야 한다. 그로 인해 수도권 대 지방이 아닌 수도권과 지방이라는 지방의 경쟁력을 제고할 수 있다고 생각된다.

다음으로 지방자치단체 스스로의 노력이 필요하다.

여기에서는 지방자치단체에서 큰 영향력을 행사할 수 있는 자치단체장의 리더십과 추진력이 무엇보다 중요하다고 생각되며 기업이나 대학 등의 유치에 필요한 여러 가지 지역산업 기반시스템을 구축하여야 한다. 그 외에 앞서 언급한 것처럼 기업이나 대학유치를 위해서는 여러 가지 보조금과 유인책 프로그램이 마련되어야 한다. 예컨대 세금감면, 산업채권, 정부대부와 대부보증, 부지개발 등이다.

이러한 보조금과 유인책 프로그램의 결과로 나타날 수 있는 지자체의 세수부족은 지방분권을 통한 지방의 자율권 확대와 규모의 경제로 상쇄될 수 있다고 생각된다. 즉, 지방에 자율권을 많이 주어 국세와 지방세 간의 세목조정을 통해 지방의 재정능력을 높여주자는 것이다.

결과적으로 재정자립도를 높여서 수도권에 집중되어 있는 인구를 분산하여 지방에 정착할 수 있도록 고품질의 주택공급을 유도하고, 생활환경의 질, 교육, 의료, 복지 등 공공서비스를 양적으로 질적으로 향상시킨다면 지역경제의 순환이 이루어지면서 지역경제가 활성화될 것이다.

그리고 정부가 우리 국가경쟁력과 밀접한 관련이 있고 영향을 미치는 미국, 중국, 일본 등과 전략적 동맹관계라는 외교전술을 구사하고 있는데, ④ 자치단체에서도 해외 자치단체와의 자매결연이라든지 교류를 통해 전략적 동맹관계라는 외교전술을 구사할 필요가 있다고 생각된다. 그리고 정부의 국정 운영평가에 대해서는 다양한 견해로 나누어질 수 있겠지만 개인적으로 정부의 기업가 정신 바탕에서 이루어지는 창조, 창의라는 개척정신이라든지 추진력을 근본 삼아 자치단체에서도 지역경제 활성화의 목표를 달성하기 위해 지역을 리드해나가야 한다고 생각된다. 사실 우리나라는 유능한 공무원들이나 인재들은 거의 수도권에 집중되어 있거나 설령 유능한 공무원들이나 인재들이 지역에서 지역 현안문제를 해결하고 있다지만 국가조직 체계상 실질적인 집행 지휘가 서울에서 이루어지는 게 현실이다. 국가의 조직도 비대한 중앙집권적 체제에서, ⑤ 전문자치단체장 체제로 전환되어 자치단체를 효율적으로 운영하고 자치단체의 자립강화를 이루어낼 수 있는 제도적 장치를 마련한 뒤 유능한 공무원이나 인재들이 의무적으로 지역자치단체로 배치 등용될 수 있는 환경을 조성하여야 한다.

그리고 지역자치단체의 재정자립도 확보 마련 강구와 지방세수 확보 등과 관련된 것인데 지역경제가 활성화되려면 먼저 해당지역 자치단체의 재정자립도가 튼튼하여야지 지역의 기업, 대학, 주민 등의 관련 경제주체들과의 경제 활성화 순환이 제대로 작동할 수 있다고 생각된다. 지자체의 재정자립도 확보를 위해서는 앞서 언급한 정부의 제도적·지원적 장치가 선행되어야 하며, ⑥ 지역자치단체별로 지역특성화에 바탕을 둔 다양하고 세계적인 축제행사 등을 추진, 개최할 필요가 있다. 예를 들면, 올 한 해 울산광역시에서는 울산 세계옹기축제, 고래축제 등은 울산광역시의 특성화 문화산업프로젝트의 일환으로 세계 각국의 많은 관광객 유치 및 그 문화산업을 홍보할 목적으로 시행되는데 그 외에도 부산 필름 페스티벌, 광주비엔날레 및 광 엑스포 등과 같은 지역자치단체별로 내국인은 물론 외국인까지 해당지역으로 불러들일 수 있는 특성화되고 경쟁력 있는 문화산업을 유치, 육성하는 것도 지역자치단체 입장에서는 재정확보 및 지방세수확보를 할 수 있는 방법 중의 하나라고 생각되므로 이러한 지역의 문화산업축제 및 행사 등을 국내에는 물론 세계로 알릴 수 있는 홍보라든지 지원책을 중앙정부에서 보좌하여 지역자치단체의 재정자립도를 높일 수 있고 확보할 수 있도록 견인차 역할을 해주어야 한다. 요즘 일본 관광객이 국내에서 증가하고 있는 실정에서 장기적으로 일본, 중국, 동남아시아 등 한국문화에 관심이 많은 해외관광객을 지역으로 유치하여 지역경제가 활성화되도록 ⑦ 우리나라 지역과 주변 국가지역 간 항공기 정기노선을 운행하여 관광객 유치를 더욱 활성화시키기 위한 정부의 제도적·실천적 장치가 마련되어야 한다. 또한 다가오는 평창 동계올림픽과 2014년 인천에서 개최되는 아시안게임 등과 같은 국제적인 문화체육행사가 지역에서 성공적으로 개최 및 마무리되도록 중앙정부의 관련기관들과 지자체가 함께 추진하고 운영되어야 지역경제 활성화에도 이바지할 수 있다고 생각된다. 지역자치단체에서도 우리들만의 잔치식의 국한된 행사 및 축제보다는 국가 전체 나아가 세계가 함께 어울리고 즐길 수 있도록 그 문화축제의 경쟁력을 높이고 홍보할 수 있는 노력이 필요하다고 본다.

그리고 현재 우리나라에는 자가 차량 보유대수가 해마다 증가하고 있는데 그에 따라 교통체증이라든지 불법주정차로 인한 문제가 심각한데 자치단체는 노상에 불법주정차 차량에 대해서는 집중단속을 강화하여 과태료 부과 등으로 불법주정차로 인해 발생하는 문제점도 개선하고 과태료 부과 등으로 지방세수를 마련하는 방법도 필요하다. 실질적으로 우리나라에서는 그러한 불법주정차 차량에 대한 단속이 수도권 일부지역에서만 활발히 홍보되고 시행되는데 지방자치단체에서는 그러한 불법주정차 단속에 대한 홍보도 미흡하고 매일 단속을 벌이지 않기 때문에 도로에 불법주정차 차량이 줄어들지 않는 것이라고 생각되는데 선진국의 도심지 같은 경우 법적으로 공영주차장이라든지 민간주차장에 주차하거나 노상주차 시 그에 따른 요금을 거리에 배치된 단말기에 부과하도록 시스템이 구축되어 있어서 노상의 불법주정차 문제를 해결하는 것과 지방세수를 조달하는 일거양득의 효과를 보고 있다.

더욱이 우리나라의 경우 경찰병력이 부족하여 그러한 불법주정차 단속을 지속적으로 시행할 수 없다면 요즘 같은 불황의 취업난에 젊은 층이나 실업자들에게 교통경찰 인턴이라든지 아르바이트식의 전담요원 같은 임무를 맡겨 불법주정차 구역에 주차된 차량을 돌아다니면서 디지털카메라로 찍어서 행정적 처분을 하여 지방세수를 마련하고 일자리 창출에 따른 지역경제 활성화도 기대할 수 있다고 생각된다.

뿐만 아니라 현 정부의 5+2광역경제권 구상에서 현재 정부는 2008년 7월 21일에 광역경제권 중심의 지역경제 활성화 원칙을 확정하였고 그 내용은 5대광역경제권인 수도권, 충청권, 호남권, 대경권, 동남권 그리고 2대 특별광역경제권 강원권, 제주권으로 구분하여 광역경제권별로 발전전략을 세워 구상해놓은 상태인데 이 부분에서 언급하고 싶은 것은 그 광역경제권에서 제주권을 제외한 나머지 ⑧ 6개 권역을 다시 중심경제권으로 나누어 서두에서도 언급한 우리나라가 과거에 채택한 불균형 성장전략, 즉 거점중심개발로 그 주변지역 자치단체에 파급효과를 일으킬 수 있는 단계적 성장전략이 필요하다는 것이다.

과거 우리나라 수도권 중심의 불균형 성장전략으로 지금까지 우리나라가 급속하게 성장하였지만 수도권 대 비수도권이라는 극한 양상의 불균형문제가 대두되었다면 과거 수도권의 유일한 거점을 이러한 광역경제권 구상에서 제시된 6개 권역을 6개의 거점으로 보고 그중에서도 거점중심 경제권을 형성하여 국토 불균형문제를 해소하는 동시에 지역경제 활성화를 도모하는 것이다. 예를 들면, 서울-인천 중심의 수도권역, 춘천-원주-강릉 중심의 강원권역, 대전-청주-천안 중심의 충청권역, 광주-전주-목포 중심의 호남권역, 대구-포항-구미 중심의 대경권역, 부산-울산-창원 중심의 동남권역, 그리고 제주 중심의 제주권역 이렇게 현재 권역별로 인구현황과 재정자립도가 높은 지자체들 중심으로 우선 성장한 뒤 그 성장효과를 주변 지자체로 분산시키자는 것이다. 불균형 성장전략을 채택한 이유는 과거 우리나라 경제개발 5개년계획에서 채택한 배경과 동일한 이유로 다른 성장전략에 비해 짧은 시간에 그 효과를 얻을 수 있고 비용효율 대비 우선 성장권역을 중심으로 그 효과를 주변지자체로 분산시키는 것이 과거부터 지금 그리고 미래까지 이어지는 순차적이고 연속적인 국가발전전략 형태라고 생각되기 때문이다. 더욱이 현재 동남권에서는 울산-부산 간 30분의 민자 고속도로 개통, 동남권의 부산-대경권의 대구 간 30분의 민자 고속도로 개통, 동남권의 울산 그리고 대경권의 포항 간 30분의 민자 고속도로를 건설 중에 있고 그 외에도 지역과 지역 간 짧은 시간의 민자 고속도로가 개통되이 있는 곳들이 많아서 결국 인접한 2개의 권역에서도 1시간으로 상생할 수 있는 충분한 접근성을 가지고 있기 때문에 중앙정부의 지원전략과 해당 지자체의 미래지향적인 사고와 지역별 발전전략 그리고 추진력이 결합된다면 가까운 미래에 국토 불균형문제 해소와 지역경제 활성화라는 두 마리 토끼를 다 잡을 수 있을 것이다.

아울러 현재 국회에서 하천정비사업이라는 명목으로 통과되어 국가 SOC사업이 추진되고 있는데 하천정비사업도 어떻게 보면 쇠퇴되어 있던 기존의 뱃길을 살리고 죽어 있는 하천에 생명을 불어넣기 위한 작업이라고 생각되는데 이와 같은 맥락으로 ⑨ 국가 SOC사업을 지방 중심으로 펼쳐나간다면 국가경제 활성화가 촉진될 수 있는 길을 열고 침체된 지역경제에 활력을 불어넣을 수 있는 사업이 될 것이라고 생각된다.

그 외에도 지역에는 지역만의 경쟁력을 갖출 수 있고 높일 수 있는 볼거리, 놀 거리, 먹거리, 살 거리 등의 특성화사업이 집행되고 추진되어야 지역으로 내국인과 외국인을 불러들여 경제순환을 할 수 있는 토대를 마련할 수 있고 현재 수도권에서 나타난 여러 가지 문제점들을 역으로 지방도시에서는 그러한 수도권의 문제점들이 개선될 수 있는 방향으로 수도권과는 차별화를 두어 지역의 경쟁력 제고를 할 수 있는 묘안이나 정책이 제시되어야 하고 실행되어야 한다.

사회 인프라 시설 중에서도 우리나라는 도로와 철도 등의 진보적인 건설과 발전으로 국토에서는 일일생활권 및 반나절 생활권이 점차 확대되어 가고 있다. 예컨대 KTX 고속열차의 등장으로 서울-부산 간 3시간, 서울-대구 간 1시간 30분, 서울-대전 간 30분 등의 시간감소에 따른 지역 간 생활권이 점차 확장되고 있고 또한 지역 간 고속도로의 건설과 개통이 확충됨에 따라 지역 간 접근성이 개선되면서 생활권도 점차 확대되고 있다. 그래서 ⑩ KTX 고속열차의 구간 증설 및 최소구간 운행으로 KTX의 특징인 속도에 더욱 힘을 싣고 ⑪ 지역 간 고속도로의 확충으로 지역 간 접근성을 지속적으로 향상시켜 국토의 생활권을 확대하여 국토균형발전의 발판을 마련하고 지역경제 활성화를 도모하자는 것이다.

어떻게 보면 구간증설 및 최소구간 운행이라는 말은 모순적일 수도 있지만 쉽게 생각하면 지하철 시스템으로 생각해보면 된다. 지하철은 몇 개의 노선으로 나뉘어 해당 노선마다 다른 노선으로 갈아타기 위한 환승역이 있는데 이와 같은 개념으로 KTX 고속열차의 지역구간을 증설하되 한 노선의 구간에서는 최소의 정차구간을 마련하고 정차되지 않는 지역구간은 정차하는 특정 지역구간에서 환승하여 접근할 수 있는 지하철 시스템 도입으로 KTX 고속열차 효과를 광역적으로 일으키는 것이다. 실제로 이와 같은 유사한 시스템을 우리나라에서 추진한 사례로 2010년 완공한 경부고속철도 2단계 사업인데 이는 2단계 구간(동대구~신경주~울산~부산)이 개통되면 1단계(서울~동대구) 구간에 91분, 2단계 구간에 39분이 소요되는 것으로 예측하였다. 그에 따라 2단계 구간이 개통되어 전국이 일일생활권에서 반나절 생활권으로 바뀌었다. 그리고 고속열차의 운임을 현재보다 더 낮추어 지하철 이용과 같이 대중화할 수 있도록 유도를 해야지만 장기적으로 고속열차의 구간증설에 따른 사업성이 확보될 수 있을 것이다. 그리하여 내륙에는 KTX

같은 고속열차로 전국의 생활권을 확대하고 고속열차와 견주어 경쟁력이 떨어지는 무궁화호, 새마을호 같은 기존의 열차는 동해안, 서해안, 남해안으로의 해안관광열차로 그 노선과 용도를 변경하여 국가의 관광인프라 자원으로 활용되어야 할 것이다.

이와 더불어 지역 간 고속도로는 경부고속도로에서 구간마다 나타나는 곡선형태보다는 서해안고속도로와 같은 직선 위주의 계획, 건설되어 지역 간 접근성을 향상시키며 생활권을 확대하여야 할 것이다. 실제로 경부고속도로 최고속도는 100㎞인 데 반해서 서해안고속도로 최고속도는 110㎞이다. 이것은 무엇을 의미하겠는가? 그만큼 직선 위주의 고속도로가 계획, 건설되면 속도를 더욱 높일 수 있고 그에 따라 물류운송 및 지역 간 이동이 빨라진다는 것이다. 생각해보건대 위에서 언급한 고속열차와 고속도로가 제안된 시스템으로 올바르게 작동이 된다면 고속열차 안의 사람들은 짧은 시간에 목적지에 도달하면서 생활권을 확대해나가고 고속도로 위의 물류운송차량들은 더욱 빠르게 지역 간으로 이동하게 되면서 국토의 균형발전과 동시에 지역경제 활성화를 불러올 것이며 부가적으로는 지역 간 이동에서 사람들의 고속철도 이용에 따른 고속도로 위의 자가용 이용도 줄이게 되어 자가용 이용에 따른 여러 가지 문제점도 해결할 수 있을 것이다.

끝으로 동해안, 서해안, 남해안의 해안지역과 남북접경일대를 연결시키는 선도문화라인 프로젝트가 필요할 것으로 본다. 현재 광역경제권구상의 내용에는 남북교류, 접경벨트, 동해안 에너지 관광벨트, 남해안선벨트, 서해안 신산업벨트로 계획 구분되었는데 앞서도 언급한 고속열차에 비해 상대적으로 경쟁력이 떨어지는 무궁화호, 새마을호 등의 기존열차를 남북교류, 접경벨트-동해안 에너지 관광벨트-남해안선벨트-서해안 신산업벨트에 ⑫ 남북접경관광 및 해안관광열차 인프라를 구축하여 기존의 해안지대에 위치한 관광명소와 천혜의 해안자원 그리고 세계유일의 분단국가인 남북접경일대를 적극 활용하는 선도문화산업을 육성하여 지방경쟁력을 확보하고 국가경쟁력을 제고할 필요가 있다. 특히 서해안, 남해안은 증대되는 중국과의 교류를 확고히 하고 동해안, 남해안은 일본과의 교류를 돈독하게 할 수 있는 교두보 역할로서도 충분한 잠재적 가치를 지니고 있기 때문에 신산업육성과 더불어 남북접경관광 및 해안관광열차 인프라구축의 선도문화라인 프로젝트가 추진되어야 한다. 이 밖에도 부산 APEC 정상회의가 이루어졌던 부산 동백섬 일대 개발처럼 지역에 ⑬ 국제회의 산업육성과 관광숙박시설의 확충으로 국제경쟁력을 갖춘 관광 인프라 구축에도 힘을 쏟아야 한다.

3) 기대효과

　지금까지 지역경제 활성화 방안을 주제로 여러 가지 사항을 제시해보았다. 그러한 과정에서 국가의 주요기능과 업무 그리고 인구의 절반이 국토 11.8%에 몰려서는 경쟁력을 기대할 수 없다는 것이다.

　미국발 금융위기 당시 도미노현상처럼 위기가 이어져 전 세계의 불황이 초래되었는데 우리나라는 일본, 중국 등 주변국가보다 이러한 위기에 더욱더 심한 타격을 받았고 현재까지도 그 위기의 여파가 사회 전 분야에 걸쳐 나타나고 있는데, 이것은 아직까지 부분적으로 미국에 예속된 관계에 있는 우리나라가 미국과 대등한 관계에 있는 일본, 중국 등보다 그 위기의 효과에 더 많이 노출되어 있다는 것으로 해석할 수 있다. 이와 같은 맥락으로 수도권의 성장과 위기에 좌우되는 예속된 지방으로는 국가적인 불황이 닥쳤을 때는 여지없이 무너진다는 것이다. 현재 경제난을 겪고 있는 우리나라의 상황을 면밀히 들여다보면 수도권보다 더 어려움에 처한 많은 지역들의 모습을 볼 수 있을 것이다. 그래서 수도권과 지방이라는 예속된 관계가 아닌 수도권 대 지방 혹은 지역 대 지역이라는 대등한 관계 위에서 시급한 국가 불균형문제를 해소하는 동시에 국가균형발전을 도모하고 지구촌시대에 국가경쟁력을 더욱더 높여 나가야 할 것이다. 다시 한번 강조하지만 수도권에 집중된 국가의 주요기능과 업무 그리고 인구를 지역으로 분산하여야지만 세방화(世方化, 세계화된 지방)를 맞아 국가경쟁력을 제고할 수 있다.

　세방화는 지방 사람들의 의식, 문화, 행동양식을 국제적인 수준으로 발전시켜 대도시 중심의 경제 및 문화 활동을 지방에서 활동시키는 것을 의미하는 것처럼 지방 고유의 독창성과 경쟁력을 확보하여 세계적인 언어와 방식으로 소개하여 내국인뿐만 아니라 세계인들에게 그 접근성을 높이는 전략을 사용하여야 하는데 그 접근성을 높이는 전략으로는 '지역경제 활성화 제안내용'에서 언급한 항목들이 올바르게 작동되어야 한다. 결국 지역성장을 위한 접근성을 높이는 전략들이 추구될 때 지역경제 활성화도 쉽게 접근될 수 있는 것이다.

　지역으로 더 많은 기업이 유치되어 지역민의 소득이 높아지고 지역경제가 활성화되면서 지방세수가 증가하는 선순환구조가 작동되고 지역으로 이전된 수도권의 경쟁력 있는 대학들과 지역의 특수목적대학교들이 지역의 기업과 상생전략이 끊임없이 맞물려 돌아가면서 지역경제 활성화를 촉진할 뿐만 아니라 학교서열화를 방지하면서 교육의 질을 더욱더 높여 나가 글로벌 사회의 경쟁력을 갖춘 기업, 대학, 인재들을 육성, 배출할 수 있다. 또한 균형적이고 혁신적인 사회 인프라 시설의 구축을 통해 광역경제권 발전구상의 핵심지역인 중심경제권 자치단체들에서 주변지역으로의 성장파급효과가 분산되어 국가균형발전을 이루어나가면서 유능한 전문자치단체장의 강력한 지도력과 통찰력으로 해당 자치단체의 조직력을 좀 더 효율적이고 능률적으로 개선, 리드하여 지방 재정자립도를 확고히 하여 세방화 시대에 경쟁력 있는 지자체로 위상을 높여 지역경제 활성화를 불러일으킨다.

마지막으로 앞서 언급한 '지역경제 활성화 제안내용'에서 언급된 항목들 그리고 그 이상의 좋은 지역경제 활성화 제안들이 무엇이 먼저랄 것도 없이 모두 올바르게 맞물려 돌아갈 때 지역경제 활성화가 극대화될 것이라고 확신한다.

4. 지역경제 활성화 과제

지역경제는 지방자치를 성공적으로 이끌어가는 주체이고 지역개발을 촉진시키는 핵심이다. 따라서 모든 지방자치단체는 자기 지역의 특성을 살려 지역경제를 발전시키고 활성화시켜야 한다. 지역경제와 지방자치의 관계는 서로 주고받는 밀접한 관계로 되어 있다. 지역경제는 지방자치의 능력을 제거시키고 기반을 공고히 하는 데 기여하며 자율적 발전을 가능케 하는 역할을 한다. 지역의 균형적 개발 측면에서의 도농의 지역격차 완화 및 지역의 균형적 개발 측면에서 국민경제의 지속적이고 건전한 성장의 관점에서 그 지역의 특성에 적합한 인적·물적 자원의 최대 활용 및 개발을 유도하고 지방자치의 기반을 강화하여 지역주민의 경제적 지위를 향상시키고 자주적인 역량을 강화하여 민주성을 확보하는 데 지역경제 활성화가 필요하다.

오늘날 지역경제를 둘러싸고 있는 환경은 매우 급속히 변화하고 있다. 지구화·세계화가 진행되는가 하면 한편으로는 지방화·분권화가 추진되고 있다. 우리나라도 이러한 환경 속에서 본격적인 6·27지방선거 이후에 변화는 더욱 가속화되었고 이러한 환경변화에 적응하기 위한 노력이 정부와 민간부문에서도 절실히 요구되고 있다. 이러한 관점에서 과거 중앙정부로부터 의존적 행태에서 벗어나 자율적인 발전의지를 갖고 지역의 잠재력과 모든 경제요소를 활용하여 창조적으로 지역개발 및 경제발전에 참여해야 할 것이다. 지방자치는 성장거점의 다양화 및 다핵화라는 장점을 가지고 있으나 지역이기주의를 심화시킬 개연성이 있다. 요즘 각 지방자치단체는 경제 전쟁이라는 심각한 경쟁 속에서 우위를 점하기 위해 많은 정치·행정·경제적인 노력을 경주하고 있는 상황이다.

이러한 점에서 지역경제 활성화를 위해서 정부부문 특히 지방정부의 역할이 점차적으로 강조되고 있다.

지방자치는 성장거점의 다양화 및 다핵화라는 장점을 가지고 있으나 지역이기주의를 심화시킬 개연성이 있다. 요즘 각 지방자치단체는 경제 전쟁이라는 심각한 경쟁 속에서 우위를 점하기 위해 많은 정치·행정·경제적인 노력을 경주하고 있는 상황이다. 이러한 점에서 지역경제 활성화를 위해서 정부부문 특히 지방정부의 역할이 점차적으로 강조되고 있다. 지역경제의 글로벌 경쟁력 확보와 성장 잠재력 확충을 위하여 지역의 역량 배양과 경쟁을 통해 창조적 지역경제발전 정책을 추진한다.

지역경제는 국민경제와 비교하여 볼 때, 공간적 범위에 있어서 국민경제가 국가경제를 하나의 단위로 삼고 있음에 비해 지역경제는 분할된 국토의 각 지역을 단위로 하고 있다. 경제체제의 외부환경은 국민경제의 경우 국제경제이지만 지역경제의 경우는 일차적으로 국민경제이고 이차적으로 국제경제가 된다. 계획의 대상으로 보아도 국민경제가 물량 중심인 데 비해 지역경제는 공간 위주가 되며, 따라서 관심의 초점이 전자는 산업구조인 데 반해 후자는 지역구조에 두고 있다.

지역경제는 중앙정부와 지방자치단체들 간의 역할 분담, 즉 기능의 재조정 및 재배분은 사실상 지방자치제의 성공적인 정착을 좌우한다고 해도 과언이 아닐 정도로 중요한 의미를 지니고 있다. 실질적 권한이 없는 자치단체는 궁극적으로 과거 중앙집권체제하의 상황과 다름없이 중앙정부에 의존하게 되고, 이러한 결과는 지방자치제의 실패를 가져오게 된다.

각 지방자치단체는 고유의 역사성과 지역적 특성을 가지고 독자적으로 지역경제를 활성화시키기 위해 많은 노력을 기울여 오고 있다. 중앙정부 차원에서도 지역경제 활성화 및 균형발전을 위한 방안을 찾고자 많은 노력을 해오고 있으나 지방과 중앙의 노력에도 불구하고 수도권과 비수도권, 대도시와 중소도시 간, 지방자치단체 간 경제력 격차가 심화하고 있는 실정이다. 이러한 점에서 자립형 지방화 실현을 위한 지방정부의 역할이 점차적으로 강조되고 있다.

따라서 국가와 지방의 모든 역량을 지방경제 중심의 활력화 대책에 적극적인 대응이 필요한데, 특히 지역에서 기업활동을 둘러싼 제도 및 여건 개선을 통한 사업추진이 활발히 이루어질 수 있도록 유도해야 하며 아울러 각종 투자여건과 자금조달을 지원해야 한다. 이와 같은 측면에서 중앙정부와 지방정부의 행정 및 재정에 있어서 지방기업 진흥을 통한 지역경제 활성화에 대한 역할이 매우 중요한 하나의 과제가 되고 있다.

본격적으로 경제개발이 시작된 1960년부터 현재까지 지역경제의 활성화에 대한 많은 시책들이 추진되어 왔고, 특히 민선 지방자치제도가 시행된 1995년부터 지역경제의 중요도는 더욱 증가되었다. 국가 전체의 경쟁력을 강화하기 위해서는 지역경제가 활성화되어 균형적 발전이 추진될 때 그 성과가 극대화된다는 인식하에 지역경제 활성화가 활발히 추진되고 있다. 1995년 민선 자치제 시행 이후 다양한 법과 제도적 시책들에 의해 지역경제 활성화가 추진되었다.

1) 추진방향

입지와 세제 등 최적의 투자환경 조성을 통해 지역 특성에 맞는 기업군의 투자를 유도하고, 지자체가 지역발전의 주역으로 기능할 수 있도록 자율성과 책임을 부여하는 등 지역이 주도하고 정부는 전폭적인 지원을 하여야 하며, 국제적 지역경쟁 구도하에서 해외와 경쟁할 만한 임계규모를 갖춘 지역경제권 단위의 발전을 위하여 사업 광역화 및 광역권 프로젝트를 추진하여야 한다.

2) 지역경제 활성화 추진내용

(1) 지역자원개발

부존자원 등 지역의 경쟁력 있는 자원을 개발 및 활용함으로써 지역경제의 활성화를 도모하는 것을 말한다. 주요한 지역자원개발 사업은 행정자치부의 향토지적재산을 활용한 지역특화상품개발 시범사업, 행정자치부 및 균형발전위원회의 향토자원개발, 문화체육관광부의 문화관광자원개발, 농식품부의 농촌특산단지사업, 지리적 표시제 등이 있다.

향토지적재산을 활용한 지역특화상품개발 시범사업은 2001년부터 시행되었으며, 문화관광자원개발은 관광상품화 측면에서 문화, 생태, 관광지 및 시설자원의 실태파악 및 활용방안에 주력하여 2001년부터 시행되었다. 지리적 표시제는 농산품 및 그 가공품의 특정 생산지를 표시하는 제도로 1999년부터 시행되었고, 특산단지사업은 지역의 부존자원을 활용하여 지역의 특화품목을 육성하기 위한 제도로 1998년부터 시행되었다.

(2) 지역산업 육성

지역의 고용을 창출하고 지역경제를 활성화시킬 수 있는 지역의 기업을 지원 및 육성하는 것으로 공동브랜드육성사업, 지역특화전략산업, 산업집적활성화사업, 지역혁신계획에 의한 지역혁신 및 집적지 조성, 전략산업 및 지연산업육성 등을 들 수 있다.

공동브랜드육성사업은 공동브랜드를 개발하여 홍보 및 판촉의 애로뿐 아니라 품질향상을 도모함으로써 지역산업을 활성화시키기 위해 행정안전부가 제도적 기반을 제공하고 자치단체가 주도하여 공동브랜드를 육성하는 것을 말하며, 지역특화전략산업은 지역별로 성장거점을 확보하여 주변지역으로의 파급효과에 기반을 둔 산업의 발전을 도모하기 위해 지역특화전략산업을 선정하고 이를 육성하기 위해 시행하는 것을 말한다. 산업집적활성화사업은 집적에 의한 지역산업의 발전을 도모하기 위한 차원에서 지역별로 산업집적지를 조성하여 산업을 육성시키는 것으로 근거법은 2005년 1월에 발효되기 시작한 「산업집적 활성화 및 공장설립에 관한 법률」이다. 클러스터 및 지역혁신체계에 의한 전략 및 지연산업의 육성은 참여정부의 핵심 국정과제인 국가균형발전 차원에서 지역의 다양한 주체 간의 협력에 의해 클러스터 및 지역혁신체계에 기반을 둔 지역의 전략산업과 지연사업을 육성시키는 전략이다.

(3) 투자유치

생활환경의 개선뿐 아니라 각종 인센티브를 제공함으로써 고용을 창출할 수 있는 기업을 국내외로부터 유치하는 사업이다. 대표적으로는 「외국인투자 촉진법」을 필두로 한 투자유치 관련 제도로 경제자유구역이 있다.

투자유치제도에는 외국인 투자촉진제도, 국내 지방이전기업제도, 투자유치에 대한 지역선택보조금제도, 특구 및 국제자유도시 조성 등이 있고, 경제자유구역지정에는 투자유치를 위한 경제자유구역의 지정, 국제자유도시 조성 등이 있다.

3) 주요정책과제

(1) '기업하기 좋은 지역' 구현 적극 추진

지방기업 종합지원시스템 운영 등 지역투자기업 및 지역별 투자환경에 맞는 맞춤형 지방투자촉진대책을 추진하고, 인력·자금·입지 등 지역투자 여건개선 및 투자환경을 적극 홍보해야 한다.

(2) 지역산업의 글로벌 경쟁력 기반 강화

지역산업에 대한 지원을 지속하고 투자를 확대하되, 구축된 인프라를 활용하는 SW성격의 사업을 중심으로 추진하여야 한다. 또한 시도 전략산업의 경쟁력 강화를 위한 지원 지속 및 광역경제권 단위사업을 도입해야 한다.

(3) 지역산업 지원체계의 효율화

지역사업 추진과정에서의 지역의 자율성·책임성을 강화하고, 테크노파크의 지역산업 육성 거점기능 수행 및 기업지원 종합서비스 제공을 위한 2단계 사업을 추진해야 한다. 현재의 지역경제침체는 우리나라의 지역을 둘러싼 경제, 행정 및 재정, 조세제도 등 총체적인 상황의 결과라고 볼 수 있다. 따라서 개별시책의 하나에 의해 지역기업이 활성화되고 지역경제침체가 해결되거나 개선될 문제는 아니다. 중앙정부 및 지방정부를 종합한 국가적인 차원에서 다각도로 접근되어야 개선을 기대해볼 수 있다.

지역기업 진흥 및 지역경제 활성화를 위해서는 기업경영을 둘러싼 여건과 제도개선, 그리고 재정 및 금융지원이 가장 중요한 과제라 할 수 있다. 기업이 지역에서 창업하고 기업활동을 원활히 할 수 있도록 과다하고 불합리한 규제 및 관습의 개혁이 필요할 것이다. 그리고 지역에서의 기업유치 및 기업경영 여건개선이 실질적으로 담보될 수 있는 보다 종합적인 제도적 장치가 마련되어야 할 것이다. 아울러 재정 및 금융지원 수단을 새로이 마련할 필요성이 있다.

지방자치도는 어떤 지방자치단체보다도 산업 및 정책적 역량이 강하다. 이에 국가 전반의 경제를 조망하면서 지방자치도의 지역경제정책을 관리하고 혁신정책을 이끌어갈 수 있는 지방자치도 차원의 개발청 설립이 필요하다. 향후 광역경제권 정책이 진전되고 수도권 규제가 완화된다면 점차적으로 지방자치도 차원의 비전과 전략 제시가 중요해질 것이므로 지역정부, 의회, 전문가, 기업·사회단체를 망라하는 지역경제발전을 위한 지배구조를 구축해야 할 것이다.

또한 지방자치도의 경쟁력 강화를 위해 '선택과 집중'의 원리에 따라 집적 효과를 극대화하는 한편 경기도 낙후지역에 대해서는 국가균형정책 차원에서 지원받을 수 있도록 중앙정부에 요구해야 한다. 특히, 지방자치도는 재정분권의 요구들은 다른 지자체들과 균형을 맞춰야겠지만, 수도권 규제완화에 정책적 초점을 맞추어 수도권에 대한 차별적 조세정책폐지를 요구해야 할 것이다. 마지막으로 지방자치도의 지역발전정책은 도시개발의 정책적 관점이 아닌 산업 및 정책적 관점에서 기획되고 집행되어야 한다.

제10장 지역경제 활성화와 균형발전

1. 지역 간 불균형발전

1) 지역균형발전의 개념

먼저 지역균형발전이라는 개념을 정의해볼 필요가 있다. "민주주의와 시장경제의 병행발전이라는 국정이념에 비추어볼 때, 지역균형발전은 각 지역이 생산·취업·교육·문화 등에 대한 접근기회를 균등하게 보장받으면서 지역의 창의와 자율에 입각하여 지역적 특성을 살려나가는 것"으로 정의할 수 있다. 다시 말해서 지역균형발전은 전국적 획일화가 아닌 지역적 특성화를 추구하면서 지역 간 기회의 균등화 속에서 생산적이고 안정된 생활이 영위될 수 있는 기틀을 만드는 것이라고 볼 수 있다. 따라서 정부는 지방이 자율성을 가지고 스스로의 잠재력을 극대화하되, 지역의 선택에 대해서는 책임도 함께 부담하는 시스템을 구축할 필요가 있는 것이다.

2) 지역 간 불균형발생의 원인

둘 이상의 지역 간에 나타나는 불균형발생의 원인인 지역격차는 사회적·경제적 발전의 차이를 말하며, 단지 지역적 차이를 뜻하는 지역성이나 지역분화와는 달리 발전도나 발전단계의 차이를 뜻한다. 보통 산업의 발전도보다 구체적으로는 주민의 재력 또는 1인당 소득의 지역적인 차로 나타난다. 산업이 전 국토에 걸쳐 균등하게 발전하기는 어려우므로 자본주의가 고도화됨에 따라 지역 간의 불균형이 두드러지게 나타나고 격차가 확대된다. 그 결과는 저소득지역에서 고소득지역으로의 인구이동이 심해져서 결국에는 과밀(過密)과 과소(過疎)라는 문제를 일으킨다. 예로 강원도의 태백시(비수도권)와 경기도의 안성시(수도권 지역)를 비교해보았다. 인구는 태백시가 180,968명, 안성시가 151,004명으로 태백시가 3만 명 정도 더 많다. 하지만 금융기관, 의료기관, 대학 수를 비교하면 아래의 차트와 같이 안성시가 오히려 더 많은 것을 알 수 있다.

(1) 지리적 요인

지역마다 가지고 있는 자연자원의 조건이나 그 입지적 조건에 있어 상당한 차이가 있음을 볼 수 있는데 이런 지리적 조건의 차이가 지역문제의 요인으로 작용하게 된다.

(2) 경제 구조적 요인

지역마다 특유한 상업구조를 갖게 되며 한 지역의 경제적 번영은 그것이 가지고 있는 산업의 구조적 특성에 의하여 결정된다. 경제활동은 동태적인 속성을 지니고 있기 때문에 한때 유행하고 그 제품에 대한 수요가 컸던 산업이 소비자의 취향, 기술혁신 등의 변화로 오늘에 이르러 쇠퇴 또는 침체하게 되고 또 오늘 번성하는 산업이 내일 침체하게 됨을 흔히 볼 수 있다.

(3) 사회 문화적 요인

① 발전의지: 주민의 발전의지가 없으면 지역개발은 불가능하다.
② 교육 정도: 주민의 교육 정도에 따라 개발에 따른 참여도가 다르게 나타난다.
③ 성향: 의료, 교육, 문화 등 여러 가지 생활편익이나 양질의 복지서비스를 선호한다. 또한 일자리의 수, 동일한 일자리에 지불되는 임금의 차이에 의해서 나타난다. 이로 인해 인구의 이동현상이 나타난다.

(4) 정치 행정적 요인

1960년대 이후 산업화와 경제발전을 이룩하면서, 우리 사회는 보다 심각한 지역갈등을 경험하게 되었다. 그 주요 이유로는 산업화의 혜택이 지역들 사이에 골고루 돌아가지 못하였다는 지역불평등과 따라서 지역들 사이에 경제적 격차가 매우 커졌다는 지역불균형 그리고 이러한 격차가 정치적인 차별정책에 의하여 발생했다는 점을 들 수 있다. 다시 말하면 1960년대 이후의 지역갈등은 부와 권력분배에 있어서의 지역 간 형평성의 결여가 그 근본적인 원인이라고 할 수 있다. 정치적 차별정책에 의한 지역불평등과 불균형의 앙금이 만연해 있는 오늘날 우리는 정치적 기재로서의 지역불평등과 그로 인한 지역갈등뿐만이 아닌 경제적 논리에 의한 지역불평등과 사회 문화적 작용에 의한 지역불평등 등의 매우 다양한 형태의 지역불평등들을 안고 살아가고 있다. 이렇게 다차원적으로 인한 지역불평등과 불균형으로 인해 현대에 올수록 지역갈등의 특징이 매우 심각해지고 복잡하고 불확실하며 난해해지고 있는 것이다. '망국병'이라 일컬어지는 지역갈등은 오늘날 우리 사회가 안고 있는 큰 병폐 중의 하나로 꼽힌다. 특히 '지역갈등'을 이야기하면 영호남 간의 문제, 혹은 호남차별로 우리들에게 인식되어 왔다. 우리 역사를 들여다볼 때 지역갈등의 원천과 그 전개의 실상은 상당히 광범위하고 복잡하다. 또한 시대를 거슬러오면서 지역갈등의 원인은 일반 국민(백성)들과는 무관하게 권력층, 또는 정치적 이해관계에 따라 발생, 왜곡된 정서로 자리 잡았다. 이러한 정치적 이해관계의 틀 위에서 오늘날의 지역갈등들은 매우 복잡하며 다양하게 사회 전반에 걸쳐 산재되어 있다. 그뿐만 아니라 1995년 6월에 본격적으로 시작된 지방자치제도로 인해 각종 지역의 개발사업이나 시설입지를 둘러싼 지역 간 불평등, 지방자치단체와 지역주민 간의 갈등, 중앙정부와 지방정부 간의 불균형 등이 표면화되었다. 이렇듯 오늘날의 지역갈등은 매우 거시적인 부분에서 미시적인 분야까지 사회 각 계층과 단위에 의해 복잡하고 난해하게 이루어지고 있다.

① 최고정책결정권자의 의지: 박정희-전두환-노태우-김영삼으로 이어지는 경상도 패권정권에 의해 수도권과 영남권이 집중 개발되었다.

② 산업화와 지역개발의 과정에서 중앙정부의 논리와 그에 따른 계획에 밀려 지역의 자율성이 무시되어 왔던 사실은 지역 간 격차의 또 다른 원인이 되었다.

3) 지방의 총체적 위기 극복의 대안

지금 우리나라의 각 지방은 경제, 교육, 문화 등 사회전반이 총체적 위기에 빠져 있다. 우선 대부분의 지역경제가 침체의 늪에서 헤매고 있고 유망한 미래산업이 없다. 특히 21세기 '신경제(New Economy)'의 두 바퀴에 해당하는 정보통신산업과 금융산업은 거의 전부 서울에 몰려 있다. 지역별로 벤처기업 육성을 위해 테크노파크를 설립하여 신산업 육성을 위한 시도가 이루어지고 있지만 아직 그 전망은 불투명하다. 지역경제는 미래 비전이 없다는 점에서 더욱 심각한 위기상황이다. 교육은 어떤가? 지방대학의 위상은 갈수록 떨어지고 있다. 고등학교 졸업자들이 서울소재 대학으로 진학하려고 하지 지방대학에 가려고 하지 않는다. 이는 무엇보다 지방대학 나오면 취직이 잘 안 되기 때문이다. 서울소재 대학과 지방대학 간의 교육자원 격차가 갈수록 심화되고 있다. 특히 재벌기업들의 대학지원이 수도권의 소수 대학에 집중되고 있고 이들 대학과 지방대학들 간에 대학발전기금의 격차가 엄청나다. 지식기반경제에서 지역발전의 중심축이 되어야 할 지방대학의 위기는 지방의 위기와 직결되고 있다. 아울러 지역문화를 꽃피울 인적·물적 자원이 빈약하기 그지없다. 올해가 지역문화의 해라 하지만 지역문화가 중흥될 기미가 도무지 보이지 않는다. 이는 거의 모든 문화자원이 서울에 집중되어 있기 때문이다. 지역에서는 수준 높은 문화를 향유할 기회가 극히 드물다. 21세기는 문화가 경쟁력이라고 하는데 지역문화의 빈곤은 지역의 앞날을 어둡게 하고 있다. 학문과 언론의 중앙집중 현상은 더욱 심각하다. 지방에서 학문 후세대 양성 가능성은 극히 희박하고 지역 언론기관은 심각한 재정위기에 직면하고 있다.

이러한 지방의 위기는 무엇보다 과도한 중앙집권과 서울집중 때문이다. 중앙집권과 서울집중현상은 정치, 경제, 문화 등 사회 모든 영역에서 나타나고 있다. 이 점에서 한국의 중앙집권과 서울집중은 세계적으로 그 유례를 찾아볼 수 없는 '총체적 초집중(total hyper-centralization)'이라는 특성을 지닌다. 더욱이 이러한 현상은 시간이 지남에 따라 약화되기는커녕 강화되어 왔다. 예컨대 수도권의 지역총생산(GRP) 비중은 1970년 37.2%에서 1999년 46.3%로 증가하고, 수도권의 인구비중은 1970년 28.3%에서 2000년 46.3%로 증가하였다. 특히 IMF 경제위기를 계기로 정보기술(IT)산업과 금융산업의 서울 집중이 더욱 강화되고 있다. 서울 혹은 수도권에 인적·물적 자원이 집중하는 까닭은 무엇인가? 그것은 무엇보다 거의 모든 중앙행정기관이 서울에 있고 그 중앙행정기관이 국정의 핵심적 결정권을 독점하고 있으며, 조세의 대부분이 국세로 징수되고 있고, 교육과 문화의 향유기회와 취업기회가 서울에 집중되어 있기 때문이다. 나아가 정치, 경제, 문화 등 사회의 모든 영역에서 구상 및 기획기능과 중추관리기능이 서울에 독점되고 있기 때문이다. 1968년 시점 한국의 정치경제상황에 기초하여 그레고리 헨더슨(G. Henderson)이 제시한 '중앙집권이 수도권 집중을 초래한다'는 명제는 오늘날 더욱 현실적 합성을 가진다. 물론 지방위기의 원인을 중앙집권과 서울집중이라는 구조에서만 찾는다면 일면적일 것이다. 지방 자신의 능력부족, 즉 자치단체와 지역의 기업, 대학, 지역주민의 능력부족이라는 주체적 요인을 무시할 수 없다. 지역사회의 각 영역에서 지역발전을 가로막는 낡은 패러다임을 버리고 새로운 패러다임을 창출할 수 있는 혁신능력의 부족을 탓하지 않을 수 없다. 그러나 서울이 지방의 거의 모든 자원을 집어삼키는 블랙홀이고, 중앙정부가 핵심적 결정권을 독점하며 조세의 대부분이 국세로 걷히고 있는 상태에서, 자치단체와 지역기업과 대학이 안간힘을 써봐도 어쩔 수 없는 한계가 있는 것이다. 위와 같은 진단이 올바르다고 한다면, 지방의 총체적 위기극복을 위해서는 무엇보다 획기적인 지방분권을 추진해야 한다는 결론에 도달하게 된다.

4) 지방자치와 지역 간 불균형

1960년대부터 추진된 산업화와 그에 따른 도시화 현상은 한국의 경제성장을 촉발시켰다. 중앙정부 주도의 경제개발 5개년계획의 추진은 수출확대와 제조업의 급성장을 가져

왔다. 그러나 산업화와 도시화는 수도권으로의 인구와 산업의 집중을 불러일으킴으로써 오늘날의 지역 간 불균형문제의 핵심인 수도권의 과밀문제, 지방의 침체문제, 이로 인한 국토경쟁력의 약화현상을 야기하였다. 많은 전문가들은 이러한 수도권과 지방 간의 격차현상은 무엇보다도 한국의 정치·경제·사회 구도가 중앙집권적 체제이기 때문이라고 진단하였다. 권력이 중앙정부에 집중되어 있고, 중앙정부권력이 모여 있는 수도 서울로 사람과 정치·경제·사회·문화 자원이 집중되었기 때문에 수도권의 과밀현상이 나타나는 것으로 원인규명을 하였다. 이 같은 '중앙정부권력집중'으로 인한 지역불균형을 해소하기 위해서는 중앙정부의 권력을 지방자치단체로 분산함이 첩경이라는 여론이 형성되어 오던 중 1990년대에 들어서는 지방자치제가 실시되었다. 1991년에 기초 및 광역의회 의원이 선출되어 지방의회가 구성되었으며, 1995년에는 지방자치단체장의 선거까지 하게 됨으로써 외형적으로는 지방자치시대를 맞이하게 되었다. 지방자치가 되면 지방마다 특성에 따른 발전을 할 수 있으며, 지역주민과 밀착된 행정을 펼 수 있게 될 뿐만 아니라, 권력의 지방분산으로 말미암아 지역권능이 강화되고, 그로 인하여 지역불균형 현상이 빠르게 해소될 것이라고 기대하였다. 그러나 지금 이 시점에서 평가해본다면, 지방자치제가 지역균형발전을 자동적으로 보장하지는 않는다는 것을 알 수 있다. 이는 지역균형발전을 효과적으로 유도하기 위해서는 지방자치제의 내실을 기하고 그 이상의 노력이 총체적으로 경주되어야 함을 의미한다고 할 수 있다. 민선지자체장 선거가 실시된 1995년부터 2000년까지의 주요 통계자료를 보면, 전반적으로 수도권으로의 인구 및 경제 집중이 심화되었음을 알 수 있다. 인구의 경우, 1995년도에 수도권이 전국 인구의 45.2%를 차지하였으나 2000년에는 46.3%로 늘어났다. 지역총생산의 경우는 수도권의 비중이 1995년의 45.7%에서 1999년에는 46.3%로 늘어났다. 경제력을 나타내는 은행예금과 대출액, 그리고 국세 및 지방세의 경우, 수도권의 집중 정도가 매우 클 뿐만 아니라 계속 늘어나고 있음을 알 수 있다. 은행예금과 대출액의 경우, 1995년에는 수도권이 70.2%를 차지하였으나, 2000년에는 70.4%로 늘어났으며, 특히 국세 및 지방세의 경우는 1995년의 수도권 비중이 64.3%였으나, 2000년에는 70.9%로 급격히 증가되었다. 다만 제조업 고용자 수는 1995년에 수도권이 46.7%를 차지하였으나, 1999년에는 45.3%로 다소 낮아졌고 이는 제조업에 대한 수도권의 규제에서 비롯되었다고 할 수 있다. 이와 함께 수도권으로의 지속적인 집중현상은 중추관리기능 및 정보기능이 수도권에 많이 모여 있기 때문이다. 2000년 말 현재 국가공공기관의 84%가, 30대 대기업 본사의 88%가 수도권에 모여 있다. 그리고 기업부설연구소, 벤처기업, 외국인기업의 75% 내외가 수도권에 집중되어 있다. 더욱이 최근에는 유학박람회, 취업박람회 등 각종 정보취득 기회가 서울을 중심으로 이뤄지기 때문에 수도권과 지방 간에 기회의 격차가 더욱 심해지는 듯하다. 기회를 따라 인재와 자원이 모이고, 기회가 기회를 불러들이고 있으므로 기회가 집적된 수도권으로 계속 인구와 기능이 집중되고 있다. 이는 중추관리기능이 지방분산과 함께 주요기회의 지방분산, 그리고 앞서 언급하였듯이 지자제의 내실화가 함께 이뤄져야 국토 균형발전에 효과적으로 기여할 수 있음을 시사한다.

몇몇 주요통계지표에서 알 수 있듯이 지자제가 본격적으로 시작된 1995년 이후에도 수도권으로의 집중은 계속되고 있다. 물론 지방자치제의 실시기간이 일천하여 그 효과가 그리 빨리 나타나지 않을 수도 있겠으나, 이는 우리나라의 지방자치제가 구조적으로 취약하여 전반적인 지방분권화체제로서 작동하지 않기 때문이기도 한 것 같다.

(1) Initial Multipler Effect, 순환 누적적 성장모형

한 요소의 변화는 그 요소가 유발하는 변화를 강화시켜 주는 방향과 그 요소의 유발하는 경과와는 다른 요소들의 변화를 유인함으로써 최초의 변화와 같은 방향으로 그 체계가 더욱더 변화된다는 원리를 순환 누적적 성장이론이라 한다. 즉, 개발된 지역과 저개발지역 간에 경제적 불평등이 점차 증가되고 있다는 경험적 사실에 기초한 것으로 순환적·누적적 인과법칙에 의해 공간상에 경제성장은 매우 불균형적인 패턴을 나타내게 된다는 것이 이론의 핵심이다. 이론 F. Perroux(1950)에 의해 기초적 토대가 이루어졌으며, G. Myrdal(1957)에 의해 정립되고, A. Pred(1965)가 이론을 더욱 발전시켰다.

가. F. Perroux

성장극 이론을 통하여 지역발전과 관련하여 경제발전의 공간적 분극현상을 논의하였다. 성장극이란 경제발전의 분극현상을 주도하는 대기업의 기업체나 공장을 의미하는 것인데, 다수의 타 기업체와의 고도의 상호작용성, 고도의 우월성, 발전 추진적 기업인 성장극을 통하여 공간상의 발전을 동태적으로 다루며, 기존의 중심지 또는 기타 입지이론보다는 현실적으로 지역발전을 정책적으로 전개하려고 하였다. 그러나 그의 이론은 성장극이 지리적 공간상의 어디에 왜 입지하는가 하는 입지론적 설명이 부족하고, 특정장소가 그런 발전 추진적 기업을 가지게 됨으로써 발생할 결과를 설명할 수 없었다. 성장극 이론이 지리적 공간상에서 발생하는 경제발전을 다루지 못한다는 성찰에서 새로운 개념이 구성되었는데 이것이 성장거점이라는 개념이다. 성장거점은 지리적 공간상에서 발전의 효과를 발생시키는 성장입지인 도시이다.

나. 성장거점이론

Boudeville, Myrdal, Hirschman에 의하여 발달하였는데, Boudeville는 성장거점이란 도시지역 내에 입지하고 있는 산업들을 확대시키고 그의 영향권 내에서 경제활동을 더욱 발전시키고 촉진시키는 하나의 지점이라고 정의하면서 기업의 분극적 성장과 함께 지역발전의 분극적 성장현상을 확인하였다. Myrdal과 Hirschman은 경제발전의 성장과정에서 이른바 북부와 남부의 중심부-주변부 지역의 공간개념을 성장이론에 도입하였고, 양 지역 간의 상호 발전과정과 그 영향에 대하여 논하였는데, Hischman의 견해가 분극-누적의 개념이며, Myrdal의 견해가 역류효과와 파급효과의 개념이다. 분극과 역류효과의 개념은 한 지역의 성장이 두드러지게 되면 그 주변지역에서는 인구와 자본, 기업체 등이 빠져나가 자원이 중심부로 모여드는 현상이며, 누적과 파급효과는 핵심부지역의 발달이 일정 수준에 도달하면 축적된 부가 주변부지역으로 확산 발전돼 나가는 것을 의미한다.

다. Myrdal

이를 발전시켜 순환·누적적 인과론(circular and cumulative causation theory)을 정립하였는데, 바로 중심부-주변부 지역의 발전과정을 적절히 설명하는 이론체계를 구성하고 있다는 데 주목할 필요가 있다. 즉, Myrdal은 지리 공간적 부익부 빈익빈을 지적하면서, 경제가 확대 발전할수록 지역 간 경제적 요인들의 차이를 통일하게 이끌기보다는 오히려 그러한 차이를 더욱 증대시킨다는 하향누적효과(downward spirals effect)를 주장하였다.

라. Pred

순환·누적적 환류모형을 이용하여 현대도시의 발전체계를 도시경제에 나타나는 누적적 성장과정 후기 산업사회에서 나타나는 도시발달의 성장메커니즘을 설명하였다. 즉, 도시의 고용기회를 창출시키고 구매력을 증대시키는 1차적 승수효과가 나타나고 이것은 도시 내의 새로운 건설활동, 도시의 교통과 공공시설 부분의 확대 및 각종 서비스 부문에서의 직종과 고용의 확대를 유발하게 되며, 새로이 입지한 산업은 전후방 연관 산업을 끌어들여 산업구조의 다양화와 비산업부문에서의 투자증대와 고용창출을 유인함으로써 도시전반의 경제활동을 확대하는 2차적 승수효과를 가져오고, 이런 과정을 통하여 도시의 규모가 이른바 성립규모(최소요구치)를 만족하는 규모의 도시가 되면 도시규모

자체의 확대가 다시 신규산업의 입지와 기존산업이 확장을 가능케 한다는 것이다.

(2) 국토 균형발전 차원의 총체적 지방분권모형

국토 불균형문제를 해소하기 위해서는 지방자치단체장과 지방의회의원을 주민에 의해 선출하는 외형적 지방자치제에서 벗어나 전반적인 지방분권체제가 요구된다. 지역 간 기회의 불균형을 완화하여 국토 균형발전을 유도하기 위해서는 중앙정부권력의 지방분산, 수도권에 모여 있는 기회의 지방분산, 그리고 지방자치제의 내실화가 삼위일체 되어야 한다. 이는 권력과 기회의 공간적·기능적 분산과 실질적이고 적극적인 지방자치제가 총체적으로 결합될 때 국토 균형발전이 효과적으로 성취되어 갈 수 있다는 의미이다. 권력과 기회의 공간적 분산이란 수도권에 모여 있는 권력과 기회를 지방으로 분산 배치한다는 의미이며, 권력과 기회의 기능적 분산이란 중앙정부의 권력을 지방자치단체로 분산하고, 지자체와 지역주민이 지역발전의 중심에 설 수 있도록 기회를 지자체로 분산시켜 나간다는 의미이다. 그리고 실질적이고 적극적인 지방자치제란 지자체의 권능을 강화하여 지역실정에 맞는 계획권과 결정권을 확보하여 독자적인 지역발전을 이끌어갈 수 있는 체제인 동시에 사안에 따라서는 중앙정부와 긴밀히 협력하여 지역발전을 이끌어가는 내실 있는 내생적 지방자치제를 의미한다.

이렇게 볼 때 국토 균형발전을 성취하기 위한 지방분권의 모형은 단순히 지방자치단체의 권능을 강화하는 협의의 차원이 아니라, 매우 광의적이고 복합적인 측면을 지닌다. 대체로 국토 균형발전 차원의 지방분권모형은 다섯 가지의 분권요소가 총체적으로 구성되어 하나의 시스템을 이루어야 한다. 즉 분권 요소 간에 긴밀한 연관관계 및 상호작용을 함으로써 하나의 시스템으로서의 총체적 지방분권 모델을 형성해야 한다. 총체적 지방분권모형을 구성하면서, 각 요소 간에 긴밀한 상호연관성을 갖는 다섯 가지 핵심요소는 ① 분산적 분권화(分散的 分權化), ② 특화적 분권화(特化的 分權化), ③ 자치적 분권화(自治的 分權化), ④ 협동적 분권화(協同的 分權化) 그리고 ⑤ 공생적 분권화(共生的 分權化)이다.

첫 번째 요소인 분산적 분권화란 수도권에 집중되어 있는 중추관리기능을 지방으로 분산하는 형태의 분권화를 의미한다. 국토균형발전을 기하자면 수도권에 몰려 있으면서 각종의 기회를 끌어들이는 자석과 같은 역할을 하는 중추관리기능을 지방에 분산하지 않고서는 지방발전의 계기가 만들어지기 어렵다. 따라서 권력과 기회의 원천으로 작용하는 중추관리기능을 지방으로 적극 분산시켜 나가는 공간적 분권화로서의 분산적 분권화가 중요하다. 분산적 분권화를 위해서는 어느 기능을 지방으로 분산시키느냐 못지않게 어느 곳으로 분산시키느냐가 중요한 과제가 된다. 이는 다음에서 언급하는 특화적 분권화와 연관된다.

두 번째 요소인 특화적 분권화란, 지역 간에 획일화된 기능을 육성하는 것이 아니라, 지역여건과 미래의 잠재력을 고려하여 지역별로 특화된 기능을 키워나가는 형태의 지방분권화를 의미한다. 달리 말하면 국토 균형발전을 위해서는 지역별로 독특한 경쟁력을 키워나가야 할 것인바, 이러한 지역별 고유의 경쟁력을 확보하기 위해서는 지역별로 전문화된 기능을 육성해나가야 함을 의미한다. 위에서 언급한 분산적 분권화를 통해 분산되는 중추관리기능이 지역별 전문화된 기능을 고려하여 배치하게 되면 지역경쟁력 향상에 크게 이바지하게 될 것이므로 분산적 분권화는 특화적 분권화와 불가분의 관계를 지니게 될 것이다. 특화적 분권화는 오늘날 지역별 전략산업의 육성, 지역별 산업군집의 창출, 지역별 혁신체제로 연결됨으로써 지역의 기업활동 여건, 지역별 인력양성, 산학협동체제 구축과도 연계된다고 할 수 있다.

세 번째 요소인 자치적 분권화란, 흔히 지방분권론에서 정의하듯이 중앙정부의 권한을 지방으로 이양하여 지자체의 권능을 강화하는 형태의 지방분권화를 의미한다. 종래의 협의의 분권화이다. 이는 중앙정부와 지방자치단체의 관계를 상하주종관계에서 대등 협력의 관계로 전환시켜 나가는 형태를 의미하기도 한다. 지자체의 계획권, 결정권을 강화하여 풀뿌리민주주의가 가능토록 하자면 지자체의 행정력, 조직관리력, 재정력 등을 제고시켜 중앙정부에 불필요한 의존 없이 자율적이고 자립적으로 지자체를 운영할 수 있도록 하는 체제가 필요하다. 지역주민의 입장에서 지역의 삶의 질을 제고하고 지역경제의 활성화를 기하기 위해 지자체가 정책을 선택할 수 있는 권한을 강화하고 선택한 정책을 차질 없이 추진할 수 있는 실질적인 권한을 지자체에 부여함은 국토 균형발전을 위한 필수요건이라 할 수 있을 것이다.

네 번째 요소인 협동적 분권화란, 중앙정부와 지자체 간에 그리고 지자체 상호 간에 협력하여 지역발전시책과 사업을 추진하는 형태의 분권화를 의미한다. 나날이 지역행정업무가 광역화되고 타 지역과 연관되는 업무가 많아지고 있어, 지자체의 독자적인 행정구역을 벗어나야 하는 경우도 빈번해지고 있다. 간선교통시설, 자연환경보전, 고용창출 및 산학협동 등 실로 여러 부문에서 지자체 간에 그리고 지자체와 중앙정부 간에 협의하고 협조하며 제휴하는 방식이 절실해지고 있다. 이러한 협동적 분권화는 지자체 관점에서뿐만 아니라 중앙정부의 입장에서도 필수적이다. 중앙정부에서 추진하려고 하는 정책과 사업이 계획 차원부터 지자체 협력이 필요하기 때문이다. 지자체의 독립권이 보장된 연방주의인 미국에서의 협동적 연방주의(cooperative federalism)가 이러한 협동적 분권화로 볼 수 있을 것이다.

마지막 다섯 번째 요소인 공생적 분권화란, 지역 간 공동의 번영을 지향하고 공동의 혜택을 창출하는 형태의 지방분권화를 의미한다. 특히 수도권의 과도한 집중으로 인한 지역불균형 해소가 국가적 과제이므로 자칫 지방분권화가 수도권의 발전기회를 막고 비수도권만을 육성하는 방향으로 흘러가서는 국가 전체의 발전을 기할 수가 없다. 지방분권화가 수도권도 발전하고 지방도 발전하는 공생적 구도로 나아갈 때 국토전체의 발전, 즉 국토의 진화가 가능할 것이다.

5) 지역균형발전의 필요성

(1) 지역욕구에 기반을 둔 발전과 주민의 삶의 질 개선

지역의 균형발전은 지역주민과 지방자치단체의 욕구를 충족시키므로 결국 주민들의 삶의 질을 충족시키는 역할을 하게 된다.

(2) 모든 지역의 활성화로 국가경쟁력 강화

모든 지방자치단체의 균형적인 발전은 각 지방의 경제 활성화와 발전으로 이어져 국가의 경쟁력을 강화시켜 선진국에 빠른 시일 내에 도달할 수 있는 초석을 제공한다.

(3) 지역의 다양성 존중과 분산형 사회 구축

지역 균형발전은 지역마다 특유의 산업을 발전시키게 된다. 수도권은 국제물류 및 금융, 비즈니스, 지식기반산업 중심지로, 강원권은 자연생태자원과 접경지역을 활용한 국제(남북) 관광 및 청정산업지대로, 충청권은 R&D 및 바이오산업, 행정도시와 연계한 교육·연구 및 지식기반산업으로 특화 육성시키며 전북권은 친환경지향의 농업고도화, 자동차 기계 및 에너지산업 중심의 신산업지대로, 광주는 광산업, 농어업·향토문화를 연계한 문화관광산업지대로 키워져야 한다. 대구권은 전자정보산업과 한방산업, 부산은 자동차, 조선, 기계 등 주력산업 첨단화와 동북아 해양물류 및 영상산업 중심지로 위상이 강화되며 제주는 관광휴양 거점으로 육성시켜야 한다. 이를 위해 기존산업단지와 연구단지를 혁신주도형으로 전환해 지원시설을 확충하고 지역별 특성에 맞는 광역관광벨트를 조성키로 했다. 또 공공기관 지방이전, 기업도시 육성 등을 통해 자립형 지역거점을 구축해야 한다.

(4) 수도권 과잉집중의 해소

지역균형발전은 각 지방의 경제발전에 도움을 주게 된다. 그러므로 굳이 지방에서 수도권으로 이주할 필요성을 느끼지 않게 될 것이다. 그러므로 수도권의 과잉인구와 산업집중의 해소에 큰 도움을 주게 된다.

(5) 지역 간 갈등극복과 국가통합

지역 균형발전은 각 지역의 상황에 맞는 발전이 있으므로 지역 간의 갈등인 지역감정을 무마시키는 역할을 담당하게 되어 상생으로 화할 수 있게 한다. 결국 망국적인 지역감정을 해소시켜 영호남, 진보와 보수의 갈등, 양극화 해소에 도움을 주게 되어 국가통합에 기여하게 될 것이다.

6) 지역 간 불균형발전의 문제

(1) 수도권 집중현황

지난 30년간 산업화에 따른 인구이동이 급격하게 진전됨에 따라 우리나라 대도시(특별시 및 광역시)의 인구비중은 1970년 전국 인국의 29.5%에서 2000년에는 48.2%를 차지할 정도로 크게 증가하였다. 인구의 집중현상은 수도권에서 특히 심하게 나타나고 있는데, 서울시를 둘러싼 경기도의 인구가 지난 30년 동안 320만 명에서 890만 명으로 증가하여 수도권 인구가 전체 인구에서 차지하는 비중이 1970년의 26%에서 현재의 40%에 달한다. 수도권 인구집중과 함께 자본, 산업, 문화, 교육, 공공시설 역시 수도권 집중이 두드러지게 관찰되는데, 제조업의 57%, 금융의 66%, 공공청사의 85%, 대학의 42%, 중앙정부기관의 69.4%, 정부투자기관의 83.3%, 100대 기업 본사의 95%, 예금 비중의 65.9%, 대출 비중의 61.5%, 기업부설연구소의 70.2%가 수도권에 집중되어 있다. 우리나라처럼 인구집중화가 심각한 곳으로 알려져 있는 일본의 경우, 도쿄 광역권에 전체 인구의 25%가 살고 있고, 3대 도시권(도쿄, 오사카, 나고야)에 전체 인구의 49%가 살고 있어 우리보다는 수도권 인구집중 문제가 덜 심각한 편이다. 수도권에 인구가 몰리는 이유는 수도권지역에는 각종 기능이 집중되어 있어서 취업기회가 많고 문화시설을 이용하기가 편리하기 때문이다.

좁은 공간에 인구와 산업이 지나치게 밀집된 결과 자본, 기술, 물자 등이 전국에 고루 분포되지 못하여 지역 간의 성장불균형이 초래되고 수도권 내에서 땅값상승, 주택부족,

환경오염, 범죄증가 등 문제가 발생한다.

(2) 지역총생산에 의한 지역불균형

2001년을 기준으로 지난 10년간의 자료를 비교 분석하면 수도권지역 지역총생산의 비중은 증가추세를 나타내고 있다. 그러나 이와 같은 증가추세에 큰 의미를 부여할 수는 없다. 다시 말해 수도권지역은 1991년에는 45.3%의 비중을 차지하고 있었으나 2001년에는 46.8%의 비중을 보이고 있다. 반면에 비수도권은 전체지역이 감소추세로 접어들고 있는 것으로 나타나고 있다. 자본과 노동력의 특정 산업 및 도시집중으로 인해 당분간 지역 간 소득불균형은 심화될 것으로 전망된다. 이러한 소득불균형이 계속될 경우 향후 경제성장의 장애요인으로 작용할 것이다.

(3) 지방정부의 사회복지 서비스에 대한 지역 간 불균형문제

그동안 우리는 민주성보다는 능률성의 가치를 우위에 둔 중앙정부의 강력한 지도력과 행정력에 의하여 모든 정책이 실시됨으로써, 정부에 의해서 주도되는 빈민, 노인, 부녀자, 장애인, 아동을 위한 공공복지사업들은 지방정부나 지역주민의 자발적인 참여, 지원에 관계없이 중앙정부의 일률적인 정책지침에 따라 시행되어 왔다. 이 때문에 특정 지역에 존재하는 사회복지기관들은 그 지역주민의 참여나 지지와는 무관하게 중앙정부의 방침을 그대로 실천하는 형식적인 역할만을 수행할 뿐이었다. 따라서 지방정부의 사회복지 담당공무원들에게 전문적인 판단과 재량을 거의 기대할 수 없는 상황이었다. 지방의 자치능력이 등한시되기는 민간사회복지기관에서도 마찬가지였다. 지방의 민간사회사업기관들은 지역주민의 특성과 욕구에 따라 설립되었다기보다는 중앙에 위치한 본부의 필요와 판단에 의해 설립된 경우가 보통이다. 따라서 그 기관의 조직, 인사, 재정, 사업 등이 본부에 의해 결정되며, 지역주민의 참여를 유도하는 노력은 상대적으로 미약하였다.

(4) 교통기반시설투자의 지역 간 배분의 불균형

지방자치제가 정착되어 감에 따라 지역경제성장을 위한 지자체 간 경쟁은 날로 심해지고 있으며, 수도권과 비수도권, 고성장지역과 저성장지역 등 지역 간 성장격차에 대한 관심은 자연스럽게 지역 간 재원배분 경쟁으로 이어지고 있다. 이러한 지역 간 재원배분 경쟁은 사회간접자본 중 생산기반시설 성격의 도로, 철도, 항만, 공항 등 교통기반시설의 경우도 마찬가지이다. 낙후지역에 대한 지자체의 교통기반시설투자 요구가 높아졌고, 최근 기획예산처는 '지역낙후도', '지역균형발전 효과' 등 주요 재정투자사업의 지역 균형개발 효과에 대한 평가를 명시적으로 도입하는 등 중앙정부의 교통기반시설 투자재 원 배분에 있어서도 지역 간 형평성이 중요한 판단기준의 하나가 되고 있다. 한편 이러 한 교통기반시설의 지역 간 형평적 투자결과 지방부는 수요부족으로 인해 과다 투자되 고, 도시부는 공급부족으로 과소 투자되어 지역 간 수급불균형의 비효율을 초래하고 있 다는 비판도 제기되고 있다.

7) 지역 간 균형적인 발전을 위한 분권요소별 정책과제

(1) 분산적 분권화를 위한 정책과제

수도권에 과도하게 집중된 중추관리기능을 지방으로 분산하여 수도권의 과밀요인을 완화하고 지방의 발전기회를 부여하는 새로운 국토구조를 만들자면 비상한 정책적 노력 이 요구된다. 적어도 두 가지 측면의 지방분산이 필요하다. 첫째는 민간기업의 지방분산 이며, 둘째는 공공기관의 지방분산이다. 먼저 민간기업의 지방분산 또는 지방이전을 위 해서는 그동안 많은 시책을 펼쳐왔다. 수도권정비계획법에 의거하여 공장시설의 수도권 규제를 지속하여 왔다. 그 결과 수도권의 제조업 고용자 수의 분담비율이 과거보다는 다소 감소는 하였으나 고급인력 고용기회라든지 첨단기술 관련 산업은 계속 수도권에 과도하게 집중되어 있어 취업기회의 질적 측면에서 수도권과 지방 간의 불균형을 완화 하기 위한 시책이 더욱 적극적으로 펼쳐져야 한다. 1999년 8월에 정부는 민간기업의 지 방이전을 위해 통합적 인센티브를 제공하는 시책을 발표하였다. 금융지원, 조세지원, 도 시개발권 부여 등을 패키지로 민간기업에 제시하여 지방이전을 시도하려고 하였으나, 실 효성이 미흡한 것으로 드러나고 있다. IMF 금융위기로 인하여 지방이전이 어렵기 때문 에 이를 상쇄하기 위해서는 정부에서 내놓은 인센티브보다 더욱 과감한 인센티브를 내 놓아야 할 것으로 보인다.

다음으로는 공공기관의 지방이전시책을 과감히 전개할 필요가 있다. 공공기관의 84% 가 수도권에 모여 있는 현실 속에서 민간기업에 미약한 인센티브를 주면서 유도하는 시 책은 한계가 있을 것이다. 최근 청주의 오송보건의료단지로의 기업입주 의사를 토지공사 가 조사한 바 있다. 이에 따르면 공공기관인 식품의약청이 오송지역으로 이전할 경우 60개 이상의 제약 및 의료 관련 기업이 오송으로 이전할 의사가 있음을 밝힌 바 있다. 이는 관련 공공기관이 선도하여 지방으로 이전할 경우 민간기업이 동반하여 또는 후속으로 지방 이전할 가능성이 높음을 시사한다. 따라서 지금까지와 같이 민간기업을 뒤에서 밀어서 지방으로 이전시키려는 방식에서 벗어나 공공기관이 먼저 지방으로 이전하고 관련 민간기업을 불러들이는 방식으로 바뀌면 민간기업과 공공기관의 지방이전이 가능할 것으로 보인다. 제4차 국토종합계획(2000~2020)에서는 중앙정부기관 및 권한의 지방분산 및 이양확대를 위해 중앙정부기관의 과감한 지방분산을 추진하겠다는 내용이 들어가 있다. 이에는 기존의 청 단위 중앙정부기관 분산시책을 중앙부서의 부처 단위로 확대하는 방안을 추진한다는 내용이 포함되어 있다. 제4차 국토종합계획에 나타나 있는 정책방향이 구체적으로 실천되면 중추관리기능의 지방분산 물꼬가 서서히 트일 것으로 기대된다.

(2) 특화적 분권화를 위한 정책과제

지역별로 산업특화를 통하여 지역별 고유의 경쟁력을 함양함으로써 지역역량을 키워나가는 방식인 특화적 분권화를 위해서는 적어도 두 가지의 정책과제가 실천되어야 할 것이다. 첫째는 지역별로 전략산업군집을 집중 육성하는 것이며, 둘째는 지역별 특화된 산업을 중심으로 기술혁신시스템을 구축하는 것이다.

첫째, 지역별로 전략산업군집을 육성하기 위해서는 지역의 여건과 잠재력을 면밀히 분석하여 지역별로 어떤 산업에 집중 투자하고 관련 산업과 필요한 인력을 어떻게 육성 양성할 것인지를 선택해야 할 것이다. 이를 위해서는 선택, 집중, 지속이라는 세 가지 원칙이 주효할 것이다. 즉, 지역별로 전략적인 주력산업을 선택하여 집중 육성하되, 중장기에 걸쳐 지속적으로 육성한다는 원칙이 중요하다. 이를 위해서는 지역발전의 견인차 역할을 할 구심점이 필요하다. 교육, 인력, 투자유치, 연구개발 등 관련 정책을 시스템적으로 묶어 전략산업을 육성해야 할 경우 중요매개체는 대학과 지자체, 그리고 상공회의소, 은행 등의 금융기관이 될 수 있으며, 이들 매개체가 결합하여 전략산업군집육성계획을 만들어가고, 실천해 가야 할 것이다. 이 경우 지역단위를 광역시·도 단위뿐만 아니라 시·군별로 설정하여 지역별로 어떤 산업군집에 특화하고 그 산업에 특화하기 위해서는 해당지역에 부족한 자원이 무엇인지를 파악하고 이를 어떻게 확보할 것인지에 대한 면밀한 시책이 추진되어야 할 것이다.

둘째, 특화적 분권화는 결국 지역별 기술혁신체제를 만들어가도록 작동되어야 할 것이다. 지역별 전략산업군집을 중심으로 혁신시스템이 구축되어야 한다. 지역특화기술개발을 중심으로 한 테크노파크, 기술혁신센터, 창업보육센터 그리고 전자상거래지원시설 등을 구축하는 일들이 모두 지역기술혁신기반을 만드는 일에 속한다. 특화적 분권화활동이 지역기술혁신구축과 긴밀히 연계되어 성공한 사례는 스웨덴의 경우이다. 스웨덴에서는 1982년에 사회민주당이 정권을 잡고 분권운동을 적극 추진하면서 특히 지방에 산재한 실업자 재고용정책을 위한 지역경제개발의 움직임이 활발해졌다. 이에 따라 지역개발기금이 만들어졌고 지방개발촉진정책이 강력하게 추진되었다. 이와 함께 지역개발촉진의 구심점을 지역의 대학에 두고 지방정부, 지방의회와 긴밀히 연계된 산학협동을 통해 지역의 산업구조를 첨단화하기 시작하였다. 대학과 기업의 공동모험사업이 시작되고 과학센터, 과학공원, 기술이전정보센터 등이 각 지역에서 자율적으로 만들어졌다. 스웨덴의 룬트(Lund) 대학의 이데온(Ideon)과학공원은 스웨덴에서 대단히 성공적인 사례로 손꼽히고 있다. 스웨덴의 경우에서 알 수 있는 사실 중의 한 가지는 지역기술혁신운동은 지역사회, 지역문화의 활성화와 절대적으로 결부되어야 하며, 이를 위한 필수적인 조건은 행정상의 분권화, 재정상의 분권화라는 사실이다. 우리나라의 경우도 특화적 분권화는 지역과 밀착된 대학기능을 살리고, 지역의 산업 및 문화 속에서 전반적인 지방분권화 흐름과 연결되어야 성공할 수 있을 것이다.

(3) 자치적 분권화를 위한 정책과제

지방자치단체의 권능을 강화하는 자치적 분권화를 위해서는 여러 측면에서의 정책과제가 실현되어야 한다. 먼저 지자체의 재정력 확대가 급선무이다. 국가기능의 지방이양 확대 등으로 새로운 지방재정수요가 크게 늘어나고 있다. 사회복지 지출의 확대, 환경보전 등 시민의 삶의 질 향상을 위한 비용의 증가, 교육수요의 확대 등으로 지자체의 재정 부담이 가중되고 있다. 이에 대응하자면 지방재정의 확충이 필요한데, 그 방안의 하나로서 국세인 부가가치세의 일부를 지방으로 이양하여 지역이 공동으로 사용할 수 있는 세원으로 만들 수 있을 것이다. 1977년에 국세인 부가가치세가 신설되면서 지방세인 유흥음식세가 국세로 이양되어 현재에 이르고 있다. 그러나 숙박 및 유흥음식업은 지역적인 성격이 강하고 지역경제활동과 밀접하게 연관되어 있으며, 환경오염, 교통유발 등 자치단체의 재정수요를 유발하는 업종이다. 따라서 부가가치세 중에서 숙박 및 유흥음식업분의 부가가치세 전액(매년 약 6,000억 원)을 지역이 공동으로 활용할 수 있는 공동세원으로 하는 세제개편이 필요할 것으로 보인다. 그렇게 되면 재산과세 중심의 지방세구조에서 벗어나 소비과세를 보강하고 세원배분의 합리화를 도모할 수 있을 것이다. 이러한 지방공동세는 지역 간 낙후도와 재정자립도의 격차를 감안하여 지역 간에 차등적으로 지원되는 것이 바람직스럽다.

다음으로 재정운용상의 자율권을 지자체에 부여해야 할 것이다. 현재 지자체에 대한 국고보조사업은 소액 유사사업으로 세분화되어 있다. 국고보조금을 지나치게 세분화함으로써 지방재정의 경직화와 회계절차를 복잡하게 하고 있다. 따라서 지방의 여건과 실정에 맞게 소액 유사사업을 묶어서 몇 개의 큰 카테고리로 나누고 그 카테고리 내에서는 지자체에서 자율적으로 사용할 수 있도록 하는 포괄적 보조금제도가 시행되어야 할 것이다. 이와 함께 지방의 재정력을 강화하기 위해서는 지방채 발행에 있어서도 중앙정부의 지나친 간섭을 배제해야 할 것이다. 특히 자치적 분권화를 위해서는 지자체장의 조직관리권을 더욱 강화해야 할 것이다. 광역시·도지사에게 자율적으로 고위직 인사를 특채할 수 있도록 하고, 정원운용에서도 지역실정에 맞도록 유연성을 부여해야 할 것이다. 그리고 중앙정부의 특별지방행정기관이 1985년의 3,053개에서 2001년 3월 현재 6,650개로 늘어났는데 특별지방행정기관의 수행사무 중 60%가 규제 관련 사무이므로 이는 지자체로 이관할 수 있을 것이다. 특별지방행정기관과 지자체 간의 기능중첩과 사무의 이중적 처리로 인하여 행정책임의 불명확, 행정의 효율성 저하, 인력과 예산의 낭비를 초래하고 있다. 따라서 일부 특별지방행정기관의 지자체로의 이관과 업무재조정이 요구된다. 예를 들면 고도의 전문성과 전국적인 통일성 확보가 필요한 체신, 국세, 검찰, 철도 등의 업무는 국가가 처리하고, 단순 지역적인 업무와 지자체가 실질적으로 수행하고 있는 업무(노동, 중소기업, 환경, 산림 등) 및 기관의 지자체 이관이 필요할 것이다.

(4) 협동적 분권화를 위한 정책과제

협동적 분권화는 중앙정부와 지자체 간에 그리고 지방자치단체 상호 간에 협력과 제휴에 의한 활동을 의미한다. 중앙정부와 지자체 간에 협동을 위한 방식이 여러 형태가 있을 수 있으나, 프랑스의 경우가 주목된다. 1982년에 프랑스에서 지방자치제가 시행되면서 중앙정부와 지자체 간에 이뤄지는 공동사업에 대해서는 계획계약(plan contract)을 체결하여 공동계획, 공동투자를 통해 공동사업을 협력하여 일정기간(주로 5년) 공동으로 추진하는 방식을 성공적으로 도입하여 오늘날 광범위하게 시행하고 있다. 호주에서는 국가 차원의 결정과정에 주정부가 참여하며, 독일의 경우 헌법에 의해 국가정책 입안 시에 주정부의 참여가 보장되어 있다. 우리나라의 경우, 중앙정부와 지자체 간에 배타적·대립적 관계에서 벗어나 공동의 이익을 지니는 사업을 중앙정부와 지자체가 공동으로 기획, 투자 분담하는 계약방식이 필요할 것 같다. 이렇게 되면 계약이란 방식을 통해 중앙정부와 지자체는 지금의 수직적 관계에서 수평적인 파트너십 관계로 발전할 수 있을 것이다. 또한 중앙정부의 각종 주요정책 및 계획결정과정에 지자체가 참여하도록 보장함으로써 계획 및 결정과정에서도 중앙정부와 지자체의 협력구도가 형성될 수 있을 것이다.

다음으로는 지자체 상호 간에도 협력이 요구된다. 지역 간의 대립 갈등을 해소하자면 지자체 간의 협력 제휴가 절실히 요구된다. 그리고 수도권과 비수도권 간의 협력프로젝트도 얼마든지 가능할 것이다. 광역교통시설, 산업벨트, 환경보전, 정보네트워크, 문화관광시설벨트 등 행정구역을 벗어나 지역 간에 걸치는 광역사업의 경우, 그리고 타 지역이 영향을 크게 받는 시책의 경우는 지자체 간에 공동의 계획과 투자분담이 요구된다. 이 경우 위에서 언급하였듯이 지자체 간에도 계약을 맺는 방식을 도입할 수 있을 것이다. 그 외에도 사업별 광역행정기구라든지 광역조합을 만들어 추진할 수 있을 것이다. 미국의 경우에서 보듯이 인근 지자체들 간의 협력을 통한 사업추진을 하기 위해 지역협력법(Local Cooperation Act) 같은 법적 장치도 필요할 것으로 보인다.

(5) 공생적 분권화를 위한 정책과제

국토 균형발전 차원의 지방분권화는 수도권과 지방의 공동번영을 도모하는 공생적 분권화를 지향한다. 공생적 분권화를 위해서는 수도권 자체의 경쟁력과 지방의 경쟁력이 동시에 강화되어야 한다. 앞서 언급한 분산적 분권화는 수도권의 과밀문제를 해소하여 수도권의 경쟁력을 높이기 위해 필수적이며, 수도권 내에서의 전략산업육성을 위한 특화적 분권화도 수도권의 경쟁력을 높일 수 있는 수단이 된다. 수도권과 지방 간의 윈-윈(win-win) 형태의 공동발전을 위해서는 수도권과 지방 간의 네트워크 차원의 연계발전정책이 요구된다. 예를 들면 수도권의 테크노파크와 지방의 테크노파크 간의 역할분담을 통한 상호 정보네트워크의 구축이 공생적 발전에 기여하게 될 것이다. 또한 수도권의 관세자유지역과 지방의 관세자유지역 및 자유무역지역 간의 역할분담과 그에 따른 정보 및 물류네트워크 등 인프라에 대한 투자가 수도권과 비수도권의 공생적 발전에 기여하게 될 것이다. 이는 수도권과 지방 간 정책과 사업실시에 있어 역할분담을 통한 패키지 방식이 지속적으로 도입되면 수도권과 비수도권의 갈등관계가 완화되고 양 지역의 공동발전에 기여할 것이라는 의미이다.

8) 지역 간 불균형문제의 해결방안

(1) 정부의 분산정책의 강화

우리나라의 기형적인 수도권 집중기능을 지방에 분산시켜 지방의 사회경제발전 역량을 배양시키는 것이 무엇보다도 중요하다. 이는 주로 물리적 요소와 공간적인 요소의 이동을 통하여 수도권 이외의 각 지방으로 고르게 국가의 중추기능들을 균형에 맞게 분배하는 것이다. 수도권 기업 이전이나 정부부처의 이전과 같은 정책이 그 대표적인 내용이 될 것이다. 분산정책에서 가장 우선적으로 시행되어야 할 부분이 공공부문의 이전이다. 공공부문의 기능들이 지방으로 이전되어야 다른 기능의 이전도 가능하게 되기 때문이다. 따라서 정부의 강력한 분산정책이 요구되는 부분이다. 현재 정부에서는 공공기관 이전의 시범사례로 식약청, 국립보건원 등의 오송보건의료과학단지 이전을 추진하고 있으며 수도권에 공공청사의 입지를 규제하기 위해 규모 하향조정, 신증축의 금지, 임대차 억제 등의 조치를 취하고 있는 것은 다행스러운 일이다. 그리고 공공부문의 분산화 못지않게 중요한 것이 수도권 기업의 지방으로의 이전이다. 이러한 수도권 기업의 지방이전이 성공을 거두기 위해서는 비수도권지역의 준비가 동시에 이루어져야 한다. 그러므로 정부는 수도권 기업의 이전에 대해서 기업에 대한 지원과 동시에 각 지방자치단체에 대한 지원도 연계하여 이루어져야 한다. 우수기업을 옮기기 위해서는 종사인력의 생활을 위한 각종 기반을 조성하는 것이 중요한데 예산이 빈약한 지방정부로서는 여러 가지 어려움이 많을 수밖에 없다. 따라서 수도권기업의 이전에는 비수도권지역 지방자치단체와 연계하여 수도권기업의 지방으로의 이전에 대하여 협력하는 데 적극적이어야 할 것이다.

(2) 도시와 농촌 간의 정주생활권체제의 개편

지난 40년간 우리나라의 도시정책을 회고해보면, 1960년대 이후 절대빈곤에서 탈피하기 위하여 적극적인 경제개발 우선주의를 고수해왔고, 도시정책에 있어서는 성장거점도시 개발정책을 중점적으로 추진한 결과 국토의 불균형발전과 지역 간 격차를 심화시키는 역기능을 초래하게 되었다. 이와 같은 국토의 불균형발전과 특히 도농 간 성장의 격차를 완화하기 위하여 1980년대 초기부터 간헐적으로 도 농통합에 의한 정주생활권체제의 개편으로 지역의 균형발전을 도모하자는 의견이 제기되어 왔었다. 이에 정부는 도시농촌이분법(urban-rural dichotomy)의 사고에서 벗어나 도농통합시를 통해 행정구역과 생활권의 일치, 도농 간 지역격차의 완화, 행정비용의 절감과 지방정부의 경쟁력 강화 및 광역행정의 원활한 수행 등 긍정적인 효과를 기대하여 지방자치법의 개정으로 1995년에 도농통합시를 출범시키게 되었다(김선기, 1996: 1~2).

　도농통합에 의한 도시정책은 국가의 지방도시정책이 기존의 도시농촌이분법적 사고에서 새로운 방향으로 전환하였다는 데서 그 의의를 찾을 수 있다. 나아가 사람들이 품위 있는 생활을 할 수 있는 기본수요(basic needs)가 충족되고 쾌적한 삶의 터전으로 그리고 '살고 싶은 장소', '살기 좋은 장소'로서의 가능성이 보이는 도농통합시에 대한 기대는 가볍게 볼 수 없다고 여겨진다. 도농통합시는 농촌지역의 자연환경과 도시적 삶의 편리함이 어우러져 쾌적한 삶의 질이 보장되는 환경 친화적 도시의 가능성을 최소한 이론적으로는 지니고 있다고 할 수 있다. 따라서 지금까지의 농촌지역의 미개발 문제와 중소도시 개발의 소외문제는 정보통신의 원활화와 교통수단의 발전이 이루어지는 미래의 정보화 사회에서는 오히려 환경 친화적인 정주생활권으로서의 가치를 인정받는 개발대상지역으로 부상하게 될 것이다. 최근의 도시계획의 경향은 물량 중심에서 인간 중심의 환경 친화적인 토지이용계획으로 그리고 쾌적한 환경(amenity)을 중시하는 도시계획으로 바뀌고 있으며, 근본적으로 도시환경문제는 도시공간구조(토지이용계획)의 문제에 귀결된다고 볼 수 있다. 그러므로 지금까지 도시와 농촌을 구분하여 도시계획법과 국토이용관리법을 적용하여 집행해오던 국토공간정책에서 도시와 농촌을 통합하여 광역적 도시관리정책으로 전환함에 따라 당해 도농통합시들은 첫째, 국가도시체계에서 중추기능을 담당하는 도시로서, 둘째, 대도시와 소도읍 간의 결절기능(nodal function) 도시로서, 셋째, 환경 친화적 정주생활권역으로서의 역할을 할 수 있는 토지이용 및 도시개발계획을 수립하여 추진해야 할 시점에 와 있다고 하겠다. 지금까지의 삶의 질에 관한 연구는 대체적으로 고용, 임금, 소득, 교육 등 사회 경제적 측면이나 도시생활의 안전, 편리, 보건, 여가 문화생활 등 도시 기능적 측면에 중점을 두고 기본수요를 충족하는 복지(welfare) 수준의 파악과 그 대안 제시에 접근하는 경향이었다고 볼 수 있다. 그러나 부단한 산업화·도시화에 수반되는 무분별한 개발이 급기야 인류의 생존까지 위협할 것이라는 위기감에서 '환경적으로 건전하고 지속가능한 개발(Environmentally Sound and Sustainable Development)'이라는 환경이념을 선언하기에 이르렀고, 시각을 좁혀 생활주변을 살펴보더라도 대기질, 수질, 쓰레기처리 문제 등 환경공해의 심각성을 피부로 느낄 수 있는 것이 요즈음의 현실이다.

(3) 삶의 질 개선

양적 팽창에만 치중했던 도시개발을 도시민의 삶의 질 향상으로 전환해야 한다. 우선 주택난 해소를 위해 101.2%(2003년 기준)인 주택보급률을 2020년까지 120%로 높이고 전체의 80% 달하는 아파트 공급비중을 하향조정, 다양한 주택형태를 유도, 정착시켜야 하며 장기공공 임대주택 재고를 총 주택의 15% 수준으로 높여 무주택서민의 주거불안을 해소하고 저소득층의 주거상향 이동 프로그램을 수립해야 한다. 조기 노후화되는 단독, 다가구, 다세대주택의 관리카드를 작성하고 재건축 대상 기준요건 마련, 리모델링 활성화 등을 꾀하고, 농지의 효율적인 이용관리를 위한 농지은행 설립, 일정규모 이상 건물의 빗물처리시설을 의무화해야 한다. 그리고 실거래가격 기반의 부동산세제 개편, 부처와 민간부문에 산재된 부동산정보를 종합적으로 연결하는 정보망 구축을 통한 시장안정, 지구단위계획 중심의 토지이용 관리, 기반시설부담금 등을 장치로 한 개발이익 공공환수, 주민 도시계획 입안제도 활성화, 소공원 등 도시 기초생활환경시설 정비 등도 함께 추진해야 한다.

(4) 지방정부의 사회복지 서비스에 대한 지역 간 불균형문제를 해소

지방화시대의 도래는 그동안 고도경제성장을 달성한 중앙집권적인 정치와 경제체제 그리고 그 가치관이 된 경제주의, 효율주의가 만들어낸 사회가 점진적으로 주민의 적극적인 참여에 의한 새로운 지방분권적인 정치와 경제, 그리고 복지사회로의 전환을 가져올 것이라는 기대를 낳고 있다. 따라서 지방화시대는 정치, 행정적 분권은 물론 경제, 사회, 문화적 분권을 통한 지역의 균형개발과 지역주민의 복지욕구에 예민하게 반응함으로써 사회복지발전에 크게 기여할 것으로 기대되고 있다. 특히 참여정부의 출범 이후 정치, 경제, 사회, 문화 등 제 영역에서 주민들의 참여와 자율이 보장되는 지방분권적체제로의 변화를 야기시키고 있다. 이러한 변화는 복지부문에서 주민복지에 대한 지방정부의 자율권 신장과 책임성의 증대 및 주민복지 욕구에 기반으로 하여 복지서비스의 확대가 요구되고 있다. 따라서 지방정부의 사회복지정책은 지역주민들이 접근하기 용이하고 주민의 욕구와 지역특성을 충분히 고려하여 적극적으로 대처해나가는 것이 필요하다.

(5) 교통기반시설투자의 지역 간 배분의 불균형 해소

사회복지 지출의 증가로 인한 상대적인 SOC 예산비중 감소추세로 인해 지역균형개발을 위한 재원배분의 형평성과 함께 부족한 SOC 재정의 지출효율성도 동시에 요구되고 있는 형편이다. 이러한 논란의 배경에는 형평적 배분을 강조하는 입장에서는 압축성장을 위한 불균형성장 전략에 따라 교통기반시설 투자도 지역 간 불균형하게 배분되어 왔으며, 교통기반시설의 형평적 배분은 중장기적으로 지역 간 성장격차를 완화시킬 것이고, 효율을 강조하는 입장에서는 교통기반시설의 형평적 배분은 효율적 배분과 상충(trade-off)관계에 있기 때문에 성장을 국가 전체적인 효율성을 떨어뜨릴 것이라는 우려가 내재되어 있다고 할 수 있다. 따라서 교통기반시설투자의 지역 간 배분의 불균형을 해소시키는 것이 도시와 농촌 간의 불균형발전을 해소시키며 전국을 하나의 생활권으로 만들어 전 국토의 균형적인 발전을 이루는 초석이 될 것이다.

(6) 지역통합과 민족경제의 균형발전

지방분권은 국민을 분열시키고 한국 정치의 발전을 가로막고 있는 망국적인 지역패권주의와 지역감정을 해소하여 지역통합을 이루기 위해서도 반드시 필요하다. 정치권력과 경제력, 그리고 교육문화자원이 모두 중앙에 집중해 있기 때문에 그것을 배타적으로 장악하기 위한 지역패권주의가 나타났고 그 결과 지역갈등이 심화되어 온 측면이 강하다. 권력이 지방으로 분산되어 지방정치가 활성화되고 자원이 지방으로 분산되면, 중앙권력 쟁취를 위해 각 지역이 사활을 걸고 패권을 다툴 가능성이 상당히 줄어들 것으로 예상할 수 있다.

지방분권이 새로운 지역패권주의와 지역갈등을 낳을 것이라는 우려가 제기될 수 있다. 지방분권이 '한국은 하나다' 혹은 '민족은 하나다'는 민족공동체 이념에 따라 추진되고, 지방분권정책이 진정으로 지역의 자율성과 지역균형발전을 실현하는 방향으로 실시된다면, 그것은 지역 간 격차를 줄이고 전국 어느 지역에서 살든 자기 지역에 대한 자부심을 가지고 떳떳이 인간답게 살 수 있는 조건을 창출할 것이기 때문에, 지역화합과 지역 간 협력이 가능할 것이다.

한편 통일 이후의 새로운 한국의 발전은 지방분권을 통해 이루어지지 않으면 안 된다. 작년에 남북정상이 합의한 '민족경제의 균형발전'을 위해서, 우리 정부가 추진하려는 '국토의 균형발전'을 위해서, 지방분권은 필수적으로 요청된다. 지역 간 격차를 줄이는 지역균형발전은 자원의 분산과 권한의 이양이 이루어지는 지방분권 없이는 실현될 수 없다. 마찬가지로 민족경제의 균형발전도 남북한을 통틀어 실현되는 이러한 지방분권이 있어야 비로소 기대할 수 있다. 7천만 민족구성원들의 사회적 통합을 위해서는 계층 간

분열과 함께 지역 간 분열을 반드시 해소해야 하는데, 지역 간 분열을 해소하기 위한 가장 중요한 선결조건은 획기적인 지방분권을 추진하는 것이다. 민족통일이 정치통합과 경제통합 그리고 사회통합의 장기적 과정이라고 한다면 지방분권은 통일한국의 발전 모델의 필수요소가 되지 않을 수 없다. 중앙집권적인 자본주의 남한과 중앙집권적인 사회주의 북한이 '지방분권적인 새로운 민주한국사회'로 통일되어야 한다.

(7) 지역균형발전 측면에서 원도심 활성화 정책을 추진할 조례제정

그동안 원도심 활성화 차원에서 추진되었던 기존의 원도심 활성화 지원범위를 확장시켜야 한다. 이를 위해 '원도심 활성화 및 지역 간 균형발전조례'의 제정이 필요하다. 이 조례를 전역으로 확장시킴으로써 지역 간 불균형 격차를 해소에 기여할 수 있다. 그리고 지역불균형 해소를 위한 총량적 도시관리방안이 필요하다. 총량적 도시관리방안을 수립하여 무분별한 도시의 팽창을 막는 대신 낙후지역을 중심으로 한 집중적 정비 및 개발방안들이 마련되어야 한다. 그 안에서 대전의 지역균형개발정책이 종합적이면서 장기적인 전략을 마련하고 있는지 점검해 나아가야 할 것이다.

(8) 동서 간 교육격차 해소

대전은 교육 및 경제, 행정, 문화 등 주요 인프라가 서구 신도심으로 집중되어 있는 상황으로, 만일 이러한 상황이 지속된다면, 서울의 강남과 강북처럼 대전도 교육의 집중현상이 주거와 문화 등 시민생활 전반에 걸쳐 심각한 양극화 현상으로 전개될 것이 자명하다. 따라서 지역균형발전 차원에서 동서 간 교육격차는 반드시 해결되어야 한다. 보다 근본적으로 교육격차를 해소하기 위해서는 시 차원의 '동부지역 교육지원조례'가 제정되어야 하며, 이를 통해 학교주변 교육문화환경 개선, 교육복지 투자확대 및 시설 현대화, 우수교사 우선배정 등의 노력과 함께 교육재정 확충을 위한 교육발전기금 조성 등이 이루어져야 한다.

9) 결론

지방자치제가 내실을 기하면서 국토균형발전을 실질적으로 구현하기 위해서는 종래의 협의의 지방분권만으로서는 한계가 있다. 중앙정부의 권한을 지자체로 이양하여 지자체의 권능을 강화하는 형태의 협의의 외형적인 분권만으로는 국가적 과제인 국토균형발전을 성취하기 어렵다. 총체적인 지방분권시책이 필요하다. 분산화, 특화, 자치화, 협동화

그리고 공생화를 지향하는 복합적인 모델에 근거한 분권정책이 요구된다. 국토균형발전의 효과는 외국의 경우를 보아도 장시간이 걸린다. 그러나 한국의 경우 전략적인 분권화 시책을 종합적이고도 일관되게 추진하면 국토균형발전의 효과를 거둘 수 있는 시간을 단축할 수 있을 것이다. 향후 총체적인 지방분권시책이 범정부 차원, 범지자체 차원에서 정책적으로 다듬어져 실시되기를 기대한다. 이 경우 중앙정부와 지자체, 민간부문의 역할분담이 합리적으로 이루어져 주체 간의 활동이 결합되어 효과적으로 실천되어야할 것이다. 지역 간의 불균형발전의 문제점을 해결하기 위해서는 정부의 분산정책의 강화, 도시와 농촌 간의 정주생활권체제의 개편, 지방정부의 사회복지 서비스에 대한 지역 간 불균형문제를 해소, 교통기반시설투자의 지역 간 배분의 불균형을 해소, 지역통합과 민족통합, 지역균형발전 측면에서 원도심 활성화 정책을 추진할 조례제정, 동서 간 교육격차가 해소되어야 할 것이다.

2. 지역경제 활성화와 국토균형

1) 지역경제 활성화의 필요성

21세기에 들어선 오늘날에 있어서 지역균형발전은 형평성의 차원을 넘어 지속적인 경제발전의 토대로서 그 중요성이 부각되고 있다. 더욱이 1997년 외환위기로 인한 경제적 시련을 딛고 새로운 도약을 위한 모멘텀을 모색하고 있는 우리 경제로서는 지역 간 균형 있는 발전과 지역경제의 활력을 회복함으로써 사회통합과 국민적 에너지를 결집해나가는 것이 긴요한 실정이다. 정보기술의 발달로 대변되는 디지털화 역시 인구기업의 지방분산 가능성을 증대시켜 주고 있으나, 한편으로는 지역 간 정보격차(digital divide)로 인해 지역 간 불균형을 확대할 가능성도 배제할 수 없다. 한편 지난 40년 간 우리 경제가 이룩한 눈부신 고도성장의 이면에는 서울을 비롯한 수도권에 인구와 산업이 집중되고 경부축 위주로 발전이 이루어지는 등 지역 간 불균형도 심화되어 온 것이 사실이다. 수도권 과밀해소 정책은 집중을 억제하기보다 지방으로 분권 분산시키는 데 초점을 맞추는 것이 보다 합리적이다. 사람들이 자연스럽게 지방으로 이동할 수 있는 유인책을 마련하는 게 필요하다. 중앙정부의 행정재정 기능을 지방자치단체에 넘기고 주요 부처와 대기업을 과감히 지방으로 이전해야 한다. 여기에 금융·세제 조치도 뒷받침돼야 하고, 선진국의 대기업들이 수도가 아닌 지방도시에 대부분 본사를 두고 있는 것이 좋은 예이며, 지역별 인재할당제나 면허제 등도 검토할 만하다. 더욱이 비수도권지역 간에서도 경제성장 과정에서 경부축에 산업과 인구가 집중되면서 지역총생산에서 영남권이 차지하는 비중이 절반을 넘는 반면 중부권과 호남권은 약 20% 수준에 불과한 실정이다. 수도권 지역의 공장총량제 완화와 판교 등 수도권 신도시 개발은 신중해야 한다.

2) 국가균형발전의 필요성

국가균형발전 정책은 지역의 혁신역량 강화 및 다핵형, 국토공간 조성 등 공공부문에 초점 신활력·누리사업, 산업단지 혁신 클러스터, 지역혁신협의회 구성 등 지역의 자생적 혁신역량을 강화하고, 지방교부세 인상, 국가균형발전특별회계(균특회계) 신설, 지방 R&D 투자확대 등 재정분권을 강화하며, 행정중심복합도시(세종), 기업도시, 공공기관 이전 및 혁신도시 건설 등 국가기관의 공간적 재배치 및 자원의 재배분한다. 비수도권의 지역 내 총생산(GRDP), 지방 수출액 등 일부 지표는 개선되었으나, 수도권 인구는 지속적으로 증가하고, 부동산의 자산가치(토지가액)도 상승한다. 따라서 지방의 인구, 총 사업체 수 비중, 고용규모 등이 정체 또는 감소되는 상황에서 지방의 경제사회적 활력을 갖기 위해서는 기업과 사람이 지방에 모일 수 있는 획기적 투자유인이 필요한 상황이다.

3) 국가균형발전 주요정책

(1) 공공기관 이전 및 혁신도시에 관한 정책

10개의 혁신도시를 선정하여 공공기관을 이전하는 정책이다. 공공기관 지방이전의 효과 수도권의 인구 안정화에 기여, 지역의 혁신역량 제고, 고학력 취업기회의 확대로 지방교육의 질적 향상을 유도, 지방세수 증가 및 지역경제의 활성화 촉진, 지방으로 이전을 희망하는 민간기업의 지방이전을 촉진 등이 있다.

(2) 신활력 사업

근대화·산업화·도시화 과정에서 소외된 낙후지역을 선정하여 특별 지원함으로써 생동감 넘치는 활력지역으로 육성하기 위함이라 할 수 있다. 사업기간은 3년마다 신활력 지역을 선정하여 최대 9년간 지원하는 것으로 2005년에서 2007년까지 사업이 진행되었다. 그 결과 사업내용으로 기존 낙후지역 사업과 차별화하여 주민의 삶의 질을 향상시키고 소득기반 확충 등의 S/W사업 위주로 지원되었다. 아울러 신활력 지역으로 선정된

70개의 시·군의 선정사업은 국가균형발전특별법에 의해 매년 2,000억 원 정도의 총사업비로 이루어졌다.

(3) 혁신 클러스터

클러스터라는 것은 상호 연관된 기업, 전문공급자, 관련 기관 등이 공간적으로 집적된 것으로, 기업·연구소·대학·기업지원기관·금융기관 등 혁신 관련 행위주체들이 일정 공간 또는 지역에 모여 네트워크 구축과 상호작용을 통해 기술개발 등 각 부문에 시너지 효과를 발생하는 시스템이라 할 수 있다. 이는 연구개발 기능과 생산 기능의 유기적 연계를 통한 최대의 생산성이 발휘되는 혁신 클러스터의 조성을 필요로 하고, 이를 통해 지역별로 특화된 산학협력체계 구축을 통한 새로운 기업의 생태환경을 조성하고자 추진되어 왔다.

(4) 지역전략 산업

지역전략 산업은 혁신주도형 지역발전을 위해서는 지역별로 성장잠재력이 높은 지역전략 산업의 육성이 필요하기에 추진된 정책이다. 이 정책으로 지방의 신산업 성장동력의 창출과 기존 산업의 고도화를 위해 지역별로 특색 있는 지역전략의 산업을 육성하고자 한다. 지역전략 산업은 2004년 국가균형발전 5개년계획에 포함된 지역혁신 발전 5개년계획을 수립하면서 권역별로 4개의 전략산업을 선정하고 16개의 시와 도에 각각의 전략산업을 지정하였다. 이것은 지역의 산업기반, 혁신여건, 지역의 육성의지가 반영된 것이고, 기존 주력산업의 고도화 및 차세대 성장동력 산업과의 적절한 조화, 산업집적 활성화의 기본계획과 연계하여 선정된 것이다.

지역경제 활성화와 국가균형발전은 서로 대조적인 면이 있는 것 같지만, 결국 지역경제가 활성화된다는 것은 국가가 균형적으로 발전하게 된다는 것이다. 그렇기에 대조적인 것이 아니라 서로 밀접한 관계를 가지고 있다는 것이다. 이러하듯 지역경제 활성화를 위해 산·학·연의 네트워크가 바탕이 되어 클러스터 산업이 핵심역량으로 구축되고 앞으로 우리가 더더욱 발전해나가야 하는 산업일 것이다. 기존과 같은 거대한 산업단지는 불필요하게 되고, 지역에 분산 유치하는 것이 자본의 위험부담을 줄이고 지역개발에 대한 환상을 심어주기에 최적이다. 여기에 정부 행정기관이나 공공기관까지 지역에 이전시켜 다양한 형태의 복합도시가 출현할 것으로 예상되고 있다. 이것이 바로 '국가균형발전 정책'의 핵심이며 지역경제 활성화의 핵심일 것이다. 국가균형발전은 연속성의 과제를 해결해야만 할 것이다. 우선 인식의 연속성, 이는 균형발전은 지역 및 국가경쟁력을 증진시키는 전략의 하나이며, 과제의 연속성은 지역혁신에 기반으로 한 내생적인 발전을 이룰 것이다. 또 제도의 연속성은 균형발전을 위한 추진기구의 안전성을 유지할 때 우리는 혁신적이고 활력 있는 경제가 되고, 삶의 질이 보장되는 사회가 되며, 함께 잘사는 균형발전 국가가 될 것이다.

이렇게 균형적인 국가발전을 이룩하기 위해서는 지역경제 활성화가 먼저 되어야 할 것이다. 왜냐하면 자치단체와 지역주민들이 하나가 되어 지역경제 활성화를 위해 노력하게 되어 지역특구나 지역의 특수한 산업을 발전시킨다면 국가균형발전은 기구들을 통해 안정적으로 이룩하게 되는 것이 아니라 지역주민과 지역자치단체들이 또, 지역의 대학과 함께 이룩하는 것이다. 하지만 아직 지역경제 활성화를 이루기에 산·학·연의 네트워크가 미비하며 정부와 지자체, 지역주민들이 심각성을 인식하여 우리 모두가 살아가야 하는 방법을 찾을 때이다.

제11장 지역경제 활성화와 농촌자원

1. 지역경제 활성화와 농촌

1) 농촌문제의 원인

(1) 인구의 고령화 및 감소

오늘날 농촌지역은 도시화·산업화의 영향으로 청·장년층의 인구가 상당수 도시로 유출이 되어 노년층의 인구만 남아 노동인력의 부재를 야기했을 뿐 아니라 노인문제를 낳게 되었고, 또한 출산율의 저하로 인하여 전체적인 농촌지역 인구의 감소를 가져오게 되었다.

(2) 삶의 질 저하

농촌지역의 산업은 단순생산 활동인 농업에 치중되어 농촌지역 거주민의 소득 수준은 도시지역에 비하여 낮아지게 된다. 낮은 소득 수준은 우선 각 농가의 경제적 어려움과 연결이 되고, 또한 이 같은 상황은 도시지역으로의 인구유출의 원인이 되며, 인구의 감소는 복지·교육·의료·문화시설의 위축 및 감소를 가져와 전체적인 삶의 질을 저하시키게 된다.

(3) 소득 수준의 저하

농촌지역의 수입은 대부분 농업에 의존하고 있으나, 현대농업은 농업기술의 발달로 농산물 공급이 증가하여, 이에 따라 점차 농산물 가격은 하락되고, 더욱이 한미자유무역협정 등의 영향으로 수입농산물이 증가함에 따라 시장에서의 국산농산물의 지위가 불안정해져, 많은 농가의 소득 수준의 저하로 농촌지역은 경제적 어려움을 겪고 있다.

(4) 도시지역과의 격차

그동안의 산업화는 주로 도시지역을 중점으로 이루어져 왔기 때문에 상대적으로 농촌지역은 개발에서 도외시되어 왔고, 이러한 정책의 결과로 도시와 농촌 간의 소득 및 생활수준의 격차는 심화되어, 농촌지역 주민은 상대적 소외감을 갖게 되었다.

(5) 농촌문제의 상호연관성

농촌지역에서의 인구감소 문제는 어제오늘의 문제가 아니다. 산업화와 함께 청·장년
층의 젊은 인구 중심으로 이농이 진행되면서 농촌지역의 평균연령은 고령화되고, 유년인
구 비율이 낮아져, 결과적으로 농촌지역의 경제활동은 위축되고 지역의 유지 기반이 약
화되어 농촌사회의 와해를 우려할 만큼 농촌의 인구감소 문제는 농촌문제의 근본적 원
인이라 할 수 있다.

농촌지역을 떠나는 사람들의 이유는 대체로 소득과 관련한 경제적 문제와 자녀교육의
불만족 등에 있는 것으로 나타난다. 농촌의 인구유출을 방지하고 정착을 유도하기 위해
서는 농업소득 향상과 비농업부분에서의 소득원 창출이라는 과제와 더불어, 의료·문화·
교육·복지적 문제 등 공공서비스 분야의 문제를 해결하여 거주환경을 개선해야 할 것
으로 보인다.

2) 농촌지역의 경제적 문제 해소방안

(1) 유기농업

최근의 농업은 국내적으로는 생산기술의 발달로 인해, 잉여생산물의 증가로 농산물의
공급가격이 하락하여 농촌의 소득 수준이 저하되고 있고, 국외적으로는 값싼 수입농산물
의 유입으로 경쟁력이 약화되어 이중고를 겪고 있는 실정이다. 이 같은 상황에서 농업
의 대응방안으로는 기존의 농산물과는 차별화된 농산물의 개발·생산이 필요한데, 몸에
좋은 깨끗한 먹거리를 찾는 요즘 소비자들의 성향에 맞추어 친환경농산물의 생산이 그
적격이라 하겠다.

가. 내용

유기농업의 활성화로 인한 소득증대를 꾀하기 위해서는 먼저 유기농농산물을 생산하
는 농민은 유기농업의 모든 과정에 있어 독자적인 행동보다는 같은 생산자 간에 공동체
를 조직하여, 공통된 기준을 마련하고 정보를 공유하여 생산성 및 경쟁력을 증진시키며,
다음으로 농협단위에서 농민들을 대상으로 유기농업 참여를 적극 권장하고, 전문 육성체
계를 갖추도록 해야 한다.

또한 소비자단체는 소비자 교육과 홍보를 통하여 유기농에 대한 인식을 확대시켜야
하고, 유통업계는 유기농산물의 특성에 맞는 유통방법을 개발하고 엄격한 품질관리를 통

하여 차별화된 상품을 만들어 농민에게 안정된 생산기반을 만들어주는 역할을 해야 할 필요가 있다.

정부는 국가적인 차원에서 유기농을 적극 육성해야 하며, 유기농산물에 대한 여러 기준의 설정이나, 정책금융 지원, 기술개발을 위한 연구사업의 시행에 직접 참여해야 하며, 지방자치단체는 정부와 협력하여 지역특산품의 개발 및 판매 유통경로의 확보 등에 힘써야 한다.

나. 검토

유기농업은 토지생산성을 이유로 수량감소로 인하여 농가소득의 감소를 가져올 수도 있고, 노동집약형의 농업형태로서 생산비를 증가시켜 가격경쟁력이 저하되고, 노동인력이 부족한 현 농촌의 현실에 비추어 한계가 있다는 지적이 있다. 그러나 장기적이고 종합적인 측면에서 볼 때, 친환경농업으로의 전환은 국내외적 농업환경의 변화에 대한 대응 관점에서 필요하고, 유기농업은 지역특산물의 성격을 띠면서 발전할 가능성이 충분이 있다고 본다.

또한 유기농업은 농법 및 기술개발과 더불어 소비자에 대한 인식과 올바른 유통구조의 확립이 전제되어야 함으로 정부의 정책적 참여가 요구되며, 농업의 전체적 부분에서의 급격한 도입은 현실적으로 어려우므로 국내외적 농업정세에 맞추어 점차적으로 확장해나가는 것이 타당하다.

(2) 농촌관광

농촌지역의 주 소득원인 농업이 여러 가지 한계에 부딪히게 되어, 더 이상 농가의 수입은 농업에만 의존할 수 없게 되었다. 이로써 농가는 새로운 소득원의 창출이라는 과제에 직면해 있는데, 농촌지역은 자연환경을 그 기반으로 하는 만큼 지역적 특수성을 적절히 활용하여 농촌관광을 통한 소득창출을 꾀할 수 있겠다. 최근에 주 5일제의 도입과 고속교통망의 발달로 관광인원이 증가하고, 요즘 관광의 추세는 자연친화적 관광과 건강 중심의 여가활동이 주를 이루고 있어 이 같은 요인은 농촌관광에 긍정적으로 작용할 수 있다.

가. 내용

농촌관광은 농촌의 안락한 시골정취 제공이 관광의 주요 목적이라 할 수 있으므로,

도시민에게 부담을 주는 인위적인 힘든 체험활동보다 누구나 쉽게 즐길 수 있는 전원감상 등의 체험 프로그램 개발이 필요하다. 그리고 홍보활동은 관광객 유치에 큰 역할을 하기 때문에, 인터넷 및 대중매체와 공공기관을 통한 지속적인 홍보활동이 요구된다.

도시민들은 농촌관광에서 편안하고 안락한 휴식을 취하길 원하므로, 농가의 민박시설을 현대식으로 갖추어 불편함이 없게 하고, 농가 주민들은 관광객에 대한 친절에 상당히 신경을 써야 할 것이다.

지방자치단체는 지역의 문화축제나 행사와 관련하여, 외부관광객을 유치할 수 있도록 관광 프로그램을 개발하고, 민박이나 농가체험 등을 이용할 수 있는 지역농가의 정보를 관광객들에게 제공할 수 있도록 한다.

나. 검토

우리나라 농촌의 가옥은 욕실, 화장실에 대한 접근이 불편하고, 단열이 잘 되지 않는다는 등의 단점이 있고, 농촌지역의 공동이용시설이 매우 부족하여 많은 인원의 관광객을 수용하기에는 어렵다는 문제점들이 있다.

그리고 농촌의 관광을 주도해나갈 경영주체가 명확하지 않다는 것과 홍보활동이 체계적으로 이루어지지 않는다는 것이 부정적 요인으로 지적된다.

시설의 낙후와 미비는 현대식 숙박시설로의 개축 및 마을 차원에서의 시설정비로 개선해야 하며, 경영주체에 관한 문제는 마을지도자를 중심으로 외부전문가와의 네트워크 형성 및 네트워크 유지를 통해 교육 훈련받게 하고 지속적인 연계로 새로운 프로그램의 도입 등에 대해 조력을 구해야 한다.

농촌관광은 1차 산업인 농업과는 달리 정부에서의 혜택이 부족한 실정인데, 농촌관광에도 많은 혜택을 부여해주고 실정법상 규제를 완화하여, 농촌관광을 활성화할 수 있도록 정부에서 여러 방면의 지원을 해야 할 것이다.

3) 농촌지역의 삶의 질 개선

우리나라의 농촌 복지 수준은 절대적인 측면에서 많이 향상되었지만, 도시지역과의 비교를 통해 살펴보면 별로 개선되지 못하였다. 의료 및 문화시설은 대다수가 도시지역에 편재되어 있고, 교육여건 또한 도시지역에는 신설되는 학교가 많은 반면 농촌지역에서는 상당수 학교가 통폐합되고 있는 실정으로 매우 열악한 상황에 있다.

(1) 의료서비스의 개선

민간병원이 절대적으로 부족한 농촌지역에는 공공의료기관의 시설 및 장비, 인원 확충이 요구된다. 먼저 각 지역의 보건지소는 1차 의료기관의 역할을 충분히 수행할 수 있도록 인력과 장비를 확충하고, 인근 군 보건소가 병원의 기능을 할 수 있도록 한다. 또한 지역사회의 종합병원과 농촌지역과의 결연을 맺도록 권장하여 지역 종합병원의 의료서비스 참여를 유도한다.

다음으로 국민건강보험과 관련하여, 농촌의 지역적 특성을 고려하여 농촌지역의 주민들에게 보험료를 감면해주도록 하고, 보험료 부과방법을 개선하며, 건강보험의 대상범위를 확장시켜 의료비의 부담을 덜 수 있도록 한다.

(2) 문화시설의 확충

도시와 농촌지역 사이에 문화시설의 여건의 차이가 너무 심하고, 이에 따라 도농 간의 문화적 격차 또한 심화되어 가고 있다. 농촌의 문화향유 수준을 도시와 같은 수준으로 끌어올리기 위해서는 농어민 문화 · 체육센터를 건립하여 정기적으로 문화 · 체육행사를 개최하고, 찾아가는 문화 프로그램을 시행하여 지역주민의 문화적 접근을 용이하도록 하며, 지역축제 및 전시회 지방 문화행사 등을 활성화시키는 방법이 있겠다.

(3) 교육환경의 개선

농촌학교의 교육의 질과 교육환경이 열악하여 학생들이 더 나은 교육여건을 찾아 도시로 떠나는 악순환이 반복되고 있다. 농촌학생들은 대학진학을 위하여 대도시의 중고등학교로 진학하여 농촌가계는 학비 및 생활비 등 추가적으로 소요되는 비용으로 인해 부담을 안고 있는 실정이다.

이 같은 문제의 개선을 위해서는 첫째, 농촌학생들의 학습능력 신장을 위하여 정보화기기를 이용한 여러 가지 프로그램을 도입하는 한편 우수교사들에게 인센티브를 제공하여 농촌지역으로 유치를 시도해야 하고, 둘째로 대학입시에 있어 농촌학생들의 대학 특별전형을 확대하며, 도시지역으로 대학 진학을 할 경우 기숙사 이용에 우선권을 제공하는 등의 정책이 이루어져야 한다.

(4) 검토

농촌지역의 사회 복지적 문제의 해결은 정책적 문제로서 범정부적인 차원에서 추진하는 것을 전제로 하고, 실효성 확보를 위하여 재원의 확실한 충당과 제도적 장치의 마련이 선행되어야 한다.

정부 차원의 특별위원회를 설치하고 업무를 총괄하게 한 다음, 먼저 지역별 실태조사를 바탕으로 정책을 마련하여 각각의 업무를 관련 부처에 분담토록 하고, 차후에 시행 상황을 분석 평가하여 수정 보완하는 것이 필요하다.

또한 농림부 내에 농촌지역 복지담당 전담부서를 설치하여 원활한 시행을 돕도록 하고, 지방자치단체의 역할을 강화함으로써 복지업무 전반에 있어 일선에서 지역주민의 참여를 유도하도록 해야 한다.

지금까지 여러 복합적인 요인에 의해 어려운 상황에 처해 있는 우리 농촌의 문제들에 대하여 살펴보았다. 농촌문제의 원인에는 인구의 감소, 낙후된 생활환경, 소득 수준의 저하, 도농 간의 격차 등으로 나누어볼 수 있으나, 이러한 원인들은 개별적 문제가 아니라 유기적 관계에서 상호 간에 영향을 받으며, 각자의 원인과 결과의 형태로 나타난다는 것을 알 수 있었다.

이렇듯 상호 유기적 관계에 있는 농촌의 문제는 어느 한 부분에서의 접근이나 한 가지 문제의 해결만으로 해소될 수 없는 것이어서, 농촌이라는 지역의 특수성을 바탕으로 농촌지역 전체를 총괄적으로 이해하고 파악할 수 있어야만, 근본적 원인을 규명하고 해결할 수 있다고 본다.

국내외의 정세에 비추어보아 앞으로 우리 농촌의 현실은 더욱 어려워질 것으로 생각된다. 서두에 언급한 바와 같이 농촌문제는 더 이상 농촌내부의 문제로 취급될 수 없으며, 농촌지역 외부의 개입과 사회 전체적인 참여를 요구하므로 농촌문제에 대하여 당사자인 농촌지역 주민뿐만 아니라 사회구성원 모두가 관심을 가지고 참여하는 자세가 필요하다.

2. 농촌 어메니티 자원의 이해

1) 농촌 어메니티의 정의 및 분류

(1) 정의개념

어메니티의 개념과 사상은 넓고도 깊다. 어메니티(Amenity)의 의미는 라틴어의 amoentitas (pleasant: 쾌적함, 즐거움)로 해석되는데, 잘 알려진 어메니티의 개념은 '쾌적환경', '사는 느낌이 좋음', '종합적인 삶의 쾌적함', '생활환경의 질', '~다움', '매력', '여유', '좋은 인간관계' 등 번역어로 무려 80여 가지가 넘는다.

영국의 도시계획자인 홀 포드(William Holford)는 어메니티는 단순히 하나의 성질을 말하는 것이 아니라 복수의 가치를 지닌 총체적인 쾌적한 상태, 즉 '있어야 할 것이 있어야 할 곳에 있는 것(the right thing in the right place)'으로 정의하고 있다.[45] 사카이 겐이치(酒井憲一)는 모든 사람들이 보다 나은 삶과 사회, 자연환경을 만들어나가자는 사랑과 생명이 담긴 환경운동으로 정의하고 있다.[46]

우리나라 농림부(2002)에서는 환경을 구성하는 자연, 문화, 시설 등이 서로 공생과 조화가 취해짐으로써 이들과 인간 사이에 진정한 조화가 유지되는 경우에 생기는 감각, 효과로 정의하고 있다. 경제개발기구(OECD)에서는 어메니티를 단순히 '쾌적한 환경'이라는 의미보다는 지역의 정체성을 반영하는 요소들로서 '사회구성원에게 휴양적·심미적 가치를 제공하는 자원'이라는 의미로 해석하고 있다. 이미 지난 1970년대부터 어메니티를 지역개발에 있어서 중요한 자원으로 강조하고 있다.[47]

OECD(1999)의 『어메니티와 지역개발(Cultivating rural amenities: an economic development)』에서는 "농촌지역은 풍부하고 다양한 어메니티들의 근원지이다. 순수한 야생지(wilderness) 에서부터 주의 깊게 관리되는 경관에 이르기까지, 고대의 역사 유적에서부터 지금도 살아 숨 쉬는 문화적 전통에 이르기까지 어메니티의 범위는 매우 넓다. 그리고 소득 수준의 향상으로 인해 도시인들이 농촌에서 어메니티를 향유할 수 있는 시간과 돈이 많아지면서 이들 어메니티에 대한 수요가 증가하고 있다. 이렇게 자연과 문화유산에 대한 관심이 증대되면서 도시보다 경제발전이 뒤처진 농촌 지역들에 새로운 경제적 기회가 마련되고 있다"[48]고 지적하였다.

이처럼 OECD에서는 농촌 어메니티를 한편으로는 보호하고 발전시켜야 할 자산으로서 그리고 다른 한편으로는 농촌개발을 위한 중요한 자원으로서 인식하고 있다. OECD(1999) 보고서는 농촌 어메니티란 "야생지, 경작지 경관, 역사적 기념물, 문화적 전통을 포함해 자연적인 것이든 인위적인 것이든 농촌지역에 광범하게 존재하는 모습들(features)"이라

---

45) J. B. Cullingworth, 1964, Town & Country in England & Wales.

46) 사카이 겐이치(酒井憲一) 지음, 김승환 감수, 김해창 옮김, 1998, 『환경을 넘어서는 실천사상 어메니티』, 도서출판 따님.

47) 김정섭·오현석 역, 2002, 『어메니티와 지역개발』, 새물결, p.21.

48) OECD(1999), 오현석·김정섭 옮김(2002), p.15.

고 정의하고, 농촌 어메니티의 기본성격을 다음과 같이 세 가지로 정리하였다. ① 농촌 어메니티는 독특한 자연적·인위적 모습들이다. ② 농촌 어메니티는 즐거움이나 쾌적함을 제공하는 것과 연관된 가치 또는 효용을 지닌다. ③ 농촌 어메니티의 가치나 효용은 생산적 가치보다는 소비자 가치와 관련되어 있다.

종합해보면 농촌 어메니티는 '농촌지역 특유의 녹이 풍부한 자연, 역사, 풍토 등을 기반으로 하여 여유, 정감, 평온이 가득하고 사람과 사람의 접촉에 바탕을 둔 정주 쾌적성을 갖는 상황'으로 정의할 수 있다.

농촌 어메니티 자원은 농촌에 존재하는 특정적인 환경과 공동체적 요소를 총칭하는 것으로서 농촌지역의 정체성을 반영하고 있는 요소이면서도 각 구성원에게 휴양적·심미적, 더 나아가 경제적 가치를 제공하는 중요한 자원[49] 또는 야생, 경작과 관련된 경관, 역사적 기념물, 문화적 전통 등을 포함하는 농촌지역의 자연적이거나 인공적인 모든 것으로 사회적·경제적 가치를 지니고 있으며 이들 가치로부터 개인, 지역사회, 그리고 사회 전체가 효용을 창출하여 농촌지역 사회발전에 중요한 자원으로 정의할 수 있다.[50]

(2) 분류기준

어메니티 자원에 대한 분류는 다양하다.

농촌진흥청(2004)에서는 자연자원, 문화자원, 사회자원으로 분류하고, 이를 다시 환경자원, 생태자원, 역사자원, 경관자원, 시설자원, 경제활동자원, 공동체 활동자원으로 분류하고 있다.

---

49) 이상문, 2001, 농촌 어메니티 자원화 및 산업화 계획, 『농촌계획론』.

50) OECD, 1999, Cultivating rural amenities: an economic development perspective. 김성학, 2006, 「농촌 어메니티 자원의 경관적 활용」, 한국학술정보(주), 『현대경관을 보는 열두 가지 시선』.

<표 8> 어메니티 분류

구 분		종류
자연 자원	환경 자원	- 깨끗한 공기, 맑은 물, 소음 없는 정온한 환경
	생태 자원	- 비옥한 토양, 미기후, 특이 지형 - 동물, 식생(천연기념물, 보호종·희귀종, 보호수, 마을 숲 등) - 수자원(하천, 저수지, 지하수 등), 습지
문화 자원	역사 자원	- 전통건조물(문화재, 정자, 사당 등) - 전통주택 및 마을의 전통적인 요소 - 풍수지리나 전설(마을 유래, 설화 등)
	경관 자원	- 농업경관(다락논, 마을 평야, 밭, 과수원 등) - 하천경관(하천 흐름, 식생 등) - 산림경관(산세, 배후 구릉지 등) - 주거지경관(건축미, 주거지 스카이라인 등)
사회 자원	시설 자원	- 공동생활시설, 기반시설, 공공편익시설 등 - 농업시설(공동창고, 공동작업장, 집하장, 관정농로 등)
	경제활동 자원	- 도농교류활동(관광농원, 휴양단지, 민박 등) - 특산물(유기농산물, 특산가공품 등)
	공동체활동 자원	- 공동체 활동, 씨족행사, 마을 문화활동, 명절놀이, 홍보활동 등

* 자료: 농촌진흥청 농촌자원개발연구소, 2004.

OECD에서는 보다 구체적으로 농촌에 산재하는 정주패턴, 생물종 다양성, 역사적 건축물, 농촌 공동체 등의 자원을 농촌 어메니티 자원으로 분류하고 있다. 그러나 어메니티가 지닌 강한 속지성 때문에 국가, 또는 지역마다 자원의 내용은 상이할 수밖에 없다.

2) 농촌 어메니티의 특징

농촌 어메니티의 일반적인 특징은 다음과 같다.

(1) 지역 고유재

농촌 어메니티는 효용과 아름다움의 가치이며, 각각의 농촌공간에 속해 있다. 또 아름다움의 가치는 그림이나 사진 및 영상에 의해서도 향수할 수 있는데, 농촌 어메니티를 직접 이용하는 가치는 그 공간에 거주하거나 방문하지 않으면 향수할 수 없다는 의미에서 지역 고유재이다. 농촌 어메니티의 가치는 최종적으로 토지소유자에 귀속된다.

(2) 공공재

농촌 어메니티의 가치에는 비배제성과 비독점성이 있다. 따라서 누구나 그 공간을 방문할 수 있으며, 그 일부를 소유할 수 있는데, 누구나 이 공간을 완전히 점유할 수는 없다. 이런 차원에서 농촌 어메니티는 공공재이며, 시장에서 거래되지 않는다.

(3) 요소의 양과 질 배치

농촌 어메니티는 시장가격으로 평가할 수 없는 것을 포함하는 농촌환경의 모든 것으로서, 자연환경, 역사적 환경, 농촌가옥과 가로, 농촌풍경, 지역문화, 지역공공서비스와 친절성, 교통의 편리성, 안전, 안심 등 농촌을 구성하는 요소(그 양과 질)와 함께 공간적 배치 등을 종합화한 가치이다. 특히 농촌환경 등이 어디에 위치하고 어떻게 배치되어 있으며, 각 요소와 어떠한 관계를 형성하는가에 대해 농촌 어메니티 가치가 크게 영향을 받는다. 산청의 남사마을(예담촌)의 전통고가, 서원, 정자, 마을 안길, 돌담길, 300년 된 회화나무 등이 적절히 배치되어 시장가격으로 평가될 수 없지만 이들 지역의 역사문화적 가치와 환경가치를 극대화하고 있다.

(4) 사회자본

농촌 어메니티는 자연환경, 역사적 환경, 풍경, 지역문화, 지역공동체, 안전 등의 농촌을 구성하는 요소와 이들의 공간적 배치를 종합화한 사회자본이다. 농촌에 터전을 두고 살아오고 있는 마을공동체 구성원들이 그 지역의 자연환경, 역사환경, 사회환경 속에서 끊임없는 환경의 질과 공간의 질 개선에 대한 욕구와 노력의 소산으로 보전 관리해오고 있는 '天·地·人 조화'의 산물이다. 농촌 어메니티는 그곳에 살고 있는 주민 개개인의 인적 능력과 노력, 그리고 관계 등이 중요한 요소이다.

(5) 다목적 가치

농촌 어메니티 자원은 대부분 자연환경에 근원하고 있는데, 모든 자연자원이 그 자체로서 어메니티의 가치를 가지고 있지 않다. 어메니티는 자연환경의 유익성으로 어떤 지역에서만 가치를 가지는 심미적이고 레크리에이션적인 특성과 관계가 있다. 따라서 농촌 어메니티 자원은 독특한 자연적·인공적 양상으로 즐거움이나 기쁨을 제공하는 유익성을 갖고 있으며, 이들 가치나 유익성은 생산보다는 소비자와 연계되어 있는 속성이 있다.

따라서 농촌 어메니티 자원은 소비자에게 즐거움이나 기쁨을 제공하는 가치나 유익성에 의해 효용을 창출할 수 있을 때 의미를 갖는다고 말할 수 있으며, 이는 체험적 요소로서의 경관으로 주로 표출되기도 한다. 고창의 청보리밭 축제, 함평의 나비 축제, 남해의 다락논 체험, 영광의 염전체험, 후릿그물체험 등이 대표적인 예이다.

3) 농촌 어메니티의 가치

(1) 어메니티와 '삶의 질' 개선효과

농촌 어메니티는 지역교유의 소재와 지혜, 역사를 활성화한 생활문화로서 그 가치가 있다. 어메니티가 있는 지역의 문화와 역사, 기후조건 등은 지역마다 다른 것이고 지역 고유성에 깊이 뿌리를 둔 감성 등도 어메니티이다. 지역에 있어서는 흔히 있는 소재 및 풍경, 디자인 및 기능이 다른 곳에는 없는 독특한 개성으로서 중요시되고 있다. 예를 들면 남해 다락논은 고유의 자연생태계와 역사와 문화, 정서가 융합된 지역고유의 어메니티 자원인데, 다락논을 다락논답게 보전하는 것만으로도 연간 수백억, 수천억 원의 가치를 갖는 것이다.[51]

지역 고유의 자원은 지속가능한 커뮤니티를 생성하는 귀중한 자원이고 자산의 하나이다. 이러한 감성이 뿌리내리기 위해서는 공동적인 의식개혁이 필요하다. 세계 최초(Number one)가 아니라, 세계 유일(Only one)을 목표로 하는 것에 합의를 얻어야만 한다. 스스로 지역의 Only one을 찾고자 하는 노력과 지역생활에 대해 전향적인 비전이 있어야 한다. 예를 들면 우리나라 고유의 전원풍경, 가옥, 야산, 들녘 등은 중요한 가치를 갖는 어메니티 자원이다.[52] 또한 근대화유산인 수도시설, 발전소, 철도시설, 농업창고 등 문화재와 무관하다고 생각했던 근대의 공장시설 및 토목구조물까지 지역고유의 자산으로 보는 새로운 접근이 필요하다. 일본에서 가장 아름다운 마을로 1995년 세계문화유산으로 지정된 기후(岐阜) 현의 시라가와(白川) 촌의 합장가옥은 고유한 가옥형태와 주변경관으로 가장 일본다운 농산촌의 원풍경을 보전함으로써, 어메니티 자원의 가치를 높이고 있다. 2006년 현재 이 마을의 인구는 1,882인이지만, 세계 각지에서 이 지역을 찾

---

51) 매년 다락논을 찾는 탐방객 수 기준으로 보면, 수백억 원을 들여 거대하게 건립하는 문예회관 이용객 수의 3~5배에 달하고 있는 것으로 조사되고 있어, 그 가치는 더욱 크고, 의미 있는 것임.

52) 일본에서는 1999년부터 농경지를 국가명승지로 지정 관리하고 있고(長野 縣 更殖 시, 石川 縣 輪島 市 白米의 千放田 등), 고베 시에서는 조례제정을 통해 농촌지역의 가옥, 야산, 농경지 등을 보전하는 마을 만들기를 추진.

는 관광객은 144만 인에 이르고 있다.

이들은 점점 사라져 가는 이들 합장가옥을 보존하기 위해 1971년 '白川鄕萩町集落의 자연환경을 보전하는 모임'을 구성하고 1976년 '국가전통건조물군보존지구'를 지정한 바 있다. 그 후 주민들의 의견을 수렴하여 2003년에는 '白川村경관조례' 등을 제정하여 건축물의 증개축의 사전신고, 대규모개발(택지의 경우, 0.1ha 이상)에 대한 협정체결, 건축물의 형태와 디자인, 색채 등의 협정 등을 통해 주민과 행정이 긴밀히 협력하여 지역의 경관을 보전해가고 있다. 특히 점적(点的)인 자원이 합장가옥뿐만 아니라 그 주변의 농지 및 수로, 돌담길 등 집락 전체의 면적(面的) 자원 보존의 필요성을 인식하여, 이들 농지 및 수로, 돌담길 등의 자원조사를 실시하여, 문화적 가치를 명확히 하는 조사사업도 병행해서 진행하고 있다. 이처럼 지역주민이 자신들의 거리, 주거지, 활동공간 등 모든 공공공간의 질을 높이고 보전하고자 하는 욕구를 갖는 것은 어메니티 조성의 전제조건이다. '삶의 질'과 함께 '공간의 질'은 주민의 생존과 쾌적성에 커다란 영향을 미치는 구성요소이고, 생활과 경제의 기반이다.

한 조사에 의하면 어메니티는 지역경제 활성화 효과, 환경 · 자원보존 효과, 문화 창출 효과 등 '삶의 질'과 밀접한 관계를 갖고 있는 것으로 조사되고 있다(국토연구원, 2007).

<그림 15> 어메니티 도입을 통한 삶의 질 개선 효과

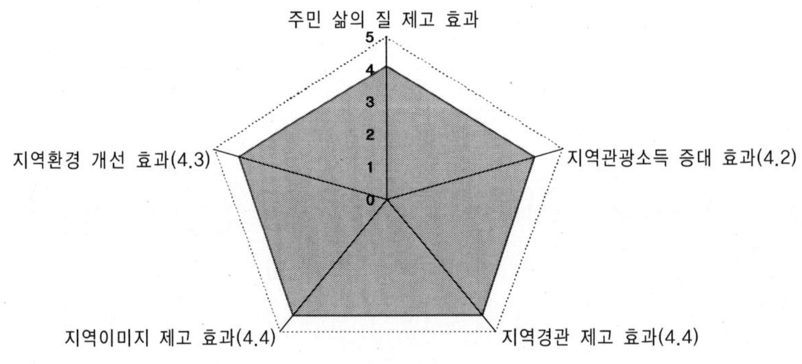

현대는 '위기사회(risk society)'로 불리고 있는 것처럼 새로운 산업기술과 정보기술의 출현으로 우리들의 일상생활은 다양한 환경파괴와 재해 등 위험성에 늘 노출되어 있다. 따라서 주민들은 보다 안전하고 안심할 수 있는 생존조건을 확충하면서, 사람들의 자기실현에 보다 어울리는 쾌적한 지역사회, 즉 생활과 어메니티의 공공공간을 형성해줄 것을 요구하고 있다.[53]

따라서 국가 및 지역사회는 그들의 생활과 어메니티를 확보하고 그 조건과 상태를 개선해가기 위해서 노력해야 한다. 사람들이 거주하고 생활하는 토지와 그것에 고착된 환경은 지역의 고유재로서 그 지역에 거주하지 않으면 향수할 수 없는 어메니티의 원천이다. 유럽에서는 어메니티가 국민의 삶의 질 향상에 차지하는 비중을 경제가치로 평가하여 이를 농가소득의 40~60%까지 직접 지원(direct payment)하고 있다.[54]

(2) 농촌 어메니티의 가치

농촌 어메니티는 자원 자체가 지니는 특징으로 인해, 이용가치, 선택가치, 존재가치, 유산가치 등 다원적·가치적 속성을 보유하고 있다.

이용가치(use value)는 어메니티가 위치한 장소에 거주하거나 방문함으로써 발생하는 가치이다. 선택가치(option value)는 장래에 어메니티를 방문할 수 있다는 사실을 인지하는 것으로부터 발생하는 가치이다. 존재가치(existence value)는 단순히 어메니티가 존재함을 인지하는 것으로부터 발생하는 가치이다. 아름다운 논과 밭, 산과 하천, 해안과 항만, 호수 혹은 기타 자연자원은 모두 자발적으로 이용하지 않아도 그곳에 존재하는 것만으로도 사람들에게 만족감을 준다. 이는 과거 30년 동안 경제학자들이 인정하고 있는 가치이다. 유산가치(bequest value)는 어메니티를 미래세대에 전승시킬 수 있다는 가능성으로부터 발생하는 가치로서, 그 비중이 지속적으로 증대되고 있다.

---

53) 통계청 사회통계조사('05.11.)에 의하면 국민이 느끼는 3대 불안요인은 먹거리, 노후, 범죄로 나타나고 있으며, KDI 경제정보센터('06.1.)에 의하면 국민의 26.7%가 풍요롭고 안전한 사회를 미래국가상으로 응답함.

54) 김성훈, 2006.8, 「녹색 어메니티의 창출과 지속가능한 국토관리」, 국토연구원, 국토.

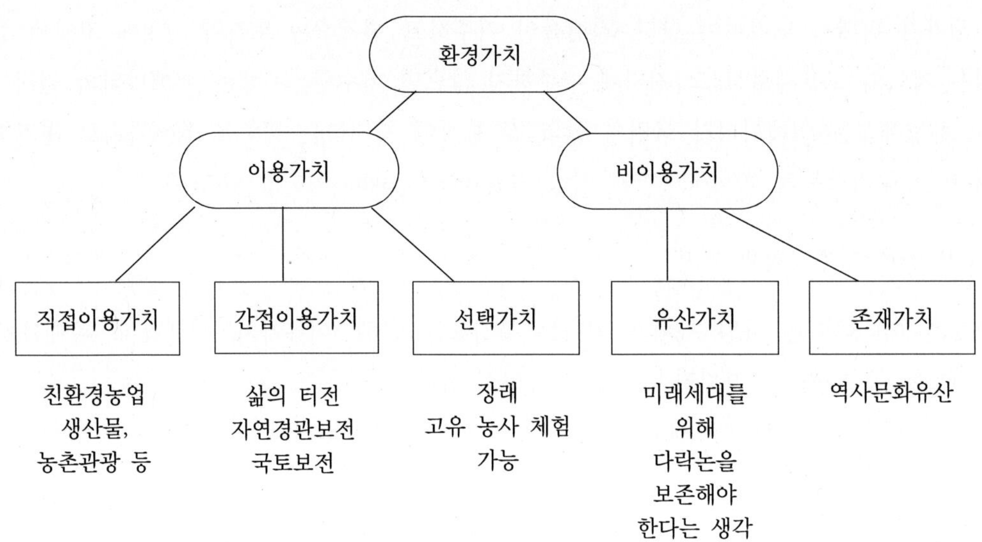

* 주: 하단의 내용은 남해 가천 다랑어 마을 다락논의 어메니티 가치를 예로 제시한 것임.
* 자료: Turne, et al., 1994, Environment Economics.

농촌 어메니티는 유형과 분류에 따라 비시장재적 속성을 가질 수도 있으며, 넓게는 시장재적 속성을 지닐 수도 있다. 어떤 어메니티는 시장재적 속성을 갖고 있어, 일정의 화폐를 지불하고 향유할 수 있는 반면, 비시장재적 속성도 있어 화폐 지불 없이 향유가 가능하다. 어메니티가 갖는 외부효과와 공공재 성격이 중첩적으로 나타나기 때문이다. 프랑스 남부지방의 농촌경관은 포도농업에 의해 형성 긍정적인 외부효과를 가지며, 농촌의 돌담과 산울타리 등의 농촌 어메니티는 어떠한 농업생산의 부산물이 아니면서 만들어지고 유지될 수 있다.

농촌 어메니티는 그 자원이 갖는 속성에 의해 환경·생태적 가치, 경제적 가치, 문화·심미적 가치를 지닌다. 농촌 어메니티는 존재 자체로 생태적 가치를 보유하고 있다. 농지의 경우, 농지가는 생태적 다양성 및 경관 기능, 홍수조절 기능, 심미적 기능 등으로 인해 다면적 가치를 갖는다. 또한 농촌 어메니티는 이용 및 개발, 보전과 관리를 통하여 경제적 가치를 발현 증대시킨다. 어메니티가 위치하는 장소에 거주 및 방문함으로써 가치를 향유할 수 있으며, 특정 어메니티를 기초로 하여 상품화나 인위적인 시설을 설치함으로써 가치 극대화가 가능하다. 농촌 어메니티는 문화·심미적 가치도 갖는다. 자연환경 및 문화적 자원이 갖는 심미적 가치를 가지며, 이들은 미래세대에 전승되는 유산적 가치도 보유하게 된다.

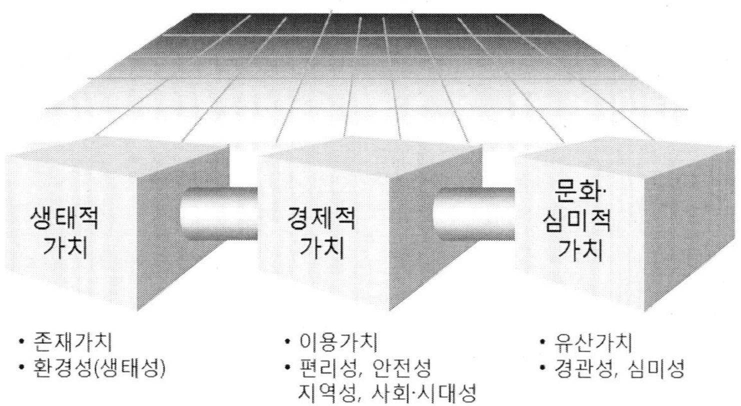

〈그림 17〉 농촌 어메니티 자원의 분류 및 가치

농촌 어메니티 가치를 측정하기 위해서는 어메니티의 보존과 개발이라는 대립적 시각을 극복하여, 영자가 조화를 이루는 '농촌의 지속가능발전'이라는 시각을 견지할 필요가 있다. 어메니티 자원의 보존 및 개발에 대한 사회적 합의 구축을 위해 과학적이고 설득력 있는 어메니티 보존 및 개발에 의한 편익과 비용 측정이 필요하다. 이를 위해서는 농촌 어메니티 자원을 지역별·유형별로 발굴 분류하고, 각종 과학적 기술을 이용하여 국토 어메니티 자원 데이터베이스를 구축, 이를 토대로 보전되어야 할 어메니티 자원과 개발할 어메니티 자원에 대한 우선순위를 선정하고, 이러한 정보가 지역계획이나 개발에 반영되어 지역의 부가가치 창출 및 제공에 기여토록 해야 한다. 현재까지 조사된 어메티티 가치의 예를 제시하면 다음과 같다.

〈표 9〉 어메니티 가치 예시

	구분	어메니티 가치	가치 측정방법	연구자
미국	산림생태계	22.86달러 (1인당 지불의사 기준)	조건부가치측정법	Holmes & Kramer(1993)
	습지보전	5~17달러 (1인당 지불의사 기준)	조건부가치측정법	Whitenhead & Blomquist(1991)
일본	중산간 농경지	연간 4억 엔	조건부가치측정법	伸保, 淺野, 嘉田(1993)

| 한국 | 수도권 그린벨트지역의 보전 | 연간 8만 9,150원/인 | 조건부가치측정법 | 이준구·신영철(2000) |
| | 제주 돌담 | 연간 4,371억 원 | 조건부가치측정법 | 이상영(2007) |

* 자료: 김선희 외, 「국토개발사업의 환경가치평가기준 및 적용에 관한 연구」(2004) 재정리.

(3) 농촌 어메니티 자원의 활용가치

농촌에 있어서 어메니티 활용 가치 증대에 대한 배경을 살펴보면 크게 다음과 같이 정리할 수 있다. 첫째는 국민소득 수준의 향상으로 인한 웰빙에 대한 수요증대와 생활의식의 변화를 들 수 있다. 둘째는 생활환경의 개선과 국토보전 의식 등의 변화를 들 수 있다. 지난 20세기에는 얼마나 효율적으로 자원이용을 추진하느냐가 중요시되었으나 오늘날은 자원의 유한성과 환경보전의 시점이 중시되면서 환경의 질 향상 및 국토보전, 생태·문화·역사적 가치의 중시, 농촌다움, 심리적 안정과 만족도 등이 중시되면서 어메니티에 대한 수요와 활용이 증대되고 있다.

<그림 18> 농촌 어메니티의 목표와 척도

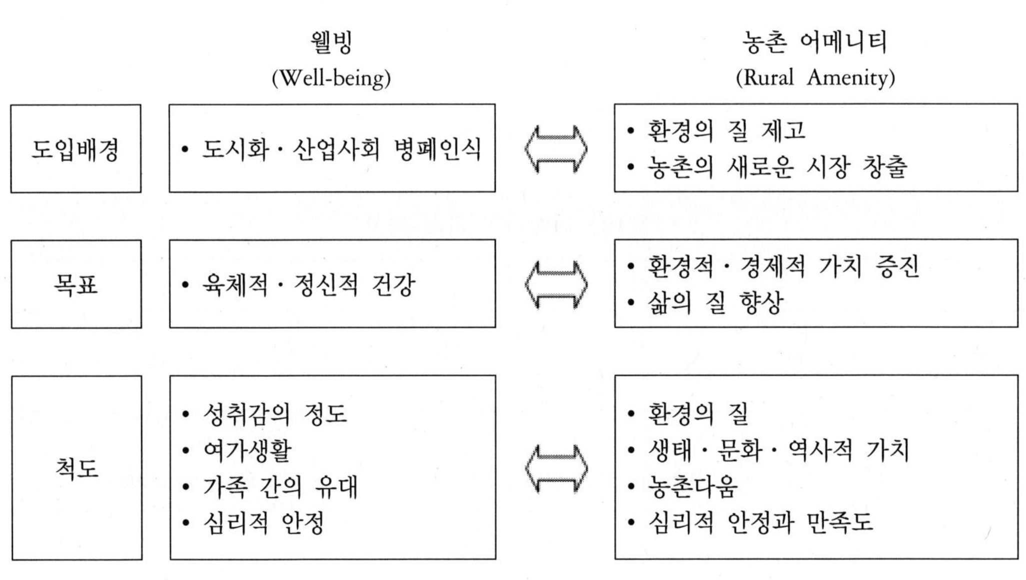

지역경제의 진흥과 살기 좋은 지역 만들기, 아름다운 농촌 가꾸기 등과 통합적으로

연계되어 농촌 어메니티 자원활용을 극대화하는 방안 등을 모색하고 있다. 농림지의 적정 이용의 촉진과 지역특산물 개발 등에 의한 지방경제의 진흥, 강과 하천, 호수와 저습지 등의 환경활용의 촉진에 의한 지역진흥 가능성의 확대, 지역 내 인재의 다면적인 활용기회의 확대와 자연발생적 창조력 발휘에 의한 지역발전, 농촌지역 및 그 지속문화의 이해 침투와 국토보전 의식의 개선, 도농의 일체적 제휴의 확립에 의한 다면적 파급효과의 발현 등이 통합적으로 검토되고 논의되고 있다.

<그림 19> 농촌 어메니티 자원의 활용가치

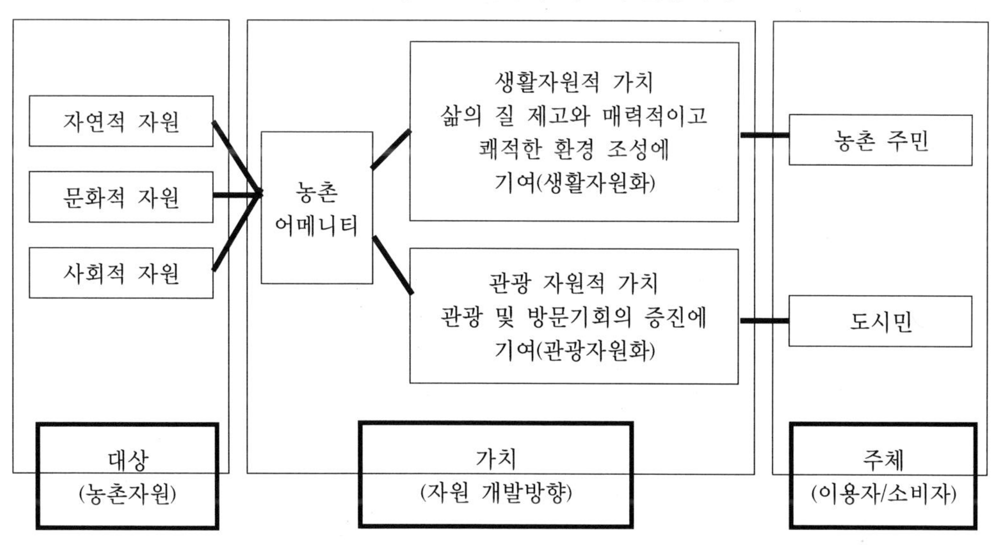

4) 농촌 어메니티 자원개발의 창출전략

(1) 농촌 어메니티 자원개발의 필요성

농촌의 어메니티 자원개발의 필요성은 2000년 들어서부터 진행되고 있는 DDA 대응차원의 농촌경제 활성화와 농민의 삶의 질 개선차원에서 이루어지는 어메니티 자원개발과 활성화 전략에서 찾을 수 있다.

1990년대 일반화된 국제농업시장 개방에 대응하는 다원적 기능제고 정책과는 달리 농촌 어메니티 활용정책은 인간과 환경의 공존시각을 유지하면서 농촌 내부의 신성장동력원의 개발과 계속적인 파생가치의 유도를 통해 내생적 지역개발을 꾀하고자 하는 논리와 맥을 같이하고 있다. 기존 농촌에서 생산되는 상품에 그 지역의 어메니티 자원을 보

전하고 경제재원화하여 지역성을 브랜드화함으로써, 그 상품의 파생적인 가치를 높이고
농촌 내부의 신성장동력원을 개발하는 논리라고 할 수 있다.

<표 10> 농촌 어메니티 자원개발의 필요성

구분	다원적 기능	어메니티
개념태동	• 1980년대 후반 1990년대 일반화 • 국제농업시장 개방에 대응, 농산품의 비교역기능(NTC)에서 출발	• 2000년대 이후 농촌에 개념도입 • 산업혁명 이후 도시 공중위생 및 보건 환경의 질을 개선에서 출발
경제적 측면	• 외부경제로서 비시장가치재로 존재 • 기존 농촌산업의 존치 논리 • 직접지불제의 배경논리	• 비시장가치재와 시장가치재 • 산업, 상품, 시장논리 접근 가능 • 농촌 내부의 신성장동력원 개발의 논리 • 계속적인 파생가치 유도 • 내생적 지역개발 논리
대상	• 환경 중심적 시각	• 인간과 환경의 공존 시각 유지

<그림 20> 어메니티와 결합된 상품의 파생가치 개념도

(2) 농촌 어메니티의 창출전략

농촌 어메니티 개발을 위한 정책수요를 조사한 결과 <표 11>과 같이 다양한 의견이
나왔고, 이들 중 대표적인 전략을 정리하면 다음과 같다.

<표 11> 어메니티 자원발굴 및 활성화를 위한 정책수요

구분	국토 어메니티 자원발굴 및 활성화에 대한 정책수요
정부주도하의 체계적인 개발 및 재정적 지원	· 전국적인 틀에서 특성화된 자원, 예산지원에 대한 연구필요 · 정부의 강력한 정책하의 자치단체별 어메니티 사업의 의무화 및 매년 평가를 통한 인센티브 차등 제공 · 중앙정부의 재정적 지원으로 지방의 자원발굴을 활성화 · 어메니티 가치증진을 위한 재정적 인센티브(직접지불보조금제) · 지방정부에 대한 정책적 배려와 재정적 지원이 필요
주민의견이 반영된 공동체 의식을 함양할 수 있는 어메니티 계획	· 국가에서 정책적 과제로 선정하여 주민의견이 반영된 개발 이루어지도록 함 · 공동체 알기로 발전할 수 있도록 함 · 주민이 실제로 느끼는 지역계획이 될 수 있도록 추진 · 지역공동체문화 형성하면서 농촌 어메니티 자원활용을 통한 새로운 경제적 부가가치 개발
적극적인 지역자원발굴 모델개발 및 지역브랜드화	· 주민 삶의 질 향상을 도모할 수 있는 어메니티 자원 발굴 · 삶의 질과 관련한 도시환경, 생활환경에 대한 적극적인 관심 · 어메니티 자원을 활용한 상업적 가치향상(관련 상품 개발지원) · 해양부문 어메니티 자원발굴의 필요성 · 지자체별 어메니티 자원발굴 통한 균형발전 도모 · 지역 어메니티 향상 위한 주변 환경을 가꿀 필요가 있음 · 체계적인 국토 어메니티 자원발굴 필요 · 지역성 갖춘 지역브랜드로 활용 · 어메니티 자원발굴 모델을 개발하여 지자체에 보급
어메니티 자원의 보존·개발 측면에서의 접근	· 생태환경보전 위한 예산확대의 필요성 · 생태환경을 보전하면서 지역경제 활성화 위한 전략 필요 · 장기적인 안목에서의 인간과 자연이 조화되는 개발 필요 · 환경문제 해결 위한 국토 어메니티 발굴 필요함 · 자연환경 어메니티 자원발굴에 중점을 두어 관광인프라 구축
기타	· 농촌 인구 고령화를 감안한 지역사무장제도 적극적 도입 · 농촌고령화를 감안한 소득창출방안 마련 · 도시민의 쉼터가 되면서 농가의 소득이 될 수 있는 방안 마련 · 정적인 관광계획에서 동적인 관광계획으로의 전환 필요 · 친환경 공간 창조 · 주민의식개혁제고

가. 어메니티 수요를 담을 농촌계획 및 지역개발제도의 개혁

국민들의 사회의식이 크게 변화되고 있다. 주 5일제 시행으로 여가와 웰빙에 대한 관심이 높아지면서, 농촌의 아름다운 자연, 긴 역사와 전통, 우수한 문화와 예술 등에 관심이 높아지고 있다. 이러한 현상은 앞으로 더욱 증가하는 경향으로 나타날 것이다. 농촌관

광객은 2001년 3천만 명에서 2011년 1억 5천만 명으로 증대될 것으로 예측되고 있다.

이처럼 사회경제 변화에 적절히 대응하기 위해서는 농촌계획 및 지역종합개발계획의 전반적인 패러다임의 전환과 개혁이 요구되고 있다. 지역의 특성에 따라 자립적 발전 등을 기반으로 하는 지역형성이 요구되고 있고, 개발 기조하에 양적 확대에 초점을 맞추고 있는 기존의 계획기조를 농촌의 질적 향상, 즉 어메니티 도모를 중심으로 하는 새로운 계획기조로 전환해야 한다.

새로운 개발과 SOC시설 확충보다는 시설의 유효이용과 적절한 유지관리보전, 환경보전 및 양호한 경관조성으로 전환해야 한다. 이미 이러한 정책전환은 국토종합계획 및 정책차원에서 부분적으로 이루어지고 있지만, 아직 농촌계획분야에서 종합적으로 체계화되고 있지 않다. 농업·농촌 살리기를 위한 각종 농업투융자가 이루어지고 있고, 테마관광사업이 이루어지고 있지만 대부분 시설확충 중심, 토목사업 위주의 하드웨어적·기능적 대책에 치중해왔다. 농촌대책 따로, 도시대책 따로, 지역 및 국토관리대책 따로 추진하면서 도시와 농촌의 격차는 커지고, 도시는 도시대로, 농촌은 농촌대로 어메니티를 상실해왔다.

국민소득 3만~5만 달러 시대에 대비하면서 '인구감소·고령화', '국경을 초월하는 지역 간 경쟁', '환경문제의 현재화', '재정제약', '중앙의존의 한계'라고 하는 국토전반에 걸친 새로운 시대변화와 국민의 요구에 부응할 수 있도록 농촌계획 및 지역개발 패러다임을 전반적으로 새롭게 할 필요가 있다. 또한 도시·지역계획과 농촌계획이 유기적으로 계획되고 관리될 수 있도록 지속가능한 발전전략도 모색해야 할 것이다.

나. 지역의 재발견으로부터 어메니티 계획입안

살기 좋은 지역 만들기의 핵심은 '개성 있는 지역 만들기'에서 출발한다. 이는 자신들이 살고 있는 지역의 개성이 무엇인가에 대해 의견을 모으는 일에서부터 시작해야 한다. 이는 대단히 어려운 작업이다. 지역고유재가 발견되어도 그것이 문자 그대로 지역의 고유하고 귀중한 어메니티 자원이 되는 것을 공통의식으로 승화시키는 것은 더욱 어려운 일이다.

이를 위해 지역재발견을 주도하는 프로그램이 필요하다. 계획입안단계부터 다양한 지역주민이 자발적으로 참여하여 지역의 어메니티 전체상을 정하고, 지역고유 자원, 어메니티 자원을 발굴하는 것이 반드시 필요하다.[55]

---

55) 최근 이의 중요성이 강조되면서 마을사람들이 모여 쓴 마을 공동체 이야기들이 출판되고 있다. 대표적인 것은 구림 마을사람들이 쓴 『비둘기 숲에 깃든 공동체 호남명촌 구림』(2006) 등이 있다.

어메니티 자원은 신규개발보다는 기존의 시설과 자원을 재발굴하고 복원·창조·융합하는 것을 대상으로 하여야 한다. 환경·문화를 중시하는 '인간 중심의 지역, 마을 되살리기 전략'도 어메니티 자원이다.

생활 및 어메니티 상태를 크게 변화시키는 것은 토목사업 중심의 대규모 산업 및 지역개발사업이다. 근시안적으로 경제성 중심의 무분별한 개발사업 추진은 사회적 비용을 증대시키고, 생활과 어메니티를 위협한다. 생활과 어메니티를 위협하는 과정은 동시에 커뮤니티의 해체과정과 일치한다. 생활과 어메니티를 위협하는 원인을 억제하고 인간과 자연이 조화하는 관계를 회복하는 과정은 가족과 지역의 커뮤니티를 재건해가는 과정이다. 어메니티 자원의 가치가 주민의 공동자산으로 상호 인식되면 지역계획의 내용은 양적 개발보다 질적 향상 쪽으로 더욱 확장될 수 있을 것이다.[56] 이는 성숙형 사회, 지속가능한 지역사회의 조성을 촉진하게 될 것이다.

다. 어메니티 요소개발과 창출 모델 개발

어메니티 발굴과 창출에 대한 관심이 높아지면서, 도시와 농촌지역의 어메니티 요소개발이 중앙정부 차원에서 시민단체 차원으로 다양하게 전개되고 있다. 정부 차원의 요소개발과 창출 모델 사업은 행정시책상 예산과 조직, 제도 측면에서 한계가 있고, 획일화될 우려가 있다. 사업목적에 부합되는 범위 내에서만 제한적으로 추진되고, 통일규격에 의한 효율성과 공정성을 추구하는 과정에서 한계를 보일 수 있다.

따라서 어메니티 개발은 '어메니티 자원의 발굴', '공간의 결합', '문화와 브랜드 창조' 등을 핵심으로 도시, 농·산촌, 어촌, 주요관광지 및 SOC 시설주변 등 지역별·시설별로 다양한 주체에 의해 개성 있게 창출되어야 한다. 지역의 건축물, 간판, 자전거보관대, 쓰레기통에 이르기까지 공공디자인도 어메니티 개념에서 정비되어야 한다. 고추장으로 특화된 순창의 경우, 공공유원지 및 공간에 고추장 단지를 공공디자인화하여 지역브랜드를 확실히 하고, 주변 환경도 일체감 있게 정리하는 것은 좋은 모범사례가 되고 있다.

어메니티 요소의 개발은 지역의 사회문화기반과 환경보전 등을 토대로 지역의 정체성과 경제적 효과를 높일 수 있는 유·무형의 고유재일수록 효과적이다. 이처럼 공간의 질은 자연적 환경의 질과 인공적 환경의 질이 결합된 주요 어메니티 자원이다. 도시에

---

56) 환경농업마을로 유명한 충남 홍성군 홍동면 문당리는 '오리농법'을 지역고유자원, 어메니티 자원으로 하여 '단순히 경제적으로 잘사는 문당리가 아니라, 자연과 조화되는 마음 넉넉한 두레공동체 문당리 발전을 위한 100년 계획'을 수립한 바 있다.

서는 야산과 숲, 하천과 공원, 호흡하기 좋은 쾌적하고 정온한 생활환경, 정체성을 갖는 간판과 건축물, 걷기 좋은 거리, 버려진 철로 변에 조성한 쌈지공원, 담장 없는 개성 있는 문화공동체 동네 등이 어메니티의 요소가 된다. 농촌에서는 풍수지리를 고려한 마을 전경, 잘 보전된 종택과 고목, 돌담길, 마을초입의 정자목, 야산과 마을 숲, 논과 밭이 어우러진 마음 넉넉한 들녘, 물맛 좋은 우물과 그 주변, 저수지 주변의 친수공간 등이 어메니티 자원이다.

이는 정형화된 모델과 통일규격이 있는 것이 아니고, 지역특성에 따라 주민과 함께 가슴과 지혜로 발굴하는 지역혁신 자원이다. 지역별로 마을별로 다양한 어메니티 자원을 발굴하고 이를 증진·융합시킨 사례 등을 축적해가는 것이 매력 있고 품격 있는 살기 좋은 국토 만들기, 살고 싶은 지역 만들기의 초석이 될 것이다.

<표 12> 농촌 어메니티 요소 및 창출 모델 유형예시

자원의 역할 / 자원 존재형태	상품 자원 어메니티 기반 상품 개발	정체성 자원 고장에 대한 정체성 형성
자연 자원	자연 탐방 및 자연 체험 프로그램, 마을 관리 자연 휴양지(계곡, 하천, 산 등)	마을의 자연풍수, 자연 및 생태 자원에 얽힌 이야기, 깨끗한 공기와 맑은 물, 자연의 소리, 자연풍경, 생태 자원
문화 자원	농촌의 전통문화 및 역사 체험 프로그램, 마을의 문화유산(유서 깊은 사찰 등), 문화재로 지정된 민속마을, 문화축제	역사적인 인물, 마을의 전통문화, 예술, 신앙, 옛이야기, 농촌다운 마을 경관(옛 가옥, 돌담길 등)
사회 자원	농 특산물, 각종 농사체험 프로그램, 농 특산물 관련 축제, 농가 민박, 마을 고유 음식 체험, 농촌 생활 체험 등	차별화된 농 특산물의 본고장임을 나타내는 농업경관, 전통적인 농법이나 특유의 생산기술, 공동생산 활동이나 조직, 공동체 활동 관련 요소

* 주: 표에서 제시하고 있는 사례들은 유형별로 대표적인 자원들을 예시한 것으로, 지역 특성에 따라 각 유형에 포함되는 자원들은 달라질 수 있음.

라. 어메니티 시장촉진책 및 각종 규제와 인센티브 등 지원책 마련

앞의 어메니티 특징에서 언급한 바 있듯이 어메니티 자원을 보전하고 수요를 창출하기 위해서는 고도의 정책과 전략개발이 요구된다. 우선 어메니티 시장을 촉진하는 정책이 필요하고, 어메니티 자원을 공급·유지시키기 위한 자원의 보전과 인센티브 정책 등을 모색해야 한다.

우선 어메니티의 상업적 가치를 향상시키기 위한 지원책을 통해 어메니티 공급자와 수혜자 간 조정을 촉진하는 전략 마련이 필요하다. 어메니티 관련 상품시장을 조성하고 소유권의 상품화, 기업지원 등이 모색되어야 한다. 또한 어메니티 유지와 가치 현실화를 위해 공급자와 수혜자 간 자발적 규제와 협약체계, 네트워킹 등도 요구된다. <표 13> 은 OECD 국가에서 시행하고 있는 어메니티 활성화를 위한 상업적 가치향상 자원책과 자발적 규제방안 등을 사례별로 예시한 것이다.

〈표 13〉 OECD국가의 어메니티 활성화 정책유형 및 사례 (Ⅰ)

구분			국가별 주요 사례
Ⅰ 유형	상업적 가치 향상 지원(Support for enhancing an amenity's commercial value)	어메니티 이용권 시장	캐나다: 국립공원과 역사유적지 입장료 지불 ※ 칠쿰 답사코스 접근요금: 35달러/인
		어메니티 관련 상품시장	프랑스: 지역자연공원(RNP) 라벨 ※ 브리에르 공원 보트업체, 레스토랑, 숙박업소, 농산물, 수공예품, 관광상품 등 EU: 지리적 기원의 표시 ※ EU Regulation 2081/92
		소유권의 상품화	영국: 어메니티 소유권과 권리 양도 ※ 내셔널트러스트, 자연보호위원회 미국: 비영리단체에 보조금 지급 ※ 캘리포니아 주 관리위원회가 바닷가 목구 및 접근 기회 제공하는 NGO에 4천만 달러 지급
		어메니티 관련 기업지원	그리스: 어메니티에 기반한 기업 지원 ※ 해안도자기 생산지 마가리트(Margarites) 마을 핀란드: 자연에 기반한 소규모 기업 지원 ※ 노동부, 통상부, 농림부 원스톱 서비스
	집단행동에 의한 지원(Support for collection action)	자발적 규제	자발적 규제행동에 대한 공동규칙 설정
		협약체계	오스트레일리아: 지역삼림 협약 ※ 깁스란트 동부지역, 빅토리아 중앙공원, 태즈메이니아 중앙공원 지역삼림협약 체결
		네트워킹	일본: 다락논 보존 소유자시스템 ※ 도시거주자 다락논 소유자 간 교류(20개 도시) 미국: 자원증진, 보호 프로그램 ※ 아이오와 주 경지, 습지보호 등 프랑스: 지속가능한 농업망

두 번째는 어메니티 자원을 보전 유지하기 위한 규제정책과 인센티브의 마련이 요구된다. 어메니티를 어떻게 확인하고, 구별해내며, 분류할 것인가 하는 문제는 어메니티 자원의 소유권이나 경제활동을 규정하고 제한하는 규제정책과 긴밀히 연계된다. 규제정책을 도입하기 위해서는 국립공원, 군립공원 등 보호지역과 관련된 공간적 분류와 건축물, 정원, 항구, 오래된 촌락, 농업경관 등 비공간적 분류로 구분하여, 토지이용규제, 토지이용유보 등의 정책을 마련할 필요가 있다. 이를 위해 일본 등지에서는 조례제정을 통한 자발적 규제 등이 이루어지고 있는 것을 참고할 수 있다. 이와 함께 재정적 유인정책도 마련하여야 하는데, 여기에는 어메니티 품질 관련 투자 및 관련 활동 지원 등이 있다. <표 14>는 OECD국가에서 도입하고 있는 주요 규제정책과 인센티브 정책 등의 사례를 제시하고 있다.

<표 14> OECD국가의 어메니티 활성화 정책유형 및 사례 (II)

구분			국가별 주요 사례
II 유형	규제정책 (Regulations)	토지이용규제	일본: 토지이용규제 ※ 아스카 무라: 유형 1, 2지역, 세금 감면 요구 스위스: 농업용지 엄격한 이용규제, 경관보호
		특정 어메니티 규제	영국: 우수영농 실천규범
		토지유보	덴마크: 토지유보 프로그램
		보상수단	오스트레일리아: 임업구조조정 패키지 프로그램
	재정적 유인정책 (Financial incentives)	직접 지불: 보조금	스위스: 생태적 서비스에 대한 기여 일본: 농촌경관 보존정책 노르웨이: 토지 및 문화경관계획
		어메니티 품질 관련 투자	웨일즈: 농업환경 계획(티르 사이멘)
		관련 활동 지원	오스트리아: 산간지역농민을 위한 특별 프로그램

마. 어메니티 혁신을 위한 인식제고 및 주민참여

인류역사와 자연환경과의 관계를 성찰해보면 지금 세계는 제1차원의 안전성과 보건성을 달성하는 '생존차원 단계'와 제2차원의 편리성과 기능성을 달성하는 '생활차원 단계'를 넘어 제3차원의 쾌적하고 풍요로운 환경을 확보하는 '어메니티 충족차원 단계'로 접어들었다. 오늘날 지역개발의 과제들은 제3의 차원인 '어메니티 환경 확보' 차원에 있다고 해도 과언은 아니다.

각 자치단체는 어떻게 지역의 매력과 품격을 높이고 지역경쟁력과 지역경제를 활성화시킬 것인가 하는 과제를 놓고 창의적 묘안과 지혜를 짜내는 노력이 진행되고 있다. 이런 노력이야말로 지역혁신이며, 지속가능한 발전(Sustainable Development)과정이다. 향후 이러한 노력이 지역 간 새로운 격차를 만들 것이다.

어메니티 자원을 발굴하고 이를 지역개발에 접목하는 일은 결코 쉬운 일이 아니다. 지역정체성과 개성을 발견하고 창조하는 노력, 어메니티 자원의 가치를 공유하는 노력, 어메니티 자원을 공간화·문화화하는 노력, 어메니티 자원을 미래세대에 전수하기 위한 노력 등이 요구된다. 이를 위해서는 지역에 대한 열정과 경험을 갖고 있는 핵심인재 확보가 중요하다.

어메니티에 관심을 갖는 주민과 공무원의 역량을 강화할 수 있도록 배우고 익히는 교육훈련이 체계적으로 이루어질 수 있도록 재정적·제도적 토대가 마련되어야 한다. 이들 핵심인재들이 서로 연계되어 네트워크를 형성하고 경험과 정보를 공유하고 협업하게 되면 창조적이고 품격 높은 모범사례를 축적해갈 수 있을 것이다. 중앙정부와 지방정부, 시민단체, 지역주민, 전문가들이 결합한 (가칭)농촌어메니티추진협의회 등을 통해 정보를 공유하고 네트워크와 연대를 도모하면 효율적일 것이다.

또한 지역단위로 마을 주민들이 어메니티의 가치와 효과를 함께 체험하고 함께 실천할 수 있는 '어메니티 연구회', '평생학습 프로그램' 등도 다양하게 마련되고, 지원되어야 할 것이다. 환경적 요소가 문명의 유지와 발전에 있어서 대단히 중요하고, 자원과 환경을 관리하는 능력이 문명의 성쇠에 영향을 주기 때문이다.[57] 따라서 숭고한 어메니티 문화를 지키고 향유하기 위해서는 국민 한 사람 한 사람이 환경과 자원에 대해 관심을 갖고, 공부하고, 함께 실천하고 협력해야 할 것이다.

바. 지역 자긍심과 마을공동체 문화 만들기

우리 지역 바로 알기와 즐거운 마을 만들기 등 공동체 이야기 사업추진, 평생학습 추진방법들을 강구해야 한다.

살기 좋은 지역 만들기의 핵심은 '개성 있는 지역 만들기'에서 출발한다. 이는 자신들이 살고 있는 지역의 개성이 무엇인가에 대해 의견을 모으는 일에서부터 시작해야 한다. 이는 대단히 어려운 작업이다. 지역고유재가 발견되어도 그것이 문자 그대로 지역 고유한

---

57) 제레드 다이아몬드(Jared Diamond)의 『총·균·쇠(Guns, Germs, and Steel, 1997)』, 『붕괴 (Collapse, 2005)』 등 참조.

귀중한 자원이 되는 것을 공통의식으로 승화시키는 것은 더욱 어려운 일이다(김선희, 2006).

이를 위해 지역재발견을 주도하는 프로그램이 필요하다. 계획입안단계부터 다양한 지역주민이 자발적으로 참여하여 지역의 소중한 가치를 갖는 자원과 공동체 이야기 등을 발굴하는 것이 반드시 필요하다. 호남명촌 구림마을사람들은 십시일반으로 기금과 마음을 모아 마을공동체이야기를 집필하여 세상을 놀라게 한 바 있다. 이처럼 전국에 분포하는 46,000개 자연마을에 대해 자긍심과 애정을 갖는 고유한 공동체 이야기를 발간하도록 하는 프로그램도 적은 돈으로 마을단위로 공동체 의식을 고양할 수 있는 좋은 방안이 될 수 있다.[58]

'아는 만큼 사랑하고, 사랑하는 만큼 공부하고 행동하는 법이다.' 대도시 시민에게 있어 우리 동네, 우리 마을은 그저 잠자는 베드타운 이상, 그 이하도 아닌 것 같다. 지역을 안다는 것은 지역의 문제점과 한계를 안다는 것이다. 마을사람들이 마을을 알고, 사랑하고, 공부하고 행동할 수 있도록 프로그램을 개발할 필요가 있다.

'근자열(近者說), 원자래(遠者來).' 가까이 있는 사람들이 긍지를 갖고 즐겁게 살아가면, 멀리 있는 사람들도 그 모습이 부러워 저절로 찾아오게 된다. 공자의 『논어』 「子路」 16편에 나오는 말이다. 지역주민이 지역에 매력을 느끼고, 지역에서 행복하게 살아가는 모습 그 자체가 지역의 매력이고, 경쟁력이다. 따라서 지역에 살고 있는 사람들이 '언제까지나 계속하여 살고 싶다'고 스스로 느끼도록 하는 것이 중요하다(강형기, 2006).

이를 위해 마을에 살고 있는 사람들이 매력 있고 행복한 마을을 만들기 위해 어떤 마을로 만들고 싶은지 명확하고 구체적인 마을 만들기 비전과 전략을 공유하는 것이 중요하다. 그 비전의 실현에 적극적·주체적으로 참여하는 시민의 에너지를 계속 분출시키기 위한 방침을 행정과 시민의 협동으로 지혜를 짜내고 서로 인정하는 것이 필요하다.

---

[58] 최근 이의 중요성이 강조되면서 마을사람들이 모여 쓴 마을 공동체 이야기들이 출판되고 있다. 대표적인 것은 구림 마을사람들이 쓴 『비둘기 숲에 깃든 공동체 호남명촌 구림』(2006) 등이 있다.

제12장 지방자치와 지역경제 리더십

지방자치제도는 제도의 정착을 위한 공고화 단계에 접어들고 있다. 또한 국가경제전략도 중앙 중심의 발전전략으로부터 지방 중심의 경제 활성화 전략으로 전환하고 있다. 이러한 지방 중심의 국가발전전략이 정당성을 획득하기 위해서는 '지역경제 활성화'라는 요건이 필요하다.

우선 지방자치단체의 자주재정권 확보를 위한'지역경제 활성화'가 필요하다. 즉, 지역주민의 공공수요에 대응하기 위해서는 그에 상응하는 재정규모가 유지되어야 하고, 자치단체 스스로가 재원을 조달할 수 있는 일정 수준의 경제발전이 이루어져 있어야 하기 때문이다.

다음으로 '지역경제 활성화'는 소득증대를 통해 궁극적으로 주민의 삶의 질을 높이고 국민 전체의 후생 수준을 증대시킨다는 점에서 중요하다.

지역경제정책은 지역경제 환경의 변화라는 현실인식과 지역경제의 활성화라는 정책목표, 그리고 이 둘 사이의 격차를 줄이기 위한 수단을 모색하는 것이다. 따라서 지역경제 활성화 정책은 최근 지역경제 환경의 변화와 여건에 대응하기 위한 지역경제 활성화의 방안을 제시해야 한다.

1. 지역경제의 환경변화

1) 새로운 지역경제 환경

21세기의 국내외적 경제여건 변화는 다음과 같은 뉴 패러다임의 도래를 의미한다. 첫째, 산업자본(산업기술)에서 인적 지식자본(정보통신기술)으로 생산요소(생산기술)의 핵심이 바뀐다. 둘째, 품질경쟁에서 지식경쟁으로 경쟁의 내용이 달라진다. 셋째, 국가경제의 중심에서 지역경제로 변한다. 넷째, 경제운영시스템이 국가와 기업 중심, 수직적 경영체제(대립적 경쟁관계)에서 개인과 소비자 중심, 공동체 경영체제(협조적 경쟁관계)로 변한다.

민선 자치는 뉴 밀레니엄시대의 개막과 호흡을 같이한다. 지역경제를 둘러싼 환경조건은 급격하고 커다란 변화양상을 보여주고 있다. 이러한 변화양상은 정치, 경제, 사회, 문화 모든 방면에서 다양하고 근본적인 차원의 구조변화를 수반하고 있다. 이와 같은 변화가 지방정부의 통치방향과 내용을 변화시키는 환경변수로 작용하고 있다.

2) 새로운 통치체제, 로컬 거버넌스

최근 지방통치의 양식으로 로컬 거버넌스(Local governance) 개념이 제시되고 있다. 이것은 단순한 시민참여 개념보다는 급진적이고 적극적인 개념으로 행정기관, 기업, 시민집단 간의 '관계'에 근거하여 공사 간의 구분 없이 협력과 참여라는 파트너십을 통하여 도시의 공공문제를 해결해나가는 방식을 지칭한다. 로컬 거버넌스(Local governance)의 특징은 지방자치단체를 중심으로 한 제도적이고 공식적인 관계보다는 행정기관, 기업, 시민집단 간에 있어 각자의 전략적 목표와 이해관계를 비공식적인 네트워킹을 통해 조정, 통합해나가는 데 있다. 따라서 지방정치나 지방자치를 지방자치단체가 주도하고 일방적으로 운영해가는 방식과는 차별성을 보인다.

로컬 거버넌스에 대한 해석은 분분하지만, 이미 1990년대 이후 미국과 영국은 지방정부 운영에서 지방협치체제(地方協治體制)의 현상이 일반화되고 있다. 따라서 정부란 개념보다는 거버넌스로 개념화하는 것은 반드시 국가의 공식적인 주체만 아니라 정책집행에 영향력을 줄 수 있는 행위자 전체를 포함하는 광범위한 제도적 범위에 초점을 두고 있다. 요컨대 거버넌스 개념은 정부의 변화된 의미로 이해될 수 있으며, 이는 통치의 새로운 과정으로 볼 수 있다.

3) 지역경제의 실태, 지방의 경제적 리더십 부재

이러한 환경변화 속에서 우리의 지역경제는 어떠한 실정인가, 한마디로 표현하면 지방에서 살기 힘들다고 아우성이다. 그리고 기회만 있으면 지방을 떠나려고 계획하고 있다. 한국 경제의 활로를 찾아야 할 곳이 어째서 이렇게 된 것일까? 그것은 다양한 곳에서 원인을 찾아볼 수 있으나, 특히 민선단체장의 경제적 리더십 부재를 그 이유로 들고 있는 경우가 많다.

무엇이 잘못되었는지, 얼마나 어려운지, 그리고 무엇을 해야 하는지를 파악하고 분석할 도구가 부재하기 때문이다.

민선단체장의 경제적 리더십 부재는 물론 단체장에게만 해당되는 문제가 아니다. 좀 더 확대한다면 오히려 지방자치단체의 경제적 리더십 부재가 더 큰 문제이다. 단체장의 부족한 경제 마인드를 공직자들이 보완할 수 있어야 함에도 불구하고 오히려 단체장의 요구에도 미치지 못하는 경우도 있기 때문이다.

2. 지역경제정책 방향

1) 시장경제 논리의 적용

민선시대 지역경제정책 방향 중 가장 먼저 '시장경제의 논리'를 제안하다. 시장경제의 논리는 한마디로 '경쟁의 논리'이다. 시장에서 공정한 경쟁이 이루어지도록 하고 진입과 퇴출이 자유롭게 되도록 여건을 마련하는 것이다. 지역경제 행정부문 모든 것에 경쟁의 논리가 적용되어야 한다. 일각에서는 경제행정 공무원에게조차 신분보장을 없애야 할 필요가 있다는 주장도 있다.

2) 개방적 지역경제정책 추진

우리 민족은 오랫동안 폐쇄적 문화를 꾸려 왔다. 이를 통해 다양한 이익도 향유할 수 있었으나, 근대사회에 접어들면서 상대적으로 손실이 컸던 것이 사실이다. 특히 개방성이 국제경쟁력의 관건으로 작용하는 세계화시대에는 폐쇄적 소지를 더 이상 간과할 수 없다.

지역경제정책에도 개방성 이념이 도입되어야 한다. 지역경제정책도 국제적 요구에 부응해야 한다. 그리고 지역경제계획의 수립과 행정, 평가 등에 개방성의 논리를 적용해야 한다.

3) 민간부문의 잠재력을 최대한 발굴

미국, 일본, 유럽 등에서는 민간부문이 지역의 산업정책 입안·집행·평가의 전 과정에 활발하게 참여하고 있다. 또 영국에서는 교도소를 민간에 위탁하는 사례도 있다. 이제 지방자치단체는 민간이 원하면 무엇이든 내놓을 수 있어야 한다. 그리고 오로지 민간의 역할과 잠재력을 최대한 활용하는 데 지역경제정책의 초점을 맞추어야 한다. 즉, 중앙정부나 지방자치단체는 경제의 주체인 기업과 주민의 경제활동이 원활하게 될 수 있도록 도와주는 역할을 주로 해야 한다.

3. 지역경제 리더십 확보

과거 민선자치시대에 지역경제 활성화를 위한 다양한 노력에도 불구하고 그 성과는 그다지 크지 않은 실정이다. 이는 지역경제정책 자체에도 문제가 있다고 할 수 있지만, 그러한 정책을 이끄는 지방자치단체장의 경제적 리더십에도 원인이 있다.

지역경제에 있어 경제적으로 크게 두 가지로 나눌 수 있다. 그 하나는 단체장이 경제적 리더십을 갖춘 경우이고, 다른 하나는 경제행정조직이 제 기능을 다함으로써 기관 스스로가 경제적 리더십을 갖는 경우이다. 즉, 지방자치단체장의 경제적 리더십은 지역경제행정의 조직과 체제에 의해 보완될 수도 있고, 악화될 수 있는 것이다. 지역경제행정 기능 제고를 통한 리더십 확보방안은 다음과 같다.

1) 지역경제행정의 조직과 기능의 개편

경제적 리더십은 지역경제행정의 기능 제고를 통해서도 얻을 수 있다. 지역경제행정 기능 제고를 위해서는 먼저, 자율적이고 실질적인 지역경제운용을 지방에서 담당할 수 있도록 지방의 경제행정체계 및 조직을 개편해야 한다. 이때 중심이 되는 것은 의사결정과 관련된 기획기능과 집행기능을 조화롭게 배치하는 것이며, 기획과 집행에 관련된 각종 기능을 시스템적으로 연계시키는 것이다. 예를 들어 지역경제의 현황을 분석할 수 있는 기획·분석 전담부서가 부재하므로 통계 담당부서와 경제정책 총괄부서를 연계한 지역경제의 기획·분석을 전담하는 부서를 신설할 필요가 있다.

집행에 관련된 행정조직은 내무행정 중심의 조직을 경제 관련 중심으로 전환시키고 인사배치, 인력증원 등을 통해 여건을 마련해야 한다. 예를 들어 기업경영에 있어 행정부서가 영업부서보다 우위에 있으면 어떻게 되겠는가? 이들은 단지 영업부서를 지원하는 역할만 충실히 할 뿐이다. 이제는 지방자치단체도 기존의 조직형태에서 벗어나 경제경영 논리를 접목시켜야 한다.

국제화 및 지방화 추세에 효과적으로 대응하고 지방기업이 안고 있는 문제를 해소하기 위해서도 지방의 경제행정조직을 산업구조의 변화추세에 맞게 정비하여야 한다. 특히 광역, 기초자치단체별 기능과 행정수요와 지역의 특수성을 반영한 행정조직의 재편이 절실히 요구된다. 이러한 조직개편의 중점은 업무의 전문화에 주어져야 하며, 민간위탁이 가능한 기능은 민간에게 이양해야 한다.

2) 경제·경영 논리의 접목과 전문인력의 확보

자치단체가 경제적 리더십을 맞추기 위해서는 지방행정부문에 경제·경영논리를 접목하고, 이를 보충하기 위한 해당분야의 전문인력을 확보하는 것이다.

먼저 지방자치단체에 경제경영 논리의 접목이 필요하다. 경제·경영논리의 접목은 경제·경영 마인드로부터 비롯된다. 지방자치 제도하에서는 본질적으로 해당지역과 관련된 사항은 지자체의 권한과 책임하에 수행된다. 이는 기업경영과 마찬가지 논리이다. 기업가가 기업을 경영함에 있어서 치열한 경쟁 속에서 살아남기 위해서 경영의 효율화와 경쟁력의 강화에 노력하듯이 지방자치단체도 세계화의 경쟁체제에서 살아남고 성공적인 자치단체를 이끌기 위해서는 효율적인 지방의 경영이 요구되는 것이다.

다음으로 지역경제행정부문에 전문성을 갖춘 인력확보가 필요하다. 지방자치단체가 자율적인 정책을 기획하고 효과적으로 추진해나가기 위해서는 전문적인 분야를 책임지고 담당할 수 있는 유능한 인재를 확보하는 일이 선행되어야 한다. 이를 위해서는 중앙경제부처 공무원의 지방으로의 순환보직과 함께 사계 전문가를 외부로부터 특채하는 등 전문가 확보에 적극적으로 나서야 한다. 여기서 주의할 사항은 고급인력을 영입하기 위해서는 행정 공무원의 시각이 아닌 경영적인 시각에서 충분한 조건을 제시해야 한다는 점이다.

3) 민간부문과의 협력체제 구축

디지털ㆍ정보화 시대에 제왕적 리더십은 제 기능을 할 수 없다. 21세기에는 협력적ㆍ디지털적 리더십이 요구될 뿐이다. 지역경제의 주체로서 지방자치단체와 지역민의 협력 강화는 지역경제정책의 성패를 좌우하는 관건이 된다. 계획수립부터 실행계획의 집행에 아르기까지 지역상공인을 비롯한 지역민의 적극적인 참여가 활성화될 때 내생적 지역발전이라는 정책목표에 접근할 수 있기 때문이다. 또한 지방자치단체는 부족한 재정여건을 극복하고 지역개발사업을 원활히 추진하기 위해서는 민간의 기술ㆍ경험ㆍ자본을 활용해야 한다. 즉, 민간공동투자, 공영개발사업의 전개, 제3섹터 개발 등의 방법으로 민간부문의 기능을 활용하는 것이 중요한데 효과적인 민관협력체제 구축을 위해서는 업종별ㆍ분야별 협동조합과 같은 단체를 조직 활용할 필요가 있다.

4) 지역경제 지원ㆍ기획기능의 강화

지방자치제 실시 이후에도 대부분의 지방자치단체는 여러 부문에 있어 단순히 통제 중심의 지역경제 행정업무에 머물러 있다. 지역경제의 발전을 위해서 시급히 개선해야 할 것 중의 하나가 지역경제행정의 양태를 통제 중심에서 지원 중심으로 바꾸는 것이다.

첫째, 경제기반시설 지원을 강화해야 한다. 지역경제 활성화를 위해서는 기업입지를 촉진할 수 있는 기반시설의 확충이 선행되어야 한다. 지역산업의 경쟁력은 결국 해당지역의 기반시설 수준에 의해서 결정되기 때문이다. 이러한 기반시설은 사회간접 자본시설은 물론 공장입지, 정주환경의 개선 등을 포괄한다.

둘째, 소프트웨어적인 지원으로 경제규제의 완화가 필요하다. 지방자치제의 실질적 보장과 지역경제 활성화를 위해서는 산업경제 행정권한의 과감한 자율화가 이루어져야 한다. 이를 위해 지방의 특수성·창의성·자율성을 제약하는 권한을 자치단체 및 민간에 위임·위탁하고, 주민경제활동을 제한하는 규제조항은 대폭 완화 또는 폐지해야 한다. 동시에 불필요·불합리한 절차나 구비서류 등을 간소화하고 법령정비, 제도개선 작업을 적극 추진해나가야 한다.

한편 지원 중심의 행정기능 외에도 지역경제 기획기능의 강화가 필요하다. 지방자치단체가 지역경제에 대한 리더십을 가지기 위해서는 지역경제에 관한 정확한 분석과 특색을 살리는 독자적인 중장기 지역경제계획의 수립이 중요하다. 특히 추상적·형식적 계획이 아닌 구체적인 실행계획을 수립해야 한다. 아울러 지역경제정책의 합리적 관리를 위해서 경제정책의 효율성을 평가할 수 있는 평가시스템 구축이 요구된다 하겠다. 이를 위해서는 관련 학회나 연구원 등 민간전문기관을 적극 활용할 수 있을 것이다.

5) 중앙과 지방 간의 기능 재조정

WTO 내지 DDA 체제하에서는 지역산업경제와 관련된 보조금 중에서 연구개발, 환경보전, 지역개발에 관한 것을 제외하고는 모든 중앙정부 지원을 감축 또는 철폐해야 한다. 이에 따라 종래의 유망산업에 대한 육성이나 사양산업에 대한 중앙정부 차원에서의 직접적인 지원이 어려워져 지방자치단체 또는 지방의 기업들도 새로운 경제환경에 적응하도록 종전과는 다른 전략을 강구하지 않을 수 없다.

따라서 종전과 같이 국가적인 계획에 기초한 하향적 지역개발체제에 중앙과 지방 간의 적절한 역할 조정이 요구되고 있다. 그 기본방향으로서 지방자치의 근본정신에 맞도록 자치단체가 지역경제정책 결정과 집행에 주도적 역할을 하되, 중앙정부는 지방자치단체와 주민들이 수행하는 자발적 지역개발사업에 대한 보조적· 조정자적 역할만 해야할 것이다. 특히 그동안 중앙정부가 쥐고 있던 다양한 경제권한의 지방분권과 지방이양은 물론, 지방중소기업청 등 지방 특별행정관서의 지자체 이관이 우선적으로 이루어져야할 것이다.

6) 각종 지역경제시책의 효율적 추진을 위한 기반강화

지역경제시책의 추진은 일반 행정시책과는 현격한 차이를 둔다. 보다 실증적이고 과학적인 실태분석과 대안 제시가 필요하기 때문이다. 지역경제현황을 분야별로 주기적으로 분석할 수 있어야 한다. 그리고 계량적·시계열적 자료가 필요하다. 또 분석결과로 나온 대안과 지역여건을 따져 시책과 사업의 타당성을 면밀히 분석하여야 한다. 따라서 지역경제시책의 효율적 추진을 위해서는 각종 지역단위의 통계자료와 지표가 필요하다. 그러나 우리의 현실은 필수적인 통계구비가 미흡한 것이 사실이다. 예를 들면 지역경제를 운용함에 있어 지역주민의 소득 수준과 지역경제규모 그리고 지역경제성장률조차 알지 못하는 실정이다. 이것이 지방자치단체가 지닌 경제적 리더십 수준이다. 해당지역 주민의 소득 수준도 모르는 상태에서 경제적 리더십이 발휘될 수는 없으며, 효과적인 지역경제시책을 펴나가기는 더욱 불가능한 것이다.

따라서 지역경제행정에 필요한 각종 지역통계를 시급히 확보하여야 한다. 이를 위해서는 일정의 예산과 인력이 소요되고 많은 기간을 필요로 한다. 그리고 시행초기에는 기대했던 좋은 통계자료가 나오지 않을 수도 있다. 그러나 분명한 것은 그 어떠한 비용을 지불해서라도 지역통계의 확보가 필요하다는 사실이다.

지방자치의 궁극적인 목표는 지역주민의 '삶의 질'을 제고하는 것이다. 주민의 '삶의 질'을 높이는 것은 일차적으로 지역경제의 활성화로부터 시작된다. 그럼에도 불구하고 지방자치의 깃발을 들고 일선에 선 단체장들이 '경제적 리더십'을 가지지 못한다면 지방자치의 종국은 불을 보듯 뻔한 일이 된다. 경제적 리더십을 갖추지 못한 지역에서는 그 누구도 정주하기를 꺼려할 것이기 때문이다. 지방자치정책의 주안점은 무엇보다 지역경제에 최우선을 두어야 한다.

제13장 협동조합시스템 적용 프로세스

1. 지역경제 활성화 PLC 프로세스[59]

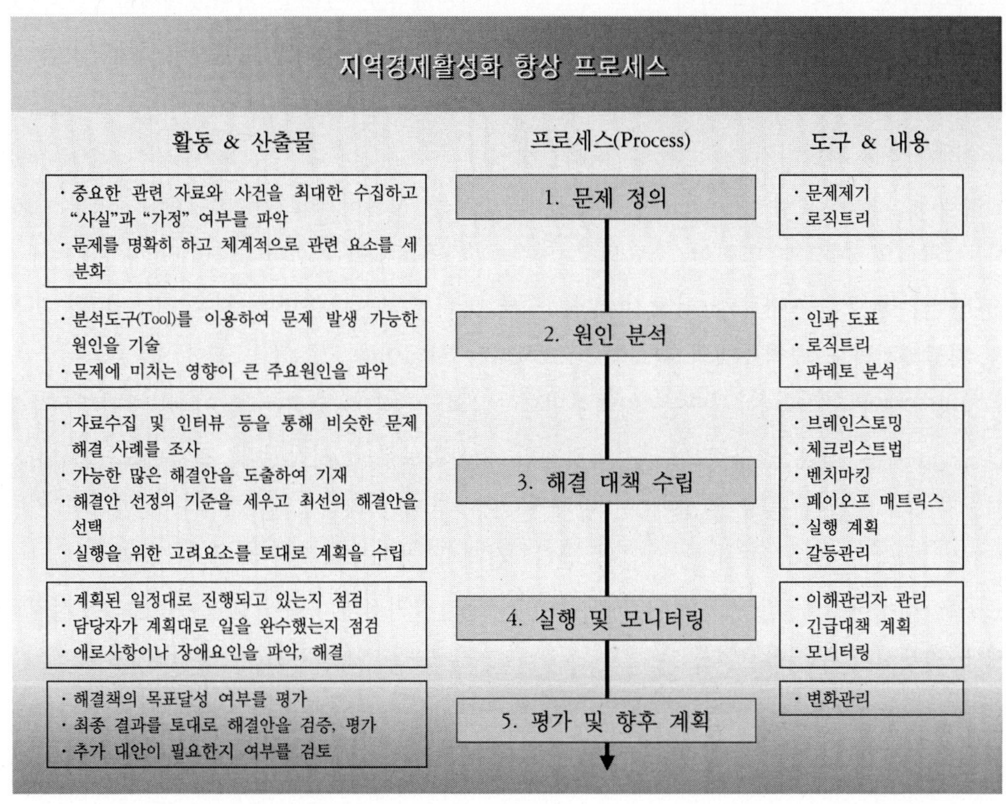

---

59) 문제해결 프로세스는 다음과 같은 장점이 있다. ① 문제해결의 프로세스와 단계별 활동을 설명할 수 있다. ② 사업추진 시 발생하는 문제유형을 파악하고 문제를 정의할 수 있다. ③ 문제의 상황과 구조를 분석하여 근본원인을 파악할 수 있다. ④ 문제에 적합한 해결안을 개발하고 선정할 수 있다. ⑤ 문제해결을 위한 실행계획을 수립할 수 있다. ⑥ 발생 가능한 잠재 문제를 분석하여 문제를 예방할 수 있다.

1) 목표의 특성과 문제제기

목표의 특성	
Specific	달성하고자 하는 것은 구체적으로 무엇인가?
Measurable	목표 달성 여부를 어떻게 측정할 수 있는가?
Attainable Ambitious	이 목표는 달성 가능한 것인가? 도전적인가?
Result-Oriented Realistic	이 목표는 지역경제성과에 긍정적 영향을 미칠 것인가? 이 목표는 현실적인가?
Time-Based	언제까지 이 목표가 달성될 수 있는가?

2) 로직 트리(Logic Tree)[60]의 종류

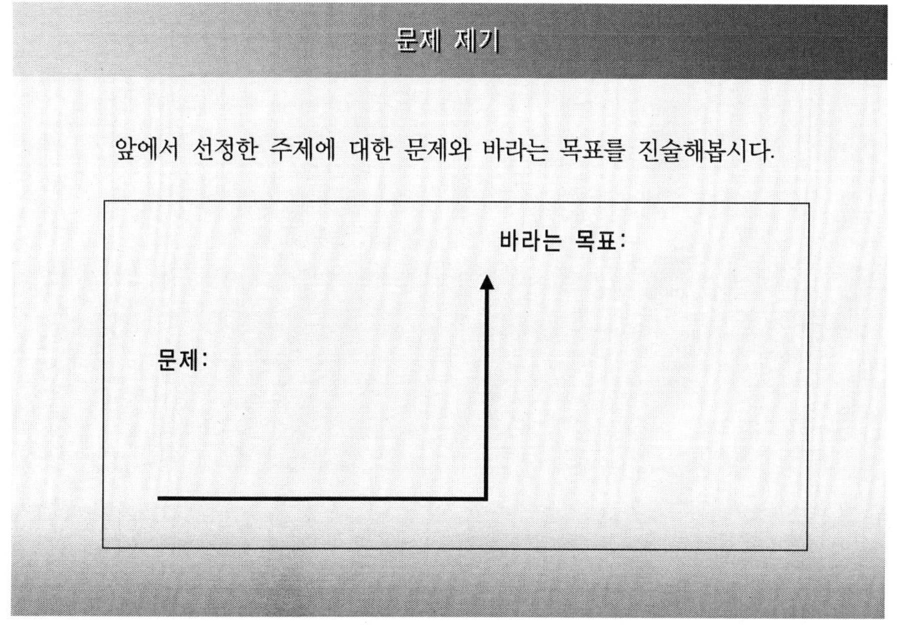

---

60) ① 로직 트리란 어떤 주제나 문제를 작고, 다룰 수 있는 문제들로 체계적으로 세분화하거나, 문제의 근본원인을 명확히 규명하기 위해 사용, ② MECE(중복과 누락방지원칙)의 사고방식에 따라 주요항목을 나무형태로 전개, ③ 인과도표(Cause & Effect Diagram)와 혼용하여 사용.

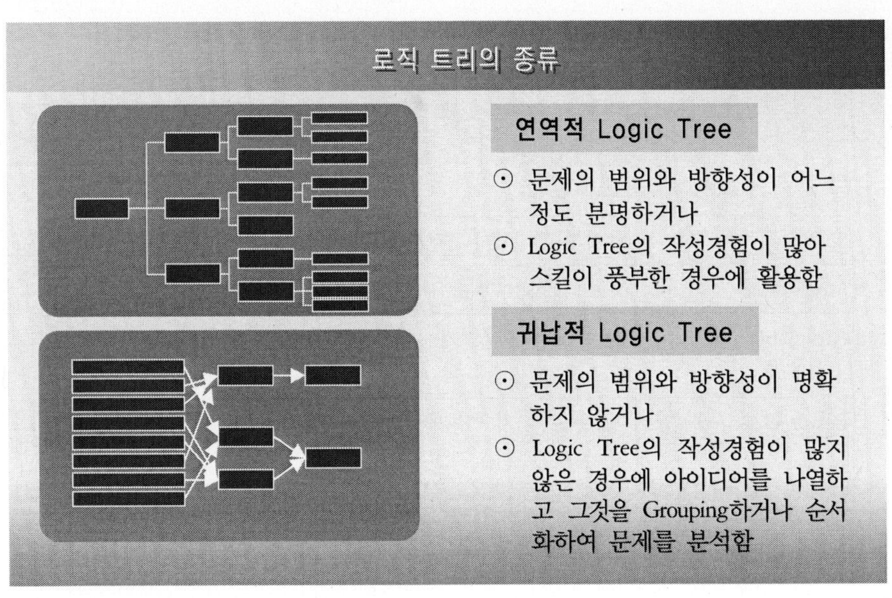

3) 파레토 분석(Pareto Analysis)[61]

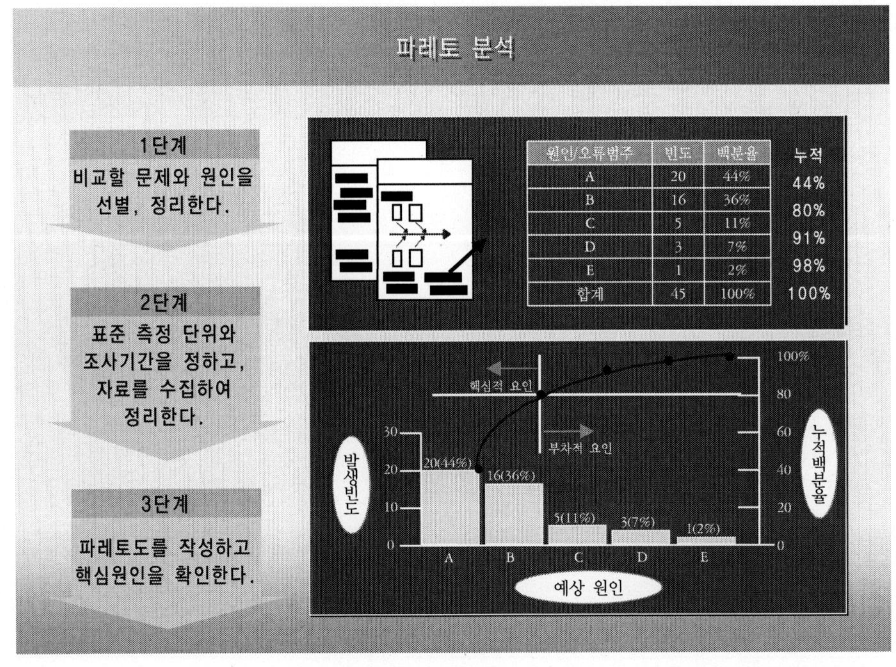

---

61) ① 핵심문제나 원인을 찾는 데 사용, ② 문제나 원인의 우선순위를 설정하는 데 도움을 줌, ③ 막대그래프처럼 자료의 분포를 나타냄.

4) 체크리스트법(SCAMPERS)

체크리스트법(SCAMPERS)

- o SCAMPERS테크닉은 창의력개발 테크닉 중 가장 널리 알려진 것이다.
- o 이 테크닉은 연구, 제품개발, 세일즈뿐만 아니라 살림을 할 때와 같이 일상생활에도 유용하게 사용할 수 있다.
- o Alex F. Osborn이 개발한 강제적인 발상기법으로 개선대상에 대해 SCAMPERS를 하나씩 대입해 보면서 아이디어 도출

Substitute/Simplify(대체/단순화)

Combine(결합)

Adapt(적응)

Modify(수정)

Put to Other Uses(전용)

Elim in ate(제거)

Reverse/Rearrange(역/재배치)

Systemization/Specification/Standardization(시스템화/구체화/표준화)

SCAMPERS 사례

Substitute(대체): 사람, 성분, 과정, 장소 등을 대체하면 어떨까?
예 - 콘크리트 대신 폐타이어로 만든 아스콘 포장
Combine(결합): 별개의 사물, 각각의 목적이나 재료들을 어떻게 결합?
예 - VTR과 DVD의 결합
Adapt(적응): 원래의 기능과 다른 곳에 응용할 수 없을까?
예 - 지문인식 장치를 잠금 장치에 적용
Modify(수정): 향기, 색, 맛을 바꾸거나 모양을 크게 하거나 작게 한다면 어떨까?
예 - 내시경 카메라, 과일 맛 우유
Put to Other Uses(전용): 다른 용도로 사용할 수 없을까?
예 - 폐품을 예술품으로 만드는 백남준의 비디오 아트
Eliminate(제거): 부품 수를 줄이거나 구성 요소 중 어떤 것을 뺀다면?
예 - 당분을 뺀 무가당 주스, 무선 키보드
Reverse(반전): 거꾸로 하거나 위치를 바꾸고 재정렬하면 어떨까?
예 - 시간 배열을 뒤섞은 영화, 박하사탕

5) 페이 오프 매트릭스(Pay-off Matrix)[62] 작성

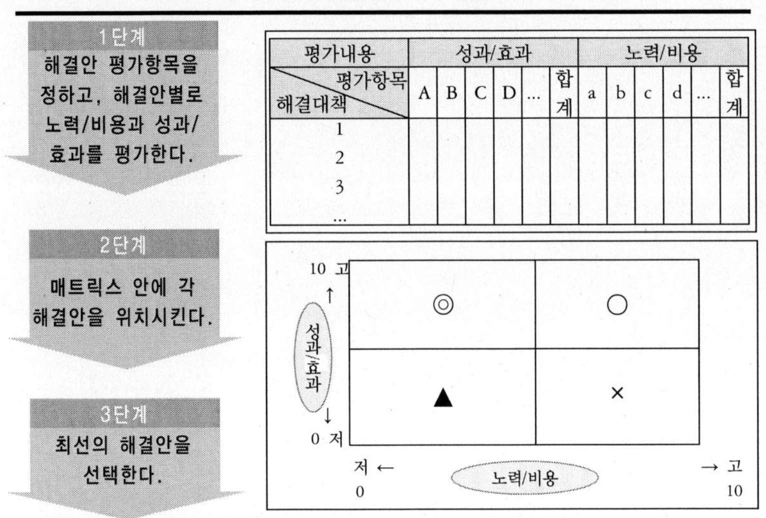

6) 이해당사자 간 갈등요소 발굴[63] 및 갈등관리 스타일

갈등요소 발굴

이해관계자 간의 갈등요소를 기술하고, 각각의 요소가 발생된 원인과 조직에 미치는 영향에 대해 설명해 봅시다.

갈 등 내 용	발 생 원 인	미치는 영향	대책

---

62) ① 해결안의 중요성, 최선의 해결안, 실행과정에 대한 일관성 있고 객관적인 결론을 내릴 수 있음, ② 대안 중에 최고의 안을 어떻게 선택할 것인지를 결정할 수 있음, ③ Matrix상의 2상한에 위치한 해결안이 적은 노력으로 높은 효과를 거둘 수 있는 해결안에 해당.

63) 갈등관리 프로세스는 ① 갈등상황 평가, ② 이슈분석, ③ 대안선택, ④ 갈등해결 순이다.

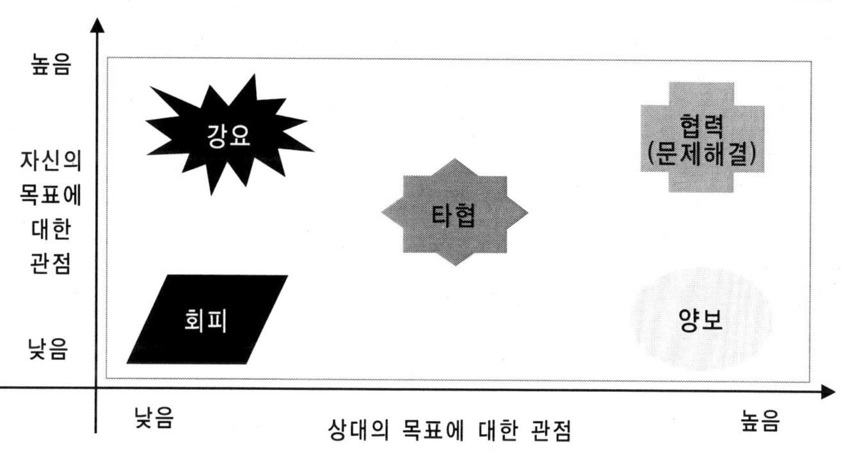

7) 실행 계획수립 (Ⅰ)[64]

실행 계획수립 실습 Ⅰ

선택한 해결안들에 대한 전체 계획(total resource plan)을 수립해 보십시오.

실행계획					
중점 추진 과제	주관 부서	시작일	종료일	기간 (시간)	비용
					합계

---

64) ① 실행계획이란 사고를 행동에 옮기는 구체안이다. ② 실행계획을 수립함에 있어 가장 핵심이 되는 것은 그것을 수행하는 자원(사람, 물자, 돈, 시간, 정보)에 대한 현실적인 방안과 문제해결에 참여하는 사람들에 대한 동기부여이다. ③ 해결안별 구체적 실행계획서를 작성해야 실행의 목적 및 프로세스별 진행내용을 일목요연하게 파악할 수 있다.

8) 실행 계획수립 (Ⅱ)[65]

실행 계획수립 실습 Ⅱ

선택한 해결안을 실행하기 위해 필요한 업무과제나 활동을 기술하고 담당자와 완료기한을 설정해 보십시오.

실행계획					
주요 활동	담당자	시작일	종료일	기간 (시간)	비용
					합계

9) 의사소통 계획수립[66]

의사소통 계획수립 실습

작성한 실행계획이 원활히 실행되기 위한 의사소통 계획을 수립해 봅시다.

의사소통 계획				
의사소통 대상	의사소통 내용(포인트)	우선 순위	접촉 수단	기한

---

65) 실행계획 수립 시 고려사항으로 ① 해결안을 어떻게 실행할 것인지를 고려했는가? ② 담당자가 할당받은 업무과제를 완수하는 데 어떤 자원이 필요한지 고려했는가? ③ 해결안 실시로 인해 영향을 받게 될 사람을 고려했는가? ④ 상호 직접 관련되는 업무과제와 활동에 관한 정보와 결과를 공유할 필요성을 고려했는가이다.

66) ① 관련된 이해관계자를 모두 파악하고 List-up한다. ② 각각의 이해관계자와 언제(when), 어떻게(how), 무엇(what)을 의사소통할지를 명확히 한다.

10) 돌발대책(잠재문제) 수립[67]

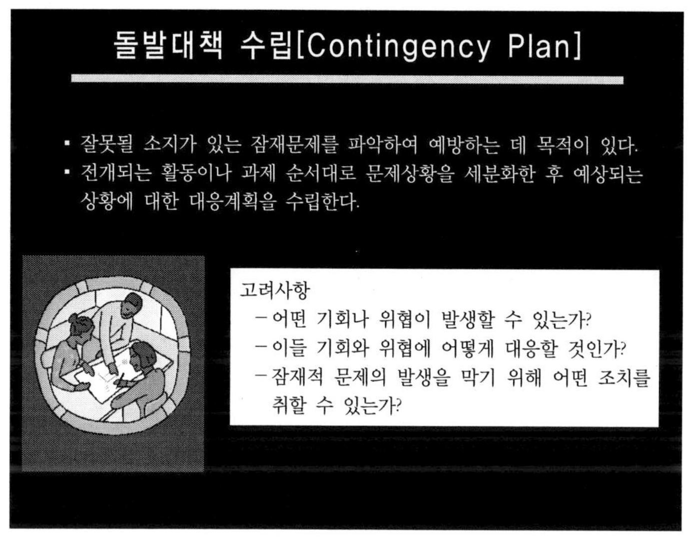

11) 종합[68]

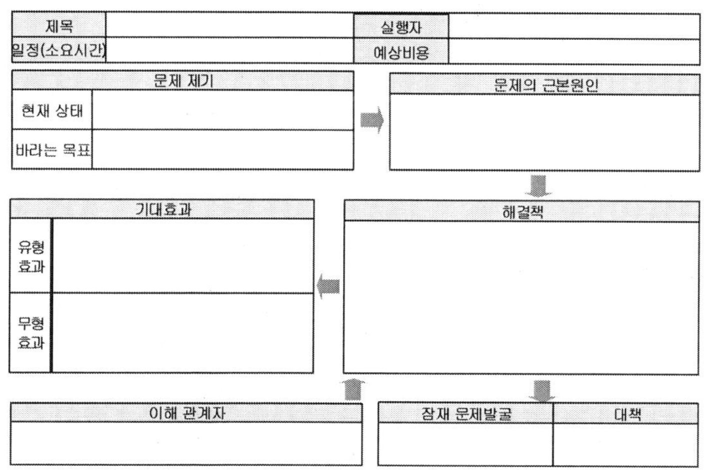

---

67) 잘못될 소지가 있는 잠재문제를 파악하여 예방하는 데 목적이 있다. 또한 전개되는 활동이나 과제 순서대로 문제상황을 세분화한 후 예상되는 상황에 대해 대응계획을 수립한다.

68) 단계별 문제해결내용을 집약하여 종합양식에 작성한다. ① 문제의 정의: 문제의 발단, 문제의 진술, 당시 상태/현황 등, ② 원인분석: 문제의 발단 원인, 주요 원인 등, ③ 해결대책 수립: critical success factor, 주요 개선항목, ④ 실행계획수립 등, ⑤ 실행 및 모니터링: 팀 구성 및 착수, 구체적 추진내용, 장애요인 제거, 에피소드 등.

2. 지역경제 활성화 AL(액션러닝)[69] 프로세스

1) 액션러닝의 구성요소

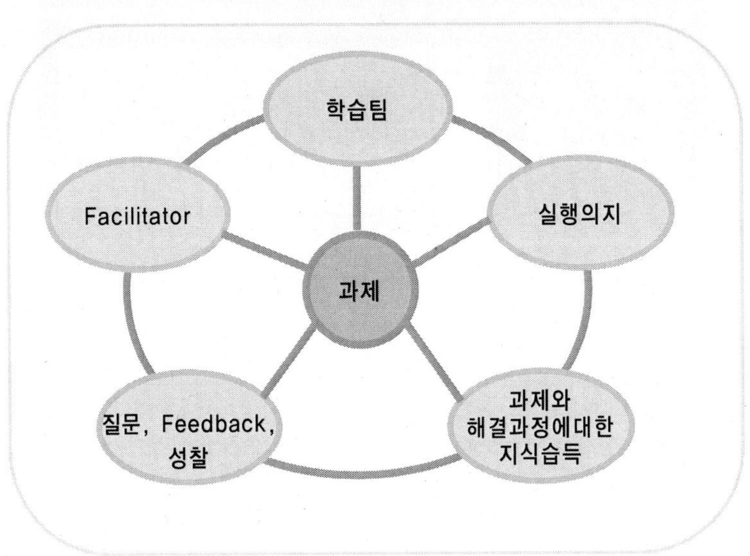

---

69) 정의: 지역경제 활성화 사례발굴을 위한 팀 구성원들이 팀을 구성하여 각자 자신의 과제 또는 전체가 공동의 과제를 정해진 시점까지 해결하는 동시에 지식습득, 질문, 피드백 및 성찰을 통하여 과제의 내용 측면과 과제해결과정을 학습하는 프로세스임.
운영방향: 지역사회 현장의 성과향상을 위한 문제해결형 학습(액션러닝)실시, 교육과 현장학습의 결합을 통해 효율성 극대화 도모.

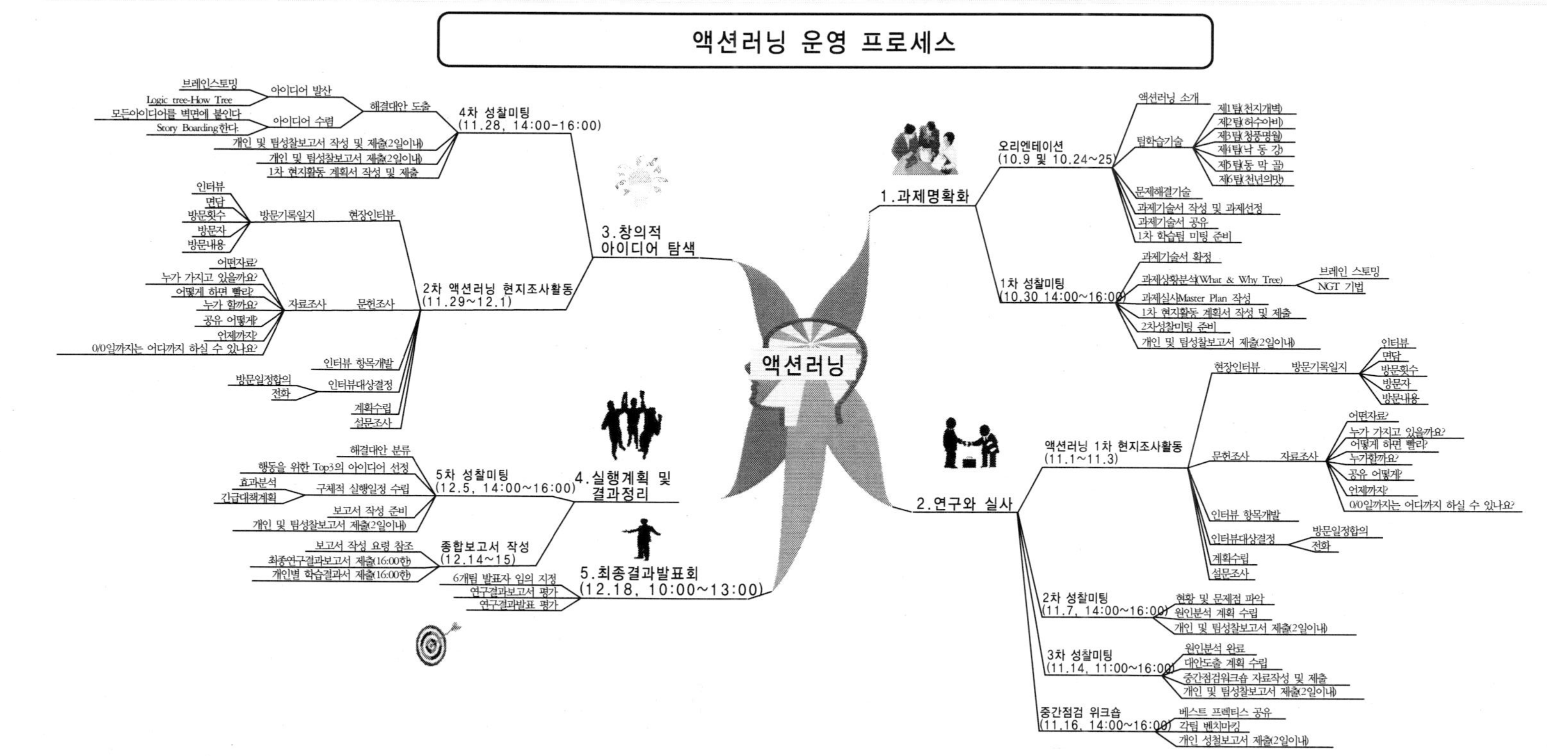

액션러닝의 운영
액션러닝 운영 프로세스
액션러닝
1. 과제명확화
오리엔테이션 (10.9 및 10.24~25)
액션러닝 소개
팀학습기술
제1팀(천지개벽)
제2팀(허수아비)
제3팀(청풍명월)
제4팀(낙 동 강)
제5팀(동 막 골)
제6팀(천년의맛)
문제해결기술
과제기술서 작성 및 과제선정
과제기술서 공유
1차 학습팀 미팅 준비
1차 성찰미팅 (10.30 14:00~16:00)
과제기술서 확정
과제상황분석(What & Why Tree)
브레인 스토밍
NGT 기법
과제실시(Master Plan 작성)
1차 현지활동 계획서 작성 및 제출
2차성찰미팅 준비
개인 및 팀성찰보고서 제출(2일이내)
2. 연구와 실사
액션러닝 1차 현지조사활동 (11.1~11.3)
현장인터뷰
방문기록일지
인터뷰
면담
방문횟수
방문자
방문내용
문헌조사
자료조사
어떤자료?
누가 가지고 있을까요?
어떻게 하면 빨리?
누가 할까요?
공유 어떻게?
언제까지?
0/0일까지는 어디까지 하실 수 있나요?
인터뷰 항목개발
인터뷰대상결정
계획수립
설문조사
방문일정합의 전화
2차 성찰미팅 (11.7, 14:00~16:00)
현황 및 문제점 파악
원인분석 계획 수립
개인 및 팀성찰보고서 제출(2일이내)
3차 성찰미팅 (11.14, 11:00~16:00)
원인분석 완료
대안도출 계획 수립
중간점검워크숍 자료작성 및 제출
개인 및 팀성찰보고서 제출(2일이내)
중간점검 워크숍 (11.16, 14:00~16:00)
베스트 프랙티스 공유
각팀 벤치마킹
개인 성찰보고서 제출(2일이내)
3. 창의적 아이디어 탐색
4차 성찰미팅 (11.28, 14:00-16:00)
해결대안 도출
아이디어 발산
브레인스토밍
Logic tree-How Tree
아이디어 수렴
모든아이디어를 벽면에 붙인다
Story Boarding한다.
개인 및 팀성찰보고서 작성 및 제출(2일이내)
개인 및 팀성찰보고서 제출(2일이내)
1차 현지활동 계획서 작성 및 제출
2차 액션러닝 현지조사활동 (11.29~12.1)
현장인터뷰
방문기록일지
인터뷰
면담
방문횟수
방문자
방문내용
문헌조사
자료조사
어떤자료?
누가 가지고 있을까요?
어떻게 하면 빨리?
누가 할까요?
공유 어떻게?
언제까지?
0/0일까지는 어디까지 하실 수 있나요?
인터뷰 항목개발
인터뷰대상결정
계획수립
설문조사
방문일정합의 전화
4. 실행계획 및 결과정리
5차 성찰미팅 (12.5, 14:00~16:00)
해결대안 분류
행동을 위한 Top3의 아이디어 선정
구체적 실행일정 수립
효과분석
긴급대책계획
보고서 작성 준비
개인 및 팀성찰보고서 제출(2일이내)
종합보고서 작성 (12.14~15)
보고서 작성 요령 참조
최종연구결과보고서 제출(16:00限)
개인별 학습결과서 제출(16:00限)
5. 최종결과발표회 (12.18, 10:00~13:00)
6개팀 발표자 임의 지정
연구결과보고서 평가
연구결과발표 평가

3) 지역경제 활성화 과제 기술서

과제 시술서

과 제 명		내　용
과제 선정배경	현황 및 문제점	
	과제의 중요성	
	이해관계자의 요구	
과제 결과물		
추진내용과 방법		
추진 단계별 일정		
과제 해결 시 기대효과		
과제해결 성과지표	해결방안 제출 직후	
	6개월 후	
	1년 후	
요청사항		

4) 지역경제 활성화 과제 선정70)

과제선정 기준

		선정기준	비고
바람직한 과제	1.	사무소에서 가장 시급히 해결하고자 하는 과제	이 중에서 SMART평가 시트에 의해 최종선정
	2.	교육기간(약 5개월) 중 구체적인 해결대안을 도출할 수 있는 과제	
	3.	몇 개의 팀, 부서 등에 공통으로 연관된 과제	
	4.	과제 해결을 위해 민원인, 관련 부서, 유관단체 방문 등 현장 활동이 필요한 과제	
	5.	해결대안을 실행에 옮겼을 경우 1년 내에 성과가 나타날 수 있는 과제	
	6.	해결을 위해 가급적 다양한 관점에서 접근이 필요한 과제	
	7.	기존의 생각과 전혀 다른 새로운 아이디어를 필요로 하는 과제	
	8.	현재 조직 내에 과제 해결을 위한 전담조직 또는 책임자가 불분명한 과제	
	9.	해결대안을 실행하기 위해 별도의 많은 예산의 투입과 조직의 신설이 필요하지 않은 과제	
피해야 할 과제	1.	너무 전문적인 지식·내용을 담고 있어 이해하기 곤란한 과제	
	2.	너무 단순해서 다른 사람들의 아이디어나 창의적 접근이 필요하지 않은 과제	
	3.	부서 간 이해관계가 얽혀 있어 접근하기 힘든 과제	
	4.	조직 내·외의 환경변화에 따라 접근 방식이 변화하는 과제	

---

70) 공대적인 토론(브레인스토밍): 주제를 플립 차트 상단에 기록하며 팀 리더를 팀원들에게 주제가 의미하는 방향이나 범위에 대해 의견을 받고, 서기는 그것을 차례대로 기록한다. 처음 토론에서는 자유롭게 의견을 말하는 브레인스토밍 방식으로 진행한다. 아이디어 도출하기(브레인라이팅): 브레인스토밍 단계에서 나온 아이디어는 질적인 면에서 만족할 만한 수준이 아니기 때문에 질적으로 아직은 부족하다. 이것을 보완하기 위한 방법이 브레인라이팅이다. 브레인스토밍으로 도출된 아이디어를 플립차트에 기록하고, 팀원들은 그 내용을 보면서 더 좋은 아이디어를 찾는 시간을 갖는다. 새롭게 떠오르는 아이디어를 포스트잇에 써서 한 장씩 붙여가면서 깊이 있는 의견들을 모은다.

5) 지역경제 활성화 과제선정 평가시트

과제선정 평가시트

NO	과제 후보	S 구체성	M 측정 기능성	A 달성 가능성	R 결과 지향성	T 시간 제한성	A 스폰서 권한 내	선정
1								
2								
3								
4								
5								
6								
7								
8								
9								
10								

6) 문제점 도출[71] 및 핵심문제 선정[72]

핵심문제 선정

문제점 도출 – 브레인스토밍 후 조합하여 문제점 도출 및 핵심 문제점 선정

과 제	

핵심문제점

1.
2.
3.
4.
5.
6.
7.
8.
9.
10.

---

71) 문제점을 도출하는 방법은 크게 두 가지가 있는데, 하나는 팀원들이 아무런 제약 없이 자유롭게 머리에 떠오르는 것들을 발표하는 것이고, 두 번째는 팀원들에게 미리 카테고리를 구분한 후 카테고리에 해당되는 문제점을 생각하고 말하게 하는 방법이다. 이때는 로직트리를 활용한다.

72) 핵심문제는 상황에 따라 2~4개 정도를 선정하는데, 이때 '도트 보팅' 도구를 사용한다. 핵심문제를 선정하면서 가장 중요하게 고려할 것은 주제와 구체화된 주제를 염두에 두고 그것에 가장 크게 영향을 주는 문제점을 고르면 된다. 고를 때의 판단기준도 팀원의 개인적인 생각보다는 회사나 조직과 같이 전체를 보는 것이 중요하다. 자칫 개인적인 차원의 기준을 적용하면 개인에게는 큰 문제점처럼 보이지만 조직 차원에서는 지엽적이거나 작은 문제일 수도 있기 때문이다.

과 제	

핵심문제 1:

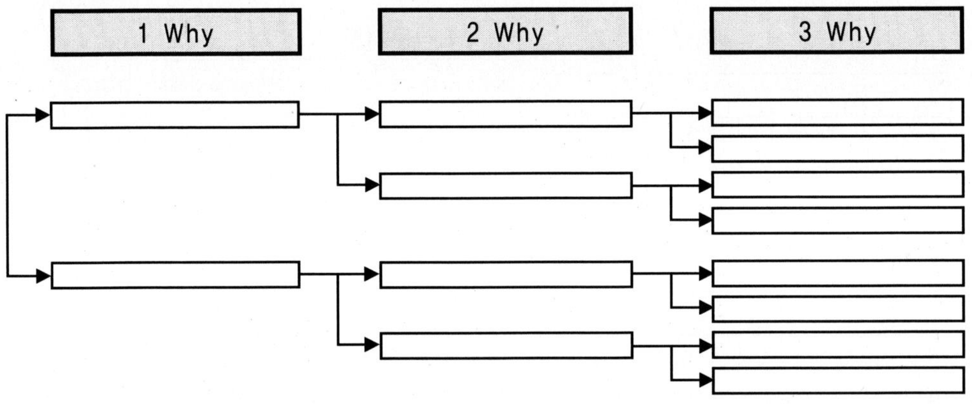

7) 문제점 도출 및 원인분석[73] 로직 트리

문제점 도출 및 원인분석 로직 트리

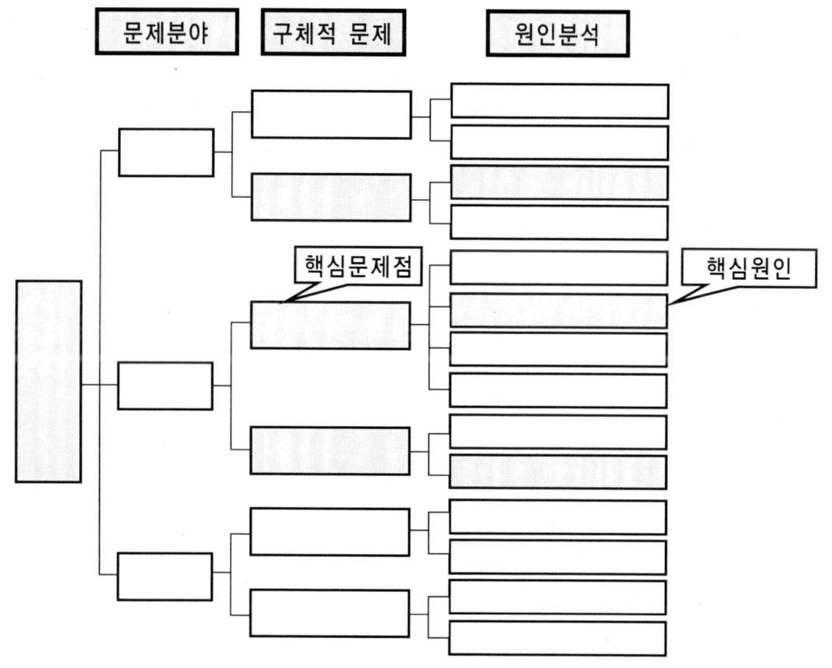

---

73) 원인분석: 각각의 핵심문제에 대한 발생원인을 분석할 때는 5WHY와 피쉬-본 원인분석 도구를 주로 사용한다. 5WHY기법이란 문제에 대한 1차 원인을 찾은 후 1차 원인이 발생한 2차 원인을 찾는 식으로 반복하여 5차 원인까지 찾는 과정으로 진행된다. 이렇게 해서 5차 원인까지 찾게 되면 마지막으로 찾는 5차 원인이 문제의 핵심원인이고, 이것을 제거하면 문제가 해결된다는 논리에 근거하고 있다. 피쉬-본(특성요인도)이란 문제의 원인을 찾아나가는 과정을 그림으로 표시한 것으로 마치 물고기의 뼈 같은 모양을 하고 있어서, '피쉬-본 다이어그램'이라고도 한다. 이 기법은 문제의 잠재적 원인을 순서대로 카테고리(범주)화하고, 그 범주에 속하는 잠재적 원인들을 모두 기술하여 찾아나가는 방식이다. 핵심원인의 선정: 도출된 원인 중에서 핵심 문제점별로 하나씩 핵심원인을 선정한다. 핵심원인 선정에도 '도트 보팅' 도구를 사용한다. 도트 보팅이란 여러 개의 아이디어 중에서 자신이 가장 중요하다고 생각되는 것에 작은 원형 스티커를 붙여 투표하는 것으로, 가장 많은 표를 얻은 순서대로 세 개를 고르면 된다. 개인별 투표하는 스티커의 개수는 전체 투표대상 아이디어의 총 개수를 3으로 나눈 개수만큼 스티커를 붙이면 된다(중복선택은 허용되지 않음).

8) 해결방안 도출[74]

해결방안 도출

해결방안 도출 – 도출된 핵심원인에 대한 해결방안 도출

과 제	

핵심원인	해결방안
1.	①
	②
	③
2.	④
	⑤
	⑥
3.	⑦
	⑧

---

74) 해결방안의 도출: 세 개 이상의 핵심원인 각각에 해결방안을 찾아야 하며, 이때도 브레인스 토밍과 브레인라이팅 기법을 사용한다. 브레인스토밍를 통해 최대한 많은 수의 아이디어를 만들고, 브레인라이팅을 통해 보다 넓고 깊은 아이디어를 찾는다. 해결방안을 찾을 때도 문제분석에서 사용했던 두 가지 방법, 즉 아무런 제약을 주지 않고 참가자들이 자유롭게 생각 나는 대로 표현하는 발상법과 카테고리를 미리 정하여 해당분야에 관한 해결방안을 찾는다. 도출된 해결방안에 대한 핵심어(테마)를 선정하고, 그것을 기준으로 분류하여 추가 대안을 도출해본다. 추가적으로 좋은 해결방안을 찾기 위해서는 문제점이나 원인에 대해 의문점을 제기하면서 점검한다. 해결방안의 선정: 해결방안의 도출이 완료되면 도출된 해결방안을 평가하여 실행계획에 포함할 대상을 선정한다. 해결방안 선정판단기준으로는 페이 오프 매트릭스를 사용하여 평가한다. 여기서 페이 오프 매트릭스란 해결방안 각각에 대해 그것을 실행하는 데 필요한 시간이나 노력 등 투자대비 효과를 평가하는 기법으로 일관성이 있으며 객관적인 결정을 내릴 수 있는 장점이 있다.

9) 해결방안 평가 및 실행방안 선정

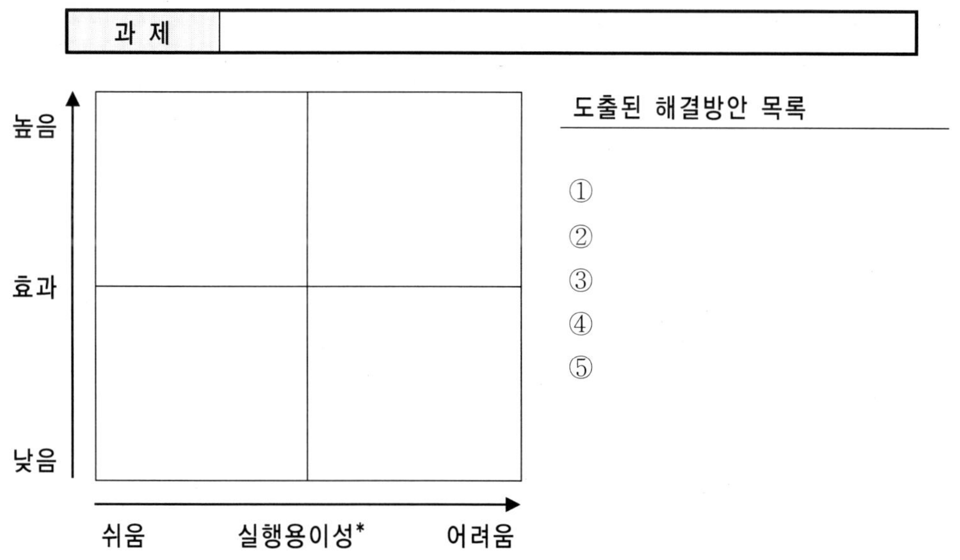

10) 실행계획서 작성[75]

<table>
<tr><td colspan="5" style="text-align:center">실행계획서 작성</td></tr>
</table>

과 제				

실행제안	세부실행사항	일정	담당자(메신저)	고려사항
1.				
2.				

*비용, 시간, 인력, 기술 실행가능성 등의 사전 고려사항

---

75) 해결방안이 페이 오프 매트릭스에 의해 선정되면 해결방안 각각에 대해 구체적인 실행계획을 수립하는데, 이때 사용하는 도구가 'What-How-When-Who' 차트이다. 세부실행계획은 실행 제안만으로는 스폰서가 의사결정을 내리기 어려우므로 해야 할 일과 일정, 그리고 담당자까지 기록하여 제시하면 스폰서가 실행결과에 대한 효과나 가치를 쉽게 이해할 수 있어서 의사결정을 내리기 쉽다. 'What-How-When-Who' 차트란 페이 오프 매트릭스에 의해 선정된 실행방안을 어떻게 실천할 것인지 조금 더 순차적이고 구체적인 계획을 만드는 것이다. '무엇을-어떻게-언제-누가' 항목으로 실행계획의 개수만큼 작성한다.

11) 긴급계획서[76](Contingency Plan) 작성

긴급계획서 작성

긴급계획 - 잘못되거나, 방해하거나 갑자기 변할 수 있는 것을 예상하여 극복방안을 계획

과 제				

예상 장애요인	긴급계획			
	행동(what)	방법(How)	담당자(Who)	기한(By When)

---

76) 잘못될 소지가 있는 잠재문제를 파악하여 예방하는 데 목적이 있다. 전개되는 활동이나 과제 순서대로 문제상황을 세분화한 후 예상되는 상황에 대한 대응계획을 수립한다. 고려사항으로 어떤 기회나 위협이 발생할 수 있는가, 이들 기회와 위협에 어떻게 대응할 것인가, 잠재적 문제의 발생을 막기 위해 어떤 조치를 취할 수 있는가 등이다.

12) 액션러닝 학습보고서

(1) 팀 회합일지

회합별팀별제출　　　　　　　　　　　**팀＿＿회합일지**

팀							

<table>
<tr><td rowspan="4">금번
회합</td><td>일시</td><td colspan="2">2012 . . ( )
: ~ :</td><td colspan="2">진행 시간계획</td><td colspan="2">액션러닝 과제 관련 주요 진척 사항</td></tr>
<tr><td>장소</td><td colspan="2"></td><td colspan="2" rowspan="3"></td><td colspan="2" rowspan="3"></td></tr>
<tr><td>사회</td><td colspan="2"></td></tr>
<tr><td colspan="3">참석자 명단</td></tr>
<tr><td rowspan="4">차기
회합</td><td>일시</td><td></td><td rowspan="4">차기
회합
까지
팀원별
과제</td><td>성명</td><td>과제내용</td><td>성명</td><td>과제내용</td></tr>
<tr><td rowspan="2">장소</td><td rowspan="2"></td><td></td><td></td><td></td><td></td></tr>
<tr><td></td><td></td><td></td><td></td></tr>
<tr><td>사회</td><td></td><td></td><td></td><td></td><td></td></tr>
</table>

(2) 개인 학습보고서

회합별 개인제출　　　　　　　제＿＿회합 개인학습보고서

(　　팀, 이름:　　　)

모임 일시/장소	지난 기간 추진한 내용	
애로사항 또는 장애요인		애로사항 등에 대한 대처내용 또는 계획
다음 모임 시까지 추진할 내용		이번 모임에 대한 성찰

13) 과제연구와 실사 서식

(1) 가설검증 계획

가설 검증 계획

주요 이슈	원인/가설	분석 대상	조사 방법

(2) 벤치마킹 결과보고서

벤치마킹 결과보고서

NO	특기사항	우리와 다른 점	과제 해결을 위한 시사점	향후 필요한 행동

(3) 실사조사 결과보고서

실사조사 활동 결과보고서

NO	질문한 내용	답변 내용 요약	과제 해결을 위한 시사점	향후 필요한 행동

(4) 문헌조사 활동 결과보고서

문헌조사 활동 결과보고서

문헌조사 자료(도서, 논문, 학술지, 신문, 인터넷 등)

NO	조사 내용	출처	과제 해결을 위한 시사점	향후 필요한 행동

참고문헌

구재운, 「지역경제성장의 결정요인」, 『경영논총』, 1998.

김기옥(1994), 『지방자치행정론』, 서울: 법영사.

노대명, 「한국 사회적 경제의 현황과 과제-사회적 경제 정착과정을 중심으로」, 『시민사화와 NGO』, 5(2), 2007.

농림부, 「친환경농업육성과 농산물안전성 확보대책」, 농림부, 2004.

농협경제연구소, 『협동조합 길라잡이』, 2010.

모성은(2010), 『지역경제정책론』, 서울: 박영사.

박대식 외, 「농촌복지증진 위한 제도개선 방안연구」, 한국농촌경제연구원.

삼성경제연구소, 『구조조정 이후의 지역금융의 활로』, 1999.

삼성경제연구소, 『환경변화에 따른 향후 금융산업 구조개편 방향』, 2002.

심재희 역(2004), 『지역경제학』, 전남대학교 출판부.

서종혁 외, 「유기농산물의 생산 및 유통실태와 장기발전 방향」, 한국농촌경제연구원, 1992.

신명호, 「한국의 사회적 경제개념 정립을 위한 시론」, 『동향과 전망』, 75, 2011.

이희연(2011), 『경제지리학 제3판』, 서울: 법문사.

정정길(1990), 『정책학원론』, 서울: 대명출판사.

정기환 외, 「농촌인구 과소화지역의 유형별 특성과 대책」, 한국농촌경제연구원, 1999.

전성군(2008), 『최신협동조합론』, 한국학술정보(주).

최낙필(2003), 『지방경제의 이해』, 서울: 박영사.

최용주, 『사회적 경제의 도래와 협동조합운동』, 농협경제연구소, 2009.

한국협동조합연구소, 『한국 협동조합 섹터의 발전방향과 사회적 기업과의 연계가능성』, 2011.

한국은행 광주전남본부, 『광주·전남지역 경제연보』, 2002.

황영모, 『협동조합을 통한 사회적 경제의 준비와 실천』, 전북발전연구원, 2012.

허재완(1998), 『한국지역경제론』, 서울: 법문사.

홍기용(1999), 『지역경제론』, 서울: 박영사.

Amos, Orley M. and John R. Wingender, "A Model of the Interaction between Regional Financial Markets and Regional Growth", Regional Science and Urban Economics 23, 1993, 85~110.

Berger, Allen N. and Robert DeYoung, "Technological Progress and the Geographic Expansion of the Banking Industry", Federal Reserve Bank of Chicago WP, 2002.

Bias, Peter V., "Regional Financial Segmentation in the United States", Journal of Regional Science 32(3), 1992, 321~334.

Carlino, Gerald and Robert DeFina, "The Differential Regional Effect of Monetary Policy: Evidence from the U. S. States", Journal of Regional Sciences 39(2), 1998, 339~358.

전성군(全聖君)

전북대학교 대학원(경제학 박사)과 캐나다 빅토리아 대학 및 미국 ASTD를 연수했다. 현재 농협안성교육원 교수, 농촌진흥청 녹색기술자문단 자문위원, 마을디자인 자문위원, 그린코리아 컨설팅 자문위원, 시인(자유문예 작가협회회원) 등으로 활동 중이다. 주요저서로『초원의 유혹』,『초록마을 사람들』,『최신협동조합론』,『그린세담』,『농업·농협 논리 및 논술론』 등 다수가 있다.

송춘호(宋春浩)

일본 북해도 대학 대학원(농업경제학 박사) 및 북해도 대학 객원교수를 역임했다. 현재 전북대학교 환경생명자원대학 생명자원유통 경제학과 교수, 한국식품유통학회 이사, 신협중앙회 논문집편집위원, 사단법인 익산시 서동마 향토사업단장, 금만농협 사외이사 등으로 활동 중이다. 주요저서로『알짜배기 쌀농사』,『농산물 마케팅 전략』,『농식품 마케팅전문가를 위한 기획전략』 등 다수가 있다.

장동헌(張東憲)

전북대학교 대학원에서 농업경제학(경제학 박사)을 전공하였고, 전북대학교 농업과학기술연구소 연구원, 전북대학교 쌀·삶·문명연구원 HK연구교수, 전북발전연구원 부연구위원 등을 역임하였다. 현재 전북대학교 환경생명자원대학 생명자원유통경제학과 조교수, 한국지역사회학회 편집이사, 한국농업사학회 이사 및 편집위원, 농촌마을 자문위원 등으로 활동 중이다.

협동조합
지역경제론

초판인쇄 | 2012년 12월 7일
초판발행 | 2012년 12월 7일

지 은 이 | 전성군 · 송춘호 · 장동헌
펴 낸 이 | 채종준
펴 낸 곳 | 한국학술정보㈜
주   소 | 경기도 파주시 문발동 파주출판문화정보산업단지 513-5
전   화 | 031) 908-3181(대표)
팩   스 | 031) 908-3189
홈 페 이 지 | http://ebook.kstudy.com
E-mail | 출판사업부 publish@kstudy.com
등   록 | 제일산-115호(2000. 6. 19)

ISBN   978-89-268-3903-4 93320 (Paper Book)
        978-89-268-3904-1 95320 (e-Book)

이 책은 한국학술정보(주)와 저작자의 지적 재산으로서 무단 전재와 복제를 금합니다.
책에 대한 더 나은 생각, 끊임없는 고민, 독자를 생각하는 마음으로 보다 좋은 책을 만들어갑니다.